Freut euch des Lebens,
weil noch das Lämpchen glüht,
pflücket die Rose,
eh' sie verblüht!

Originalhandschrift
von Lisa Bertram
Volkslied
„Freut euch des Lebens"

Für meine Eltern
Christl und Rudolf
Benz

Helga Harter

Dorfschul-Rose

Historischer Roman
nach einer wahren Geschichte

 tredition

© 2022 Helga Harter
Umschlag, Illustration: Sara Harter

Druck und Distribution im Auftrag der Autorin
tredition GmbH, Halenreie 40-44, 22359 Hamburg,
Deutschland

ISBN
Paperback   978-3-347-54462-8
Hardcover   978-3-347-54467-3
e-Book   978-3-347-54471-0
Großschrift   978-3-347-54479-6

Mai 1937

In flottem Tempo brach Karl mit seinen Schülern zum Waldlauf auf. Lisa warf ihrem Mann eine Kusshand zu, holte Eimer, Schaufel und Sandförmchen und setzte Jutta in die Sprunggrube. Die würde Karl die nächsten zwei Stunden nicht brauchen. Christl hockte sich zu Jutta und füllte ihrer kleinen Schwester eine Schaufel Sand in die Kuchenform. Die letzten Schüler verschwanden kichernd und schwatzend im Birkenwald. Eben wollte Lisa das Tütchen Spinatsamen aufreißen und ins frisch geharkte Beet säen, als ein Motorengeräusch sie aufsehen ließ.

Ein graues Automobil bremste vor dem Gartentor. Erstaunt beobachtete sie einen älteren Herrn, der seine Lederhandschuhe im Handschuhfach verstaute, den Hut auf den Beifahrersitz legte und umständlich aus dem Wagen kletterte. Er hatte Lisa nicht bemerkt, ging um den Wagen herum und öffnete den Kofferraumdeckel. Sein etwas schütteres Haar war streng nach hinten gekämmt, das braune Jackett wirkte, als hätte er es vor der Jahrhundertwende gekauft oder von seinem Großvater geerbt. Aus dem Kofferraum hievte er eine Kiste, die offenbar sehr schwer war, denn als er den Kiesweg zum Haus entlangkam, standen feine Schweißperlen auf seiner Stirn.

„Das ist das Schulhaus, gnädige Frau, nicht wahr?", keuchte er, als er Lisa zwischen den Sträuchern entdeckte. „Wo finde ich bitte Herrn Lehrer Bertram?"

Lisa strich die Hände an der Schürze ab und trat aus dem Gartentor.

„Bitte kommen Sie doch herein, dann können Sie den schweren Karton aufs Lehrerpult stellen", sagte Lisa freundlich.

„Haben die Kinder heute keine Schule?", fragte der Herr schwer atmend und sah sich neugierig im Klassenzimmer um.

„Mein Mann ist mit den Kindern zum Waldlauf unterwegs. Kurz vor zwölf müssten sie zurück sein."

„Zum Waldlauf?" Der Mann starrte Lisa entsetzt an. „Am hellen Vormittag?"

„Waldlauf ist gut für Leib und Seele, sagt mein Mann immer und es trainiert die Ausdauer."

„Folglich sind sie die Frau von Lehrer Bertram? Darf ich mich vorstellen, mein Name ist Heinrich Bischoff, seines Zeichens Oberlehrer in Kirchlinden. Ich bringe die überarbeiteten Deutschbücher nach den neuesten Richtlinien des Reichserziehungsministeriums."

Unschlüssig blieb er im Klassenzimmer stehen.

„Ich sollte aber ihren Herrn Gemahl schon noch sprechen. Kann ich hier warten?"

„Bitteschön", bot Lisa an. „Nehmen Sie doch bei uns im Herrenzimmer Platz, das ist angenehmer,

als hier zwischen den Schultischen." Sie öffnete die
Tür gegenüber dem Klassenzimmer und schob einen Sessel zurecht. „Darf ich Ihnen einen Kaffee
aufbrühen?" Bischoff hob die Augenbrauen.
„Ja gern, natürlich. Sehr freundlich von Ihnen."
Mit einem Blick aus dem Fenster vergewisserte
sich Lisa, dass die Kinder friedlich spielten, dann
ging sie in die Küche.
Als sie mit dem Kaffee zurückkam, saß Bischoff
zurückgelehnt, die Hände über dem Bauch gefaltet
und musterte ihr Mobiliar. Lisa folgte seinen Blicken. Auf dem grünen Samtsofa hatte sie bunte
Kissen drapiert und auch die Tischdecke wirkte
jung und frisch. Sie fand die drei Sesselchen
hübsch, die um den kleinen Rauchtisch standen
und auch die Stehlampe, die sie selbst ausgesucht
hatte. Bischoff schien ihren Geschmack nicht zu
mögen, oder warum verzog er sonst das Gesicht so
säuerlich? Vielleicht sind Kissen und Vorhänge ein
bisschen zu modern, dachte sie, aber mir gefällt es.
Kaffeearoma erfüllte die Luft und Lisa stellte das
Tablett mit den Butterkeksen vor Bischoff ab. Er
griff sofort zu, als hätte er lange keinen Kaffee ge-
trunken. Dabei musterte er Lisa so eingehend, dass
ihr unbehaglich wurde. Sie hatte die Gartenschürze abgelegt und fuhr sich nervös über den
Rock.
„Ich muss nach den Kindern sehen", entschuldigte
sie sich und floh geradezu aus dem Herrenzimmer. Was hatte der Mann sie so unverschämt

anzustarren? Zum Glück hörte sie Kinderstimmen, Karl war zurück.

„Oh, der Lehrer Bertram. Die Kekse waren vorzüglich, gnädige Frau. Vielen Dank." Bischoff stand in der Schulhaustür und beobachtete, wie Karl die Kinder auf dem Sportplatz im Kreis aufstellen ließ. Karl stimmte das Schlusslied an. Auf sein Nicken liefen die Kinder ins Klassenzimmer, um ihre Taschen zu holen, dann stürmten sie nach Hause.

Bischoff hatte, die Hände in den Jackentaschen, neben der Tür gelehnt und ging nun auf Karl zu, der ihn fragend ansah.

„Sie sind total erhitzt, Lehrer Bertram. Sie sind doch nicht etwa mit den Kindern um die Wette gelaufen?"

„Natürlich! Ich kann sie doch nicht allein in den Wald schicken!" Karl schüttelte entrüstet den Kopf.

„Ich lasse meine Schüler auf dem Sportplatz im Kreis laufen, dann kann ich bequem von der Bank aus zusehen", grinste Bischoff und streckte Karl die Hand hin. „Heinrich Bischoff, Oberlehrer in Kirchlinden, angenehm. Ich bringe die Deutschbücher."

„Oh, vielen Dank, Herr Kollege. Liegt die Rechnung bei?" Der Herr nickte abwesend. Ein Gebilde aus Drahtspulen und Eisenteilen hatte seine Aufmerksamkeit geweckt.

„Was hat so eine Schrottsammlung im Klassenzimmer zu suchen?", fragte er mit hochgezogenen Augenbrauen.

„Sie kennen das nicht? Das ist der Versuchsaufbau zum Nachweis der elektromagnetischen Induktion, Herr…" „… Bischoff, Heinrich Bischoff." Karl legte an einem Metallkasten einen Schalter um und die kleine Metallschaukel fing an zu schwingen. Als sie wieder stillstand, brachte er sie mithilfe eines Hufeisenmagneten wieder in Bewegung. Bischoff sah ihm erstaunt zu. „Das machen sie im Unterricht?"

„Oh ja", Karls Augen leuchteten. „Unsere Oberklassenschüler haben das selbst erarbeitet. Das bleibt ihnen ein Leben lang hängen! Selbst die Jüngeren waren sehr neugierig und aufgeregt bei der Sache." Karl schaltete den Strom ab und arrangierte alles neu für den nächsten Tag. Dabei bemerkte er Bischoffs kritischen Blick gar nicht.

„Was machen Sie sich für eine Arbeit, Bertram!", rief Bischoff. „Das Ganze kann man viel einfacher in einem Schaubild an der Tafel verdeutlichen. Ich würde mir den Aufwand sparen."

„Aber so verstehen es die Schüler besser, denken ganz anders mit." Karl schob einen Fahrraddynamo und ein kleines Wasserrad zur Seite. „Sie begreifen es im wahrsten Sinne des Wortes mit den Händen, Herr Kollege. Eine effektivere Methode gibt es nicht. Und es macht obendrein noch richtig Spaß!"

„Ja, ja, sogar ihnen, Bertram, ich sehe schon." Fast angewidert wandte sich Bischoff ab. Er zog ein Döschen aus der Jackentasche, drehte es ein Stück auf, ließ eine Prise Schnupfpulver auf den Rücken des Zeigefingers fallen und rieb es mit lautem Einatmen in das rechte Nasenloch.

„Und was ist das?"

„Oh, hier hat sich Gustav selbst übertroffen. Das ist ein Gemälde in der Art Picassos und doch Gustavs Werk. Finden Sie nicht, dass die Ähnlichkeit verblüffend ist?"

Jetzt starrte Bischoff seinen Kollegen an, als wäre er verrückt. „Wenn Sie mich fragen, würde ich Picasso unter entarteter Kunst einordnen und so etwas lassen sie im Unterricht zu?"

„Aber bitte, Herr Kollege Bischoff, was lehren sie denn im Kunstunterricht?"

„Ach, manchmal lasse ich die Kinder Blumen malen oder Fische. So einen Hickhack wie sie hier veranstalten, gibt es bei mir nicht. Meistens lasse ich es ganz sein."

„Wie, den Kunstunterricht? Aber manch schwacher Schüler in Mathematik kann im Kunstunterricht zeigen, was in ihm steckt. Das ist doch wichtig für die Persönlichkeit." Karl war empört. Bischoff fuhr mit der Hand durch die Luft.

„Quatsch!", sagte er kurz, ehe er sich ein Deutschheft vom Stapel auf dem Lehrer Pult griff und es aufschlug.

„Wollen Sie mich kontrollieren, Bischoff?", fragte Karl scharf und nahm ihm das Heft aus der Hand. „Wer hat sie geschickt?" Bischoff sah erstaunt auf. „Äh, niemand. Ich wollte nur die Deutschbücher bringen. Trotzdem…"

Er hob einen verzierten Zauberhut vom Regal und setzte ihn auf. „… Theaterspielen tun sie auch…" Er legte den Hut zurück und sah Karl direkt an. „Sie machen ja einen Kopfstand für ihre Schüler. Sagen Sie jetzt nur noch, dass sie sie lieben!" Als Karl nickte, brummte er: „Kommen sie erst mal in mein Alter. Dann haben sie die Hörner abgestoßen und sind jeden Tag froh, wenn die Bälger zur Tür hinaus sind."

„Apropos zur Tür hinaus…" Karl sah auf die Uhr. „Darf ich Sie jetzt bitten, zu gehen. Meine Frau wartet sicher mit dem Essen." Bischoff verstand. „Ein Portrait des Führers kann ich auch nirgends entdecken", murmelte der Besucher im Hinausgehen. Karl wurde blass. War das seit Neuestem Vorschrift?

Kurz darauf brauste das Automobil die Dorfstraße hinab, dass Scheers Hühner entsetzt gackerten. Erschöpft lehnte Karl am Türrahmen und sah ihm nach. Bischoffs Schüler taten ihm von Herzen leid. Er wollte in die Küche gehen. „Der Mann macht mir Angst", sagte Lisa leise, die alles mit angehört hatte.

Sonntagnachmittag. Lisa verteilte die weißen Stoffservietten und stellte den Strauß Vergissmeinnicht zwischen das gute Geschirr. Sie sah auf: der Besuch war da. Draußen begrüßte sie ihre Schwägerin Hanne, die Kinder liefen zum Sportplatz und natürlich: die beiden Männer standen bei Karls Automobil. Stolz führte der seinen Bruder um den Wagen und öffnete die Motorhaube. Das sei ein DKW F7 Reichsklasse, achtzehn PS. Er mache achtzig Kilometer in der Stunde. Fritz staunte, wie er sich das leisten könne? Zwei Jahre hätte er gespart, erzählte Karl und öffnete die Fahrertür, damit Fritz das Armaturenbrett bewundern konnte. Lisa öffnete die Beifahrertür und fühlte das kühle Leder des Sitzes, fuhr über das glatte Armaturenbrett und freute sich. Alles roch neu und elegant. Ihr erstes Automobil!

Sie umarmte ihre Schwägerin herzlich. Sie mochte Hanne. Ein Duft von Garten und Wiese um wehte sie, weil sie in jeder freien Minute draußen arbeitete. Lisa freute sich über den Besuch. Mit den beiden konnte man sich prima unterhalten. Fritz konnte so lustig sein, steckte voller guter Ideen und kannte viele Geschichten. Er war ein Weltverbesserer, ein Rebell, ein Andersdenker. Und dabei, davon war Lisa überzeugt, ein genauso guter Lehrer wie Karl.

Heute wirkt Fritz ernst, dachte Lisa. Als sie Hannes Gitarre unter seinem Arm entdeckte, machte Lisas Herz einen Sprung. Sie sang so gern und freute sich unbändig darauf. Es würde sein wie früher.

„Fritz sagte: nimm die Gitarre mit", lachte Hanne. „Damit machst du Lisa mehr Freude als mit dem größten Blumenstrauß." Ihr Gesicht verfinsterte sich. „Das hätte ich im Augenblick sowieso keinen." Irritiert musterte Lisa ihre Schwägerin. Hatte sie nicht immer Hannes überreichen Garten bewundert? Warum sollte sie keinen Blumenstrauß pflücken können?

„Ich brauch unbedingt deine Hilfe, Karl." Fritz fing schon im Flur damit an. „Sie wollen einen Ariernachweis. Du hast dich doch schon damit befasst." Das ist ziemlich untertrieben, dachte Lisa belustigt. Ahnenforschung ist seine Leidenschaft. Wie viel Geld er da schon reingesteckt hat, gelaufen ist er von Pontius zu Pilatus und unendlich viele Briefe hat er auch geschrieben.

„Klar, Fritz," lachte Karl und schob seinem Bruder den Sessel hin. „Kannst du eins zu eins abschreiben." Aus dem Wohnzimmerschrank nahm er eine große Rolle und breitete sie auf dem Tisch aus: Stammbaum der Familie Bertram. Fritz staunte. In Schönschrift reihten sich die Namen und Daten aneinander und übereinander. „Du hast ja noch Geburtstage von 1744. Warst ganz schön fleißig, Bruderherz. Ach sieh mal, die waren ja alle königliche Förster, die Bertrams. Das wusste ich nicht!"

„Na bitte, auch ein Lehrer lernt dazu. Ja, die Bertrams kamen aus Oberschlesien. Mutters

Vorfahren sind Hugenotten gewesen, die der Alte Fritz hierher geholt hat, damit sie das Grenzland besiedeln und verteidigen." Fritz grinste.

„Danke, Karl. So genau wollte ich es gar nicht wissen. Ich schreib die Namen nachher ab. Das mit den Hugenotten erwähne ich lieber nicht. Wer weiß, wie das ankommt. Hab schon genug Ärger am Hals."

Lisa setzte sich ans Klavier. „Ärger? Ach Fritz. Lass uns später darüber reden. Sonst vergeht uns womöglich noch die Lust am Singen."

Karl verteilte den „Kilometerstein", davon lag ein ganzer Stapel auf dem Klavier. Christl kletterte neben ihrem Vati auf den Stuhl und steckte die Nase in ein Liederbuch, als könnte sie lesen. Karl lächelte ihr zu. „Andersherum", flüsterte er und Christl dreht es rasch. „Ich würde gern das Riesengebirgslied singen." Lisa blätterte ihr Klavierbuch durch. „Gibt es im Kilometerstein einen Text?"

„Ach", lachte Karl, „das können wir doch auswendig." Er packte sein Cello aus, stimmte kurz und spielte mit. Auch auswendig. Sie sangen eine Stunde lang und Lisa war selig. Diese Hausmusik ließ ihr Herz aufgehen. Während ihre Finger über die Tasten glitten, lauschte sie Karls voller Stimme, der Gitarre, dem Cello. Wie früher.

„Weißt du noch, Karl", sagte Fritz ganz in Gedanken, als sie geendet hatten. „Wie wir als Wandervögel durchs Riesengebirge gezogen sind? Mit

Schuluniform, Tornister und Regenschirm? Da haben wir auch stundenlang gesungen."

„Das waren noch Zeiten!" Karl strahlte übers ganze Gesicht.

„Erzähl jetzt bloß nicht die Geschichte mit dem Wildschwein, Fritz", warnte Hanne und lachte aus vollem Hals. „Oder wie wir den Lehrer Hannemann für den Rübezahl hielten im Morgengrauen…" „Der musste aber auch im Frühnebel spazieren gehen!" „Die Abende am Lagerfeuer waren das Beste", fand Karl.

Lisa hörte stumm zu. Karl hatte oft davon erzählt. Sie selbst war nur ein einziges Mal mit Karl ins Riesengebirge gefahren, doch erst lange nach seiner Wandervogelzeit. Lisa besuchte die Abschlussklasse, als Karl als attraktiver Junglehrer an die Schule in Herrnstadt kam. Was hatten die Mädchen für ihn geschwärmt! Ein Jahr später funkte es zwischen Lisa und Karl. Ihre Wangen röteten sich, als sie daran dachte. Dass er zehn Jahre älter war, störte Lisa kein bisschen. Ich liebe ihn, dachte sie. Warum sang Hanne nicht mehr mit? Lisa drehte sich um. Weinte sie?

„Was ist?", fragte Lisa erschrocken.

„Sie haben Fritz zwangsversetzt", brach es aus Hanne heraus. Mit einem Schlag verflog die Fröhlichkeit. Karl starrte seinen Bruder mit weit aufgerissenen Augen an.

„Warum?"

„Wir wohnen seit vier Wochen in Schweidnitz", wich Fritz aus.

„Warum denn um Himmels willen?" Karl sprang erregt auf. Fritz zog einen Brief aus der Innentasche seines Jacketts und faltete ihn auf. „Was hier steht, dürfte dich als Lehrer auch interessieren", sagte er bitter.

Dann las er: „Gemäß dem Erlass des Reichserziehungsministeriums, dass die Erziehung der Schüler aus Grundschulen zum vollen Einsatz für Führer und Nation geschehen soll, sehen wir uns gezwungen, sie von der Stelle in Wohlau zu entfernen. Ihre Art des Unterrichts entspricht nicht den Vorstellungen des Führers. Bei ihnen kann keine Lehrtätigkeit garantiert werden, die dem nationalsozialistischen Verständnis entspricht. Wir weisen Sie daher an die Volksschule in Schweidnitz, wo sie als Hilfslehrer tätig sein werden."

„Schweidnitz", murmelte Karl. Er starrte ins Leere und Lisa konnte sehen, dass er dachte: „wann trifft es uns?" „Ja, aber…" Lisa war den Tränen nahe.

„Was wird aus eurem großen Garten in Wohlau?" Hanne zuckte die Achseln und tupfte wieder eine Träne weg.

„In dem Mietshaus gibt es keinen Garten."

„Und wie ist die Arbeit als Hilfslehrer?", fragte Karl kaum hörbar.

„Ich tue, was sie mir sagen", murmelte Fritz, doch dann wurde er lauter: „Aber ich lasse mich nicht verbiegen. Ich hasse ihren Drill!"

Bleierne Stille lag im Raum. Christl rutschte vom Stuhl und huschte aus dem Raum. Hanne starrte auf die Tischdecke, Karls Stuhl knarrte, als er sich zurücklehnte.

„Weißt du noch, damals, als wir in Oels das Lehrerseminar besuchten? Nachmittage lang hockten wir vorn im Café Neuburger bei der winzigen Tasse Tee, die wir uns leisten konnten und redeten uns die Köpfe heiß!"

Fritz schaute auf und ein Lächeln huschte über das ernste Gesicht. „Reformpädagogik, hieß das Wort. Montessori, Pestalozzi, Steiner, Rousseau. Fortschrittliche Erziehung – vom Kinde aus –, das Prinzip der Anschauung… Ach Karl… Erziehung ohne Angst, ohne trockene Theorie."

„Ja, Sport und Bewegung in der Natur, Kunstunterricht, Musik…" „Theater…"

„Die Pädagogik der Gründerväter. Unsere Gedanken sind hochgeflogen. Wir träumten von Chancengleichheit und gewaltfreier Erziehung, vom Vorbild des Erziehers, von Wahrhaftigkeit und Heimatliebe."

„Von Ermutigung und geduldigem Ausprobieren lassen, von der freien Selbstentfaltung."

„Und von einer neuen Gesellschaft haben wir geträumt damals im Sommerlager in Löwenberg…"

Fritz schlug mit der Faust auf den Tisch. „Das alles wollen sie nicht haben im Reichserziehungsministerium", schimpfte er so laut, dass Lisa aufsprang und das Fenster schloss. „Drill, militärischer

Gehorsam, Härte. Das sind ihre Worte. Mir drückt es fast das Herz ab, wie sie mit den Schülern umgehen, mit meinen Schülern, für die ich verantwortlich bin."

Karl legte ihm die Hand auf den Arm. Er verstand seinen Bruder sehr gut.

„Aber ich sag dir, Karl, ich bleibe Fritz Bertram, egal was sie sagen. Und ich tue, was ich tun muss und wenn sie mich wieder versetzen." Wütend ging er auf und ab. „Das Bild, das man umdrehen kann, hängt auch in Schweidnitz im Flur. Wenn die entsprechenden Leute kommen, sieht man Hitlers Visage und wenn sie weg sind, drehe ich die Madonna nach vorn. Die gefällt mir besser." Er grinste grimmig.

„Pass auf dich auf, Fritz", warnte Lisa. „Nicht, dass sie dich noch einlochen. Sie sind nicht zimperlich."

„Ich weiß. Bei uns in der Volksschule haben sie den Direktor in den Ruhestand geschickt, mit 48."

„Hatte er auch die falsche Pädagogik?"

„Nein, eine jüdische Frau." Betroffenes Schweigen. Lisa atmete tief ein und seufzte. Zum Glück hatte das kleine Dorf Birkenhöhe nicht die Aufmerksamkeit des Ministeriums. Und der Gauleiter der NSDAP war ein gemäßigter Mann. So würde Karl wohl noch eine Weile unbehelligt bleiben.

„Wollen wir uns nicht hinaus in die Laube setzen?", schlug Lisa vor. Vielleicht vertrieb der Blick auf die Blumenwiese die trüben Gedanken.

Außerdem hatte sie dort die Kaffeetafel gedeckt. Ein Kännchen echter Kaffee würde die Laune heben. Sie legte den Arm um Hanne und schob sie sanft zur Hintertür hinaus.

Lisa knetete aufgeregt die Unterlippe. Sie spürte, wie sich ihr Magen zusammenzog. Hoffentlich ging das gut. Konzentriert starrte sie auf das Menschenknäuel am Hang und versuchte Karl auszumachen, der gerade in das „Grunau Baby" kletterte. Majestätisch lag der Segelflieger da, das Seil wurde eingehängt und die jungen Leute klammerten sich an den Schwanz. Sogar aus dieser Entfernung konnte Lisa erkennen, dass die Winde anzog und ihre Aufregung stieg. Selten hatte sie die Gelegenheit, Karl beim Fliegen zuzusehen. Vielleicht war das besser so. Sie bemerkte, dass sie den Kinderwagen immer noch hin und her schob, obwohl Jutta längst selig schlief. Christl saß friedlich im Gras und blies eine Pusteblume fort.
Ein Ruck ging durch den Flieger, die Mannschaft hatte losgelassen. Er schoss nach vorn und glitt sanft den Hügel hinab, die Höhe sah gut aus, der Start war gelungen. Fünf Minuten musste Karl für die C-Prüfung in der Luft bleiben, er musste die Starthöhe übersteigen und in einem Kreis landen, der mit Sägemehl auf die Wiese gestreut war. Lisa legte die Hand an die Stirn, um das Flugzeug am grauen Himmel besser verfolgen zu können.

Böiger Nordostwind hatte ihr Sorgen bereitet, doch Karl hatte gelacht.

Überhaupt nahm er die Sache leicht, sah keine Gefahr. Er war Feuer und Flamme für die Fliegerei. Sie selbst mochte nicht daran denken, was passieren konnte. Wie sollte sie ohne ihn leben, wenn er abstürzte? Der Segler stieg. Er steuert den Wolkenturm an, dachte Lisa, der bringt Aufwind. Ruhig lag das Segelflugzeug in der Luft, schraubte sich höher und höher, wurde immer kleiner. Als könnte man den Segler mit seinen dreizehn Metern Spannweite in eine Streichholzschachtel packen. Christl nahm ihre Hand. „Wo ist Vati?", fragte sie und sah erstaunt auf, als Lisa in den Himmel zeigte. Die Augen ihrer Tochter leuchteten. „Wie ein Vogel!", lachte sie. Lisa atmete tief durch. Der Wind zerrte an ihrem Kopftuch, das sie nach neuester Mode wie einen Turban um den Kopf gewickelt hatte. Sie schloss die Knöpfe an der grünen Kostümjacke, die Karl ihr zum Geburtstag hatte schneidern lassen. Kalt, dieser Nordostwind.

Karl hatte gewendet und kam im großen Bogen über den Galgenberg zurück. Er winkte, ja wirklich, er winkte ihr. Christl hatte es gesehen und begeistert wedelten Mutter und Tochter mit beiden Armen. Der Flieger zog einen weiteren Bogen, dann drückte er die Schnauze tiefer und flog die Landebahn von Südwesten an. Ein bisschen zu schnell. Lisa zuckte zusammen und schloss die Augen, doch dann hörte sie das Schaben des

Rumpfes auf der Wiese und den Jubelschrei der Männer. Mit beiden Kindern lief sie den Weg hinab, um sich Karls Schülern anzuschließen, die ungeduldig warteten, bis er aus dem Flugzeug geklettert war. Lisa beobachtete Karl. Er griff nach der Tragfläche über sich, zog sich hoch, kletterte hinter der Windschutzscheibe hervor und ließ sich am Rumpf hinabgleiten. Dabei schaute er in die Runde und seine Wangen glühten vor Begeisterung. Am liebsten wäre Lisa sofort zu ihm gelaufen und hätte sich in seine Arme geworfen, doch die Gratulanten drängten dicht um ihn und so blieb sie stehen und schaute nur. Der Schmied war mit seinen Söhnen Otto und Paul extra zum Flugplatz gekommen. Sie verehrten ihren Lehrer glühend und nun hatte ihr großes Vorbild die C-Prüfung geschafft. Paul stiefelte mit den Händen in den Taschen um den Flieger und lächelte, als wollte er sagen: das schaff ich eines Tages auch. Christl lief ihrem Papa in die Arme, der eben die Handschuhe abstreifte und den Schal vom Hals zog. Sein Gesicht strahlte und als Lisa herankam, nahm er sie in die Arme und drückte sie fest und lange. Er spürte ihre Erleichterung und strich ihr sanft über den Rücken. Doch aufs Fliegen verzichten? Lisa wusste: zu groß war seine Leidenschaft. Lachend hob er Christl auf den Arm. „Jetzt wird gefeiert, ihr Lieben. In der Fliegerklause werden sie wohl einen heißen Kakao für uns haben, hoffe ich!" Karls Oberlippen kräuselten sich spitzbübisch und die lustigen Augen blitzten hinter der runden Brille. Wie Sie diesen Mann liebte! Fesch sah er aus, schlank und sportlich, selbstbewusst in seinem ordentlichen Jackett, mit Hemd und Krawatte, wie immer. Die Fliegermütze hatte seine Haare, für gewöhnlich fein gekämmt, ordentlich zerzaust. Sie glänzten schwarz. Schwarze Haare gehören sich so, hatte er einmal gesagt, für einen Bertram, Bertram heiße schließlich Rabe. Lisa lächelte, zog den Kinderwagen auf den Weg und folgte Karl und Christl, die bereits Hand in Hand der Fliegerklause zustrebten.

Als Karl am nächsten Morgen um acht Uhr die Schulhaustür aufschloss, brandete ihm Beifall und Hochrufe entgegen. Anscheinend hatte es sich schon herumgesprochen im Dorf. Karl grinste. Sicher war Dussas Frau noch gestern Abend zum Laden gelaufen und hatte Frau Dalibor berichtet. Das war so viel wert wie ein Zeitungsartikel.
„Hoch lebe unser Lehrer Bertram!", rief die kleine Margarete vom Bauer Scheer und der lange Biedermann aus der Oberklasse hob die Hand zum Hitlergruß: „Wir sind stolz auf sie, Lehrer Bertram!" Karl nickte.
„Vielen Dank, das freut mich. Jetzt aber herein mit euch, die Schule wartet!"
Die Schüler drängten ins Klassenzimmer. Jeder hatte seinen Platz: Erste und zweite Klasse links vom Lehrerpult, dritte und vierte Klasse rechts.

Die Oberklassen saßen hinten. Insgesamt 58 Schüler. Karl achtete auf Disziplin, sonst wurde es in dem kleinen Raum unerträglich. Die Schüler standen vor ihren Stühlen und warteten, bis Karl seine Mappe aufs Pult gelegt, die Landkarte aufgeklappt und den Schrank aufgeschlossen hatte. Mit warmer Stimme und fast jeden Tag mit Begeisterung, stimmte Karl das Schlesierlied an: „
… mein Schlesierland, mein Heimatland …" Es folgte der Hitlergruß, der seit ein paar Monaten Vorschrift war.

Auf sein Zeichen setzten sich die Schüler. Stumm schaute Karl in die Runde und beschloss augenblicklich, das Interesse der Kinder zu nutzen und eine Stunde über Aerodynamik zu halten. Die Großen hatten das Fach sowieso im Lehrplan und die Jüngeren waren jetzt so am Fliegen interessiert, dass er mit ihrer vollen Aufmerksamkeit rechnen konnte. So fühlte es sich richtig an: wo Aufmerksamkeit vorhanden ist, lernt es sich am besten. „Vom Kinde her", hatte das Montessori genannt. Die beste Erziehungsmethode überhaupt, fand Karl, besonders jetzt, wo alle von seinen Erfahrungen beim Segelfliegen wissen wollten.

„Dem Berggeist ist die Hose geplatzt. Der Bruno kann nicht auf die Bühne." erklärte Maria. So kurz vor der Aufführung! Der Saal im Gasthaus

Biedermann schwirrte von vielen Stimmen, nur noch fünf Minuten bis das Sommerfest begann. Bruno senkte Schuld bewusst die Augen, aber Lisa lächelte: „Du kannst doch nichts dafür. Schlüpf schnell raus, ich näh das bis du dran bist." Aus ihrer Handtasche nahm sie das winzige Nähetui für Notfälle und das Flicken der Hose war eine Sache von zwei Minuten. „Das hält jetzt hoffentlich", grinste sie und streckte Bruno die Hose wieder hin. Inzwischen hatte sich der Vorhang geöffnet und Karl begrüßte die Gäste. Lisa huschte an ihren Platz und nahm im Augenwinkel wahr, dass sich der Saal gefüllt hatte, am Fenster standen sogar ein paar Eltern.

In der ersten Reihe saßen Anneliese und Kurt Otto, die Gutsbesitzer. Anneliese wie immer im tadellosen Kostüm. Als sie Lisa kommen sah, flüsterte sie: „Ihr macht euch wieder so viel Mühe, Lisa! Bin gespannt, was Karl sich dieses Jahr wieder ausgedacht hat. Er ist ein prima Lehrer." Lisa setzte sich neben ihre beiden Freunde und grinste. Anneliese sprudelte wie immer vor Begeisterung.

Sie sah sich um: Karls Feste kamen an. Jedes Jahr fieberten seine Schüler diesem Augenblick entgegen. Wochenlang hatten sie geübt, gebastelt, gemalt, trainiert. Nun drängten alle Schüler auf die Bühne und stellten sich in Reihen auf. Die Kleinen wurden nach vorn geschoben. Christl stand das erste Mal mit oben, ganz am Rand bei der ersten Klasse, sie wirkte schüchtern wie immer.

Der Chor sang: „und in dem Schneegebirge, da fließt ein Brünnlein kalt…" Vierstimmig, dachte Lisa anerkennend. Sie schloss die Augen. Wie sie dieses Heimatlied liebte. Karl war es wichtig, dass die Kinder das alte Liedgut kannten. Sie sollten ihr Schlesien lieben lernen. Das Gefühl, eine so schöne Heimat zu haben, erfüllte ihn mit Stolz.

Der Bürgermeister. Natürlich, nun kam seine Rede. „Was für ein herrlicher Sommertag!", begann er. „Schaut nach draußen! Niederschlesien, unsere Heimat, ein Stück Paradies auf Erden. Gerade jetzt, wo die Leinfelder blau blühen soweit das Auge reicht. Vielen Dank, liebe Kinder das ihr uns die alten Lieder singt, das sind heilige Momente…" Lisa verdrehte die Augen. Das ist ein Kinderfest, keine Kirche! „… Unser großartiges Land mit seinem großartigen Führer, der uns in eine gute Zukunft führen wird…" Und keine Parteiveranstaltung, seufzte sie innerlich. Endlich tupfte Robert Kutzner ein paar Schweißtropfen von der Stirn, packte seine Zettel zusammen und ließ sich neben Kurt Otto nieder, nicht ohne noch einmal nach rechts und links zu nicken.

Auf der Bühne rührte sich etwas: die Frösche hüpften herein und sangen: „auf unserer Wiese gehet was…" Bald war die ganze Bühne voller Tiere. Dann kam die Hauptperson, der Berggeist, der sagenumwobene Rübezahl, der guten Menschen Gutes tut und bösen Menschen Streiche spielt. Das war Brunos großer Augenblick. Er bewegte sich majestätisch, sprach mit lauter Stimme, kurz, er gab einen herrlichen Rübezahl ab. Der Applaus rauschte.

Als alle Tiere verschwunden waren, trugen zwei Jungs die Pappbäumchen zur Seite und breiteten Turnmatten auf dem Holzboden aus. Schon marschierte die Turnriege der Buben in Reih und Glied herein, alle in schwarzen kurzen Hosen und weißen Leibchen. Sie stellten sich exakt der Größe nach auf und nahmen Haltung an. Auf Karls Zeichen begann ein Turnprogramm, das wie am Schnürchen lief: Flugrollen, Räder, Saltos, Strecksprünge. Zum Schluss bauten die Kinder aus allen Turnern eine Menschenpyramide, auf der ganz oben der kleine Schnitzer Herbert kniete und über das ganze Zahnlücken Gesicht lachte. Riesenapplaus.

Die Mädchen, die anschließend vortraten, trugen Gedichte vor. Lisa holte den Zettel heraus, den Karl ihr in die Hand gedrückt hatte. Sie sollte den Kindern helfen, die nicht weiterwussten. Aber es gab wenig zu tun. Mariechen Heuchert verneigte sich artig und trug ein Gedicht von Eichendorff vor: Mondnacht. Jedes Jahr suchte Karl zum Abschluss des Sommerfestes ein Eichendorffgedicht heraus. Eichendorff, sagte er immer, ist unser Dichter, der schlesische Dichter. Er schwärmte regelrecht für den Romantiker. Jeder wusste das und die Kinder stöhnten manchmal, weil ihnen die blumige Sprache des Dichters zu unverständlich und schwierig war. Egal, meinte ihr Lehrer dann, man müsste nicht alles verstehen, das käme mit den Jahren von allein.

Ein bunter Bändertanz aller Mädchen schloss das Sommerfest ab. Der Applaus war verdient, die Eltern und vor allem Großeltern klatschten stolz für ihre Kinder und Enkel. Man lachte und plauderte, als sich der Vorhang schloss. Schon schoben sich die ersten Leute zur Tür hinaus.

Im Garten vom „Biedermann" gab es jetzt Limonade und Kekse, die Erwachsenen bestellten Bier oder Kaffee und Kuchen. Lisa schob den Wagen mit der schlafenden Jutta unter einen Apfelbaum im Schatten und setzte sich zu Ottos. Christl spielte mit Erika und Ilse Fangen.

„Das war wieder prima, Karl", lobte Kurt Otto, Karls bester Freund. „Ganz großes Lob! Das macht ihr jedes Jahr besser."

„Möchte jemand was essen?", fragte seine Frau Anneliese in die Runde und rief den Kellner. „Viermal Würstchen mit Kartoffelsalat, bitte, Jakub."

„Ich gratuliere auch zur gelungenen Aufführung, Kollege." Karl sprang auf. „Bob, Käthe! Seid ihr schon die ganze Zeit hier?" Karl umarmte seinen Kollegen aus Herrnstadt.

„Wir standen dort drüben. Die Noten von dem Singspiel musst du mir mal geben, gefällt mir. Werde ich mit meinen Schülern auch einüben." Käthe umarmte Lisa. „Das ganze Sommerfest ist ein Riesenspaß für alle", lachte sie. „Ganz meine Meinung", grinste Anneliese und nahm Jakub das Tablett ab. „Vor allem, wenn es Würstchen und Kartoffelsalat gibt."

„Karl, hast du mal Zeit nächste Woche? Jetzt ist das Sommerfest ja vorbei." Kurt sah Karl an und langte nach dem Senf. „Wir haben zwei neue Lipizzanerstuten, die müssen bewegt werden. Wir könnten ausreiten." Karls Augen leuchteten. „Mittwoch wäre mir recht." Er seufzte. „Bin ewig nicht auf einem Pferderücken gesessen." Kurt rieb sich die Hände. „Die Pferde werden dir gefallen, ich freue mich riesig."

„Vielleicht könnten wir die Runde durch den Birkenwald nehmen? Ich will sehen, ob es schon Pfifferlinge gibt."

„Nee, Karl, das ist zu früh", warf Käthe ein. „Da musst du schon noch vier Wochen warten." Karl sagte nichts dazu. Er wusste, dass es einen Sonnenhang gab, wo die Pfifferlinge früh sprossen. Doch hier vor den vielen Ohren wollte er dieses Geheimnis nicht preisgeben. Deshalb zuckte er mit den Achseln und nahm sich noch ein Brot aus dem Körbchen.

„War einer von euch schon in `Olympia`?", fragte Kurt in die Runde. „Der Film von Leni Riefensthal über die Olympiade in Berlin? Soll sehr gut sein." Bob wirkte interessiert. „Wir waren noch nicht da. Jetzt hat der Film sogar in Cannes den Filmpreis bekommen. Alle loben die schönen Bilder."

Anneliese legte ihr Besteck auf den leeren Teller.
„Kurt und ich wollen ihn unbedingt ansehen. Ich
bin gespannt auf diesen schwarzen Amerikaner,
den schnellsten Menschen der Welt."
„Können wir nicht zusammen gehen?", fragte Lisa.
„Ins Famoli nach Herrnstadt."
Lisas Mutter betrieb seit fünf Jahren ein Kino in
Herrnstadt in der Guhrauerstraße. Das Kino hatte
200 Plätze und spielte samstags, sonntags und
Mittwoch abends. Lisa strahlte. Ein Kinoabend,
das hatten sie lange nicht mehr gehabt. Sie würde
die Rinneoma bitten, auf die Kinder aufzupassen.
Bob rief nach der Bedienung, zahlte und ging mit
Käthe im Arm davon. Da nahte sich Bürgermeister
Kutzner. Er ließ sich auf dem freien Platz neben
Karl nieder und schüttelte ihm die Hand. „Danke,
Lehrer Bertram. Die Aufführungen waren großartig. Sie sind eine Freude für unser Dorf und für
mich persönlich natürlich auch." Er wird doch
keine Rede halten, dachte Lisa gelangweilt. Sie
mochte sein Getue nicht, er sprach, als würde jemand ein Stück aus einer Zeitung vorlesen. „Ich
darf Ihnen, werter Herr Lehrer Bertram, noch die
herzlichsten Glückwünsche von Gauleiter Martin
ausrichten. Er sei sehr stolz, sie als tüchtigen Segelflieger unter seinen Beamten zu haben. Sie bringen
uns große Ehre. Besonders erwähnte der Gauleiter,
dass sie als Truppführer die Segelflugjugend anleiten und heranbilden. Auch wusste er von den Er-
folgen ihrer Schüler bei den Modell

Flugwettbewerben. Sie hätten einen Orden verdient, meinte Martin." Karl lachte erfreut und bedankte sich für die schönen Worte, aber Lisa sah, dass die Ader an seiner Schläfe pochte, hinter dem Lächeln ärgerte er sich. Karl mochte den Gauleiter nicht, doch hier würde er das niemals äußern. Ein unbedachtes Wort und Kutzner würde ihn anschwärzen, das war sicher.

Zum Glück erhob sich er Bürgermeister und Karl konnte die letzten Pappbäumchen aufräumen.

Leise schnurrte der Wagen über die Chaussee. Karl hatte lässig den Ellenbogen auf das offene Fenster gelegt, Lisas Schal flatterte im Sommerwind, ausgelassene Sonntagsstimmung, sie fuhren zu den Großeltern nach Bartschdorf.

Über dem Eingangspavillon flatterten bunte Fähnchen und ein großes Pappschild mit einer 65 prangte über der Tür. Martha hatte ihren Sohn kommen sehen und eilte ihnen entgegen. „Kommt rein, meine Lieben! Schön dass ihr da seid." Sie freute sich überschwänglich über den großen Strauß Rittersporn und Sonnenhut, den Lisa ihr in die Hand drückte. „Aus dem eigenen Garten? Also Lisa, du hast wirklich ein Händchen für so was. Wunderschön!"

„Alles Gute zum Geburtstag, Mutter." Karl drückte sie liebevoll. „Und Gottes Segen für das neue Lebensjahr." Sie strahlte ihn an, war stolz auf ihren Ältesten. Christl hatte den Dackel entdeckt und versteckte sich hinter Papas Hosenbeinen, Jutta dagegen streckte die Händchen aus, sie hatte keine Angst.

Jetzt erschien Karls Vater in der Tür des Herrenhauses. Im Gegensatz zu der zarten Martha füllte Otto den Türrahmen. Rund leuchtete sein Gesicht und der volle Schnauzer glänzte. „Nur herein, die Herrschaften. Fritz und Hanne sind schon da." Er trat zur Seite.

„Setzt euch doch!" Martha strahlte. Sie liebte es, ihre drei Söhne mit den Familien um sich zu haben: Karl, Fritz und Oskar. „Oskar ist draußen. Der Tierarzt ist noch da. Später können die Kinder das Neugeborene Fohlen streicheln."

Oskars Frau Erika stellte Kaffee auf den Tisch und schnitt den Kuchen an. Martha hatte wieder einmal schlesischen „Sträselkucha" gebacken. Sogar Schlagsahne stand da.

Als Otto endlich die Tafel aufhob, sprangen die Kinder erlöst davon. Vor allem Hannes interessierte sich für das junge Fohlen und so suchten die Kinder nach dem Pferdeknecht, damit er ihnen die Box aufsperrte.

Die Frauen trugen das Geschirr in die Küche, während die Herren ins Herrenzimmer umzogen. Otto schenkte ein Kirschwasser ein. „Hab ich in Birkenhöhe in der Brennerei Otto gekauft. Ich hole den Schnaps immer da, die brennen ein gutes

Wässerchen", lobte er. „Der Brenner Hirschberger versteht sein Geschäft. Prost!"

„Gratuliere übrigens zur Fliegerprüfung, Bruder-herz", fing Oskar an. „Stand sogar im Amtsblatt. Bin ganz schön stolz auf dich." Karl wurde rot. Sein jüngster Bruder hatte schon immer zu ihm aufgesehen. Dabei verdiente er ebenso Anerken-nung, denn er führte den elterlichen Hof modern und fortschrittlich. Seinen Erfolg konnte man rings ums Haus sehen: weite Weizenfelder, Kartoffeln, Raps und Rüben. Dazu ein riesiger Garten, den er biologisch-dynamisch bewirtschaftete. Nicht zu vergessen den Pferdestall mit fünf Schlesier Pfer-den. Der Vater ließ ihm freie Hand, sah kaum nach dem Alltagsgeschäft. Er war nie ganz Bauer gewe-sen. Lieber kümmerte er sich um die Försterei und verbrachte die meiste Zeit in seiner Versicherungs-agentur, die sehr gut lief.

Karl hatte gar nicht gemerkt, dass sein Vater ihn fragend ansah. „Nachschenken?" Karl stellte sein Glas auf den Rauchtisch. „Danke, nein, genug Al-kohol. Ich hole mir ein Glas Wasser."

„Bist du jetzt auch im Nationalsozialistischen Flie-gerkorps?", wollte Oskar wissen, als er zurück-kam. Karl winkte verärgert ab. „Sie haben unseren alten Luftsportverein einfach einverleibt, die Nati-onalsozialisten. Ganz eindeutig, was sie wollen: damit haben sie die Jugend, unsere Jugend. Unsere Flugzeuge, unsere ehrenamtliche Arbeit…" Karl schluckte. „Meine Jungs…", sagte er leise. „Sie machen das ganz systematisch: zuerst vereinnahmen sie den Modellbauclub in der Schule. Da sind die Jungen begeistert dabei, auch viele Mädchen übrigens. Und dann kommt der Bau von großen Seglern, der Luftsportverein. Die jungen Leute schwirren übers Gelände, helfen bei den Starts, haben Riesenspaß. Alles in Ordnung so weit. Aber dann beginnt der Drill, aus Spaß wird Ernst und am Ende schicken Sie diese großartigen jungen Männer zur Luftwaffe."

„Das heißt, du bist jetzt Truppführer bei den Nazis", fasste Fritz zusammen, „ohne dass du es wolltest."

Karl nickte betrübt und schwieg. „Versuche meinen alten Flugausweis so lange wie möglich zu behalten. Auf dem ist noch kein Hakenkreuz."

Mit einer resignierten Handbewegung setzte er hinzu: „Lassen wir das Thema. Ich hoffe, der braune Spuk ist bald vorbei."

Fritz hob die rechte Augenbraue. „Wenn du dich da mal nicht täuscht."

„Ach, reden wir von etwas Erfreulicheren", ging Otto dazwischen. „Habt ihr meine Baupläne für den neuen Stall schon gesehen?" „Du willst einen neuen Stall bauen? Aber Vater, dafür gibt es doch keinen Platz mehr auf dem Hof."

„Der Alte kommt weg." Otto breitete die Pläne auf dem kleinen Tischchen aus. „Wollte noch eine Dreschmaschine kaufen, die kann ich dann hier unterstellen." Eifrig fuhr er mit dem Finger über den Plan, völlig in seinem Element. Zum Glück kamen die Frauen aus der Küche und gaben dem Gespräch eine andere Richtung.

„Wie war der Olympia Film?", wollte Erika wissen. „Herrliche Bilder! Wäre gern in Berlin dabei gewesen."

„Im Kino siehst du mehr, als im großen Stadion", entgegnete Lisa.

„Ansonsten kann man sich das Kino in letzter Zeit sparen. Nur noch oberflächlicher Heile-Welt-Kitsch!", schimpfte Fritz. „Ich hätte mal wieder Lust auf was Kritisches oder einen spannenden Krimi."

„Mutti hat wenig Einfluss auf die Filmauswahl. Sie muss in ihrem Kino das Spielen, was das Publikum sehen will."

„Wie bei uns in Schweidnitz", seufzte Hanne.

Die Tür flog auf. „Großvater!", rief Hannes. „Dürfen wir dem Fohlen einen Namen geben?" Erwartungsvoll drängten die anderen Kinder hinter ihm herein. Otto lachte. „Von mir aus. Aber sucht einen schönen Namen aus, immerhin ist es am Geburtstag meiner lieben Martha geboren." Damit nahm er seine Frau in den Arm und drückt ihr einen Kuss auf die Stirn. Lisa mochte ihre Schwiegereltern, besonders Martha. Sie war fleißig und hilfsbereit und doch meistens freundlich und still im Hintergrund. Ihr völlig weißes Haar hatte sie zu einem Knoten gebunden, immer um spielte eine widerspenstige Strähne ihr Gesicht. Weil sie Ruhe und

Zuversicht ausstrahlte, fühlte sich Lisa in ihrer Gegenwart leicht und umsorgt. Ihr Gottvertrauen schien grenzenlos, meistens summte oder sang sie ein Kirchenlied.

Die Männer erhoben sich. Ob sie nach dem Fohlen oder eher nach den Kindern sehen wollten, war nicht klar.

„Ihr habt einen neuen Tierarzt?", fragte Fritz erstaunt, als er einen älteren Herrn in sein Automobil steigen und davonfahren sah. Otto brummte etwas Unverständliches, so dass Karl überrascht stehen blieb.

„Was ist mit Hartenstein?", fragte er ahnungsvoll.

„Sie haben ihm die Approbation entzogen", schimpfte Otto. „Aber warum?"

„Er ist Jude." Otto lächelte gequält. „Einen wie ihn werde ich nicht mehr finden, fürchte ich."

Lisas lehnte an der Boxenwand. Hartenstein, dachte sie. Seit ich mich erinnern kann, gab es keinen anderen Tierarzt hier. Nie mehr würde er seine Tasche zuschnappen lassen und sagen: „ich empfehle mich." Er hatte zum Haus gehört wie der Brunnen im Hof.

„Was macht die Arbeit?" Otto klopfte Karl auf die Schulter. „Immer noch so begeistert wie am Anfang?" Lisa grinste. Natürlich! Karl ging ganz in seinem Beruf auf. „Ich liebe, was ich tue, Vater! Gibt es etwas Wichtigeres auf der Welt, als die Jugend auf die Zukunft vorzubereiten, ihren Charakter zu formen, ihnen die Liebe zu unserer schlesischen Heimat ins Herz zu pflanzen, deutsche Literatur, deutsche Lieder…?"

„Nicht zu vergessen die Wissenschaft…", mischte sich Fritz ins Gespräch. „Physikalische Gesetze, Geographie, Chemie. Da gibt es so viel zu entdecken." „Und die Leibeserziehung…"

„Bei zwei so begeisterten Lehrern bin ich froh, dass mir Oskar geblieben ist. Nicht wahr, Junge?" Otto legte seinem Jüngsten die Hand auf die Schulter. „Oskar arbeitet nicht minder wissenschaftlich", lobte er. „So oft hockt er abends noch über diesen modernen Landwirtschaftsbüchern. Das muss ja was werden." Er klopfte Oskar auf den Rücken. „Und rechnen kann er auch, der Bursche!"

Das Dienstmädchen kam gelaufen. Die Köchin hätte den Rehrücken fertig. Dazu gäbe es Backobst mit Semmelklößen. Die Herrschaften sollten zu Tisch kommen. Lachend und schwatzend ging die Familie über den Hof ins Haus zurück. „Und nach dem Essen gibt es Hausmusik!", rief Otto. „Ihr habt hoffentlich eure Instrumente mit? Mutter freut sich schon die ganze Woche darauf, mit euch zu singen."

September 1937

Liegt Kattowitz nicht in Polen?", fragte Lisa beim Abendessen und stützte nachdenklich den Kopf auf die Hand. „Martha hat mir erzählt, dass gestern eine junge Frau aus Kattowitz gekommen sei, Margarete, die Tochter von Willem. Ihr Mann sei bei diesem Grubenunglück im Frühjahr ums Leben gekommen. Jetzt ist sie Witwe und hat zwei kleine Kinder. Stell dir vor, sie ist so alt wie ich!"

„Hab davon gehört", sagte Karl erst. „Und ich vermute, dass Margarete nicht freiwillig dort weggegangen ist." Karl stand auf und kramte in der Papierkiste neben dem Beistellherd nach einer alten Zeitung. „Vor 1922 gehörte die Gegend um Kattowitz tatsächlich zu Deutschland. Nach den Aufständen der Polen und einer Volksabstimmung wurde Oberschlesien aufgeteilt und wir verloren wichtigen Kohle-, Eisenerz- und Zinkbergbau an Polen. Kürzlich stand in der Zeitung..." Karl blätterte. „Hier... Die Übergangzeit von fünfzehn Jahren ist verstrichen. Deutsche ausgewiesen. Ende der Sonderrechte." „Das heißt, Margarete hat nicht nur ihren Mann verloren, sie ist jetzt heimatlos." Lisa schüttelte traurig den Kopf.

„Wir müssen ihr helfen. Sie ist Schlesierin wie wir."

„Ich schlage vor, du besuchst sie morgen. Ich werde im Gemeinderat morgen Abend schauen, ob es nicht eine Unterstützung aus der Armenkasse gibt. Dafür ist die schließlich da."

Als Lisa den Kinderwagen in den Flur schob, hörte sie durch die angelehnte Hintertür aufgeregte Gesprächsfetzen. Sie hatte Margarete besucht und war betroffen von ihrem Schicksal. Ihr zu helfen, musste die Aufgabe des Frauenkreises sein, das schaffte Lisa nicht allein.

Sie schaute aus dem Küchenfenster. Karl hantierte an der Wetterstation, die er mit ein paar Schülerinnen aufgestellt hatte. Neben ihm stand Bürgermeister Kutzner, das Zicklein an der Leine. War es wieder einmal ausgebüchst?

Der Bürgermeister gestikulierte wild und auch Karl schien aufgebracht. Lisas Neugierde war geweckt. Ging es wieder um die Trockenlegung des Birkenmoors, das Karl so gern natürlich erhalten wollte? Oder um den Anbau an den Kindergarten, der dringend nötig war? Worüber stritt Karl so heftig mit dem Bürgermeister?

„Sie nehmen uns die Arbeitsplätze weg und liegen uns nur auf der Tasche!", schimpfte Kutzner gerade, als Lisa die Hintertür leise aufdrückte.

„Aber sie brauchen unsere Hilfe", entgegnete Karl ärgerlich. „Wir können sie doch nicht in ihrem Elend sitzen lassen."

„Ich habe andere Sorgen, Bertram. Was kümmern mich die Flüchtlinge? In Kirchlinden und Winzig sind insgesamt vier Familien angekommen, die aus Mähren geflohen sind. Das sind Antifaschisten, die will ich doch hier nicht." Kutzner redete sich in Fahrt. „Alle samt Gesindel! Die Weiber verdrehen den braven Schlesiern den Kopf und klauen tun sie wie die Elstern…"

„Bitte, Herr Kutzner, das sind doch alles wilde Spekulationen. Die Flüchtlinge sind Menschen in Not. Wir müssen sehen, dass sie hier ein Zuhause finden!"

„Lehrer Bertram, sie bringen uns alle an den Rand mit ihrer Mildtätigkeit…" Kutzner zerrte das Zicklein am Strick und wollte gehen.

„Herr Bürgermeister, mit Verlaub, Margarete Neumann muss Unterstützung aus der Armenkasse bekommen. Dafür zu sorgen, ist unsere Pflicht als Gemeinderat." War es nicht selbstverständlich, dass Margarete unterstützt wurde? Lisa erschrak. Konnte Kutzner das etwa verhindern?

„Hören Sie auf, Bertram! Das klingt ja, als hätten sie ein persönliches Interesse an der Dame." Jetzt wurde Karl wütend. „Wir wohnen in schönen Häusern und bekommen dicke Bezüge vom Staat. Ihnen geht es bestens, Herr Kutzner, aber diese Frau musste ihren ganzen Besitz in Polen lassen. Können Sie sich das vorstellen?"

Kutzner zuckte die Schultern. „Wir können nicht die ganze Welt retten."

„Wir lassen hier keine Flüchtlinge im Stich. Das ist Christenpflicht."

„Sie sind ein Dickschädel, Bertram." Damit drehte sich Kutzner um und wollte gehen.

„Ja, das bin ich, Herr Kutzner. Das werden sie noch merken."

„Kann Kutzner das bestimmen?" Wollte Lisa wissen, als Karl wütend die Schuhe auszog und sich auf den Küchenstuhl fallen ließ. „Ist das nicht von Amts wegen festgelegt?"

„Natürlich ist es das. Deutschland lässt seine Armen nicht verhungern. Aber der Bürgermeister versucht, darum herum zu kommen. Ich glaube, in seinem Kopf spukt immer noch dieser monumentale Dorfbrunnen und die Gedenkstätte für die Kriegsgefallenen. Dann reicht das Geld natürlich nicht mehr für den Unterhalt einer Frau mit zwei Kindern."

„Was bin ich froh, dass du dich bei Kutzner für Margarete einsetzt, Karl. Auf mich würde er nicht hören."

„Du darfst nicht so zaghaft auftreten, Lisa" riet Karl. „In dir steckt eine Menge." Lisa zuckte die Achseln. „Wer hört schon auf eine Frau?" „Ich! Ich höre auf meine Frau", sagte Karl und gab ihr einen Kuss auf die Nasenspitze.

Leise schloss Lisa die Tür zum Kinderzimmer und strich Karl über den Arm, der über einen Stapel Schulhefte saß. „Ich gehe dann mal runter, es ist gleich acht." Unten hörte sie schon die Haustür. Sicher Sara Teews, sie kam meistens zu früh. Noch ehe Lisa die Klassenzimmertür erreicht hatte, hörte sie den Klavierdeckel klappen und eine leise Melodie ertönte. Sara hatte kein Klavier und klimperte gern bis die anderen kamen. Lisa suchte die Liederbücher und ihre Noten zusammen, der Raum füllte sich. Martha Hirschberger kam Arm in Arm mit ihrer Tochter Adele, Erna Apelt vertieft in ein Gespräch mit Pauline Dalibor, der Ladenbesitzerin, Lisas Freundin Anna hatte endlich den Stoff besorgt, auf den Lisa seit drei Wochen wartete. Als Letzte erschien Lisas Freundin Anneliese Otto mit hochrotem Kopf, offensichtlich war sie schnell gelaufen. Lisa setzte sich ans Klavier und atmete tief ein. Die nächsten zwei Stunden gehörten ihr und den Frauen aus dem Dorf. Anna wünschte sich das Riesengebirgslied. Die Frauen saßen im Halbkreis ums Klavier, Lisa stimmte an. Die Frauen sangen mit ganzer Hingabe: „es freit ein wilder Wassermann…" „Wir wollen zu Land ausfahren" und „es dunkel schon in der Heide". Fast eine Stunde wurde gesungen und es machte so gute Laune. Lisa vergaß dabei die Welt. Wenn es auch oft krumm und schief klang, das störte keinen.

Schließlich verteilten sich die Frauen an die Tische und holten ihre Handarbeiten heraus. Mit dem Blick auf eine Stickdecke oder ein Strickzeug redete es sich leichter.

Hier war die Mitte des Dorfes: Neuigkeiten wurden ausgetauscht, Freud und Leid geteilt oder einfach über Politik und Kultur philosophiert. Wer Sorgen hatte, teilte sie mit den anderen, wer eine gute Geschichte gefunden hatte, las sie vor, wer einen Witz kannte, gab ihn zum Besten. Jede der Frauen war eingebunden, wurde ernst genommen, die Alten wie die Jungen.

Heute erzählte Lisa von den Neumanns und natürlich wusste Pauline Dalibor längst davon. „Was können wir tun?", fragte Anneliese und Lisa freute sich über das „wir". Die anderen rückten näher und wollten Genaueres wissen. Lisa erzählte von dem Holzhaus in Willems Garten, in dem sich Margarete mit den Kindern einrichten wollte.

„Ich hätte noch eine Kommode mit Schubladen", bot Sara sofort an.

„Wir haben noch ein Bett übrig vom Großvater", sagte Ruth Cianetzke. „Ich hätte zwei Töpfe…"

„Ich kann Vorhänge nähen!"

Lisa klatschte fröhlich in die Hände. „Wunderbar! Da wird Margarete staunen, wie wir Frauen zusammenhalten! Das größte Problem ist der Herd. Keine Ahnung, wo man einen Herd herkriegt."

Anneliese grübelte. „Vielleicht kriegt der Nocho-
witz das hin. Der macht bei uns solche Sachen. Er
könnte eine Feuerstelle mauern."
„Also, meldete sich Frieda schüchtern, „mein
Schwager ist Ofensetzer in Winzig. Er würde uns
bestimmt einen Herd besorgen. Aber wer soll das
bezahlen?"
„Na wir", rief Ruth ohne lange nachzudenken.
„Wir sammeln im Dorf. Wenn jeder nur ein paar
Reichsmark gibt, oder?"
Martha nickte. „Wäre doch gelacht, wenn wir das
nicht schaffen!"
Pauline gähnte und sagte: „Ich sollte ins Bett. Morgen ist Flachsraufe, das wird ein harter Tag auf
dem Feld." Alle verabschiedeten sich fröhlich und
Lisa lächelte zufrieden. Sie würden Margarete hel-
fen, alle zusammen, die Frauen von Birkenhöhe.

„Wir fahren in die Rhön!" Verkündete Karl stolz,
als er am Abend vom Flugplatz kam. Er warf Fliegermütze und Handschuhe in die Schublade und
legte die Brille dazu. „Kurt und ich sind zum Flug-
wettbewerb angemeldet." Er strahlte über das
ganze Gesicht und nahm Lisa in den Arm. „Ich bin
so glücklich, dass sie uns zugelassen haben!"
Lisa strahlte nicht und das sah Karl sofort. „Ich
habe immer Angst, wenn du fliegst. Und in der
Rhön war letztes Jahr das große Unglück", sagte
Lisa leise. „Lisa, der Jährlich flog fast 5000 Meter

hoch. Das war ein Rekordversuch. Es war übles Flugwetter. Keine Sorge, ich bleibe in der kleinen Kategorie. Wir dürfen den Laster vom Luftsportverein nehmen und wir kriegen den Schulgleiter SG 38. Das ist unser bestes Flugzeug!" Er rieb sich erwartungsvoll die Hände. Lisa schwieg, was sollte sie machen? Hatte er nicht neulich noch gesagt: ich höre auf meine Frau? Beim Fliegen galt das scheinbar nicht.

Am nächsten Wochenende packte Karl seine Sachen und fuhr morgens um vier mit Kurt los. Den ganzen Tag hatte Lisa das Radio an. Der Deutschlandfunk brachte Nachrichten und erwähnte die Veranstaltung in der Rhön mit ein paar dürren Sätzen. Lisa atmete auf, kein Unglück. Sie wollte eben in die Küche gehen, da hörte sie einen Sprecher, dessen Stimme sich vor Begeisterung überschlug: „Rund sechzig Hochleistungsflugzeuge aus fünfzehn Luftsport Landesgruppen sind auf der Wasserkuppe am Start. Nur die besten Flieger und das beste Flugmaterial finden sich hier ein. Dieses Jahr fällt das schneidige, disziplinierte Auftreten der Fliegergruppen auf. Es wird nicht allein die fliegerische Leistung bewertet, sondern daneben auch der Gemeinschaftsgeist und die Zusammenarbeit der Gruppen. Dem Willen des Reichsministers der Luftfahrt, General der Flieger Hermann Göring folgend, kämpft nicht Pilot gegen Pilot, sondern Gruppe gegen Gruppe. Einer für alle, alle für einen. Aus diesem Geiste heraus, sind wohl die

großen Leistungen zu erklären, die dieser Wettbewerb bringt. Bereits dieser erste Tag brachte einen
Rekordflug bei bestem Segelwetter schaffte der Pilot Ludwig Hoffmann mit seinem „Rhön Sperber"
eine Rekordleistung. Er flog 474 Kilometer weit.
Noch die ganze Woche werden die Segler starten,
auch das gesellige Leben kommt nicht zu kurz.
Heute Abend tritt Zara Leander auf und unterhält
die Fliegerkameraden im Zelt. Wir hören nun ihr
Lied…" Lisa schaltete das Radio aus und ging in
die Küche. Nein, die ganze Woche würde Karl
nicht in der Rhön sein. Nur noch den Sonntag,
denn Montag war wieder Schule. Ein Glück. Lisa
brühte sich einen Kaffee auf, setzte sich damit in
die Laube und genehmigte sich eine Zigarette. Sie
rauchte nur hin und wieder, doch jetzt brauchte sie
eine.
Nach Mitternacht fuhr ein Laster vor und setzte
Karl an der Schultür ab. Lisa hatte mit einem Pfef-
ferminze Tee gewartet, hundemüde. Doch Karl
wollte nicht schlafen, aufgekratzt hockte er am Küchentisch. Die Erlebnisse sprudelten geradezu aus
ihm heraus. Hanna Reitsch habe er kennengelernt,
eine großartige Fliegerin. Espenlaub und Schnei-
der hätten das neue „Grunau BabyIII" vorgestellt.
Was für ein schnittiger Vogel das sei.
Lisa nippte am Tee und beobachtete ihren Mann
über den Tassenrand. Wie ein begeisterter Schul-
junge, dachte sie. Seine Augen strahlten, mit seinen schlanken Fingern fuhr er durch die Luft und

malte ein Bild von diesem neuen technischen Wunderwerk. Einfach sei es, aber grandios durchdacht, hervorragend gelöst, sie würden es nachbauen... Lisa verstand nur die Hälfte. Ihre ganze Aufmerksamkeit galt diesem wunderbaren, dunkelhaarigen Burschen, mit der runden Brille. Selbst um diese Uhrzeit saß seine Krawatte gerade, nur das Jackett hatte er über die Stuhllehne gehängt. Unter dem Hemd konnte sie seine athletische Statur ausmachen, seine kräftige Brust. Und urplötzlich überkam sie der Wunsch, sich in seine Arme zu schmiegen. „... Du hörst mir ja gar nicht zu, Liebes!" Er schlang seine Arme um sie. „Natürlich, du bist müde. Es ist schon nach Mitternacht. Gehen wir schlafen." Er zog sie an sich und streichelte ihren Rücken. Eine herrliche warme Geborgenheit breitete sich in ihrem ganzen Körper aus. Endlich war er wieder zu Hause.

Dezember 1937

Ich weiß nicht, wie der Betrieb sich wieder erholen soll", seufzte Karl und rieb sich müde die Augen. „Der Paul hat schon fünf Kühe verloren bei dieser verflixten Seuche." Lisa legte ihre Flickwäsche zur Seite und trat hinter Karl, der im Herrenzimmer am Sekretär die Kassenbücher ausgebreitet hatte. „Ich hoffe, er kann die restlichen vier retten."

„Furchtbar, dass die Maul- und Klauenseuche jetzt auch in Birkenhöhe um sich frisst. Ich dachte, wir bleiben verschont." Lisa schüttelte den Kopf. „Die armen Bauern."

„Paul wird einen Kredit aufnehmen müssen, um neue Tiere zu kaufen."

„Kriegt er den? Sicher hat er die Scheune noch nicht abbezahlt."

Es klopfte an der Haustür. Karl schob den Stuhl zurück und öffnete. Georg Schroer klappte den Regenschirm zusammen und stellte ihn in den Flur. „Mistwetter!", schimpfte er. Lisa nahm ihm die nasse Jacke ab und legte seinen Hut auf die Ablage.

„Bin schnell fertig, Bertram. Wollte nur zwanzig Mark abheben, weil wir morgen nach Herrnstadt fahren zum Schuster Hirsemann. Emmi braucht Winterschuhe." Er zog das Sparbuch aus der Brusttasche und gab es Karl. Der holte zwei

Scheine aus der schweren Schublade und schob
Georg das Kassenbuch hin zur Unterschrift.
„Wir haben nochmals sieben Leute gekriegt", murmelte er, als der die Scheine in seiner Börse verstaute. „Sind Deutsche, aus Rumänien, aus dem
Banat." Schroer seufzte. „Eine verrückte Zeit, überall brennt es. Nix ist gescheit geregelt. Und wo du
in der Minderheit bist, hast du es schwer."
Wieder klopfte es an der Haustür. Bauer Peisker
schüttelte im Flur seinen Mantel ab. Er blieb im
Hintergrund stehen, bis Georg sich verabschiedet
hatte, erst dann zog er einen prallvollen Geldbeutel aus der Tasche. Offenbar wollte er nicht, dass
Georg sah, wie viel er einzahlte. Er sei in Herrnstadt einen ganzen Wagen Kartoffeln losgeworden,
ein gutes Geschäft. Gemeinsam zählten sie das
Geld und Karl trug den Betrag ins Kassenbuch ein.
Peisker hatte noch nicht einmal den Mantel an, da
kam Schreiner Welte mit den Monatseinnahmen
und kurz darauf erschien Jakob Heuchert mit einer
Rechnung vom Klempner und mit fünf Mark, die
Karl nach Berlin zu Heucherts Mutter anweisen
sollte.
Lisa stopfte derweil Juttas Strümpfe und hörte zu,
was die Leute redeten. Wie lange verwaltete Karl
schon die Raiffeisenkasse? Bald fünf Jahre! Er
konnte sehr gut Kopfrechnen, behielt den Über-
blick und führte die Bücher akkurat. Lisas Aufgabe
war es, am nächsten Morgen den Fußboden nass
zu wischen, denn jeder trug Regenwasser und

Matsch herein, obwohl alle die Füße ordentlich abtraten. Karl sieht müde aus, dachte Lisa. Nach einem anstrengenden Tag in der Schule noch die Dorfsparkasse zu führen, war viel verlangt. Aber er sagte immer, das sei sein Beitrag für die Gemeinschaft. Die Dorfleute vertrauten ihm und der Zusatzverdienst, den die Raiffeisen zahlte, war ein hübsches Zubrot.

Kurz vor neun, Lisa konnte kaum noch die Augen offenhalten, stapfte Max Kruse zur Tür herein. Er knallte sein Sparbuch auf den Tisch und schimpfte: „Ihnen als Lehrer sollte so was nicht passieren. Eine einfache Plus Rechnung müssten sie beherrschen!" Lisa zog unwillkürlich den Kopf ein. Sie mochte den Mann nicht. Er redete so viel und wenn man dachte, er sei zu Ende, fing er wieder von vorn an. Und meistens ging es um seine Person, um nichts anderes.

„Hier", er blätterte das Buch auf. „Rechnen Sie das mal nach, da muss dreihundertsechsundachtzig rauskommen." Karl setzte die Brille auf und vertiefte sich in die Zahlen. Kruse ließ seinen Blick durchs Zimmer schweifen. Er verriet Geringschätzung. Als er Lisa bemerkte, ging ein anzügliches Grinsen über sein dickes Gesicht. Widerlich. Karl nahm das Sparbuch und stand auf.

„Hier auf der Seite davor, sind noch neunzehn Mark abgegangen. Haben Sie die mitgerechnet, Herr Kruse?"

Kruse hob die Augenbrauen und plötzlich hatte er es sehr eilig. Als er zur Tür hinaus war, prustete Karl los: …" Sie als Lehrer sollten eine einfache Plusrechnung beherrschen!"

Lisa packte das Flickzeug in den Korb und erhob sich schwerfällig. Schluss für heute.

Es klopfte es noch einmal. Alfred Kalutzka schloss die Tür rasch hinter sich. Offensichtlich kam jetzt noch ein Sturm auf. Lisa verschwand in der Küche und war froh, dass Karl sich höflich um den Mann kümmerte. Er machte ihr Angst. Dabei konnte sie gar nicht genau sagen, warum. Vielleicht war es seine knochige Gestalt? Die dürren Finger? Die buschigen Augenbrauen über den eiskalten Augen? Kalutzka war Parteigänger von der begeisterten Sorte, ein Einzelgänger, der draußen an der Chaussee bei seiner Mutter wohnte, obwohl er bestimmt auf die fünfzig zuging. Anna hatte erzählt, er laufe ihr manchmal nach und dränge ihr ein Gespräch auf. Sie solle doch in die NSDAP eintreten. Aber da war er bei Anna an der Falschen. Lisa horchte auf.

„Diese große Summe müssen sie vorher anmelden, Herr Kalutzka", erklärte Karl gerade. „Das muss ich in Herrnstadt besorgen. Habe ungern so viel Geld in der Schublade."

Der Mann wandte sich zum Gehen, stand im Hausgang stramm und erhob den Arm zum Hitlergruß. Karl tat es ihm nach, aber das „Heil Hitler" wollte ihm nicht über die Lippen kommen.

Kalutzka bemerkte es wohl, sagte aber nichts und verschwand im Dezembersturm.

„Puh! Bei dem Mann hab ich immer den Eindruck, er hat einen Röntgenblick. Und jeder, der nicht offen mit der Regierung sympathisiert, wird mit scharfen Augen beobachtet."

„Ich mag ihn nicht." Lisa schüttelte sich.

„Ich muss noch zusammenräumen und das Licht ausmachen", sagte Karl und gähnte. „Und morgen musst du wischen. Die Leute haben eine Menge Dreck hereingetragen."

Karl drehte das Radio aus. „In Guhrau haben Vermummte einen Gewerkschafter zusammengeschlagen." Er schüttelte den Kopf. „Und in Breslau gab es eine Straßenschlacht Linke gegen Rechte. Die Welt ist verrückt geworden. Ein Glück wohnen wir auf dem Dorf." Lisa band Jutta das Lätzchen ab und wusch ihr die Hände.

„Ich glaube, ich lege mir sicherheitshalber einen Gummiknüppel zu", murmelte Karl. „Mir ist nicht wohl, wenn wir Geld im Haus haben. Noch dazu wohnen wir am Dorfrand und die Haustür steht oft offen. Da will ich mich wenigstens wehren können, wenn einer kommt."

Lisa riss die Augen auf. „Kann das passieren?"
fragte sie entsetzt. Karl hob beschwichtigend die
Hand.

„Vorsicht ist die Mutter der Porzellankiste",
grinste er. „Solange ich hier bin, verteidige ich
euch mit Zähnen und Klauen." Mit der Lupe fuhr
er über die grüne Briefmarke, die er eben mit der
Pinzette hinter den Cellophanstreifen in seinem
Briefmarkenalbum geschoben hatte. „Jetzt fehlt
mir nur noch die fünfzehn, dann ist der Satz komplett", murmelte er. „Ich werde Fritz bitten, mir
genau die Marke nächstes Mal auf den Brief zu
kleben." Stolz blätterte er die Seiten um. „Da habe
ich schon ganz schön was gesammelt und so schön
einsortiert." Er klappte das Album zu und schob es
ins Bücherregal. „Wenn ich nur öfters Zeit hätte.
Da liegt noch das ganze Kästchen Unabgelöste im
Schrank."

Lisa lachte. „Vielleicht musst du nicht auf allen
Hochzeiten tanzen?", fragte sie schelmisch.

„Das musst du gerade sagen, Elisabeth Bertram!
Du hast auch überall die Finger drin." Er zog sie in
seinen Arm. „Hättest du übrigens Lust, uns ins
Riesengebirge zu begleiten?"

„Wie bitte? Wer fährt ins Riesengebirge?", fragte
Lisa entgeistert.

„Mein Kollege Bob aus Herrnstadt und ich, wir ha-
ben uns kürzlich unterhalten. Die Jugend sollte
Skifahren können: Bewegung an der frischen Luft,
Stärkung von Körper und Persönlichkeit und

natürlich sollte der Spaß nicht zu kurz kommen. Da hat Bob gleich Nägel mit Köpfen gemacht und uns in der „Spindlerbaude" an der Schneekoppe angemeldet. Die acht Jungs aus den oberen Klassen, seine zehn aus Herrnstadt und wir beide. Eine große Sache. Hast du Lust?" „Wann?" „Die erste Februarwoche achtunddreißig. Na, was sagst du?" Lisa musste sich setzen. Was hatten die Männer nur für verrückte Einfälle! „Um ehrlich zu sein, ich brauche dich." Karl blinzelte Lisa über den Brillenrand an. „Schließlich können wir nicht mit der kompletten Mannschaft auf einmal in den Schnee. Du könntest die andere Hälfte in der Zwischenzeit beaufsichtigen."

Lisa sog die Luft ein. „Das kann ich?" fragte sie zweifelnd.

„Klar! Ihr singt was miteinander oder lest eine Geschichte vor." „Und unsere Kinder?" „Die Rinne Auguste von neben an wird hier schlafen, ist schon ausgemacht. Außerdem ist das Pflichtjahrmädchen ja noch da."

Lisa schüttelte den Kopf. „Oh Karl! Woher nimmst du nur diese Energie? Deine Schüler wissen gar nicht wie gut sie es haben. Ich habe noch nie gehört, dass irgendwo Skilaufen unterrichtet wird."

Lisa gab sich einen Ruck. „Ist gut, ich komme mit. Aber sag mal, Mädchen wollt ihr keine dabeihaben?"

Karl starrt sie an. „Mädchen? Können die denn Skilaufen? Im Rock?"

Lisa lachte schallend über sein verdutztes Gesicht. „Der Dussa Maria tät ich das schon zutrauen und diese Brünette aus Marienruh, die ginge sicher gern mit." Da saß er auf der Stuhlkante seines Schreibtischstuhls und sah seiner Frau lange in die Augen.

„Bin ich froh, dass ich dich hab, Lisa. Wo gibt es eine Frau, die ihren Mann so unterstützt in seiner Arbeit?" Sie lächelte. Wo gibt es so einen ungewöhnlichen Mann? Dachte sie warm. Er stand auf und drückte sie in seine Arme. „Ich liebe dich, Lisa", flüsterte er. „Du bist mein ganzes Glück." Sie sagte nichts, schmiegte sich an seine Brust und atmete tief ein. Der Duft seines Rasierwassers mischte sich mit dem Geruch nach frisch gestärktem Hemd und nach Schulzimmer. Er streichelte ihren Rücken, hob fragend die Augenbrauen und deutete die Treppe hinauf. Hand in Hand gingen sie nach oben ins Schlafzimmer.

November 1938

Karl nahm die Brille ab und rieb sich müde über die Augen. Die letzten Schüler stürmten aus der Schultür. Aus der Küche duftete es herrlich nach Gemüseeintopf.

Während Karl die Klassenzimmertür zuzog, schaute er wie immer nach der Post, die Kurt Matschke jedes Mal auf der dritten Treppenstufe im Flur ablegte. Nur wenn er Lisa in der Küche hantieren hörte, klopfte der Briefträger ab und zu bei ihr und schlürfte am Küchentisch einen Most. Heute lag ein ganzer Stapel Briefe auf der Treppe. Fritz und Hanne schrieben regelmäßig einmal die Woche, ein Brief von Tante Grete aus See, eine Postkarte aus Pilsen, wo Onkel Albrecht zur Kur weilte, die neue Luftsportzeitung und ein Brief vom Schulamt. Karl stutzte. Reichserziehungsministerium Berlin. Was wollten die? Sein Herzschlag beschleunigte sich, das konnte nichts Gutes bedeuten. Karl eilte ins Herrenzimmer und schlitzte den Brief auf. Mit wachsendem Entsetzen überflog er die Zeilen.

„… Kommen wir zu dem Schluss, dass es deutschen Kindern nicht länger zugemutet werden kann, neben Kindern nichtarischer Abstammung den Unterricht zu besuchen. Ebenso wenig kann von einer deutschen Lehrkraft verlangt werden, jüdische Sprösslinge zu unterrichten. Deshalb ist es

Juden ab dem 1. November 1938 verboten, eine deutsche Schule zu besuchen…" Karl ließ das Blatt sinken und starrte an die Wand. Welche seiner Schüler waren eigentlich jüdisch? Bis jetzt hatte er sich nicht darum geschert. In Birkenhöhe lebte man friedlich nebeneinander. Simeon und Liliana Cianetzke fielen ihm ein, die Kinder von Jakub und Ruth. Die beiden Meljors aus Marienruh und aus Kleinpeterwitz der lange Daniel. Stimmt, Gustav Teews aus der Oberklasse, ihr Nachbar, der gehörte auch dazu. Aber man konnte ihnen doch nicht einfach die Schule verbieten! Wo Preußen so stolz gewesen war auf seine allgemeine Schulpflicht, die ausdrücklich alle Kinder einschloss. Alle Kinder. Karl holte tief Luft und versuchte seinen Ärger zu unterdrücken.

„Was ist? Du bist ja ganz bleich." Lisa stand in der Tür. Karl schüttelte den Kopf und hielt ihr wortlos das Papier hin. Sie überflog den Text und presste erschrocken die Hand auf den Mund. „Sollte nicht der Simeon nach Ostern aufs Gymnasium nach Steinau? Das schafft er doch nie, wenn er ein halbes Jahr nicht in die Schule kann." „Gustav braucht den Volksschulabschluss, weil er nach Breslau will, zum Studieren." Die beiden sahen sich an. Auch das würde man ihm nicht erlauben. „Mir muss was einfallen, Lisa. Vielleicht kann ich sie heimlich unterrichten, bei uns in der Stube. Da sind die deutschen Kinder ja wohl nicht gestört." Lisa musste sich setzen.

„Das gibt Scherereien, Karl." Karl presste die Lippen zusammen und kratzte sich hinter dem Ohr. Er mochte seine Schüler, besonders Simeon und Liliana. Die beiden waren helle Köpfe, sprachen fließend Deutsch und Polnisch und sogar etwas Französisch. Jakub arbeitete als Kellner im Biedermann, doch er war ein belesener Mann und lieh sich oft Bücher aus der Bibliothek in Herrnstadt. Karl wusste, wie sehr den Cianetzkes die Bildung ihrer Kinder am Herzen lag. Dieses Schulverbot machte ihre Chancen zunichte. Lisa holte ihn aus seinen Gedanken

„Du bringst dich in Gefahr, wenn du dem Ministerium nicht folgst. Und wohin sollen wir gehen, wenn du deine Stelle verlierst?" Sie fasste ihn vorsichtig am Arm und sah ihm eindringlich in die Augen. „Sie haben ihre Bücher und Ruth kann sie unterrichten. Die beiden sind nicht dumm…" Karl lehnte am Türrahmen, fuhr sich durch die Haare und versank im Schweigen.

„Ich fahre zu Bob", sagte er kurz darauf und nahm seine Jacke vom Haken. „Stell mir was von dem Eintopf zur Seite, der duftet wunderbar." Damit drückte er ihr einen Kuss auf die Stirn und holte das Auto aus der Garage. Bob unterrichtete in Herrnstadt an der Volksschule. Er musste dasselbe Problem haben. Lisa deckte den Tisch und rief die Kinder herein. Noch nicht einmal zum Essen hatte er bleiben können, so sehr beschäftigte ihn das

Schicksal seiner jüdischen Schüler. Wenn das der Gauleiter wüsste.

Die Autotür klappte zu, Karl war zurück. Lisa schob den Eintopf auf den Herd zurück und schaltete die Platte ein. Karl warf sein Jackett über die Stuhllehne, gab Lisa einen flüchtigen Kuss und wusch die Hände am Spülbecken. Mit einem Blick erfasste Lisa: es ging ihm nicht gut. Sonst hängte er die Jacke sorgfältig über die Stuhllehne oder an die Garderobe und nahm Lisa liebevoll in die Arme, wenn er kam. Stattdessen ließ er sich auf den Stuhl fallen und starrte auf die Tischplatte. „War gleich bei Jakub. Die wussten es schon", murmelte er niedergeschlagen. „Ruth hat geweint."

Lisa zog einen Stuhl heran und legte die Hand auf seinen Rücken. Sie schwieg. „Der Teews hat getobt. Er habe im Heer gedient, treu fürs Vaterland sein Leben aufs Spiel gesetzt. Ach, ich will seine Worte nicht wiederholen. Verstehe, dass er sich aufregt." Karl schwieg wieder. „Sein Sohn soll was werden. Ja, sehe ich auch so. Nur wie?" Gedankenverloren drehte er seine Brille in den Händen. „Die Juden aus Marienruh haben sich zusammengetan. Sie schicken ihre Kinder ab morgen nach Winzig in die neue jüdische Schule."

„Die kleine Liliana kann soweit nicht laufen", warf Lisa ein. Karl nickte. „Stimmt. Ihren Unterricht kann Ruth übernehmen. Aber Simeon… Und Teews braucht Gustav in der Kirschplantage. Wie soll er noch zwei Stunden Schulweg schaffen?"

Karl atmete tief ein. „Es ist meine Aufgabe. Wenn ich durchs Birkenwäldchen zu Cianetzkes gehe, sieht mich keiner. Und Gustav kann abends zu uns in die Laube schleichen."

Lisa seufzte, sie hatte es gewusst. Karl konnte nicht anders. Besorgt und stolz zugleich sah sie ihn an. Im Dorf würde ihn keiner verraten, außer Kutzner vielleicht. Leute wie der Bischoff durften auf keinen Fall Wind davon bekommen. Karl sah auf. „Und wie war dein Tag, Liebes?", fragte er und Lisa sah in seine warmen, dunklen Augen. Warum wusste sie selbst nicht, aber ihr schossen die Tränen in die Augen. Er sprang auf und schloss sie in die Arme. Lisa schmiegte sich an seine Schulter und weinte.

„Ich bin so müde", flüsterte sie. Was war nur los? Musste sie nicht die starke Lehrersfrau sein, die ihren Mann unterstützte in dieser schwierigen Lage? Warum finden Sie jetzt an zu heulen wie ein Schulmädchen?

Plötzlich hielt Karl ihr Gesicht in den Händen. „Kriegst du etwa ein Kind, Lisa? So bist du doch sonst nicht." Erschrocken hob Lisa den Kopf und starrte Karl an. Die Müdigkeit den ganzen Tag und diese Heulerei. Wenn sie ehrlich war…, doch sie hatte den Gedanken verdrängt. „Lisa! Das wäre doch großartig! Bitte mach kein solches Gesicht. Wir haben Platz genug für noch ein Kind, es geht uns gut. Und stell dir den Jubel der beiden Mädchen vor!" Ein Lächeln huschte über ihr Gesicht, als sie Karl ansah. Richtig rote Wangen hatte er bekommen bei dem Gedanken, noch mal Vater zu werden. Vielleicht ist es ja diesmal ein Junge?

Auf Zehenspitzen schlich Lisa aus dem Kinderzimmer. Jutta hatte sich zum Mittagsschlaf an ihr Stoffschäfchen gekuschelt und Christl hatte ihre Bilderbücher um sich ausgebreitet. Jetzt habe ich ein paar Minuten für mich, dachte Lisa und lächelte. Heute nehme ich mir den Handarbeitsunterricht vor. Sie setzte sich an den Sekretär im Herrenzimmer, zog die Mappe mit den Entwürfen aus der Schublade und blätterte sie durch. Stickvorlagen, Schnittmusterbögen, Anleitungen, Skizzen, alles was sie finden konnte, trug sie zusammen. Wie einen Schatz hütete sie ihre Sammlung. Aus dem Bücherbord holte sie das einzige Handarbeitsbuch, das sie besaß. Die Seiten fühlten sich dünn und speckig an vom vielen Gebrauch. Schnell fand sie die Stickstiche, die jedes Mädchen können sollte: Rückstich, Plattstich, Knötchenstich, Stilstich… und zeichnete sie auf ein großes Blatt. Wenn ich dieses Papier an die Tafel hänge, können die Mädchen immer nachsehen, wie ein Stich geht, überlegte sie. Lisa versank im Zeichnen, vergaß die Welt um sich her und genau deshalb liebte sie diese Arbeit so sehr. Anschließend wickelte sie das Stück Nesselstoff, das ihr Anna besorgt hatte, aus dem Papier und schnitt es in sechzehn kleine

Läppchen. Auf diesen Probestücken können die Mädchen üben. Vielleicht nähen wir daraus noch etwas Hübsches? Vielleicht ein Nadelkissen? Das große Reststück vom Stoff wickelte sie wieder ein. Das gab die Tischläufer, die sie anschließend sticken würden. Wenn wir bis Weihnachten damit fertig sind, haben die Mädchen schöne Geschenke für Mütter und Großmütter. Lisa packte alles in einen Korb. Eine gute Idee von Karl, den oberen Klassen Handarbeitsunterricht zu geben. Früher in Herrnstadt hatte sie schon einmal zwei Jahre lang die Schülerinnen der Volksschule unterrichtet, damals für zwanzig Reichsmark im Monat. Hier bekam sie nur die Hälfte, doch die leuchtenden Augen der Mädchen und ihre Begeisterung waren Lohn genug. Neulich hatte ihr Frau Dussa erzählt, Handarbeit sei das Lieblingsfach ihrer Tochter. Und sie hätte zu Hause selbst eine Tasche genäht. Lisa lehnte sich zurück. Ihr fielen die Augen zu und sie beschloss, sich aufs Sofa zu legen. Am Anfang der Schwangerschaft hatte sie jedes Mal mit Schwächen zu kämpfen gehabt. Mit der Zeit wurde es leichter, das wusste sie. Keine zehn Minuten lag sie da, als Jutta rief. Ihre Pause war zu Ende.

„Der Bürgermeister war da", flüsterte Lisa aufgeregt, als Karl am Abend vom Unterricht bei Cianezkes zurückkam. „Wo du seist, hat er gefragt. Er hätte dich schon öfters in der Nähe von Cianetzkes gesehen. „Du würdest doch nicht etwa heimlich ihre Kinder unterrichten?"

„Und… Was hast du gesagt?" Karl war erschrocken stehen geblieben und sah Lisa an. „Du bist nach Pilzen gegangen, hab ich gesagt, im Birkenwald." Karl grinste und hob ein Stoffsäckchen hoch.

„War gar nicht gelogen, Lisa. Hab noch ein paar sehr späte Maronenröhrlinge gefunden."

„Er wird es herausfinden, Karl. Es ist zu gefährlich." „Da muss ich eben noch vorsichtiger sein." Es klopfte heftig an der Haustür und als Lisa öffnete, stürmte Robert Kutzner in den Flur.

„Na, da ist er ja, der Herr Lehrer!", rief er zornig. „Nun zeigen Sie mal ihre Pilze, die sie gesammelt haben! Im November! Da gibt es keine Pilze mehr, Bertram!"

Zum Glück hatte Karl die Schultasche hinter der Tür abgestellt, das Säckchen mit den Pilzen hielt er noch in der Hand. „Natürlich gibt es die, wenn man weiß, wo, Herr Kutzner. Warum inspizieren Sie jetzt meine Pilzfunde? Stimmt etwas nicht damit?" Kutzner erstarrte.

„Oh, ich… Ich hatte angenommen…" Er schwieg. „Kommen sie doch in die Stube, Herr Kutzner", sagte Lisa höflich. „Da redet es sich leichter." Der Bürgermeister lief flammend rot an. Er setzte sich auf die Sofakante. „Ich… Hatte den Verdacht, ihr

Mann widersetzt sich den Anordnungen des Führers."

„Was wäre daran so schlimm?", fragte Karl ruhig, während er die Schuhe aufschnürte.

„Befehlsverweigerung", fuhr Kutzner auf. „Widerstand gegen die Staatsmacht. Ungehorsam!"

„Herr Kutzner." Karl richtete sich auf und sagte leise: „Für Berlin und Breslau mögen Sie Recht haben. Aber wir hier in Birkenhöhe, wir sollten zusammenhalten und Menschlichkeit walten lassen."

Lisa hielt den Atem an. Er würde es doch nicht etwa zugeben? Sie spürte, wie sich ihr Puls beschleunigte. Wenn Kutzner den Gauleiter benachrichtigte… Der Mann sah Karl an. Er schwieg, blickte nachdenklich zur Wanduhr, deren Pendel gleichmäßig hin und her schwang. Lisa biss sich auf die Lippen und hielt den Atem an.

„Nun, Bertram." Kutzner machte eine Pause und trommelte mit den Fingern auf der Tischplatte. „Ich für meinen Teil habe nichts gesehen und nichts gehört. Ich weiß von nichts." Er streckte die Hand aus. „Dafür könnten Sie mir ab und zu so ein Säckchen Pilze vorbeibringen, wenn sie zufällig mal wieder durch den Birkenwald gehen."

Kutzner grinste, nahm die Pilze und ging. Lisa sackte auf dem Sessel zusammen und atmete tief, dann verbarg sie das Gesicht in den Händen und weinte.

„Mir muss etwas einfallen…", murmelte Karl. „Du ängstigt dich ja zu Tode."

Und ihm fiel etwas ein. Am Dienstagabend, als er mit Christl aus dem Turnen zurückkam, erzählte er, dass er ab jetzt zweimal die Woche zu Bob fahren würde, um seine jüdischen Schüler zu unterrichten. Umgekehrt käme Bob zweimal die Woche zu Simeon und Gustav. Das könnten sie eine Weile machen, bis Kutzner etwas bemerkte. Lisa schmunzelte. So war ihr bedeutend wohler. Als Karl an einem Abend mit dem Fahrrad nach Birkenhöhe zurückfuhr, kam ihm Bob entgegen und an seinem Gesichtsausdruck erkannte Karl sofort, dass etwas Schlimmes geschehen sein musste.

„War grade bei den Cianetzkes. Jakub ist weg!", rief er Karl zu, bevor er vom Rad sprang „Zum Glück saß ich mit den Kindern im Ziegenstall, sonst hätte die Sache für mich auch ein böses Ende genommen. Keine Ahnung, was er verbrochen hat und wo sie ihn hinbringen. Vielleicht gehst du mal bei Ruth vorbei. Sie ist völlig aufgelöst!"

„Der arme Jakub. Der hat nichts Böses getan, er gehört nur zur falschen Gruppe." Jetzt hatte es Karl eilig.

Das Haus am Dorfrand lag im Dunkeln und es schien keiner zu Hause zu sein. Als er klopfte, steckte Frieda nebenan den Kopf aus dem Fenster und winkte ihn heran. Ruth und die Kinder seien drüben bei Heucherts, flüsterte sie und schloss das Fenster gleich wieder, als fürchtete sie sich.

„Wir müssen hier fort, Karl", schluchzte Ruth.
„Ich habe solche Angst, dass sie mich und die Kinder auch holen. Wer weiß wohin sie uns dann bringen." Simeon und Liliana saßen dicht aneinandergedrängt auf dem Sofa, immer noch schreckensbleich. „Wir müssen zu meinem Onkel nach Polen. Das hätten wir längst tun sollen. dort hin wird Jakub kommen, wenn sie ihn laufen lassen."
„Und dort seid ihr sicher", mischte sich Reinhard Heuchert ein, der eben ins Zimmer trat und die Zeitung brachte. „Alle polnischen Juden werden ausgewiesen, hier steht es. In Berlin haben sie ganze Konvois von Polizeiautos aus der Stadt gefahren, voller Juden. Männer zwischen fünfzehn und siebzig. Sie würden über die Grenze abgeschoben." Er faltete die Zeitung zusammen und warf sie auf den Tisch. „Ehrlich, ihr solltet verschwinden." Liliane riss die Augen auf und flüsterte: „Ich habe solche Angst, Mama." Simeon legte den Arm um seine Schwester. Betretenes Schweigen.
„Vielleicht könnte ich euch fahren.", überlegte Karl. Reinhard seufzte. „Die werden an der Grenze kontrollieren, Karl. Und dann bist du mit drin in dem Mist." Der Stubenboden knarrte, als Ilse ein Glas Wasser brachte und es vor Karl abstellte. Der nickte ihr dankbar zu und trank gierig, dann saßen wieder alle reglos und keiner sagt ein Wort. „Ich muss mit Lisa darüber reden", sagte Karl schließlich leise. „Kannst du das Nötigste

zusammenpacken, Ruth? Ich glaube, ich weiß, wie es gehen könnte." Er strich Ruth beruhigend über den Arm. Und zu den Kindern sagte er: „Verabschiedet euch von euren Freunden. Ich fürchte, ein Zurück gibt es nicht." Liliana schluchzte leise. „Bin in einer Stunde wieder da. Schafft ihr das?"

Die Wagenräder knirschten auf dem Kies in der stillen Nacht. Lautlos packten Karl und Ruth die drei Koffer auf die Pritsche, die Federbetten und einen Korb mit Proviant. Liliana klammerte sich an ihre Stoffpuppe, drückte sich zitternd in die Ecke und starrte in die Dunkelheit. Simeon brachte atemlos das gerahmte Hochzeitsfoto seiner Eltern, das er im letzten Moment von der Wand genommen hatte. „Der DKW sei zu auffällig, meinte Lisa. Jetzt hab ich das Gespann meiner Eltern geholt. Mit dem Pferd kommen wir überall durch. Kann's losgehen?" Er zog die Zügel an und lenkte den Schlesier mit dem Wagen auf die Dorfstraße. Obwohl er langsam fuhr, kam es ihm vor, als dröhnten die Räder so laut durch die Nacht, dass das ganze Dorf aufwachen müsste. Doch alles blieb still und sie erreichten die Chaussee unbemerkt. Karl lenkte das Fuhrwerk Richtung Bartschdorf. Dort kannte er sich aus wie in seiner Westentasche. Wie oft war er mit seinem Vater die ganze Nacht auf der Suche nach Wild durch den Wald gestreift. Zwei Stunden fuhren sie durch die dunklen

Birkenwälder, über Feldwege und am Rand von schlafenden Ortschaften vorbei. Sie wichen den Lichtern aus und verharrten angstvoll im Schatten eines mächtigen Baumes, als eine Patrouille auf der Landstraße auftauchte. Die polnische Grenze überquerten sie mitten im Wald. Karl lenkte das Fuhrwerk durch ein seichtes Flussbett, endlich waren sie in Polen. Vor dem Haus von entfernten Verwandten von Jakub hielten sie an. Die staunten nicht schlecht, als Karl die Familie dort ablud. Sie versprachen, die Weiterfahrt zu Ruths Onkel zu organisieren. Karl wünschte viel Glück und verabschiedete sich rasch. Die trostlosen Gesichter der Kinder brachen ihm fast das Herz. Der Morgen graut bereits, als Karl zu Fuß wieder zu Hause ankam und erschöpft neben Lisa ins Bett kroch. Verschlafen kam Lisas Stimme aus dem Kissen: „Danke Karl, wer weiß, wovor du die Familie bewahrt hast." Da schlief er schon.

April 1939

Lisa räumte die Einkäufe in die Vorratskammer und versteckte die Hasen im Kleiderschrank. Schokoladenhasen in Goldpapier! Die hatte sie bei Dalibor entdeckt. Die Mädchen würden jubeln! So etwas gab es nicht alle Tage.

Karl saß immer noch am Radio, offenbar hatte er Lisa nicht kommen gehört. Die Ellenbogen auf den Tisch gestützt, lauschte er angestrengt. Immer wieder rieb er sich das Kinn. „Das gibt Krieg. Wenn die so weitermachen…", sagte er ernst.

„Oh, Karl! Das wäre schrecklich!" Langsam ließ sie sich auf den Stuhl sinken und schaute Karl unverwandt an. Wie ernst er blickte! Aus seinen Augen, die sonst so schelmisch blitzten, war das Leuchten verschwunden. Als sei Lisa nicht da, blickte er in die Ferne und schwieg. Sein Ernst bedrückte sie. Wenn Karl schon so trostlos dreinschaute, woher sollte sie selbst ihren Optimismus nehmen? Sie fasste sich ans Herz.

„Aber wir kriegen ein Kind, Karl! Im Krieg! Wie soll das gehen?"

Er zuckte die Schultern. „Der Führer hat in Böhmen und Mähren ein deutsches Protektorat eingerichtet, den Rest des Landes hat er besetzt, er streckt die Hand nach Osten aus. Erkämpfung von Lebensraum für die germanische Rasse nennt er das." Wieder schwieg er und trommelte leise auf die Tischplatte. „Schlesien liegt an der Ostgrenze. Wir werden mittendrin sein, wenn es so weit kommt." Karl stand auf und legte seine Arme um Lisa. „Wirklich keine gute Zeit, um ein Kind zu bekommen."

„Vielleicht siegt die Vernunft", flüsterte Lisa. „In einem Krieg gibt es nur Verlierer."

Karl seufzte. „Im letzten Krieg wurde mein Vater verletzt. Ich war dreizehn und erinnere mich genau. Nein, es darf keinen Krieg geben…"

Lisa starrte auf die Tischplatte. Das schreckliche Gefühl von Verlassenheit kroch ihren Rücken herauf. Dieses Gefühl, das sie längst überwunden glaubte: sie sah sich mit fünf Jahren, an die große Schwester geklammert, die Mutter tot, der Vater an der Front. Auf der ganzen Welt gab es keinen Menschen, der sich um sie kümmern konnte, außer der mürrischen Großmutter.

Karl zog sie an sich und Lisa legte den Kopf an seine Brust. Sein Herzschlag beruhigte sie.

„Hoffen wir das Beste, Lisa." Flüsterte er.

Lisa legte die weiße Decke auf und holte das gute Geschirr aus dem Schrank. Osterfrühstück. Karl trat an der Hintertür die feuchten Schuhe ab und brachte einen Schwall frischer Frühlingsluft in die Küche. Strahlend streckte er Lisa einen dicken Strauß Himmelschlüssel entgegen. „Frohe Ostern, mein Schatz!"

„Wunderbar!" rief sie und stellte die Blumen in ein Glas mitten auf den Tisch. „Die Sonne kommt schon." Karl rieb sich die kalten Hände. „Wenn die Kinder wach sind, können sie im Garten Eier suchen. Ich hab sie alle versteckt. „Die Schokoladenhasen habe ich gestern Abend schon vor die Zimmertür gestellt", lachte Lisa. „Bin gespannt, was sie sagen."

Christl zog gerade ihren dicken Pullover über, als Lisa ins Kinderzimmer trat. „Habt ihr die Hasen etwa schon gegessen?" Lisa sah sich um, die Goldhasen waren verschwunden.

„Welche Hasen, Mutti?" Lisa runzelte verwirrt die Stirn.

„Ihr habt keine Schokoladenhasen gefunden? Karl!", rief sie die Treppe hinab. Karl schaute herauf. „Ich dachte, du wolltest sie hier…"

„Sie sind weg!"

„Welche Hasen, Mutti?", fragte Christl wieder.

„Hasen in Goldpapier. Sie können nicht einfach weg sein." Lisa starrte ratlos in die Luft. „Ich begreife das nicht…"

„Oh, jemand ist hereingekommen und hat sie gestohlen", jammerte Christl.

„Die Haustür ist abgeschlossen, Christl", versuchte Karl, sie zu beruhigen. „Trotzdem, rätselhaft. Wer soll die Hasen genommen haben?" Lisa wandte sich zur Treppe. „Dann frühstücken wir jetzt und suchen draußen die Eier. Vielleicht kommen die Hasen von allein zurück."

„Schokoladenhasen können nicht laufen, Mutti!",
rief Christl empört. Die Hasen blieben verschwunden.

Als Lisa am Abend Jutta zu Bett brachte, fiel ihr
Blick auf die Wandleiste neben dem Bett. Dort lag
ein Stück Goldpapier. Sollten die Kinder die Hasen
doch gleich verspeist haben?
Christl ließ sich auf die Knie nieder und kroch unter Juttas Bettchen. Triumphierend hob sie noch
ein Stück Goldpapier hoch. Goldpapier vom Ha-
sengesicht. Jutta kletterte wieder aus dem Bett und
half suchen. Bald hatten sie eine ganze Hand voll
kleiner Goldpapierschnipsel zusammen und sahen
sich ratlos an.
Karl schob das Bett von der Wand und da rief
Christl: „Ein Mauseloch! Die Mäuse waren es,
Mutti! Die Mäuse! Alles voller Papier, aber kein
Krümel Schokolade." Lisa schlug die Hände über
dem Kopf zusammen. „Oh Kinder, das tut mir
leid." „Das war ein Mäusefest!", lachte Christl.
„Jetzt haben sie sicher alle Bauchweh!"

Lisa lehnte sich erschöpft an das dicke Kissen, dass
sie im Rücken hatte, damit sie ihr Kind stillen
konnte. Die Schwester hatte es eben gebracht.
Meine kleine Karin, dachte Lisa zärtlich. Ein ge-
sundes, pausbäckiges Mädchen mit einer süßen
Knubbelnase. Karin Regina. Sie hatten die Namen

ausgesucht, weil sie so schön klangen, nach Hoffnung, nach Mut. Davon, ihren Kindern Namen von Eltern und Großeltern zu geben, hatten sie nie viel gehalten. Modern musste ein Namen sein, nach vorn gerichtet. Schließlich lag das Leben vor ihr. Oh, hoffentlich gibt es keinen Krieg, dachte Lisa und das Blut pochte an ihrer Schläfe. Sie mochte nicht daran denken. Da liegt sie, so zerbrechlich, so zart die kleinen Fingerchen. Karl war so stolz gewesen, als er sie im Arm hielt. Ein närrischer, verliebter Vater.

Es klopfte. „Herzliche Glückwünsche, Lisa!" Ihre Mutter eilte ins Zimmer, in der Hand einen leuchtend gelben Strauß Tulpen.

„Aller guten Dinge sind drei!", rief ihr Vater. Martha suchte eine Vase.

„Geht es dir gut?", fragte Ernst und sah Lisa prüfend ins Gesicht, während er Hut und Handschuhe ablegte. Lisa wurde rot vor Freude. Es tat so gut, ihrem Vater wichtig zu sein. Er legte ein Päckchen aufs Bett.

„Schokolade?" Lisa glaubte es kaum. „Wie kommst du an so etwas in diesen Zeiten?" Ernst schnippte mit dem Finger und griff in den Ärmel, als sei er ein Zauberer. „Simsalabim. Mein Geheimnis, Mädchen!"

Martha holte aus ihrer Ledertasche süße gestrickte Schühchen. „Ich konnte nicht widerstehen, Lisa. Hab ich im Schaufenster beim Kugler entdeckt." Lisa strahlte. „Ihr seid so lieb!"

„Na hör mal, das ist unser Enkel!", protestierte
Ernst. „Da werden wir ja wohl ein paar Mark
springen lassen können. Noch dazu, wo das hier
das hübscheste Mädchen der Welt ist!"
„Das sagst du jedes Mal, Vater!" Lisa lächelte amü-
siert, ihr Vater war einfach großartig.
Karl kam mit Christl und Jutta zur Tür herein.
Schüchtern streichelte Christl ihre kleine Schwester
und Jutta schmiegte sich an ihre Mutter.
„Was für süße Mädchen ihr habt", der Großvater
strahlte und legte seinen Arm um Christl.
„Ich bin nicht süß, ich bin schon in der Schule",
wehrte sie sich. „Natürlich, Kind. Ich bin stolz auf
dich", schmunzelte Ernst. „Sicher kannst du bis im
Sommer Karin schon Hänschen im Blaubeerwald
vorlesen." „Das kann ich jetzt schon, Großvater",
grinste Christl, dass ihre Zahnlücke zu sehen war.
„Ach, das kann sie auswendig, die schlaue Ma-
dame!" Großvater wusste Bescheid.
Martha drängte zum Aufbruch, nicht dass es für
Lisa zu viel würde. Lisa lehnte sich zurück. Karl
und die Mädchen streichelten Karins Gesicht. Sie
hatte eine wunderbare Familie!

August 1939

Eine schwatzende Schar Schüler wanderte durch den Birkenwald nach Fallbach, vorne weg, groß und schlank, der Lehrer Bertram ins Gespräch vertieft mit Herbert und Rosemarie. Hinter Fallbach flossen Bartsch und Horle zusammen und bildeten einen winzigen See. Dort war das Ziel ihrer Wanderung. Die Kinder schlenkerten ihre Badetaschen und hüpften aufgeregt: Schwimmunterricht stand auf dem Programm. Lisa schaute ihnen vom Gartenzaun aus nach. Bisher hatte sie Karl immer begleitet, sich mit den Kindern einen schönen Tag am Wasser gemacht, doch heute knallte die Sonne vom Himmel und der Tag würde sehr heiß werden. Das wollte sie der kleinen Karin nicht zumuten. Deshalb schlief die jetzt im Kinderwagen im Schatten des Hauses. Lisa hatte eine Gardine über das Wagendach gelegt, um den Säugling vor Wespen zu schützen. Christl und Jutta liefen seit einer Stunde durch Nachbars Garten und sammelten Gras für die Hasen. Jetzt kauerten sie vor den Ställen und schoben Löwenzahn durchs Gitter. Durch die Hecke konnte Lisa beobachten, wie das Pflichtjahrmädchen den beiden Mohrrüben brachte. Jetzt musste sie lachen: während Christl ein Stück Möhre abbrach und es dem großen Braunen durchs Gitter steckte, schob

Jutta die Karotte in ihren eigenen Mund und kaute
genüsslich.

Lisa hackte das Beet mit dem Bohnen. Zwischendurch tupfte sie den Schweiß aus der Stirn und fä-
cherte sich mit dem Sonnenhut Luft zu. Solange
Karin schlief, wollte sie die Tomaten hochbinden
und ein paar Himbeeren pflücken, vielleicht
reichte die Zeit noch, um das Unkraut um die Karotten zu jäten und den Schnittlauch umzupflan-
zen. Lisa liebte die Arbeit im Garten, aber heute
machte ihr die Hitze zu schaffen.

Friedrich Scheer kam mit der Hacke vom Acker,
das Gesicht verschmiert von Schweiß und Staub.
„Sie sollten sich in den Schatten setzen, Frau Bertram, bei diesem Wetter!" Er tippte sich an die
Mütze und wollte weitergehen.

„Herr Scheer! Einen Moment noch." Er drehte sich
um. „Hätten Sie vielleicht heute Abend Zeit?" Lisa
wischte mit dem Handrücken verlegen eine
Strähne aus der Stirn. „Ich habe wieder einmal einen Wildhasen von meinem Schwiegervater bekommen. Könnten Sie ihm vielleicht das Fell abziehen? Ich bringe das einfach nicht fertig… Und letztes Mal haben sie auch…"

„Klar, Frau Bertram. So gegen acht, wenn ich im
Stall fertig bin. Wäre das recht?" „Danke, Herr
Scheer! Damit tun Sie mir einen großen Gefallen.
Mir graust es vor dieser Arbeit! Aber mit Fell kann
man ihn nun mal nicht braten." Scheer grinste.
„Kein Problem, Frau Bertram. Bis heute Abend."

Lisa lachte erleichtert. Ihr Schwiegervater ging davon aus, dass sie die Hasen abzog. Schließlich konnte seine Frau das auch. Aber Lisa schüttelte sich vor Ekel, wenn sie daran dachte. Leider ging es Karl genauso, deshalb hatte sie letztes Mal, als sein Vater einen Hasen anbrachte, bei Scheers nachgefragt.

Als Lisa gerade den Eimer mit dem Unkraut auf den Kompost kippte, erschien ihre Freundin Anneliese am Zaun. „Na, Lisa", grüßte sie. „Sieht wieder wie geleckt aus, dein Garten." Lisa lehnte sich an den Zaun. „Findest du? In so einem Garten ist man nie wirklich fertig." „Aber du hast eine Menge Radieschen geerntet und prächtigen Salat!" Anneliese zeigte auf Lisas Korb. „Das ist wunderbar!" „Magst du einen Kaffee?" Lisa nahm die Gartenschürze ab und schloss das Tor. „Ein paar Stücke Erdbeerkuchen stehen noch in der Küche."
„Zigarette?", fragte Anneliese, als sie gemütlich in der Laube saßen. Lisa wehrte ab: „Danke, ich stille noch." Seufzend lehnte sie sich zurück. „Was für ein herrlicher Sommertag!" In der Obstwiese zirpten die Grillen, der Geruch von warmer Erde und dürrem Gras mischte sich mit dem feinen Kaffeeduft, der Erdbeerkuchen schmeckte herrlich süß. Sie plauderten entspannt, bis Karin lautstark meldete, dass sie Hunger hatte. Ihr trautes Kaffeekränzchen war zu Ende.

„Es ist eine Frage der Zeit", murmelte Karl, als er am Mittwochmorgen den Radio Empfänger ausdrehte. „Eine Delegation des Führers war in Moskau. Nichtangriffspakt. Er hat Sudetenland, Böhmen und Mähren. Jetzt ist Polen dran."

„Ich denke, Großbritannien und Frankreich sind Polens Schutzmächte?" Lisa faltete die Geschirrtücher, die sie gebügelt hatte. „Er wird doch wohl keinen Krieg mit denen anfangen…"

„Ich mach mir Sorgen, Lisa. Die Situation ist angespannt. Mir scheint, er will Krieg um jeden Preis." Karl schüttelte den Kopf. „Wir sind gerüstet bis an die Zähne. Es ist eine Frage der Zeit, bis sie mich zum Militär einziehen."

Er zog Lisa in seinen Arm und strich ihr übers Haar. Lange standen sie so und keiner sagte ein Wort. Lisa versuchte, sich vorzustellen, wie es wäre ohne Karl. Sie schaffte es nicht. Während sie sich an ihn drückte, spürte sie seine warme Hand auf ihrem Rücken, beruhigend, liebevoll. Eine furchtbare Angst überfiel sie und schnürte ihr die Kehle zu.

„Ich will nicht, dass du gehst", flüsterte sie leise. Er lachte bitter auf. „Keiner will das, aber vielleicht besteht noch eine winzige Hoffnung, dass er zur Vernunft kommt. Oder die Briten können durch Verhandlungsgeschick einen Krieg abwenden…" Karl holte Lisa ein Glas Wasser, doch der Kloß im Hals verschwand damit nicht.

Spät abends fand Lisa ihn im Wohnzimmer über eine Landkarte gebeugt. „Die Polen provozieren uns", sagte Karl ärgerlich. „Dabei finde ich, sie haben keinen Grund dazu. Ich vermute, damit spielen sie der NSDAP in die Hände." Mit dem Finger fuhr er die polnische Grenze entlang und suchte die Stellen, wo polnische Soldaten auf deutsches Gebiet gedrungen sein sollten. „In Hochlinden haben sie die Grenzstation demoliert und in Pitschen, das ist immerhin zehn Kilometer auf deutschem Gebiet, da haben sie das Forsthaus überfallen."

Lisa schaute ihm über die Schulter. „Alles keine zwei Autostunden von hier. Hast du von der Sache in Gleiwitz gehört?", fragte Lisa. „Anneliese kam vorhin völlig abgehetzt in den Frauenkreis und war so aufgeregt, dass wir kaum begriffen, wovon sie sprach. Kurts Schwager aus Breslau hat wohl am Telefon erzählt, im regionalen Radio hätten plötzlich polnische Aufständische gesprochen. Der Sender sei besetzt…"

„Eine Sendestation übernommen, sagst du? Polnische Propaganda von deutschem Gebiet aus? Welcher Sender soll das gewesen sein? " Karl starrte Lisa an. „Gleiwitz, wenn ich's richtig behalten habe."

„Gleiwitz?" Karl kratzte sich hinter dem Ohr und knetete nachdenklich die Unterlippe. „Aber die senden doch schon lange nicht mehr…"

Lisa zuckte die Achseln. „Keine Ahnung. Bin gar nicht schlau geworden, was Anneliese raus gesprudelt hat."

Karl nahm seine Strickjacke von der Stuhllehne. „Ich gehe Kurt fragen. Das kann sehr wichtig sein." Lisa legte ihm die Hand auf den Arm. „Um die Zeit? Ist gleich halb elf!" „So früh gehen die nicht schlafen."

Er war schon an der Haustür, als Lisa rief: „Warte Karl, jetzt kommt es im Radio." Karl hastete zurück und drehte den Empfänger lauter: „… Gegen zwanzig Uhr hat eine polnische Meute den Sender Gleiwitz besetzt. ´Radio Gleiwitz ist in unserer Hand, die Stunde der Freiheit ist gekommen´, waren ihre dreisten Worte. Ebenso werden weitere vierzehn Grenzzwischenfälle entlang der friedlichen deutsch-polnischen Grenze gemeldet. Die Geduld des Führers ist zu Ende. Das deutsche Volk wird das nicht länger tatenlos hinnehmen." Karl starrte wie versteinert auf die Landkarte. „Und Schlesien ist mittendrin…", murmelte er.

Die Haustür wurde aufgerissen. Kurt hastete durch den Flur und packte Karl an der Schulter. „Sie haben Gleiwitz in ihrer Hand. Die Polen!" „Wir haben es gehört, Kurt." Karl zog einen Stuhl heran und wies Kurt mit einer Handbewegung, sich zu setzen. „Willst du einen Likör? Du bist ganz bleich." Seine Hand zitterte, als er drei Gläser einschenkte. Langsam setzte er sich, nahm die

Brille ab und rieb sich die Nasenflügel. „Warum Gleiwitz?", fragte er leise.

„Liegt nahe an der Grenze…" Kurt zuckte die Achseln.

„Aber die senden nicht mehr. Dass sie da überhaupt ein Mikrofon gefunden haben…"

Kurt starrte seinen Freund an. „Dann hatten sie leichtes Spiel." Er schwieg.

„Der Sender ist bedeutungslos", sagte Karl nachdenklich. „Man kann ihn nur in Breslau hören. Außer dem lokalen Wetter senden Sie das Programm aus Berlin. Ich weiß das zufällig, einer meiner Fliegerkollegen kommt von dort."

„Im Radio klang das anders", warf Lisa ein.

„Egal was war", Karl biss sich auf die Lippe. „Sie werden es ausschlachten für ihre Zwecke. Ich wollte, die Polen hätten das gelassen. Der Führer macht daraus einen Kriegsgrund. Das wird böse enden." Lisa drückte ihr Taschentuch vor das Gesicht, doch ein Schluchzen konnte sie nicht unterdrücken.

Kurt schüttete den Rest Likör hinab und stand auf. „Gute Nacht", brummte er einsilbig und stapfte zur Tür, ohne noch einmal zurück zu sehen. Lisa und Karl sahen sich an. Das war nicht seine Art, die Sache zehrte bei allen an den Nerven.

„Da sprang die Katze auf den Tisch und holte die Wurst vom Teller…" Karl spazierte zwischen den Pulten der vierten Klasse und diktierte aus dem Sprachbuch. Konzentrierte Stille.

Plötzlich klopfte es. Erstaunt hob Karl die Augenbrauen. Ehe er „herein" rufen konnte, hatte Frau Renzel die Tür aufgerissen und stürmte auf ihren Sohn zu.

„Hermann! Es ist Krieg! Der Vater muss zum Militär!" Sie beachtete die entsetzten Gesichter der Kinder nicht und packte ihren Sohn am Arm. „Du musst nach Hause kommen, dich verabschieden!" Die anderen Schüler saßen regungslos und starrten auf die Szene. Karl stand wie versteinert, das aufgeschlagene Buch in der Hand. Ein Windstoß fegte durch die offene Tür, Papier segelte zu Boden, Totenstille. Und plötzlich redeten alle wild durcheinander, aufgeregt sprangen die Kinder auf.

Lisa erschien in der Klassenzimmer Tür, Karin auf dem Arm. Karl wusste es bereits. Krieg. Christl kam aus ihrer Bank und drückte sich an ihren Vater, Hermann packte seine Sachen und wandte sich zum Gehen.

„Einen Moment, Frau Renzel. Bitte setzt euch noch mal, Kinder." Als wieder Stille eingekehrt war und alle erwartungsvoll zu ihrem Lehrer sahen, sagte Karl mit belegter Stimme: „Ab jetzt wird alles anders sein. Sicher werde auch ich früher oder später eingezogen." Er musste eine Pause machen, seine Stimme versagte. „Für heute ist die Schule zu

Ende. Lasst uns das Schlusslied singen." Geräuschvoll erhoben sich die Klassen und Karl stimmte an:
„Nehmt Abschied, Brüder. Ungewiss ist alle Wie-
derkehr, wir ruhen all in Gottes Hand, lebt wohl,
auf Wiedersehen!" Still packten die Kinder ihre
Ränzen auf den Rücken und gingen.
„Im Radio läuft die Rede des Führers", sagte Lisa
leise und ging ins Wohnzimmer. Karl schloss die
Tür zum Klassenzimmer und sah versonnen seinen Schülern nach, die mit ernstem Gesicht das
Schulhaus verließen. Dann folgte er Lisa und
lauschte gespannt. „… Polen hat heute Nacht zum
ersten Mal auf unserem eigenen Territorium mit
regulären Soldaten geschossen. Seit 4:45 Uhr wird
jetzt zurückgeschossen! Und von nun an wird
Bombe mit Bombe vergolten! Wer mit Giftgas
kämpft, wird mit Giftgas bekämpft. Wer sich selbst
von den Regeln der humanen Kriegsführung entfernt, kann von uns nichts anderes erwarten, als
dass wir den gleichen Schritt tun. Ich werde diesen
Kampf, ganz gleich gegen wen, so lange führen,
bis die Sicherheit des Reiches und seine Rechte ge-
währleistet sind! Ich habe nun über sechs Jahre am
Aufbau der deutschen Wehrmacht gearbeitet. Es
sind in dieser Zeit über neunzig Millionen für den
Aufbau der Wehrmacht aufgewendet worden. Sie
ist heute die Bestausgerüstete und sie steht weit
über jedem Vergleich mit der des Jahres 1914.
Mein Vertrauen auf sie ist unerschütterlich…"

Karl schluckte. Während der Führer vom Opfer sprach, das jeder deutsche Mann und jede deutsche Frau zu bringen hatte, ging er unruhig im Zimmer auf und ab. Eine halbe Stunde wurde die Rede übertragen. Die Mädchen hockten still auf dem Sofa, dicht aneinandergedrängt. Lisa lehnte am Türrahmen und weinte. „Und unser Schlesien mittendrin…", murmelte Karl.

Den ganzen Tag sprach Karl kaum. Lisa zwang sich, ihre Arbeit zu tun wie immer. Doch eine bleierne Müdigkeit hatte sich ihrer bemächtigt, Traurigkeit legte sich auf ihr Gemüt, schien ihr wie eine Nebelwand. Christl und Jutta drückten ihre Stoffpuppen an sich und saßen am Küchentisch, bis Lisa sie energisch hinaus in den Garten schickte. Es war so herrliches Wetter!

Nach dem Abendessen zog Karl Lisa an sich und sagte: „Wir müssen einiges besprechen." Von da an redete er sehr sachlich, als hätte er den ganzen Tag darüber nachgedacht, was er tun könnte, um Lisa die Zeit ohne ihn zu erleichtern. Ganz sicher würde er bald den Stellungsbefehl erhalten. „Jede Menge Holz spalten… Die Hintertür reparieren, damit sie ordentlich schließt. Den Apelt fragen, ob er dir dieses Jahr die Kartoffeln herüberbringt, am besten bezahle ich sie gleich."

„Wie lieb von dir." Lisa legte den Kopf an seine Schultern. „Die Arbeit, die schaffe ich. Viel schlimmer…" Jetzt flossen die Tränen. „Ich mache mir Sorgen um dich… Und… An die Nächte ohne dich will ich gar nicht denken." Er streichelte ihre Hände. „Wird für alle nicht einfach. Geh schlafen, Liebes. Ich bring die Kinder zu Bett und spüle das Geschirr."

Karl knetete die Unterlippe, ließ sich auf die Knie nieder und fixierte die kleine Mulde, die Christl auf dem Schulhof gegraben hatte. Konzentriert knipste er die Murmeln und traf! Christl jubelte, Jutta holte ihre Murmeln und zielte ebenfalls. Knipsen konnte sie nicht, sie schob die Murmeln mit der ganzen Hand an. Nach mehreren Versuchen landete die Murmel im Loch und Karl klatschte Beifall. Jutta freute sich und schlang die Arme um seinen Hals. Jetzt war Christl an der Reihe. Lisa lehnte am Türrahmen und versuchte, die kleine Szene tief in ihrem Herzen zu behalten. Sie seufzte. Die Kinder würden ihren Vati vermissen. Doch es half nichts, jeder musste sein Opfer fürs Vaterland bringen. Und ein winziges bisschen tröstete sie der Gedanke, dass sie nicht allein war: Millionen deutscher Frauen teilten ihr Schicksal. Sie wollte tapfer sein und nicht jammern.
Als sie gerade die Kartoffeln abgoss, kam Karl in die Küche. Wortlos holte er ein Messer und

schlitzte den Brief auf, den er in der Hand hielt. Der Einberufungsbescheid. Montag um 12:00 Uhr sollte er sich auf dem Stützpunkt Neuhammer melden. „Der PKW mit der amtlichen Nummer G 123 ist mitzubringen und dem Heer zur Verfügung zu stellen." Karl sog ärgerlich die Luft ein: „Jetzt ist der Wagen gerade mal ein Jahr abbezahlt!"

„Ach Karl, lass doch das Auto! Du bist doch viel wichtiger."

„Ich bin schon lange abbezahlt", grinste er. Doch er wurde schnell wieder ernst. „Für zwei Tage Verpflegung soll ich mitbringen. Wo ist eigentlich mein Wehrausweis?" Karl suchte einen Stapel Fotos aus dem Album. „Die werde ich jeden Tag ansehen und in Gedanken bei euch sein." Er schloss seine braune Tasche. „Uns bleibt noch dieses Wochenende." Sie packten die Kinder ins Auto und fuhren nach Bartschdorf zu Karls Eltern. Der letzte Sonntag im Frieden.

September 1939

Die Tage krochen langsam seit Karl fort war. Lisa hatte sein Foto über dem Küchentisch mit einer Stecknadel an die Wand geheftet. Oft blieb sie davor stehen, schaute in sein verschmitzt lächelndes Gesicht mit der runden Brille, wie er so dastand, locker und lässig, die Arme auf dem Rücken verschränkt, das Fliegerabzeichen am Revers, weiter unten sein Sportabzeichen in Bronze, auf das er so stolz war. Karl. Würden sie ihn nach Osten schicken? Oder plante der Führer, Frankreich oder gar Großbritannien anzugreifen? So oft es ging, hörte sie Nachrichten, doch die waren in diesen Tagen nicht aufschlussreich. Die Stille im Schulhaus erdrückte sie. Ihr fehlten die fröhlichen Kinderstimmen, das Jubeln und klatschen auf dem Sportplatz, die lustigen Lieder und dazwischen Karls ruhige Stimme. Wann würde das Erziehungsministerium jemanden schicken, damit die Schule weiterging?

Christl stürmte mit ihrer Freundin Erika herein. „Mutti! Auf der Chaussee rollen Lastwagen, einer hinter dem anderen. Alle mit Soldaten voll! Vielleicht ist Vati dabei?", sprudelte sie heraus. „Wir haben Blumen gepflückt und werfen sie den Männern zu. Dann haben sie eine Freude, sagt Erika."

Erschrocken schaute Lisa auf die dicken Blumensträuße, die die Mädchen in ihren Fäusten hielten.

Ihre Tagetes aus dem Vorgarten! Sie biss sich auf die Lippen, nicht schimpfen, sie meinten es gut. „Ja, lauft raus", sagte sie nur. „Aber bleibt von der Straße weg, nicht dass ihr überfahren werdet." Sie spürte ein Kribbeln. Was, wenn Karl wirklich auf einem der Wagen saß? Vielleicht konnte sie einen Blick erhaschen, ihm zulächeln?

Rasch packte sie Karin in den Kinderwagen und zog Jutta die Strickjacke über. Am Straßenrand hatte sich halb Birkenhöhe eingefunden, alle winkten und klatschten den Männern Beifall. Lisa stellte sich unter den Ahorn, von wo sie weit die Straße hinabsehen konnte. Sie entdeckte Christl und Erika, die bei Erikas Großmutter standen und begeistert ihre gelben Blumen warfen. Die Männer fingen sie auf, winkten damit und lachten.

Lisa wunderte sich. Was war das für eine ausgelassene Stimmung? Hatten sie den Krieg schon gewonnen? Fuhren sie zur Siegesfeier? Woher kam diese Jubelstimmung?

„Eine großartige Armee!", rief plötzlich jemand neben ihr. „Sieg Heil unserem deutschen Vaterland! Ein Hoch auf unseren wunderbaren Führer!" Kalutzka! War er denn nicht eingezogen? Irritiert starrte sie den Mann an. „Wir erweitern den Lebensraum für unsere Rasse nach Osten! Unsere Armee ist unschlagbar!"

Lisa spürte, wie ihr schlecht wurde. Was führte er für Reden? Schon holte sie Luft, um ihm gehörig die Meinung zu sagen, doch im letzten Augenblick

schlug sie erschrocken die Hand vor den Mund.
Wie konnte sie? Er war ein linientreuer Anhänger
des Führers. Ein unbedachtes Wort konnte sie in
Gefahr bringen. Sie ballte die Fäuste in der Tasche,
als er immer lauter wurde. Am liebsten hätte sie
ihn angeschrien, dies sei keine Parteiveranstaltung
und die Männer fuhren in den Krieg, vielleicht in
den Tod. Doch sie schwieg. Was half ihre Wut?
Als sie sich umdrehte, schaute sie in ein schmales
Gesicht mit rot verweinten Augen. Lotte Meibert.
Vor ein paar Jahren war sie zu Karl in die Schule
gegangen, jetzt mochte sie neunzehn oder zwanzig
sein. „Oh, Frau Bertram. Haben sie ihren Mann
entdecken können?" Lisa schüttelte den Kopf.
„Wenn wir ehrlich sind, ist es ziemlich unwahr-
scheinlich, dass er gerade jetzt vorbeikommt. Den
ganzen Tag ziehen Truppen nach Osten."
Lotte schwieg. „Wir wollten heiraten. Jetzt muss
Paul in den Krieg", stieß sie hervor. Lisa legte den
Arm um die junge Frau und versuchte sie zu trösten. Dabei hätte sie selbst heulen können. „Besuch
mich mal, Lotte. Wir Frauen müssen zusammenhalten und aufeinander aufpassen und einander
trösten. Nicht wahr, du kommst mal auf einen Kaffee?"
Lotte lächelte schwach. „Gern, Frau Bertram."
Noch eine halbe Stunde lang zogen die Wagen
vorbei, einer am anderen, unglaublich viele Soldaten. Zuerst auf Lastwagen, später auf Pferden.
Aber so sehr sie schaute und suchte, Karl war nicht

dabei. Schließlich nahm sie ihre Kinder an der Hand, um nach Hause zu gehen. Karin hatte Hunger, Jutta mochte vor Müdigkeit nicht mehr gehen, sodass sie sie den ganzen Weg tragen musste und Christl weinte vor Enttäuschung, weil sie ihren Vati nicht hatte sehen können. Lisa spürte, wie sie in die Tiefe gezogen wurde von ihrer Traurigkeit. Nein, reiß dich zusammen, schimpfte sie sich. Jetzt wird nicht gejammert. Das Leben muss weitergehen, auch ohne Karl.

„Wisst ihr was, Kinder", etwas anderes fiel ihr gerade nicht ein, „wenn wir nach Hause kommen, schieben wir Bratäpfel in den Ofen und kochen Vanillesauce dazu. Was haltet ihr davon?" Christl strahlte durch ihre Tränen. Lisa strich ihr über die Haare. Wir Frauen im Schulhaus, dachte sie, wir schaffen das schon.

„Frau Bertram!" Am Freitagabend um acht klopfte es energisch an der Haustür. Lisa schloss wieder auf und draußen stand David Teews. Ihr Nachbar hatte eine Kriegsverletzung aus dem Ersten Weltkrieg und war deshalb wehruntauglich. „Frau Bertram. Ich müsste dringend zehn Mark abheben, könnte ich das vielleicht bei Ihnen?" Die Raiffeisenkasse! Aber Karl war doch nicht da.

„Ehrlich gesagt… Herr Teews… Ich weiß nicht."

„Das können Sie doch ebenso gut wie ihr Herr Gemahl!", lachte Teews. „Sie sin doch nich auf den Kopp gefalln!" Lisa musste grinsen. Wie er so dastand in seiner Weste, die er das ganze Jahr trug, im Sommer das Fell nach innen, im Winter nach außen. Entsprechend speckig sah sie aus.

„Äh… Kommen sie doch bitte herein, Herr Teews." Lisa knipste das Licht im Herrenzimmer an und schob ihm einen Stuhl heran. Wo der Schlüssel lag, wusste sie, also schloss sie die Schublade auf und holte zehn Mark aus der Kasse. „Da in dem grauen Heft musste man immer unterschreiben bei ihrem Herrn Gemahl." Lisa fand die Stelle, wo das Datum einzutragen war und Teews unterschrieb. „Na sehen sie", lachte er. „Nicht so schwer." Und seine hintere Zahnlücke kam zum Vorschein. „Dann haben wir wenigstens unsere Kasse weiterhin. Kann doch nich wegen zehn Mark nach Herrnstadt fahrn. Na dann… Besten Dank die Dame!" Er tippte an seine Schildmütze, grinste Lisa an und verschwand.

„Nicht so schwer", sagte sie, als sie die Haustür abschloss. „Was der denkt? Ich hab mich darum nicht gekümmert und jetzt kann ich Karl nicht mehr fragen." Seufzend knipste sie Karls Schreibtischlampe an und holte die Bücher heraus. In der Kasse lagen dreihundertzweiundsiebzig Mark an Bargeld. Es gab ein Heft für ausgezahltes Geld, ein Buch mit den Spareinlagen, säuberlich nach den Namen der Sparer aufgelistet in Karls feiner

Handschrift. Ein Buch mit Krediten, dem Datum
der Ausgabe, mit den Raten und der Rückzahlung.
Lisa schwirrte der Kopf. Ein wenig Erfahrung mit
Buchhaltung hatte sie im Büro ihrer Eltern gesammelt. Ob die für die Raiffeisenkasse ausreichte?
Teews traut es mir offenbar zu. Vielleicht könnte
ich Anneliese um Hilfe bitten, überlegte sie. Nein,
die hat dafür im Moment keinen Kopf: seit Kurt im
Krieg ist, hängt die ganze Verwaltung an ihr. Viele
Männer sind eingezogen, die verbleibenden Ar-
beitskräfte müssen an neuen Stellen eingelernt
werden, Frauen müssen die Männer in der Flachsfabrik ersetzen. Nein, das muss ich allein schaffen,
dachte sie trotzig. Längst wäre es Zeit, Bett zu gehen, doch das hier war richtig spannend. Kaluzka
hat einen Kredit über zweihundert Mark? Verein-
bart am 20. August dieses Jahres. Wozu braucht
der Mann so viel Geld? Und der Max Kruse. Ganz
schön viel Guthaben! Sicher vom Gemüseverkauf.
Aber wohin überweist er jeden Monat hundert
Mark? Naja, geht mich nichts an.
Erst nachts um drei kroch sie mit steifen Knochen
ins Bett. In den letzten Stunden hatte sie Birkenhöhe von der finanziellen Seite kennengelernt und
über die Dorfbewohner einiges erfahren, was sie
nicht gedacht hätte.
Am nächsten Tag gingen ihre Gedanken immer
wieder zu den Kassenbüchern. Im Elektrogeschäft
ihrer Eltern, wo sie zwei Jahre im Büro gearbeitet
hatte, war die Buchhaltung übersichtlicher

gewesen. Während sie Karins Windeln in den Windeltopf auf dem Herd stopfte, um sie auszukochen, grübelte sie darüber, wo der Unterschied lag und warum sie so Mühe mit Karls Büchern hatte. Sie suchte das Waschpulver. Hatte Hanne, das Hausmädchen, es letzte Woche aufgebraucht, ohne ihr Bescheid zu sagen? Geistesabwesend stocherte sie mit dem Holzstock in der heißen Brühe. Die Kundenkartei! Das war es. Ihre Mutter hatte für jeden Kunden eine Karteimappe angefertigt. So hatte sie immer im Blick, wo die Finanzen jedes einzelnen standen. Hatte ein Kunde einen Auftrag nicht bezahlt, wanderte die Karte in den Korb auf dem Schreibtisch und er bekam einen Brief. Karls Buchführung war akkurat geführt, keine Frage, aber sie erschien ihr unübersichtlich. Im Kopf entwarf sie so eine Karte, während sie Karin zum Mittagsschlaf legte und als die beiden Großen im Garten spielten, lief sie ins Schulzimmer hinüber und holte einen Stapel von diesem dicken weißen Papier, das Karl im Schrank hatte. Auf der Suche nach einem geeigneten Kasten, stieß sie auf ein leeres Diamagazin aus Holz, das etwa die Breite einer Postkarte hatte und lang genug war für alle ihre Karteikarten. Als Beispiel beschriftete sie das erste Blatt mit „David Teews, Schulstraße 2A", trug das gestrige Datum ein und schrieb dahinter zehn Reichsmark. Auf der dritten Seite notierte sie die alten Kontobewegungen, Darlehen und

Überziehungen, die sie in allen Büchern zusammensuchen musste.

Leider kam sie erst am Abend dazu, weiterzumachen, als die Kinder schliefen und sie nahm sich vor, bis zum Ersten mit allen Kunden fertig zu sein. Das kostete sie jeden Abend mehrere Stunden, doch ihr eigenes System zu haben, das sie verstand und das ihr übersichtlich erschien, machte ein seltsames Hochgefühl. Das ist jetzt meine Sache, dachte sie zufrieden, die mache ich richtig.

Die letzte Karteikarte gehörte Alfred Kaluzka. Lisa schaute alle Bücher nach seinem Namen durch und stutzte: der Mann hatte nicht nur zweihundert Mark Schulden, sondern dreitausend. Unglaublich! Hat Karl das nicht gemerkt? Die Summen, die er lieh, waren jedes Mal klein. Doch so untereinander geschrieben, sah man es auf einen Blick: der Mann musste anfangen, das Geld zurückzuzahlen. Lisa erschrak. Ich soll ihm das sagen, ausgerechnet ich?

Es sprach sich herum, dass Lisa die Kasse weiterführte. Ganz selbstverständlich gingen die Dorfbewohner davon aus, dass sie das konnte. Wer sonst? Nochowitz kam am Freitagabend und zahlte seinen Lohn ein. Er nickte anerkennend. „Schön übersichtlich, seh auf einen Blick, wie viel ich habe. Gut gemacht, Frau!" In seinem holprigen Deutsch klang das Lob richtig charmant. Lisa lächelte. Als er die schmutzige Joppe vom Haken nahm und ging, hing sein derber Pferdegeruch noch in der Luft, den sie blind erkennen würde.

Emmi Schroer kam schüchtern herein. Direkt hinter ihr schob sich Kutzner in den Flur und war beleidigt, als Lisa ihm einen Stuhl vor die Tür des Herrenzimmers stellte und in bat, dort zu warten. Geldgeschäfte seien Vertrauenssache, das hatte Karl genauso gehalten. Bei ihm hatte Kutzner sich wortlos gefügt und nicht so grimmig geschaut wie heute.

Emmi lächelte erleichtert. Ihr Georg hätte immer gesagt, er kaufe Äcker von seinem Geld, das sei die beste Anlage. Doch jetzt hätte sie nichts mehr übrig für Samen und müsste doch den Winter Weizen aufs Feld tun. In ihren Augen schimmerten Tränen. Lisa suchte die Karte heraus und nickte. Als sie mit dem Finger über ihre Liste fuhr, schaute sie erstaunt auf. „Da ist noch Geld, Emmi, schau. Scheint im Sparbuch nicht nachgetragen zu sein." Lisa holte Karls Bücher und verglich. „Du kannst Geld abheben." Als sie Emmi die Karteikarte hinschob, ging ein Leuchten über das Gesicht der jungen Frau. „Da nehme ich gleich zwanzig Mark mit." Sie unterschrieb und nahm die Scheine an sich.

„Hast du schon Lebensmittelkarten, Lisa?", fragte sie. Erstaunt sah Lisa auf. Sie hatte im Radio davon gehört. Gab es die schon hier im Dorf? „Der Kutzner gibt sie aus. Du musst ins Rathaus." Emmi schloss die Jacke und stand auf. „Ich bewundere, wie du das hier schaffst." Sie deutete auf den Stapel Kassenbücher.

„Ich geb mir Mühe", lachte Lisa. „Nur sind nicht alle Kunden so nett wie du."

Und wirklich, Kutzner war ziemlich aufgebracht. „Ich bin es nicht gewohnt, dass man mich warten lässt", schnaubte er. „Schon gar nicht, dass Frauen mich sitzen lassen." Er lachte schallend über seinen eigenen Witz. Emmi beeilte sich, fortzukommen und plötzlich fühlte sich Lisa unwohl. Draußen dämmerte es bereits, sodass sie das Licht einschalten musste und sie befand sich allein im Haus mit einem Mann, den sie schon auf der Straße nicht mochte. Geschäftig eilte er herein, breitete sein Sparbuch aus, diverse handgeschriebene Zettel, eine vorbereitete Geldanweisung. Lisa bekam rote Ohren. Hoffentlich weiß ich bei all dem Bescheid, was er hier bringt.

Sie beugte sich über einen der Zettel, doch er zog ihn an sich. „Nischte wird! Finger weg!" Lisa spürte eine Verlegenheit aufsteigen, Unsicherheit. Als sie ihn verstohlen von der Seite musterte, sah sie, dass er grinste. Ich soll mich wohl als Dummchen fühlen, damit er den großen Herrn spielen kann, dachte sie ärgerlich und beschloss, auf der Hut zu sein. Was für ein blödes Machtspiel! Kutzner schob sein Sparbuch über den Tisch: „Das ist lange nicht nachgetragen worden. Fehlen die Zinsen seit Januar." Lisa griff in ihren Karteikasten und zog Kutzners Karte heraus. Karl hatte die

Zinsen feinsäuberlich in seinem grauen Buch hinter Kutzners Spareinlagen geschrieben. Sie fand es sofort, weil sie erst gestern Abend Kutzners Karte geschrieben hatte. Das fühlte sich gut an.

„Was gibt das, Frau Lehrer Bertram?" Kutzner setzte die Brille zurecht.

„Ihre Zinsen übertragen."

„Das ist ja timplich! Was ist das für ein Fetzen Papier, auf dem sie meine Zinsen stehen haben? Der Herr Lehrer hat sie immer dort in das graue Kassenbuch eingetragen", schimpfte er. „Woher weiß ich, dass sie keinen Übertragungsfehler gemacht haben? Und überhaupt, warum können sie nicht bei seiner bewährten Methode bleiben? Was soll dieser moderne Unsinn?" Er atmete schnell und kam ihr sehr nahe mit seinen glatt rasierten Hängebacken. Lisa presste die Lippen zusammen, zog das graue Buch aus dem Stapel und schob es dem Mann unter die Nase. „Bitte, überzeugen Sie sich selbst, die Zahl stimmt!"

Ich dürfte es ihm nicht in die Hand geben, durchfuhr es sie. Die Spareinlagen von ganz Birkenhöhe sind darin vermerkt. Doch Kutzner hatte ein anderes Problem: „Da findet man gar nichts. Wo sollen meine Zinsen stehen?"

Lisa schlug die drittletzte Seite auf und schob den Zeigefinger zielsicher in die richtige Zeile. Natürlich hatte sie die Stelle genau im Kopf. Kutzner zog beeindruckt die Augenbrauen hoch, sagte aber nichts. Lisa vermerkte die neue Endsumme in sein

Sparbuch, drückte den Stempel hinein und unterschrieb.

Als sie ihm das Buch zurückgab, musterte er sie von oben bis unten. Dann schüttelte er den Kopf. „Ich hab mir schon gedacht, dass sie alles anders machen würden. Ein Weib, das gescheiter sein will, als der Rest der Welt, sogar gescheiter als der eigene Mann." Lisa schwieg.

Lässig warf er einen Zettel auf den Tisch. „Geldanweisung nach Breslau", sagte er knapp. Denkt er, ich weiß nicht, wie das geht? Ruhig füllte sie die Papiere aus und legte sie in den Korb „abgehende Vorgänge". „Noch was?", fragte sie und faltete die Hände auf dem Tisch. Er durfte ihre Anspannung nicht merken. Wieder musterte er sie sekundenlang, dabei nestelte er in seiner Hosentasche nach der Geldbörse. „Die Hundert will ich noch ein bezahlen." Als Lisa den Betrag in seine Karte eintrug, schimpfte er: „Ich will das da in dem grauen Buch sehen, Frau Bankbeamtin. Alles andere gilt für mich nicht. Oder ich nehme das Geld wieder mit." „Aber selbstverständlich, Herr Bürgermeister, selbstverständlich. Die Karteikarte dient der Übersicht, das graue Buch kommt gleich an die Reihe." Äußerlich ruhig schob sie die Karteikarte in den Kasten und trug die hundert Reichsmark in Karls Buch ein. Bloß nicht aufregen! Kutzner setzte den Hut auf und schloss den Mantel, dabei schnaufte er und knurrte: „Da werden wir uns noch manchmal den Herrn Lehrer zurückwünschen. Mit ihnen kann ich nicht arbeiten." Energisch riss er die Tür auf und stapfte hinaus. Lisa sank am Schreibtisch zusammen, legte den Kopf auf die Arme und kämpfte mit den Tränen. Dass auch Frauen denken können, schien er nicht zu ertragen.

Als sie das Kassenbuch zuschlug, nahm sie einen Schatten vor dem Fenster wahr. Jemand schüttelte geräuschvoll den Schirm aus und klopfte im Flur die Schuhe ab. Wer kam so spät noch? Schwungvoll riss Max Kruse die Tür auf. „Bin spät, ich weiß. Haben Sie noch auf?" Lisa war versucht, den Kopf zu schütteln, aber wo er nun schon mal hier war… „Dauert nicht lang. Ich brauche hier…" Er legte eine Mappe auf den Tisch. „… Eine Unterschrift und den Stempel der Bank mit der Auflistung aller meiner Konten für eine Bürgschaft." Lisa starrte ihn an.

„Das geht nicht in fünf Minuten. Bitte kommen Sie morgen wieder."

Er lachte und schlug die Mappe auf. „Sie haben doch jetzt viel Zeit, wo der Herr Gemahl nicht zu Hause ist. Und bin ich nicht ein attraktiver Zeitvertreib?"

Lisa blieb die Luft weg. Frechheit. Ihr Atem ging schneller und er registrierte es belustigt. Lisa beeilte sich, suchte Kruses Karteikarte, übertrug Kontonummern und Endbeträge, verglich noch einmal und unterschrieb.

Als sie den Stempel auf das Stempelkissen drückte, trat er von hinten an sie heran und legte wie zufällig seine Hand auf ihre Schulter. Lisa sprang hektisch auf, was er mit einem Grinsen quittierte. Im Stehen drückte Lisa das Löschpapier auf die Tinte und schloss die Mappe. Er lehnte lässig an den Schreibtisch und ließ sie nicht aus den Augen. Ihr wurde heiß und natürlich wurde sie purpurrot unter seinen Blicken. Bisher waren ihr solche Situationen fremd. In ihr stieg Ärger auf, er überschritt eindeutig die Grenze des guten Tons.

„Gute Nacht, Herr Kruse", sagte sie so bestimmt wie es ihr klopfendes Herz zuließ und öffnete ihm die Tür. Er zog die Augenbrauen hoch, nahm seine Mappe und den Regenschirm. Er nickte ihr zu und lächelte süffisant. Dieser Blick sagte: ich komme wieder.

Sofort als er die Schultreppe unten war, drehte Lisa den Schlüssel im Schloss. Mechanisch packte sie die Bücher in den Schrank, löschte die Lichter und kochte sich in der Küche einen Tee. Lange saß sie am Tisch und starrte vor sich hin. An der Hintertür knackte es, Lisa fuhr zusammen. War jemand draußen? Kruse? Es ist abgeschlossen, beruhigte sie sich.

Sie sprang auf und zog die Vorhänge zu, sie fühlte sich beobachtet und schutzlos. Ein Schluchzen entfuhr ihr. Die Einsamkeit wurde übermächtig. Karl! Wie soll ich das alles schaffen ohne dich. Sie sehnte sich nach seinem warmen Arm um ihre Schultern, nach seiner ruhigen Stimme, nach dem Duft seiner Haare.

Sie weinte, bis Augen und Nase rot verquollen waren, das Taschentuch nass. Schließlich gab sie sich einen Ruck. „Ab ins Bett mit dir, Elisabeth Bertram geborene Hüttig! Aber sofort!" Ihre Stimme hallte laut in der stillen Küche. „Heulen ändert nichts." Sie musste grinsen, als sie ihre eigene Stimme hörte. Genau, dachte sie, ich muss streng mit mir sein. Und jetzt wird geschlafen. Neben dem Bett steht ja Karls Gummiknüppel!

Nach dem Frühstück am nächsten Tag setzte sich Lisa zu Christl an den Tisch. Das Mädchen hatte sein Lesebuch vor sich liegen. „Mutti, hier steht, dass Igel Eier mögen. Können wir der Igelmutter im Garten Eier hinstellen?" „Nein, Christl. Die Eier brauchen wir selbst." „Der Igel darf mein Ei haben!", sagte Christl großzügig. Lisa lachte und wollte den ganzen Lesetext noch einmal hören. „Oh, Mutti!", rief Christl. „Lesen ist so schön! Schade, dass Vati fort ist. Die Schule hat mir jeden Tag großen Spaß gemacht."
Lisa seufzte. „Hoffentlich schickt die Schulbehörde bald Ersatz. Ihr könnt ja nicht den ganzen Krieg lang nichts lernen."
Es klopfte und Martha Matschke steckte den Kopf zur Tür herein. „Guten Morgen, Lisa. Die Post ist da." Sie reichte Lisa drei Briefe und eine Postkarte. „Du trägst die Post aus, Martha?", fragte Lisa erstaunt. Die rundliche Frau zuckte die Schultern.

„Was soll ich machen? Der Bezirksleiter hat die
Post einfach vor unsere Tür gestellt wie immer."
„Kriegst du das wenigstens gezahlt?" Martha
nickte. „Wir haben das Geld dringend nötig und
irgendwie krieg ich es hin. Es ist nur Birkenhöhe.
Die anderen Dörfer kann ich nicht machen, Kurt
hat ja das Auto mitgenommen in den Krieg…"
Schnell zog sie ein Taschentuch aus der Schürze.
„Ich fang immer an zu heulen, wenn ich an ihn
denke. Hab solche Angst um ihn."
Lisa nickte und schaute die Briefe durch. Hanne
hatte geschrieben, die Postkarte kam von ihrer
Schwester Elfriede aus See. „Ich muss weiter,
Lisa."
Martha schloss leise die Tür. „Rechnen wir noch?",
fragte Christl und schaute zu Jutta, die mit dem
Ball an der Tür stand. Geistesabwesend schüttelte
Lisa den Kopf. Ihre Gedanken waren schon bei ihrer Schwägerin Hanne. Die schrieb, dass ihr Nuss-
baum voll hinge wie nie und dass sie fast einen
Zentner Karotten geerntet hätte. Lisa beneidete
ihre Schwägerin um den riesigen Garten und das
schöne Haus, das sie inzwischen besaßen. Zum
Glück sei ihre Mutter den ganzen Sommer dagewesen, schrieb Hanne, sonst hätte sie die Arbeit
nicht geschafft. Fritz sei schon seit Juli beim Militär. Überall müssten die Frauen jetzt doppelte Last
tragen. Hanne hoffte auf Frieden und dass Fritz
bald zurückkäme.

Frieden! Lisa seufzte und machte sich daran, das Herrenzimmer zu wischen, solange Karin noch lieb im Laufstall spielte.

Kutzner hatte seinen eleganten Schal an der Stuhllehne hängen lassen. Sicher würde er heute kommen und ihn holen. Vielleicht schickte er das Pflichtjahrmädchen herüber. Als Lisa zufällig aus dem Fenster schaute, sah sie eine junge Frau schüchtern vor der Schultür stehen. Lisa führte sie in die Küche. Martha Neumann hätte sie geschickt, ob Lisa ihr helfen könne? Ihr Mann sei im Krieg und sie wüsste nicht, wie sie ihre bestellten Kohlen aus Herrnstadt nach Birkenhöhe bringen könnte. Lisa grinste, Margarete glaubte wohl, sie wüsste für alles eine Lösung, nur weil sie ihr geholfen hatte, die Wohnung in Großvaters Werkstatt einzurichten.

Nachdenklich schrieb sie das Kinn. Vielleicht könnte sie Ottos Wagen ausleihen? Fehlte nur noch der Kutscher. Sie goss der Frau ein Glas Johannisbeersaft ein und schob es über den Tisch. Vielleicht Nochowitz? Aber der wollte bezahlt werden, das war klar. Entsetzt wehrte die Frau ab, das Geld reiche kaum für die Kohlen. Plötzlich ging ein Grinsen über Lisas Gesicht. Die Schachtel „Reemtsma" in ihrem Nachtischkästchen war ihr eingefallen. Für eine Hand voll Zigaretten fuhr Nochowitz überall hin! Schwarzwährung. Die junge Frau lachte erleichtert und versprach, Lisa dafür bei der Pflaumenernte zur Hand zu gehen. „Wir Frauen müssen zusammenhalten, hat Erna gesagt. Und sie hatte Recht: Lisa lässt keinen hängen! Vielen Dank, Frau Bertram."

Als Lisa in die Küche kam, saß Christl wieder über ihrem Lesebuch. Lisa setzte sich zu ihr und schlug die neue Seite auf. „So ein Wind. Den Hut nimmt er mit, den Staub nimmt er mit…" Auch im Lesebuch zog der Herbst ein. Viertel vor Zwölf schaltete Lisa den Rundfunkempfänger ein.
„… Das Oberkommando der Wehrmacht gibt bekannt, dass die Burg auf dem Hügel bei Rodom eingenommen ist. Gestern wurde die letzte Stellung der polnischen Infanterieverbände eingenommen. Sechzigtausend polnische Soldaten gingen in deutsche Gefangenschaft. Nun gilt es noch, den restlichen polnischen Korridor zu befreien. Der Heldenmut unserer Männer wird siegreich sein. Auch in Danzig wurde gute Arbeit geleistet. Der Widerstand ist gebrochen. Nun blicken wir nach Osten! Sieg Heil!…" Lisa hatte genug gehört, die folgenden Nachrichten ertrug sie nicht mehr. Jeden Tag zwang sie sich den Wehrmachtbericht anzuhören, obwohl sie die Bilder, die dabei auf sie einstürmten, kaum aushielt. Deutsche Flugzeuge flogen Bombenangriffe auf polnische Städte. Oft donnerte ein Geschwader über Birkenhöhe. Keine zweihundert Kilometer weiter östlich zerstörten sie Menschenleben, Häuser, Existenzen. Über eine Million deutsche Soldaten kämpften in Polen. Wo

war Karl? Hoffentlich lebte er noch! Lisa wandte sich zu den Kindern, die vom Kriegsgeschehen nichts verstanden. Oder doch? „Mutti, werfen die Flugzeuge bei uns auch Bomben?" fragte die siebenjährige Christl mit ängstlichen Augen. „Ich hoffe nicht." Lisa legte den Arm um ihre Älteste. „Unsere Soldaten passen auf uns auf." Wirklich überzeugt war sie selber nicht, deshalb versuchte sie, Christl abzulenken: „Wollen wir heute Nachmittag Äpfel ernten?" Christl lächelte. „Kann ich den kleinen Leiterwagen füllen, Mutti? Dann bin ich das Pferd und fahre die Äpfel nach Hause." Leider machte ihnen das Wetter einen Strich durch die Rechnung. Es goss in Strömen und wurde empfindlich kalt. Als Lisa die enttäuschten Gesichter sah, zog sie die Jacke über und holte wenigstens einen Korb voller Äpfel herein, während die Kinder vom Fenster aus zusahen. Dann saßen alle drei am Tisch und schnitten Äpfel klein, Lisa kochte daraus feines Apfelmus und buk dazu ein paar Waffeln. Wie fein das duftete. Christl fand, dass der Nachmittag im Haus doch ganz gemütlich sei und als es dämmerte, schlug sie sogar vor, eine Kerze anzuzünden.

Gerade in diesem Moment kam Anneliese Otto. „Ui, ist das hübsch bei euch! Ist denn schon Weihnachten?" Jutta lachte so, dass sie sich fast verschluckte und Christl sprang auf, um für Anneliese einen Teller zu holen.

„Hirschberger ist eingezogen worden", sagte Anneliese ernst, als sie eine Waffel nahm. Lisa sog erschrocken die Luft ein. „Wie soll ich die Brennerei am Laufen halten ohne Brennmeister? Ich dachte, er ist neunundfünfzig, sie werden ihn nicht holen und gestern hat er mir den Stellungsbefehl gezeigt. Er ist schon weg." Anneliese verbarg das Gesicht in den Händen. „Ich weiß nicht, wie ich alles schaffen soll."

Lisa massierte der Freundin den Rücken.

„Dabei ist der Absatz gestiegen, wir könnten verkaufen." Sie seufzte. „Bis Anfang November reichen die Vorräte. Ich brauche eine Lösung. Aber wer von den Männern, die uns geblieben sind, versteht etwas vom Schnaps brennen?"

„Seiner Familie wird er auch fehlen", bedauerte Lisa. „Er hat für Frau und Töchter die ganze Feldarbeit geleistet, den Garten gemacht, das Brennholz."

Plötzlich sprang Christl auf und lief in den Flur hinaus. „Der Dorfbüttel ist draußen. Ich hab die Glocke gehört!", rief sie aufgeregt und riss die Haustür auf. Tatsächlich, dort stand der alte Herr und die Nachbarn waren alle zusammengelaufen: Frau Teews stand mit dem Regenschirm am Gartenzaun, Frau Scheer kam um die Ecke, gegenüber lehnte Frau Biedermann aus dem Fenster.

Wieder schwang der Mann wichtig die Glocke, dann zog er ein Stück Papier heraus und las die amtliche Ankündigung: „Ab Montag, 1. Oktober, beginnt die Schule wieder für alle Klassen. Allerdings wird nur Montag bis Mittwoch unterrichtet, da wir den Lehrer mit Klein- Petrowiz teilen. Die Schule ist aufgeteilt: morgens von sieben bis elf Uhr die Klassen fünf bis acht und von elf bis drei Uhr die Klassen eins bis vier. Danke für Ihre Aufmerksamkeit, auf Wiedersehen." Der Bote steckte das Papier ein, verschwand unter seinem riesigen Regenschirm und wandte sich zum Gehen.

„Moment noch", rief Lisa hinüber. „Wer wird der Lehrer sein, wenn ich fragen darf?" Der Mann zog den Zettel noch einmal heraus, überflog den Text und schüttelte den Kopf. „Tut mir leid, davon steht hier nichts. Da müssen Sie den Bürgermeister fragen."

Christl zappelte aufgeregt: „Ich freu mich so! Nächste Woche ist wieder Schule!" Wer würde an Karls Stelle in seinem Schulzimmer stehen?

Oktober 1939

Martha hatte die Post auf der Treppe abgelegt, so wie Kurt es früher immer gemacht hatte. Unter der Luftsportzeitschrift, die seit Kriegsbeginn nur noch aus zwei Seiten bestand, schaute ein brauner Umschlag heraus. Feldpost! „Vati hat geschrieben!", rief sie aufgeregt in die Küche, wo Christl und Jutta „schwarzer Peter" spielten. Mit zusammengepressten Lippen riss Lisa den Umschlag auf. Er lebte. Ihr Herz klopfte laut.

„Meine Liebe Lisa, liebe Kinder! Endlich finde ich Zeit, euch ein paar Zeilen zu schreiben. Mir geht es gut." Lisa zeigte auf das Sofa. „Da liest es sich gemütlicher."

„Wo die Kompanie sich genau befindet, darf man in der Feldpost nicht schreiben. Nur so viel: Großraum Danzig. Doch es sieht so aus, als würden wir uns bald nach Osten bewegen."

„Mutti, wo ist Danzig?", fragte Christl neugierig. „Hier, an der Ostsee." Lisa schlug den Atlas auf und legte den Finger auf die Stadt. „Hier, das ganze Land neben uns hat früher zu Deutschland gehört. Jetzt ist es Polen." „Aber das ist ja gar nicht weit!", rief Christl erstaunt. Lisa nickte: „Vier Stunden mit der Eisenbahn. Aber es ist Krieg…"

Dann las sie weiter: „Macht euch um mich keine Sorgen. Ich bin im Bau -Pionier - Bataillon. Unsere

Kompanie baut Brücken und Wachtürme, die Baracken für die Soldaten. Ich sitze bei den Meldern und Funkern in der Schreibstube, habe also im Moment keinen direkten Feindkontakt. Ich hoffe das bleibt so."

Lisa wischte die Tränen aus den Augen, Tränen der Erleichterung. Sie atmete tief durch und las weiter.

„Liebe Lisa, bitte fotografiere fleißig. Der Apparat liegt im Schlafzimmerschrank. So kann ich an eurem Leben teilnehmen, wenn ich wieder komme. Ich hoffe, im Fotoatelier Leibnitz in Herrnstadt arbeitet noch jemand, um die Filme zu entwickeln."

Karl erkundigte sich nach diesem und jenem und hatte für jedes einzelne Kind ein liebes Wort. „Ich liebe euch sehr… Euer Vati."

Lisa schluckte. Er schrieb wie er sprach. Als stünde er im Zimmer. Und plötzlich fiel die Leere über sie herein, sie war wie gelähmt. Dabei sah sie, dass die Kinder ihren Trost bräuchten. Aber sie war nicht in der Lage, die Hand zu heben, ihr Haar zu streicheln, schaffte es nicht, liebe Worte zu sagen. In ihren Ohren rauschte das Blut und sie fürchtete, umzukippen. Ein heftiger Kopfschmerz fuhr in ihre Schläfe.

„Mutti." Christl streichelte ihren Rücken und Jutta schmiegte sich an ihre Brust. Langsam kam ihre Kraft zurück. Es musste weitergehen. Sie legte die Arme und ihre Kinder und seufzte: „Der Krieg wird vorbei gehen. Irgendwie. Hauptsache, Vati geht es gut."

Noch einmal nahm sie den Brief. „Da ist eine Feldpostnummer. Nach dem Mittagessen antworten wir dem Vati. Macht ihr mit?"

„… Gestern in den späten Abendstunden griffen Truppen der UdSSR Ostpolen an. Nach unbestätigten Angaben flogen sie Bombenangriffe und Panzer überschritten die Grenze bei…" Lisa schaltete die Nachrichten aus. Osteuropa stand in Flammen. Hauptsache Karl kann da heil heraus. Heute war der erste Schultag hoffentlich schickte das Schulamt einen anständigen Lehrer. Die Kinder lernten gern und das sollte Ihnen nicht genommen werden. Ein Lehrer wie Karl sollte es sein… Christl sortiert ihre Hefte und Bücher in die Schultasche, während Lisa eine Bürste nahm und Christls dickes dunkelbraunes Haar bürstete. Gestern hatte sie es geschnitten so gut es ging, der Friseur war im Krieg.

Als sie aus der Küche kam, um für Christl noch einen Bleistift aus dem Wohnzimmer zu holen, blieb sie erschrocken stehen. Im dunklen Flur vor der Schultür stand ein Mann, eine abgeschabte Ledertasche unter dem Arm. Er roch unangenehm nach Schnupftabak und starken Zigaretten. Lisa starrte ihn an. Wer war der Mann? Lisa schnupperte. Sie kannte den Geruch. Aber woher? „Was wollen Sie?" Plötzlich wusste sie es!

„Ich bin der neue Lehrer. Bischoff, mein Name."
Bischoff! Der Lehrer aus Kirchlinden, der letzten
Sommer die Deutschbücher gebracht hatte? Hatte
Karl nicht damals gewettert, der Kerl tauge nichts
als Lehrer, weil ihm die Schüler völlig gleichgültig
seien? Und hatte Karl nicht geflüstert, er sei ein üb-
ler Nazi?
Lisa stockte der Atem. Dieser Mensch war der
neue Lehrer?
„Bitte schließen sie auf, Frau." Ungeduldig rüttelte
er an der Klassenzimmertür. „Und für die Zukunft
brauche ich einen Schlüssel." Ihr lief es kalt den
Rücken hinunter. Dieser Mensch sollte einen
Hausschlüssel haben? Damit er hereinkommen
konnte, wann er wollte? Niemals!
„Ich werde Ihnen aufschließen. Sie können sich darauf verlassen, dass jeden Tag ab sechs Uhr dreißig
die Schule offen ist.", sagte Lisa tapfer.
„Ich kriege einen Schlüssel! Was bin ich für ein
Lehrer, wenn ich das Klassenzimmer nicht aufschließen kann?"
Das Herz klopfte ihr bis zum Hals und die Stimme
zitterte leicht. Trotzdem sagte sie: „Ich werde
Ihnen aufschließen, Herr Bischoff. Verlassen Sie
sich drauf."
Ärgerlich stapfte er ins Schulzimmer und knallte
die Mappe aufs Pult, dass es im leeren Raum
hallte. „Ich kriege den Schlüssel", schimpfte er.
„Ich werde mich beim Schulamt über sie

beschweren. Sie haben mir gar nichts vorzuschrei-
ben, Frau."

Lisa ließ ihn stehen und lief in die Küche zurück,
wo Karin sich im Hochstuhl weit nach vorn gebeugt und die Schüssel mit dem Haferbrei erwischt hatte. Genüsslich stopfte sie gerade das
pappige Zeug mit den Händen in den Mund, sah
aus wie ein Schweinchen und lachte vergnügt. Sie
war fast satt. „Christl, euer Lehrer ist schon im
Klassenzimmer. Am besten gehst du in den Schulhof zu den anderen, er merkt früh genug, dass du
hier zu Hause bist." Christl tat ihr leid. Hätten sie
nicht den gutmütigen Lehrer Müller aus Winzig
bekommen können?

In Reih und Glied standen die Apfelkörbe, Säcke
und Kisten an der Hintertür. Endlich blieb das
Wetter trocken und die Sonne ließ sich sehen, obwohl der Wind noch empfindlich kalt wehte. Noch
ein Apfelbaum. Lisa breitete das Leinentuch im
Gras aus, dann schüttelte sie die Äste bis die Äpfel
herunterprasselten. Alle, die jetzt noch herunterka-
men, wollte Lisa zu Saft verarbeiten. In Ottos Hof
standen eine Maischemühle und eine große Obst-
presse mit Spindel. Die durfte sie benutzen. Gerade hievte sie die Körbe mit Hannes Hilfe in den
Leiterwagen, als drüben bei Kutzner die Haustür

zu fiel. Kruse kam den Weg herab, blieb am Zaun stehen und sah ihr zu. Lisa fühlte sich beobachtet. Warum ging er nicht weiter? Aus den Augenwinkeln sah sie, dass er die Arme über der Brust verschränkt hatte und grinsend jede ihrer Bewegungen verfolgte. Ihr wurde heiß. Am liebsten würde ich ihm einen faulen Apfel an den Kopf werfen, dachte sie wütend. Sie tat, als bemerkte sie ihn nicht, was ihr schlecht gelang. Irgendwann war er verschwunden. Doch ihre Unruhe blieb. Völlig erschöpft fiel sie kurz nach elf ins Bett. Die klebrige Küche zu putzen schaffte sie einfach nicht mehr. Doch sie konnte nicht einschlafen, Kruse spukte durch ihre Gedanken. Meine Angst macht ihm Spaß, überlegte sie. Ein widerlicher Kerl. Wäre Karl zu Hause… Ach, ich muss mir selber helfen. Ob er das mit anderen Frauen genauso macht? Sie beschloss, das Thema im nächsten Frauenkreis ganz offen anzusprechen. Dieser Entschluss beruhigte sie und endlich schlief sie ein.

„Ich mag nicht mehr in die Schule", sagte Christl am Dienstagmorgen, kurz ehe sie losmusste. Lisa stellte den Milchtopf ab und setzte sich neben ihre Tochter.
„Aber warum denn, Mädchen? Du hast dich doch immer gefreut, etwas Neues zu lernen."

„Der neue Lehrer ist nicht wie Vati!", stieß Christl
hervor und verbarg das Gesicht in den Händen.
„Gestern hat er der Lieselotte Domröse eine Ohrfeige gegeben. Dabei hat sie ihr Tintenfass gar
nicht mit Absicht umgestoßen." Lisa streichelte
ihre Haare. „Und die Gisela lässt er jeden Tag in
der Ecke stehen. Ihr Vater sei ein Linker, hat der
Lehrer behauptet. Keine Ahnung, was ein Linker
ist. Und Emil und die Detektive liest er auch nicht
weiter vor. Das war immer so gemütlich, wenn wir
um Vati herum zum Abschlusskreis saßen. Dabei
will ich doch wissen, ob Emil und Pony Hütchen
den Dieb erwischen." Sie machte eine wegwerfende Handbewegung. „Der Lehrer Bischoff liest
nur aus der Zeitung vor. Aber vom Krieg will ich
nichts hören."
Lisa seufzte. Sie hatte manches mit angehört, wenn
sie nebenan in der Küche hantierte. Wenn Bischoff
brüllte, konnte sie jedes Wort verstehen. Und dann
die Lieder! Er sang mit den Kindern Lieder, die
nichts für Kinderseelen waren. „Kann es denn
noch was Schöneres geben, als wie den edlen Krie-
gerstand, wie herrlich ist Soldatenleben für das
schöne Vaterland…" Ihr standen die Haare zu
Berge, als sie das neulich hörte. Wie gut sie ihre
Tochter verstand. Doch was sollte sie sagen?
„Was bleibt uns übrig, Christl? Wenn du etwas lernen willst, musst du hingehen. Wir haben keinen
anderen Lehrer." Christl nagte an der Unterlippe.
Sie atmete tief durch und stand auf. „Du hast recht

Mutti. Aber ich mag den Mann nicht und ich will, dass Vati bald zurückkommt." Lisa lächelte. „Ich auch, meine Liebe, wir alle." Christl packte das Pausenbrot ein und ging.

Als Lisa das Geschirr spülte, fiel ihr Blick in den Garten. Eine kleine Gestalt hantierte am Kompost. Lisa trocknete die Hände ab und lief hinaus. Marie war gerade dabei, eine Kiste mit Pflanzen auszukippen, als Lisa rief: „Halt! Was machst du da, Mariechen? Das sind doch die Geranien, die ihr im Klassenzimmer aus Stecklingen gezogen habt. Warum willst du sie wegwerfen?"

Als Marie sich umdrehte, sah Lisa Tränen an ihren roten Backen. „Der Lehrer hat gesagt, das Gestrüpp muss auf den Misthaufen. Dabei blühen sie so schön!" „Ihr habt sie den ganzen Sommer fleißig gegossen. Man kann sie überwintern. Zum Wegwerfen sind sie zu schade."

„Ich weiß. Der Lehrer Bertram hätte sie niemals auf den Kompost geworfen. Aus der Natur lernt man viel, hat er immer gesagt. Der Lehrer Bischoff ist anders."

Lisa nahm der Zwölfjährigen die Kiste aus den Händen. „Ich schneide sie zurück und stelle sie in den Schuppen. Wenn wir Glück haben, ist im Frühjahr der Krieg vorbei. Und wenn mein Mann heimkommt, stellen wir die Geranien wieder ans Klassenzimmerfenster." Marie lachte erleichtert. Lisa brachte die Geranien in den Schuppen. Vielleicht gehe ich heute Abend mal ins

Klassenzimmer. Wer weiß, was dieser schreckliche Mensch sonst noch alles wegwirft.

Vielleicht wäre es besser gewesen, nicht nachzuschauen. Den Tragflügel aus Balsaholz und Leinwand, den Karl in tagelanger Arbeit gebaut hatte, um die Grundsätze der Aerodynamik zu veranschaulichen, lag quer über einem Eimer und darauf war ein halbvolles Wasserglas abgestellt. Im Papierkorb steckten die Garbenkränze, die die Schüler noch im August gebunden hatten. Die hübschen Kärtchen, auf denen Dinkel, Gerste oder Hafer stand, waren abgefallen, der Boden übersät von Körnern. Seufzend holte Lisa einen Besen. Sie sah sich um. An der Wand fehlten die Objektkästen. Als sie die Garbenkränze neben den Kompost kippte, fielen Karls Objektkästen aus dem Papierkorb: die Vogeleiersammlung, die er über Jahre zusammengetragen und liebevoll beschriftet hatte, die Gebisse von Marder, Eichhörnchen, Hase und Wildschwein, die die Kinder immer bestaunt hatten und zuletzt den Kasten mit den Schmetterlingen. Zum Glück waren sie einigermaßen unversehrt und Lisa verstaute sie im Bodenkämmerchen. Bischoff versuchte wohl, alles zu beseitigen, was Karl so beliebt gemacht hatte und was seinem Unterricht anscheinend fehlte: der Spaß an der Sache. Was Bischoff zu bieten hatte, hing groß und breit neben der Tafel: eine Fotografie des Führers.

Im Schrank fand Lisa eine Kiste mit den angefangenen Holzbooten. Karl hatte ihr davon erzählt. Es waren Schaufelraddampfer, die durch eine spezielle Konstruktion flussaufwärts gegen die Strömung fahren konnten. Hoffentlich warf er die nicht ins Feuer! Doch sie getraute sich nicht, die Boote an sich zu nehmen. Sie zog einen Karton mit Kinderzeichnungen heraus. Mit Rotstift war darin herum korrigiert, da standen Bemerkungen wie: entsetzlich, entartet, sorgfältiger, noch einmal machen. Was für ein einfühlsamer Pädagoge! Wütend schloss sie die Schranktür und verließ das Klassenzimmer. Hoffentlich kommt Karl bald wieder, seufzte sie, das hier ist schwer zu ertragen.

„Warschau hat kapituliert! Polen ist besiegt! Habt ihr es schon gehört?" Außer Atem stürmte Anneliese ins Klassenzimmer. Die drei Frauen, die den Tisch deckten für den Frauenkreis, starrten sie an. „Nach nur vier Wochen? Unmöglich!" „Doch! Nachdem der Russe von Osten angegriffen hat…" „Oh, wunderbar, dann kommen die Männer bald nach Hause", sagte Anna und rieb sich eine Träne aus dem Augenwinkel.
„Nee, ganz sicher nicht", entgegnete Frieda. „Als nächstes schickt sie der Führer nach Frankreich. Hat er doch gesagt."

„Abwarten", Anneliese hob die Hände. „Frankreich ist besser gerüstet als Polen." „Mir langt es jetzt schon. Meinetwegen brauchen wir keinen Krieg mit Frankreich." Martha schnitt den Apfelkuchen an. Der Raum füllte sich. Adele setzte ihren kleinen Sohn zu den Bauklötzen, die Großen spielten Fußball auf dem Schulhof. Als letzte trat Auguste Rinne ein, sie hatte Blechkuchen dabei. „Schlesische Sträselkucha", rief sie fröhlich. Lisa freute sich. Ein Glück hatte sie den Frauenkreis auf Donnerstagnachmittag verlegt. So konnten alle Frauen teilnehmen außer den beiden, die in der Fabrik arbeiteten.

Als alle fröhlich zugriffen und am Pfefferminztee nippten, fragte Anna plötzlich: „Kann mir einer sagen, was ich gegen den Kruse tun kann?" Die Runde verstummte. „Er kommt fast jeden Tag, meistens in den Abendstunden. Bringt mir Blumen, Pralinen, kleine Geschenke. Ich will das nicht! Aber wie kriege ich ihn los?" Sie schaute auf ihre Hände, als schäme sie sich und doch wirkte sie erleichtert, dass sie es gesagt hatte.

Lisa riss die Augen auf. „Ich bin gar nicht die Einzige, der er nachsteigt?"

„Oh!", entfuhr es Frieda. „Du auch? Mich hat er kürzlich sogar angefasst, als ich vor dem Kindergarten gewartet habe. Ich sei sicher einsam ohne meinen Mann, hat er gesagt und versucht, den Arm um mich zu legen. Widerlich!" „Zu mir kommt er in die Kassenstunde. Meist als allerletzter", erzählte Lisa jetzt. „Ich muss zugeben, ich habe Angst vor ihm."

„So ein schreckliches Mannsbild", regte sich Auguste auf. „Warum ist er nicht im Krieg?"

„Großbauer", sagte Erna böse. „Der wird verschont. Und wir kleinen Bäuerinnen können sehen, wo wir bleiben."

„Was bin ich froh, dass ihr das erzählt habt", sagte Lisa. „Ich dachte, ich sei die Einzige. Irgendwie fühle ich mich jetzt stärker. Aber was können wir tun?" Pauline Dalibor grinste: „Ich könnte mal mit seiner Frau reden… Könnte sein, dass er dann eine Abreibung kriegt, wenn er heimkommt." „Mich macht er wütend. Führt sich auf wie ein Platzhirsch!", schimpfte Adele. „Wir müssen einander helfen." Martha Hirschberger nickte. „Keine von uns sollte in der Dunkelheit allein unterwegs sein." Anneliese wirkte ernst. „Ich komm jetzt abends öfters zu dir, Lisa. Mit Hasso. Vor dem Schäferhund hat er großen Respekt."

Was für wunderbare Frauen, dachte Lisa und sah in die Runde. Jetzt war ihr nach Singen. Lisas Finger liefen über die Tasten. Sie fühlte sich federleicht. „Wenn die bunten Fahnen wehen…"

Henny Renzel zwinkerte Lisa verschwörerisch zu, als sie das Sparbuch einsteckte und den Mantel nahm. „Gut, dass Anneliese heute Abend zur Kassenstunde kommt. Zu zweit schafft ihr den Kruse." Monatsanfang.

Heute Abend gaben sich die Kunden die Klinke in die Hand: Lotte, Herr Reichelt, Erna und der alte Biedermann. Lisa schielte zur großen Wanduhr. Wo blieb Anneliese? Gleich taucht Kruse auf und ich stehe allein da.

Lisa starrte angestrengt aus dem Fenster. Der Garten war in der Dämmerung nur noch schemenhaft zu erkennen. Von Anneliese keine Spur. Stattdessen drückte eine breite Gestalt mit Hut die Gartenpforte auf: Kruse. Lisas Puls beschleunigte sich. Ihr wurde heiß, als der zur Tür hereinkam. Galant verbeugte sich der Großbauer und streckte Lisa ein Schächtelchen entgegen. Sie rührte sich nicht. Er sah sie durchdringend an, Lisa hielt seinem Blick stand. Schließlich öffnete er es selbst und zeigte Lisa den Inhalt: ein wunderschönes Spitzentaschentuch. Lisa bewegte sich immer noch nicht. Sie zwang sich, ihm in die Augen zu sehen.

„Packen Sie das wieder ein, ich bin nicht interessiert." Er lachte auf. „Nein? Das werden wir ja sehen. Ihr Herr Gemahl ist weit weg, ich stehe zur Verfügung." Am liebsten hätte Lisa ihm eine Ohrfeige ins Gesicht geklatscht, was für eine Frechheit! Kruse setzte sich in einen der Sessel in der Ecke, legte die Beine auf den Sessel gegenüber und lehnte sich zurück.

Wo blieb Anneliese? Er klopfte auf den dritten Sessel und winkte Lisa zu sich. „Haben Sie keine Geldgeschäfte zu tätigen? Dies ist die Raiffeisenkasse, kein Schäferstündchen." Er lachte aus vollem Hals und schlug sich auf die Schenkel. Lisa verzog keine Miene. Wenn er nicht bald geht, springe ich ihm an die Kehle!

„Frau Bertram. Nun seien Sie mal nicht so spröde. Man muss den Tatsachen ins Auge sehen, der Krieg kann noch Jahre dauern. Wer weiß, wo ihr Mann sich vergnügt. Man hörte da so einiges von der Front." Er sprang auf und versuchte, den Arm um sie zu legen. Sein Atem roch nach kaltem Tabak und Knoblauchwurst und kam immer näher.

„Nehmen Sie ihre Finger von mir, Kruse!" Ihre Stimme überschlug sich. Die Wangen glühten vor Wut, Wut, die erstaunliche Kraft gab! Sie schüttelte seinen Arm ab, sprang hinter den Schreibtisch, packte den schweren Schreibtischstuhl und schob ihn zwischen sich und Kruse.

„Machen sie dass sie fortkommen, sie Casanova. Wir Frauen von Birkenhöhe lassen uns das nicht länger gefallen. Wir halten zusammen!" Kruse stutzte. Damit hast du nicht gerechnet, dachte Lisa und grinste innerlich.

„Wenn sie uns nicht in Ruhe lassen, machen wir es öffentlich. Und ich weiß nicht, was Ihre Frau dazu sagt."

Kruse knurrte böse. „Giftiges Weib!" Ärgerlich warf er den Mantel über, ließ sein Päckchen in die Tasche gleiten und stapfte zur Tür.

„Und was meinen Mann betrifft", rief Lisa hinterher. „Ich bin mir absolut sicher, dass er sich nicht beteiligt an dem, was sie von der Front gehört haben." Er knallte die Haustür, dass es im Treppenhaus hallte. Lisa stieß die Luft aus und fiel auf den Schreibtischstuhl. Sie fror.

„Tut mir unendlich leid, Liebes…" Anneliese stürmte ins Zimmer. „Ich kam nicht weg… Sag mal, was hast du mit dem angestellt? Er hat geschäumt vor Wut!" Sie nahm Lisa in den Arm, die sich zitternd an die Stuhllehne klammerte. „Der ist bedient. Wäre uns allen zu wünschen… Oh Lisa. Es tut mir so leid. Der Gauleiter hat heute den Flachsbetrieb besichtigt und dann saß er mit Kutzner beim Schnaps und ging einfach nicht. Ich bin schier umgekommen vor Sorge um dich." Anneliese streichelte Lisa über den Rücken und langsam wurde ihr wärmer. „Einen Schnaps! Ja das brauche ich jetzt." Lisa erhob sich und holte die Flasche aus dem Herrenzimmer. „Und du?" Anneliese hob die Hände. „Danke. Schnaps kann ich heute keinen mehr riechen." Lisa schloss müde die Augen und kippte das brennende Zeug hinunter. „Wir halten zusammen… Das ist unsere Waffe!" Sie goss sich noch ein Gläschen ein. „Prösterchen!"

November 1939

Jutta jammerte müde und hängte sich an Lisas Arm. Seit zwei Wochen ging sie in den Kindergarten. Das strengte sie noch so an, dass der Heimweg sich unendlich zu ziehen schien. Lisa konnte das Mädchen nicht tragen, mit der einen Hand schob sie den Kinderwagen, an der anderen hing ein schwerer Einkaufskorb. Gleich war die Schule aus und Christl würde Hunger haben, dabei lag der Grieß noch im Korb, aus dem sie Grießbrei kochen wollte.

Am Tor der Flachsfabrik saßen eine Handvoll Männer in grauer Einheitskleidung. Das mussten polnische Gefangene sein, die dort ihr Pausenbrot aßen. Klara Heinze hatte seit ein paar Tagen einen polnischen Arbeiter auf dem Hof. Jeden Tag rollten Gefangenentransporte über die Chaussee. Vielleicht war der Krieg bald zu Ende? Am Gartentor standen die Mütter der Erstklässler, um ihre Kinder abzuholen.

„Lisa", Martha Hirschberger nahm Lisa am Arm, als sie vorbeiging. „Der Kruse stand gestern wieder bei mir am Zaun."

„Hat er dich belästigt?", fragte Lisa erschrocken. Wieder der Kruse!

„Die Bertram sei ein wildes Weib, hat er gesagt. Stell dir das vor", grinste Martha. „Eine Kratzbürste hat er dich genannt." Lisa stieg die Röte ins

Gesicht. „Dem hast du's gegeben, Lisa", lobte
Martha, doch dann wurde sie ernst. „Was er dann
gesagt hat, macht mir Sorgen, Lisa." Lisa schaute
auf. „Endlich mal ein Weib mit Biss, hat er gesagt.
Ihr Widerstand macht mich richtig heiß. Die
nehme ich mir noch mal vor."
Entsetzt schlug Lisa die Hand vor den Mund und
schloss die Augen. Ihr Herz schmerzte. Wie sollte
sie sich gegen diesen Mann wehren? Martha legte
ihr die Hand auf den Arm. „Du musst vorsichtig
sein, abends früh zuschließen, im Dunkeln zu
Hause bleiben. Das Schulhaus liegt am Dorfrand…"
Aus dem Klassenzimmer tönte das Deutschlandlied aus sechzig Kehlen und schließlich ein lautes
„Heil Hitler". Die Schulglocke schrillte und gleich
darauf flog die Tür auf und die ersten Schüler liefen davon. Als sie sich mit dem Kinderwagen gegen den Strom der Schüler in den Hausgang
drängte, hörte sie wie Bischoff lautstark auf Frau
Domröse einredete, die sich wohl wegen der Ohrfeige beschwert hatte. „Die Kinder müssen fürs Leben lernen", sagte er gerade. „Das heißt Disziplin,
Disziplin, Disziplin! Zimperliesen und Hosen-
scheißer kann Deutschland nicht gebrauchen."
„Es sind Kinder, Herr Bischoff, keine Soldaten",
sagte Lisa im Vorbeigehen.
„Sie werden schon sehen, Frau Bertram, dass ich
hier noch eine Weile das Sagen habe. Der Krieg ist
noch lange nicht vorbei. Ganz Europa wird

Deutsch!" Er reckte die Brust, als sei er der Führer persönlich. „Die arische Herrscherrasse braucht Platz. Hart wie Kruppstahl muss die nächste Generation werden." Lisa mochte seine Rede nicht mehr hören, schüttelte den Kopf und ging mit Karin und Jutta in die Küche. Die armen Kinder.

Lisa stand am Schlafzimmerfenster und starrte in den finsteren Garten hinaus. Damit sie die vorgeschriebene Verdunklung weglassen konnte, hatte sie das Licht gelöscht. Diese Kartons am Fenster machten sie verrückt, sie wollte die Obstbäume sehen, die Wiese, Frau Scheers Vorgarten und den Ziegenstall. Der Wind riss an der Pappel bei Tittels und durchwühlte die Ahornbäume. Die letzten Blätter rasten an der Brunnenecke im Kreis. Ihr entfuhr ein Seufzen: November. Draußen wurde es ungemütlich. Ob Karl wohl einen Ofen in seiner Baracke hatte? Hatte er eine warme Decke? Oder lag er irgendwo im Graben und schob Wache inmitten explodierender Geschosse? Immerhin, er lebte. Am Mittwoch war wieder ein Brief von ihm gekommen. Lisa kannte jedes Wort auswendig, so oft hatte sie ihn gelesen. Die Chancen stünden nicht schlecht, dass er in absehbarer Zeit nach Hause käme, schrieb er. Ach, wäre das herrlich! Doch Lisa spürte leisen Zweifel. In den

Ansprachen des Führers klang der Feldzug gegen
Polen eher wie ein Auftakt für Größeres. Hoffentlich folgte jetzt nicht noch ein Krieg im Westen.
Die Sehnsucht nach Karl tat weh und Sorge drohte
über ihr zusammen zu schlagen. Das Leben war
hart geworden. Wie sollte das Geld reichen? Das
bisschen Sold war nur ein Bruchteil von Karls Leh-
rergehalt. Kohle hatte sie keine kriegen können,
also musste sie mit dem Brennholz auskommen,
das Karl ihr noch besorgt hatte. Hungern mussten
sie zum Glück nicht, trotzdem fehlte es an Dingen
wie Seife, Öl, Waschpulver. Von Schokolade
konnte sie nur träumen. Sie fröstelte und floh ins
Bett. Die Füße an der Wärmflasche, gingen ihre
Gedanken wieder zu Karl. Sie malte sich ein glück-
liches Wiedersehen aus und schlief darüber ein.

Mitten in der Nacht schreckte Lisa hoch. Irgendein
Geräusch hatte sie geweckt. Sie lauschte in die
Finsternis. Wie spät mochte es sein? Die Zeiger an
ihrem kleinen Wecker fluoreszierten nicht mehr, es
musste also weit nach Mitternacht sein. Da wieder!
War eben ein winziges Steinchen an ihr Fenster geflogen?
Vorsichtig schlich sie ans Fenster, der Garten lag
stockfinster. Wer trieb sich dort herum um diese
Zeit? Dann erkannte sie die Gestalt am Zaun: Karl!
In fliegender Hast warf sie den Morgenmantel
über, rannte die Treppe hinab und schloss die Hin-
tertüre auf. Er drängte herein und verschloss die

Tür sofort. Dann lagen sie sich in den Armen. Lange und innig und ohne ein Wort. Lisa sog den Duft seiner Haut ein. Mit eiskalten Händen streichelte er ihre Wangen. Natürlich, er trug nicht einmal einen Mantel.

„Komm in die Küche", flüsterte sie. „Ich lege Holz auf die Glut, du musst dich wärmen." Da saß er am Küchentisch, die Hände um seine Teetasse geschlungen und musterte sie liebevoll. Ob ich das alles nur träume? Fragte sie sich immer wieder. Karl in unserer Küche! „Ist der Krieg zu Ende? Bleibst du jetzt hier?", fragte sie, setzte sich auf seinen Schoß und nahm sein Gesicht in beide Hände.

„Nein, Liebes. Ich kann nicht bleiben. Wir sind in Guhrau stationiert, auf dem Weg nach Westen. Westoffensive, keine Ahnung, wie das gehen soll. Frankreich ist durch die Maginot-Linie geschützt. Meiner Meinung nach kein Durchkommen. Aber ich glaube, die Militärs wollen diesen Unsinn unbedingt. Ein kleiner Feldwebel wie ich hat da nichts zu sagen. Er hat zu gehorchen."

„Wann musst du…" „In einer Stunde. Ich wollte dich sehen, meine liebe Lisa, ich verzehre mich vor Sorge und Sehnsucht nach dir."

„Nur eine Stunde?"

„Ich bin zu Fuß von Guhrau gekommen, mein Vorgesetzter deckt das. Aber im Morgengrauen muss ich zurück sein."

„Guhrau? Zu Fuß? Das sind ja fast zwanzig Kilometer!" Lisa küsste Karl auf die Stirn. „Nur um mich zu sehen?"

„Ich liebe dich, Mädchen. Du bist mein ganzes Glück! Diese Stunde hilft mir wieder ein paar Wochen… Wer weiß, wann wir uns wieder sehen."

Lisa holte Brot und Käse, eingelegte Gurken und eine Dose Heringe. Da saß sie, schaute ihm zu, wie er mit gutem Appetit aß und freute sich. Ob sie die Kinder wecken sollte? Karl schüttelte den Kopf. Keiner durfte wissen, dass er da war. Unerlaubtes Entfernen von der Truppe wurde hart bestraft.

„Weihnachten werdet ihr ohne mich feiern müssen", seufzt er. Lisa schwieg. Ihr Gehirn weigerte sich, etwas anderes zu denken, als diesen Augenblick. Weihnachten war weit weg, jetzt saß Karl hier. Für diese eine Stunde lief er die ganze Nacht auf der Landstraße.

„Geht es euch gut?", fragte Karl kauend. „Hier im Dorf ist die Not nicht so groß wie in den Städten. Es reicht zum Leben und wir sind gesund."

„Und in der Schule?"

„Der Bischoff ist ein Ekel. Die Kinder leiden. Jetzt hat der Letzte begriffen, was für ein guter Lehrer du warst." Karl lachte.

„Da werden Sie begeistert lernen, wenn ich wieder komme. Oh, wie sie mir fehlen, die Racker! Tausendmal lieber würde ich unterrichten, als Brücken für Panzer zu bauen!" Er biss vom Brot ab, fragte nach den Kleinen, ob Lisa mit der vielen Arbeit zurechtkäme und wie es mit der Raiffeisenkasse ginge. Lisa lächelte. „Die meisten haben akzeptiert, dass ich es anders mache als du. Das klappt schon. Das schlimmste ist die Einsamkeit und die Sorge um dich."

„Du schaffst das Lisa", sagte er und nahm liebevoll ihre Hand. Er sprang auf. „Wenigstens einen Blick ins Kinderzimmer werfen! Es tut weh, euch so im Stich lassen zu müssen." Lange stand er an den Betten seiner Mädchen, die friedlich schliefen und nicht ahnten, dass ihr geliebter Vater in der Tür stand.

Viel zu schnell flog die Zeit und Karl schaute auf die Uhr. Er löste einige Fotos aus dem Album und verstaute sie in seiner Brusttasche. Lisa steckte ihm noch eine Hartwurst in die Jackentasche. Lange standen sie im Flur, fest umschlungen, ehe Karl sich löste und ihr ein „Lebwohl" ins Ohr flüsterte. An der Gartenpforte drehte er sich noch einmal um und winkte, dann verschwand er in der Dunkelheit. Lisa schloss leise die Tür, löschte die Lichter und stieg die Treppe zum Schlafzimmer hinauf. Plötzlich war die Einsamkeit schwerer zu tragen als je zuvor, ihre Füße bleischwer. Die Wärmflasche tröstete sie kaum. Als sie eine Weile in die Nacht gestarrt hatte, kam die Ruhe zurück und die Dankbarkeit. Nur um sie zu sehen, war er die ganze Nacht gelaufen. Wie sehr musste er sie lieben!

Mit klammen Fingern zog Lisa den Draht um die Tannenzweige. Mit dem Daumen hielt sie das Ende fest und legte drei neue Zweige um die letzte Lage, ehe sie den Draht wieder darüber festzog. Sie drehte den fertigen Adventskranz in den Händen, zufrieden mit ihrem Werk. Eine Windböe zauste ihre Haare. So langsam muss ich Handschuhe und Mützen heraussuchen, dachte Lisa und zog die Hintertür zu.

Als sie aufsah, wäre ihr der Adventskranz beinahe aus den Händen gefallen. Sie schaute direkt in die aufgerissenen Augen eines toten Kaninchens. Jemand hielt es ihr genau vors Gesicht. Ihr Vater! Er lachte übermütig, nahm den Hasen herunter und begrüßte Lisa fröhlich: „Dein Weihnachtsbraten. Hat der königliche Förster aus Bartschdorf heute früh im Laden abgegeben. Er lässt ausrichten, sie kämen an Heiligabend, wenn es recht wäre!" Königlicher Förster! So nannte ihr Vater Lisas Schwiegervater gern. Besuch zum Fest, sogar mit Braten. „Häng ihn irgendwo auf", sagte der Vater und drückte Lisa die Hasenohren in die Hand.

Der Kerl war schwer und Lisa erkannte mit Schrecken, dass sie ihn irgendwie abziehen und zerlegen musste. Oh Graus! Sie band ihm eine Schnur um die Hinterläufe und hängte ihn oben im Treppenhaus an die Kurbel der Wäschemangel. Jetzt wollte sie nicht mehr darüber nachdenken.

Als sie wieder in die Küche kam, war ihre Mutter am Auspacken. Eine Tüte Mehl stand auf dem Tisch, ein Päckchen Salz und Zucker, eine halbe Rauchwurst und ein Stück Seife. Ihre Mutter liebte es, Tochter und Enkelkinder zu beschenken. Jutta bekam ein paar neue Strümpfe, sie hätte gesehen, dass sich Stopfen nicht lohne. Lisa sagte, das sei nicht nötig und sie bräuchten die Dinge doch sicher selbst. Sie hätten alles und lebten von Luft und Liebe, lachte ihr Vater und nahm Martha in den Arm. Die Kinder bekamen eine warme Milch, die Erwachsenen tranken „Muckefuck", die einzige Sorte Kaffee, die es noch gab. Sie saßen in der Runde und erzählten und lachten.

„Einer meiner Kunden hat mit einer Henne bezahlt", sagte Ernst. „Willst du nicht ein paar Hühner her tun, Lisa? Der Mann könnte mir junge Legehennen besorgen." Lisa lachte. „Wo soll ich die halten, hier in der Küche?" Der Vater schlug die Garage vor. Christl klatschte in die Hände. Hühner, was für eine gute Idee. Aber vielleicht lieber erst im Frühjahr.

Als ihre Eltern gegangen waren und die Kinder in ihren Betten lagen, blieb Lisa im Flur vor der Wäschemangel stehen. Ich weiß, wie man Hasenfleisch zerteilt, wie man es in Beize einlegt, wie man es zubereitet. Aber wie, um Himmels Willen, zieht man einen Hasen ab? Der Gedanke, da irgendwo im Fell ein Messer anzusetzen, würgte sie. Wer konnte ihr helfen? Gustav Titel war an der

Front wie die meisten Männer im Dorf. Die paar, die ihr einfielen, wollte sie keinesfalls fragen. Sie streifte das Nachthemd über und schlüpfte ins Bett. Ihr musste etwas einfallen.

Da hing der Hase! Den ganzen Vormittag beschäftigte er ihre Gedanken. Sollte sie doch David Teews fragen, ob er den Hasen abzog? Oder gab es einen von Karls Schülern, der das konnte? Der Biedermann Fritz vielleicht? Heute musste es sein, sie durfte ihn nicht länger hängen lassen. Ein Schauer fuhr ihr den Rücken hinunter, wenn sie daran dachte, dass sie es am Ende doch selber tun musste.

Unten ging die Haustür auf, offenbar hatte sie das Klopfen überhört. Herta Scheer aus dem Frauenkreis streckte den Kopf zur Tür herein. „Hast du einen Moment, Lisa?", rief sie die Treppe herauf. Froh um die Ablenkung bat Lisa die Freundin in die Küche, brühte einen Pfefferminztee und stellte die Schale mit den Plätzchen auf dem Tisch.

„Warum ich komme." Herta nahm einen Schluck Wasser. „Meine Johannisbeeren haben dies Jahr so schlecht getragen. Man müsste sie zurückschneiden. Aber das hat immer Otto gemacht, ich hab mich da nie drum gekümmert. Hast du Ahnung davon?" Lisa nickte. „Könntest du das vielleicht machen?" Lisa nickte wieder. „Klar, Hertha. Am Dienstag?" Johannisbeerhecken schnitt Lisa seit Jahren. Das konnte sie gut. Sie lehnte sich zurück

und nahm ein Nussplätzchen. Ob sie von Paul
Weißkes Verwundung gehört habe, fragte Herta.
Sie erzählte, dass Alfred Kaluzka inzwischen ein-
gezogen wurde. Jetzt wären auch Besitzer großer
Güter dran.

„Hab vorhin gesehen, dass du einen Hasen oben
an der Mangel hängen hast. Ein Prachtskerl ist
das", sagte Hertha. Da war es wieder, Lisas Problem. „Du musst ihn abziehen, Lisa, er darf nicht so
lange hängen." Lisa verbarg das Gesicht in den
Händen und schwieg.

„Was ist?"

„Mir graust schon bei dem Gedanken."

„Hast du ein Messer? Ein scharfes?" Lisa sah auf.
„Du kannst das, Hertha?" Hertha zuckte die Schultern. „Um solche Kleinigkeiten hat sich Otto nie
gekümmert." „Kleinigkeiten?" Lisa schüttelte den
Kopf. Hertha stand auf. „Ich zeig es dir, Lisa." Sie
stellte eine große Schüssel unter den Hasen und
setzte das Messer an.

„Das kannst du nächstes Mal selbst, schau hier,
zwei Schnitte, die Hinterbeine abbalgen, das Fell
Richtung Kopf ziehen…" Hertha schnitt und zog,
drückte das Fleisch an den Rippen vom Balg und
schnitt das Fell an den Vorderläufen ab.

„Dir ist schlecht, was?", sagte Hertha mit einem
Blick in Lisas bleiches Gesicht. „Nicht darüber
nachdenken, einfach machen, sage ich immer. Luft
anhalten und los. Ist kein Hase mehr, nur noch Fell
und Fleisch. Als würdest du Stoff zu schneiden

beim Nähen." Lisa lächelte mühsam. Was für ein Vergleich. Hertha arbeitete ruhig und sicher und legte den abgezogenen Hasen in die Schüssel. Obwohl ihr wirklich ein bisschen schlecht war, hatte Lisa jeden Handgriff genau beobachtet. Das musste sie hinkriegen.

Herta wusch in der Küche die Hände und lachte übermütig: „Eine Hand wäscht die andere. Hase für Johannisbeeren. Jeder was er kann." Das schien Lisa doch sehr ungleich, aber sie schwieg. Jetzt konnte Weihnachten kommen.

März 1940

Im Februar lag Lisa zwei Wochen mit Fieber im Bett und war sehr froh, dass ihre Freundinnen sich in dieser Zeit um Kinder und Haushalt kümmerten. Anfang März war sie endlich wieder auf den Beinen.

Eines Nachmittags fuhr Ernst Hüttig mit dem Lieferwagen vor. Die Kinder stürmten aus dem Haus und begrüßten den Großvater mit Hallo. Christl presste ihre Nase an die hintere Scheibe und rief: „Großvater hat Hühner mitgebracht! Da stehen drei Kisten aus denen Schnäbel herausschauen!" Lisa erschrak. Sie hatte keinen Stall und konnte die Hühner doch unmöglich in den Kisten lassen.

Ernst legte seiner Tochter den Arm um die Schulter und sagte, sie solle ihn nur machen lassen. Schwungvoll öffnete er die Autotüren und hievte drei Holzkästen heraus, über die ein feines Hasengitter genagelt war. „Zehn Hühner! Oh Vater, die haben ein Vermögen gekostet." „Naja, heutzutage sind Beziehungen wichtiger als Geld. Habe einen Bauern in Kleinpeterwitz eine Lichtleitung gelegt und das war ihm offenbar die Hühner wert. Genau genommen sind es elf Hühner", sagte Lisas Vater und grinste verschmitzt. „Diesen Hahn wollte der Bauer auch loswerden."

Ernst kippte Stroh in die Garage, füllte Körner in eine alte Keksdose und ließ die Hühner aus den

Kisten. Sofort begann ein Gerangel um den Futter-
napf, das erst endete, als die Kinder mit Löwen-
zahnblättern um die Ecke kamen. Ernst stellte einen flachen Korb oben aufs Regal. „Wenn wir
Glück haben, finden Sie den Platz gemütlich genug, dass sie dort ihre Eier hinlegen. Wenn nicht,
können wir sie jeden Tag im Garten suchen." Zufrieden stand er mit verschränkten Armen vor der
Garagentür und begutachtete sein Werk. „Dort
gibt es noch Platz für ein halbes Dutzend Gänse",
meinte er nachdenklich. Von jetzt auf gleich eine
Garage voller Tiere? Lisa wusste nicht, was sie sagen sollte. „Müssen Gänse nicht einen Teich haben?", fragte sie. Ihr Vater schlug vor, das Bächlein
zu stauen. Er werde den Lehrling Hädrich schicken. Lisa freute sich auf den Arbeitstag mit dem
jungen Burschen, den sie von früher kannte, als er
noch zu Karl in die Schule ging.
Keiner hatte auf Karin geachtet, die bis dahin still
zu Lisas Füßen gesessen und mit Steinen gespielt
hatte. Bis Christl rief: „Sie läuft, schaut nur hin, Karin kann laufen." Alle lachten und Lisa lief ins
Haus, um den Fotoapparat zu holen. An diesem
großen Moment sollte Karl teilhaben.

Aufgeregt sprang Jutta um ihre Mutter herum, die
die große Gartenschere vom Schrank holte.

„Summer singa, Summer singa!", jubelte sie.
Christl lief längst über den Sportplatz, dorthin, wo
die Weidenkätzchen ihre Äste ausbreiteten. Am
Rain schmolzen die letzten Schneereste, überall
flossen kleine Rinnsale, die Wiese schmatzte bei jedem Schritt. Am Rand des Birkenwäldchens leuchtete ein Heer von Anemonen, die ersten Schlüsselblumen steckten die Köpfe heraus und am Bächlein blühten die gelben Sumpfdotterblumen.
Für jedes Kind schnitt Lisa einen dicken Weiden-
stecken ab, auch für Karin, die natürlich noch nicht
wusste, was „Summer singa" bedeutete. Christl
klatschte begeistert in die Hände, als sie mit dem
Stock in die Küche kamen. Ihre Mutter hatte buntes Papier gekauft, auch die Reste vom letzten Jahr
lagen dort, Schere, Faden, Stifte. Nun ging es ans
Schmücken des Steckens und das war jedes Jahr
fast so wunderbar wie das Singen selbst. Lisa
zeigte Jutta, wie sie eine Papierblume falten und
schneiden konnte, half ihr beim Ausschneiden der
Papierbänder und band schließlich die bunte
Pracht oben an den Stecken. Jutta sprang glücklich
mit ihrem „Sommerbäumel" davon, während
Christl noch lange, die Zunge konzentriert zwischen den Zähnen, an ihren Mohnblumen aus Papier schnippelte. Lisa bastelte Karins Stock und
eine Zeit lang hörte man nur das Rascheln von Papier und das Knarren der Schere. Die Freude, die
die Kinder an der Sache hatten, erinnerte Lisa daran, wie sie selbst mit der Großmutter gesessen

hatte, um ihren Sommerstecken zu verzieren. Kein schlesisches Kind vergaß das je.

Am nächsten Morgen, dem Sonntag Lätare, musste Lisa ihre Kinder nicht wecken. Schon vor sieben stand Christl angezogen im Flur und trat ungeduldig von einem Bein aufs andere. Ehe Jutta und Karin angezogen waren, klopfte es heftig an der Haustür.

Als Lisa öffnete, hörte sie mehrere Kinderstimmen: „Rot Gewand, Rot Gewand, schöne grüne Linden, suchen wir, suchen wir, wo wir etwas finden…"
Und gleich das nächste Lied: „Rute Riesla, rute Riesla wachsa uff am Stengel. Der Her is schien, der Her is schien,die Frau is wia a Engel…" Und im folgenden Vers: „Die Frau, die hoot a ruta Rock, die greift wull ei a Eiertoop, sie wat sich wull bedenka und uns a Eila schenka…"

Christl lachte fröhlich auf, denn sie erkannte ihre Freundinnen Anneliese und Käthe unter den Sängern. Fröhlich griffen sie in die große Schüssel, die Lisa schon am Abend für die Kinder vorbereitet hatte: Bonbons, Äpfel, Kekse und einen Stapel Schaumbrezeln. Diese „Beegla" hatte sie am Samstag noch beim Bäcker geholt. Die gab es nur zum Sonntag Lätare, dem dritten Sonntag vor Ostern, wenn die Kinder den Sommer herbeisangen und den Winter verjagten.

Hinter der Gruppe von Mädchen, die jetzt ihren Sängerlohn in den großen Stoffbeuteln verstauten, tauchte eine Hand voll Tagelöhnerkinder auf, die Howejungs. Sie hatten immer die schönsten Sommerstecken.

Als sie gesungen hatten und ihre Schaumbrezeln einsteckten, setzte Lisa Karin in den Kinderwagen und zog die Haustüre zu. Vorn bei Richters holte sie die Gruppe mit Christls Freundinnen wieder ein und gemeinsam zogen sie von Haus zu Haus. Am Haus Nummer einunddreißig nützte alles Klopfe nichts, alles Singen, alles Rufen. Enttäuscht wollten die Kinder weg gehen, da stimmte Erwin ein anderes Liedchen an: „Hienermist, Taubamist, ei dam Hause kriggt ma nischt, is doas nich ne Schande ei dam ganza Lande?" Alle brachen in Gelächter aus und zogen weiter.

Jetzt standen sie vor dem „Schloss", dem Gutshaus von Anneliese und Kurt. Jeder im Dorf wusste, dass es dort besonders viel zu holen gab, denn Anneliese liebte es, ihre Gabenschüssel mit den originellsten Geschenken zu füllen. Dazu fuhr sie extra Anfang März nach Herrnstadt. „Summer, Summer, Summer, ich bin a kleina Pummer", sangen die Kinder aus voller Kehle, „ich bin a kleener Keenich, gatt mer nich zu wenich, lass mich nich zu lange stiehn, ich muss a Häusla weitergiehn!" Stolz trug Anneliese den großen Korb von Kind zu Kind und zuletzt durften sich sogar die Erwachsenen etwas nehmen. Was gab es darin für herrliche Sachen: Lackritze, bunte Stifte, Eier, runde bunte Lutscher, Ausmalhefte und kleine Kuchen. Kein

Wunder zog die Gesellschaft zufrieden und fröhlich plaudernd weiter.

Als sie auf die Dorfstraße kamen, bewunderte die Rinne-Auguste die Sommerstecken der Kinder in ihrem schönsten Schlesisch: „Mit schiene bloa, ruta, griene und weeße Papierla habt ihr die Stecken gemacht. Und so schien gesunga hott er au!" Gegen Mittag hatten die Kinder genug und so machten sie sich auf den Heimweg. Dort wurden die Schätze aus den Taschen auf dem Küchentisch geschüttet und gebührend bewundert. Die meisten Süßigkeiten schloss Lisa in einer Dose ein, damit nicht alles auf einmal verspeist wurde. Jedes Kind hatte dazu drei „Sechser" bekommen, Fünf-Pfennig-Stücke, die sie stolz in ihr Sparschwein warfen.

„Das kann doch einen Seemann nicht erschüttern", tönte es aus dem Rundfunkempfänger im Wohnzimmer. Die Kinder schliefen, Lisa hörte Radio und strickte Kniestrümpfe für Christl. Was hatte das Mädchen für lange Beine! Hoffentlich reichte die Wolle.

„Hier ist der Großdeutsche Rundfunk mit allen seinen Sendern", sagte der Sprecher. „Angeschlossen sind die deutschen Kurzwellenprogramme mit ihren Richtstrahlen nach Übersee." Lisa vermisste jedes Mal das vertraute: „Hier spricht der

Reichssender Breslau für Ober- und Niederschlesien." Sie tröstete sich mit dem Gedanken, dass Karl irgendwo in der Eifel wenigstens denselben Sender hörte. In seinem letzten Brief hatte er geschrieben, dass sie Sonntagnachmittags alle um den Empfänger säßen und Wunschkonzert hörten, die Soldaten und die Familien, bei denen sie einquartiert waren. Sein Bataillon sei in einem kleinen Dorf untergebracht, er selbst sei durch eine glückliche Fügung in der Schule gelandet. Dort hätte er jeden Abend Zeit, sich in den Klassenzimmern um zu sehen nach Anregungen für seine eigene Arbeit. Der Lehrer des Dorfes sei an der Front. Es gebe jede Menge guter Bücher, so sei die Zeit nicht ganz vertan. Ein seltsamer Krieg sei das, der nur aus Warten und sinnlosen Manöver und Schikanen bestünde. Manch einer seiner Soldaten hätte schon gefragt, wann sie endlich kämpfen dürften. Davon hielte er selber nichts, er würde viel lieber nach Hause kommen zu seinen Lieben. Nun, schlecht ginge es ihnen nicht: Sie hätten genug zu essen und die Stimmung unter seinen Männern sei gut. Sie seien aus allen Teilen Deutschlands zusammengewürfelt und verstünden sich prima. Die Gemahlin des Lehrers hätte ihm die Geige überlassen und so könnten sie wunderbar singen. Lisa stand auf, um das Kästchen mit dem Blumenmuster zu holen, indem sie alle Briefe von Karl aufbewahrte. Ihre Hüfte schmerzte, kein Wunder, heute hatte sie den ganzen Tag im Garten gearbeitet. Sie hatte das

Brachland neben dem Garten umgegraben, um noch mehr Kartoffeln und Möhren anbauen zu können. Man konnte ja nie wissen, wie sich die Versorgungslage entwickeln würde und was im eigenen Garten wuchs, das hatten sie sicher. Karl schrieb jede Woche und Lisa schrieb zurück, die Post arbeitete hervorragend. So erlebte er Karins erste Schritte mit, Christls Fortschritte in der Schule und Juttas Geschichten aus dem Kindergarten.

„… Der Lehrer hier muss sehr fortschrittlich sein.", schrieb er einmal. „Schade, dass er selbst an der Front ist. Seine Frau hat mir erlaubt, seine Bücher zu nehmen. Ich habe mir viel notiert und hoffe, die neuen Sachen recht bald in Birkenhöhe anwenden zu können. Wenn du mir noch von dem Papier im Sekretär schicken könntest…?" Lisa hatte alle Details der Briefe im Kopf, so oft hatte sie sie gelesen. Morgens um sechs müssten die Soldaten zur Feldarbeit ausrücken, am Nachmittag sei Exerzieren an der Reihe. Jeden Samstag käme ein Wagen ins Dorf, der in der Turnhalle die „Deutsche Wochenschau" zeigte. Anschließend gäbe es immer einen Spielfilm. Letzte Woche hätten sie „die Drei von der Tankstelle" gesehen. „Erinnerst du dich, liebe Lisa?", schrieb er. „Wie wir den damals im „Famoli" deiner Mutter sahen und wie wir im Schutze der Dunkelheit schüchtern unsere Hände ineinanderschoben?" Ihr wurde ganz warm und für einen Moment roch sie die staubigen Plüschsessel und hörte das Surren des Projektors aus dem kleinen Vorführraum mit dem winzigen Fensterchen, in dem ihr Vater den Film abspielte.

Lisa schob die Fotos zusammen, die sie Montag vom Entwickeln geholt hatte: ein Bild von ihren drei Mädchen, ein Foto vom Schlittenfahren, die Kinder beim Hühnerfüttern und ein Bild von sich, das ihr Vater geschossen hatte. Die wollte sie in den nächsten Brief legen. So lange war Karl schon fort!

„Viele Deutsche wurden schon heim geholt ins Reich", berichtete der Radiosprecher gerade. „Diese Woche kam ein ganzer Treck aus Bessarabien. Er wurde im Warteland angesiedelt, das unsere Wehrmacht siegreich erobert und polenfrei gemacht hat." Lisa schauderte. Das Warteland grenzte unmittelbar an Niederschlesien, war von Birkenhöhe aus mit dem Auto in weniger als einer Stunde zu erreichen. Was hatte sich dort abgespielt? Was hieß „polenfrei" machen? Sie mochte sich das nicht vorstellen! Lisa sprang auf und drehte das Radio leiser. Nein, nichts mehr hören! Und Leute wie Bischoff waren von diesem Krieg begeistert! „Der Wind hat mir ein Lied erzählt", säuselte Zara Leander. Lisa gähnte, Zeit fürs Bett. Schade, dass es seit Kriegsbeginn keinen Wetterbericht mehr gab. Da musste sie sich wieder auf ihre eigenen Wetterbeobachtungen verlassen. Sie löschte die Lichter, schaute nach, ob alle Türen und Fenster geschlossen waren.

Diesen Moment hasste sie jeden Tag: wenn sie ins Schlafzimmer kam, fehlte ihr Karl am allermeisten. Sie hatten jeden Abend noch im Dunkeln gelegen und über dies und jenes gesprochen, den Tag abgeschlossen, miteinander gelacht, Pläne geschmiedet für den nächsten Tag. Die Stille bedrückte sie, das leere Zimmer schmerzte, Zentner schwer legte sich die Einsamkeit auf ihr Herz. Und diese Last musste sie allein tragen, ganz allein.

Juni 1940

Mitte Mai verkündigte der Rundfunk: die Staaten Belgien, Luxemburg und die Niederlande seien eingenommen. Am Tag darauf sprach er von einem Feldzug gegen Frankreich unter Umgehung der gut verteidigten Maginotlinie. Jetzt musste Karl also wieder kämpfen. Tagelang wartete Lisa, doch es kam kein weiterer Brief von ihm. Die Ungewissheit nagte an ihr und sie machte sich große Sorgen. Endlich, Anfang Juni, brachte die Briefträgerin eine Postkarte. „Alles Gute nachträglich zum Geburtstag, meine Liebe", schrieb Karl. „Warte nicht auf weitere Post. Mir geht es noch gut, doch jetzt wird wieder gekämpft. Drücke die Mädchen von mir, Dein Dich innig liebender Karl. P.S. Die Rosen sind für Dich, meine wunderschöne Rose!"
Auf die Rückseite hatte er einen herrlichen Rosenstrauß gemalt. Er konnte so wunderbar zeichnen. Lisa klemmte die Karte in der Küche neben den Einkaufszettel und den Abrisskalender. So, als stünde ein Rosenstrauß in der Küche, der an Karl erinnerte und nicht verwelkte.

Eben ging die Sonne auf und Lisa schlüpfte schon in die Gartenschuhe und zog die Strickjacke über. Herrlich, so ein Morgen im Garten, wenn die Kinder noch fest schliefen und außer Sara Teews, die ihre Hühner fütterte, noch kein Mensch zu sehen war. Lisa freute sich über das Rotkehlchenpaar, das offenbar in der Hecke nistete, lauschte dem Tschilpen der Spatzen und dem hingebungsvollen Gesang des Stars auf der Überlandleitung. Jeden Tag schaute sie als erstes das Erdbeerfeld durch und pflückte die dicken, saftigen Beeren in eine Schüssel.

Heute nahm sie sich das Salatbeet vor, hakte es und setzte die Salatpflänzchen aus dem Frühbeet in Reih und Glied hinaus. Aus der Regentonne schöpfte sie zwei Gießkannen und gab jedem Setzling noch eine ordentliche Dusche. Die Rotkohlpflänzchen waren aufgegangen und so nahm sie sich anschließend das Beet daneben vor. Der Boden riecht erdig und gesund, dachte Lisa. Es zahlt sich aus, wenn man seinen Kompost pflegt.

Ihre Nachbarin Sofia schob die Fensterläden auf, legte die Federbetten aufs Fensterbrett und winkte fröhlich. Zeit fürs Frühstück.

An der Hintertür blieb Lisa stehen. Die Kletterrose an der Hauswand blühte in einem herrlichen Dunkelrot. Vorsichtig zog sie eine Blüte heran und sog ihren Duft ein. Wunderbar! Karl hatte sie ihr zum dreißigsten Geburtstag geschenkt und immer, wenn sie ins Haus ging, dachte sie an ihn. Rosen waren ihre Lieblingsblumen.

Lisa klopfte die Schuhe ab, stellte sie an die Hauswand und reckte den Rücken. Die Hüfte schmerzte wieder. Doch die morgendliche Gartenarbeit war

ihre Kraftquelle. Reich beschenkt fühlte sie sich, erholt und bereit für den Tag. Trotz der Schmerzen. Als Lisa in der Küche die Hände seifte, hörte sie die Mädchen oben lachen. Im Sommer liebten sie es, lange barfuß herum zu springen und das Anziehen hinauszuschieben. Lisa lächelte, sie hatte es genauso gemacht, damals in See, als sie bei Großmutter lebte und Vater im Krieg war. Sie brühte einen Kaffee auf und machte es sich auf der Eckbank bequem. Diese Tasse wollte sie noch genießen, ehe der Tag losbrach. Echter Bohnenkaffee! Ihre Mutter hatte ihn gebracht. Woher nahm sie den noch in diesen Zeiten? Ihr Blick wanderte aus dem Fenster. Die ersten Kirschen glänzten rot, die Streuobstwiese leuchtete im Weiß- Gelb der Margeriten, über denen die Sauerampferwische wie rote Nebel schwebten. Dazwischen machte Lisa Hahnenfuß aus, Glockenblumen, Taglichtnelken. Der Frühsommer ließ Lisas Herz jubeln, am liebsten hätte sie den ganzen Tag im Garten verbracht.
Doch heute erwartete Anna ihre Hilfe. Es war bestes Heuwetter und jede Hand wurde gebraucht.

Als Lisa die Heugabel aus dem Schuppen holte, kam Anna um die Ecke. „Wir können sofort anfangen. Erwin sitzt schon seit sechs Uhr früh auf der Mähmaschine. Schau dir an, Lisa, er fährt wie ein Verrückter. Otto ist nie so schnell gefahren, das Pferd schwitzt vollkommen und ständig habe ich

Angst, die mehr Maschine kippt aus der Kurve."
Anna schüttelte den Kopf.

Fasziniert beobachtete Lisa den Jungen, der für seine elf Jahre erstaunlich sicher auf der Mähmaschine hockte, die Zügel fast lässig in der Hand. Er hatte das Ross im Griff, das musste sie ihn lassen. Eigentlich sah es nicht leichtsinnig aus, eher… gekonnt.

„Warum sagst du nichts, Lisa?"

„Er macht das gut, dein Junge", sagte Lisa nur. Anna riss die Augen auf. „Gut?" Ihre Stimme klang schrill vor Aufregung. „Ich krieg fast einen Herzinfarkt. Du sagst: gut? Findest du wirklich?" Lisa nickte. „Warum muss er es genau wie sein Vater machen? Lass ihn doch den Spaß. Den hat er sichtlich!" „Noch ist nichts passiert", sagte Anna leise. „Aber ich wäre froh, Otto könnte das machen und ich müsste nicht ein Kind auf die Mähmaschine setzen." Sie nahm die Heugabel von der Schulter und fing an, das Gemähte auf der Wiese zu verteilen, damit es trocknen konnte.

Als Lisa sich umdrehte, um ebenfalls mit anzupacken, sah sie den alten Herrn Mahn an der offenen Haustür stehen, auf seinen Gehstock gestützt. Mit grimmiger Miene beobachtete er, wie Erwin neben dem Schuppen wendete und mit Schwung die nächste Bahn mähte. „Er richtet die teure Maschine zu Grunde", rief er wütend und tippte sich an die Stirn. „Mein Schwiegervater schimpft schon den ganzen Morgen. Erwin wird harsche

Vorwürfe hören müssen, wenn er fertig ist. Der Großvater ärgert sich maßlos, dass er mit seinem steifen Rücken nicht selbst die Mähmaschine fahren kann."

„Der Junge hätte Lob verdient", sagte Lisa nachdenklich, „keine Kritik." Anna zuckte die Schultern. „Ich sage nichts gegen meinen Schwiegervater, ganz bestimmt nicht. Mit dem lege ich mich nicht an."

Eine Weile arbeiteten sie schweigend, bis Anna hervorstieß: „Der Großvater will unbedingt einen polnischen Kriegsgefangenen haben, weil wir alle keine Kerle sind in seinen Augen. Aber ich will keinen Polen im Haus, lieber arbeite ich selber bis zum Umfallen." Dann schwiegen beide wieder. Während Lisa eine Gabel Gras nach der andern schüttelte, gingen ihre Gedanken zu Hertha Scheer. Sie besaß keine Mähmaschine. Auch sie war heute früh um sechs auf die Wiese gegangen, allerdings mit der Sense. Sicher war sie immer noch am Mähen, denn ihr Mann und die beiden Knechte waren im Krieg.

„Könnte der Erwin vielleicht noch bei Hertha durchfahren und ihre Wiese mähen, ehe er das Pferd abschirrt?", fragte sie vorsichtig, als Anna neben ihr arbeitete.

„Du hast Recht, das würde ihr helfen." Anna lachte. „Sie gibt ihm sicher einen Sechser und dann sind beide glücklich."

„Was ist?", fragte Lisa erschrocken. Lotte Meibert vor ihr in der Schlange bei Dalibor schluchzte wieder. Lisa legte ihr mitfühlend die Hand auf die Schulter.

„Mein Onkel August ist gefallen. Tante Meta wird bald verrückt vor Kummer." „Der August Weißke?" Lotte nickte. „Irgendwo in Frankreich. Hab den Namen vergessen. Unvorstellbar, dass er niemals wieder kommt. Er war mein Patenonkel… Und immer so lustig!"

Lisa ballte die Faust in der Jackentasche. Das hatte kommen müssen. Die Nachrichten im Radio sprachen nie von Toten, nur begeistert von gewonnenen Schlachten. Sie hatte diesen Krieg schon lange satt. Wie es Karl wohl ging? Der Weißke- August. Seine stille, aber humorvolle Art würde fehlen im Dorf. Auch im Gemeinderat. Pauline Dalibor drückte Lotte die Hand und sprach ihr Beileid aus. Lotte kramte nach einem Taschentuch, Lisa stand regungslos.

Außer der einen Postkarte hatte sie nichts mehr von Karl gehört. Inzwischen war Paris von Deutschen besetzt, halb Frankreich unter deutscher Besetzung, die Vichyregierung im Exil. Die Franzosen hätten keinen Kampfgeist verkündeten sie im Radio. Wo war Karl in dem allem?

„Lisa, mach dich nicht verrückt! Wäre Karl tot, hättest du einen Brief gekriegt." Pauline riss sie aus

den Gedanken. „Du musst immer vom Besten aus-
gehen, Lisa." Pauline packte den Zuckersack ins
Regal zurück, aus dem sie eben ein Pfund für Lotte
abgefüllt hatte.

„Ich will dir sagen, was Karl an der Front macht,
Lisa…" Lisa sah gespannt auf, was wusste Pauline
von Karl? „Er wird seine Kompanie aufmunternd,
seinen Kameraden Mut zusprechen, wird, wenn es
nicht gerade kracht um sie her, irgendwas vorlesen
und mit ihnen singen. Ich sag dir, Lisa, so gute
Menschen brauchen Sie da, damit es menschlich
bleibt in der Truppe." Pauline lächelte breit aus ihrem rundlichen Gesicht.

So hab ich das noch nie gesehen, dachte Lisa. Natürlich, Karl wird auch dort der Mensch sein, der
andere fördert, das Beste aus der Situation macht.
„Du magst Recht haben, Pauline. Trotzdem hat es
August hat es getroffen, auch ein guter Mensch."
Pauline Gesicht verdunkelte sich. „Schon möglich,
aber du änderst es nicht, wenn du dir das Gehirn
zermarterst. Was darf es sein?" Lisa zog ihren Einkaufszettel heraus und legte die Bezugsscheine für
Brot und Fett auf den Tresen. So war Pauline:
wenn alles gesagt ist, ist alles gesagt!

Vor dem Laden stand Lotte jetzt beim Bürgermeister Kutzner, der versuchte, die junge Frau zu trösten. Dabei sah er ziemlich hilflos aus.

Als Lisa mit dem vollen Korb an den beiden vorbei
ging, sagte Kutzner unvermittelt: „Sie mischen sich

auch überall ein, wo es sie nichts angeht." Lisa
blieb stehen. „Ich? Wie…?" Kutzner lies Lotte einfach stehen und drehte sich zu Lisa. „Der alte
Mahn war bei mir, wegen eines polnischen Kriegsgefangenen." Lisa zuckte die Achseln. „Und?" Fieberhaft überlegte sie, wann sie das letzte Mal mit
Annas Schwiegervater gesprochen hatte. Das war
Wochen her. Wo könnte sie sich eingemischt haben? Kutzner bekam rote Backen vor Aufregung.
„Der Erwin würde seine Mähmaschine zu Grunde
richten, und sie hätten den Jungen noch gelobt!
Müssen Sie immer ihre Nase in Dinge stecken, die
sie nichts angehen?" Lisa runzelte die Stirn. In diesem Dorf konnte man nichts sagen, ohne dass es
an die große Glocke kam. Und steckte Kutzner
nicht in diesem Moment auch seine Nase in Dinge,
die ihn nichts angingen?
„Sie sind ein vorwitziges Weibsbild, Frau Lehrer
Bertram. Kümmern sie sich um ihre eigenen Sachen, sonst könnte es für sie unangenehm werden." Was hat er mir zu drohen, ich bin ein freier
Mensch. Wütend bis sie sich auf die Unterlippe.
Lass ihn reden, Lisa, lass dich nicht reizen! Doch
Kutzner war noch nicht fertig.
„Kümmern Sie sich lieber um ihre Mädchen. Die
sehe ich jeden Tag bei Teews Kirschenbäumen.
Und was sie da tun, kann ich mir denken!" Ihre
Mädchen? Lisa nahm sich vor, mit Christl darüber
zu reden. Aber sie wollte sich nicht einschüchtern
lassen und beim Blick in Kutzner Gesicht, stellte

sie fest, dass das wohl sein Plan gewesen war.

„Hier geht es um Erwin und um Herrn Mahn. Bleiben Sie bei der Sache, Herr Kutzner"

Lisa stellte den schweren Korb ab. „Es geht sie genauso wenig an wie mich, aber ich habe Erwin fahren sehen. Er ist elf, Herr Bürgermeister. Und er hat vier Stunden lang gemäht, erst zu Hause und dann bei Frau Scheer. Er hat seine Sache gut gemacht, sehr gut sogar…"

„… Immer sind sie auf der Seite der Kinder, genau wie der Lehrer", unterbrach Kutzner. „Kinder sind nicht so wichtig."

„Wer Kinder lobt und ihnen etwas zutraut, sagte mein Mann immer, der macht sie stark." Sie verschränkte die Arme unter der Brust. „Der alte Herr Mahn ärgert sich einfach, dass er nicht selbst fahren kann." Das hätte sie vielleicht nicht sagen sollen, aber jetzt war es schon heraus. Kutzner schüttelte den Kopf. „Unverbesserlich…", murmelte er.

Lisa nahm den Korb. „Auf Wiedersehen, Herr Bürgermeister." Als sie davon ging, spürte sie seinen Blick in ihrem Rücken. Sollte er doch denken was er wollte.

Vor dem Schulhaus blieb Lisa überrascht stehen. Auf dem Sportplatz drehte Christl eine Runde nach der anderen auf Annas Fahrrad, während Erika begeistert klatschte und jubelte. Christl konnte Rad fahren! Sie kam vom Sattel aus nicht an die Pedale, so fuhr sie einfach im Stehen. Ihre Wangen glänzten rot vor Begeisterung. Als sie ihre Mutter erblickte, sprang sie ab und schob das Rad herüber. „Hast du gesehen, Mutti? Ich kanns! Oh Mutti, kann ich dein Fahrrad haben? Es macht solchen Spaß!"

Lisa nickte und deutete auf den Schuppen. Christl kann Radfahren, das muss ich Karl schreiben.

„Frau Matschke hat die Post gebracht", rief Christl über die Schulter zurück, als sie mit Lisas Fahrrad zum Sportplatz fuhr. „Liegt auf der Treppe!" Lisa beschleunigte ihre Schritte und setzte sich mit dem Stapel Post in die Küche, wo das Hausmädchen Hanne Kartoffeln schälte und Karin vorsang. Hanne arbeitete seit einer Woche in Lisas Haushalt. Unverheiratete Mädchen mussten seit Neuestem ein Pflichtjahr im Haushalt absolvieren. Bei der Frau Lehrer könne sie eine Menge lernen, hatte Hannes Mutter gemeint und gefragt, ob Lisa sie brauchen könne. Das passte sehr gut und Lisa hatte Freude an dem Mädchen.

Ein Feldpostbrief mit der Nummer 29175 lag oben auf dem Stapel Post. Karl hatte geschrieben! „Meine liebe Lisa!" Drei Seiten! Sie musste allein sein. Karl lebte!

Im Wohnzimmer las sie: „Es geht mir gut. Nach einer sehr harten Zeit, von der ich dir zu Hause erzähle, sind wir nun am Atlantik stationiert. Wenn du auf dem Atlas schauen willst: ganz grob zwischen Nantes und Bordeaux. Das Meer ist überwältigend! Jeden Morgen ist seine Farbe anders je nach Wolken und Wetterlage. Das Donnern der Wellen an windigen Tagen ist großartig und bei ruhigem Wetter liegt das Meer glatt wie ein Spiegel. Und diese Sonnenuntergänge! Da wünschte ich jedes Mal, wir könnten Arm in Arm dort im warmen Sand sitzen und das Spektakel genießen. Gäbe es keine Kampfbomber und keine Panzer, wäre das hier mindestens so schön, wie ein Blick von der Schneekoppe ins schlesische Land. Vielleicht gibt es in ganz ferner Zukunft einmal die Gelegenheit, dass wir beide mit der Eisenbahn… Jetzt sind wir Besatzungsmacht, die Kompanie hat wenig zu tun. Ich trainiere jeden Tag fürs Sportabzeichen…" Lisa holte den großen Atlas aus dem Bücherbord. Mit dem Finger fuhr sie die französische Atlantikküste entlang. Zwischen Nantes und Bordeaux lag nur ein größerer Ort: Rochefort. Dort ist Karl. Lisa holte tief Luft, so weit weg. Nach einem Blick auf den Kartenmaßstab überschlug sie die Entfernung: zweitausend Kilometer. Unglaublich.

Sie las weiter: „Habe mein bisschen Französisch aus der Studienzeit wieder ausgegraben und bin hier der Einzige, der sich mit den Einheimischen einigermaßen verständigen kann. Sind nette Leute. Ihre Männer und Söhne kämpfen auch irgendwo in Europa. Was für eine verrückte Welt! Wäre nicht allen geholfen, wenn jeder in Frieden zu

Hause sein dürfte?" Lisa seufzte. „Hier ist jegliche Moral aufgelöst, in der Truppe und bei den Franzosen. Es scheint keine eheliche Treue mehr zu geben, nur ein Nehmen, was man kriegen kann, als gäbe es kein Morgen. Aber ich verspreche dir, Lisa, ich bleibe dir bedingungslos treu, du kannst mir vertrauen."

Ein Kloß schlich sich in Lisas Hals. Daran hätte sie selbst ohne diesen Schwur keinen Moment gezweifelt. „Grüß die Mädchen von mir, sie fehlen mir sehr. Und schreibt fleißig, die Feldpost kommt an und jeder Brief baut mich unglaublich auf. Ich verwahre jeden einzelnen in der Tasche an meinem Herzen." Lisa faltete den Brief zusammen und nahm sich vor, gleich heute Abend zu antworten.

August 1940

Die reifen Johannisbeeren glänzten, der Eimer war beinahe voll. Der kühle Morgenwind strich Lisa um die Haare, gleich war es Zeit, den Kindern das Frühstück zu richten. Plötzlich hörte sie aufgeregtes Gackern und Schreien vom Garagenvorplatz, wo die Hühner scharrten. Als Lisa heranstürzte, flog ein Habicht schimpfend auf und ließ das Huhn fallen. Es blutete und regte sich nicht mehr. Lisas Herz schlug bis zum Hals. Das weiße Huhn mit den schwarzen Punkten lag im Gras. Was tue ich damit? Überlegte Lisa, es ist noch warm, man könnte es noch essen. Zum Vergraben ist es zu schade. Also holte sie kurz entschlossen das große Beil, legte das Huhn auf den Hackklotz und schlug ihm den Kopf ab. Das Blut ran das Holz hinunter, verschmierte Hände und Schürze.

„Lisa!", rief eine Stimme. „Um Himmels willen, was machst du so früh am Morgen?" Herta stand am Zaun, in den Stallkleidern, die Grasgabel in der Hand.

Lisa sah erschrocken auf, noch ganz benommen von dem, was sie eben getan hatte. Hertha kam durchs Tor. Plötzlich musste Lisa lachen. „Einfach machen, hast du gesagt." Herta nickte. „Du scheinst deinen Ekel überwunden zu haben. Aber warum noch vor dem Frühstück auf leeren Magen? Da wird sogar mir schlecht!"

„Der Habicht!", sagte Lisa nur und grub ein Loch für den Kopf der Henne. Mit der Gießkanne spülte sie das „Schlachtfeld" sauber und packte die Henne in eine Wanne. Später wollte sie sie brühen, rupfen und kochen. Hertha klopfte ihr auf die Schulter. „Bin stolz auf dich, Lisa. Du hast deine Lektion gelernt. Von jetzt an brauchst du dafür keine Hilfe mehr!" Herta hob die Hand. „Wünsch euch einen guten Appetit und einen schönen Tag noch."

Am Zaun blieb sie nochmals stehen. „Schau doch bei Gelegenheit nach Anneliese, Lisa. Sie gefällt mir nicht, sieht müde und abgekämpft aus." Lisa nickte. Gleich heute Nachmittag würde sie Anneliese einen Besuch abstatten.

„Ich schaff das alles nicht mehr." Anneliese nippte an ihrem Kaffee und sah Lisa über den Tassenrand an. „Es ist unglaublich schwer, den Betrieb am Laufen zu halten mit den wenigen Männern. Die Abgabemenge an Stroh für die Viskoseherstellung ist noch einmal erhöht worden, jetzt reicht es kaum noch für unsere Pferde. Und das, obwohl auf allen Feldern fieberhaft gearbeitet wird. Wenn das ganze Getreide eingefahren ist, reicht es wieder, aber mir fehlen die Leute. Es ist zum verrückt werden. Es gibt kein Kraftfutter mehr, weil sie alles an die Front schicken zu den Reitergarnisonen und der Hafer wird knapp. Ich sage dir…" Anneliese konnte gar nicht mehr aufhören. Ihre Stimme klang resigniert.

„Du siehst müde aus…", stellte Lisa fest. „Weiß ich doch, Mensch!" Anneliese fuhr sich nervös durchs Haar. „Aber was soll ich tun? Die ganze Abrechnung liegt noch da."

Lisa seufzte. „Vielleicht komm ich morgen früh einfach für zwei Stunden…"

„Hast selbst genug zu tun…" Die beiden Frauen schwiegen, die Großvateruhr tickte. Lisa genoss den Kaffee und beobachtete ihre Freundin. Wann war Kurt zuletzt dagewesen? Konnte es sein…

„Ist bei dir was Kleines unterwegs, Anneliese?", fragte sie vorsichtig. Anneliese fing an zu weinen. „Ich will mich ja freuen, Lisa, wirklich. Kurt wünscht sich schon lange einen Erben für die Fabrik." Sie schniefte. „Aber doch nicht jetzt, weißt du, jetzt im Krieg. Ein Kind. Das geht doch nicht. Wo ich so schon nicht mehr weiß, wo mir der Kopf steht!" Lisa stellte ihre Tasse ab und nahm die Freundin in den Arm. „Du schaffst das, Anneliese. Vielleicht ist der Krieg ja zu Ende, bis das Kind da ist und alles wird gut. Nur nicht den Mut verlieren." Ihre Freundin lächelte schwach. Sie starrte zum Fenster hinaus.

„Vielleicht kommst du wirklich morgen früh… Ich wäre dir sehr dankbar." Lisa nickte und versuchte, Anneliese aufzumuntern: „Du kannst die kleinen

Höschen und Jäckchen von mir haben, Karin ist da raus und…" Anneliese sah ihr in die Augen.
„Und?"
„Na, auf dem kleinen Jungen, den Karl sich gewünscht hätte, werden wir wohl verzichten müssen."
„Ach Lisa", tröstete Anneliese, „noch ist nicht aller Tage Abend. Du bist erst neunundzwanzig." Mit einem Ruck stand Anneliese auf. „Der Kuchen! Was trinken wir den Kaffee trocken?" Als sie aus der Küche zurückkam, präsentierte sie stolz einen reichlich belegten Kirschkuchen. Hinter ihr erschien Wilhelmine mit einer Schüssel Schlagsahne.
„Meine gute Seele bäckt wie ein Konditor!", lobte sie ihre Köchin und Wilhelmine errötete. „Vielen Dank, Frau Otto. Ich hoffe, er mundet den Damen." Sie knickste und zog sich zurück.
Lisa, lief das Wasser im Mund zusammen, als Anneliese ihr ein großes Stück auf dem Teller lud und noch einen dicken Klacks Sahne daneben schlug.
„Ist ja wie Sonntag", lachte sie. „Sonntag für eine Stunde, ehe der Wahnsinn wieder über uns zusammenschlägt." Lisa grinste über Annelieses bildlichen Humor. Sie würde es schaffen, die Führung des Hofguts und das Kind. Nun, was blieb ihr anderes übrig?
„Die Kirschen hat Teews heute früh gebracht. Willst du ein Körbchen mitnehmen, wenn du gehst?" Teews! Ich sehe ihre Mädchen jeden Tag

bei Teews Kirschenbäumen, hörte Lisa Kutzner sagen.

Ob Anneliese etwas wusste? Anneliese verschluckte sich fast an ihrem Kaffee, so musste sie lachen. „Der Teews hat mir das erzählt. Woher weißt du davon?" „Kutzner", sagte Lisa knapp. „Der hat seine Augen auch überall", bemerkte Anneliese verärgert.

„Sie seien so süß gewesen, die drei. Es müssen wohl Christl und Erika und die kleine Heuchert gewesen sein. Sie hätten Kirschen gepflückt und als er sie erwischte, hätten sie ihm eine lange Nase gedreht und gerufen: Teews, wir haben deine Kirschen geklaut! Und dann hätten sich die Beine in die Hand genommen…"

Lisa riss entsetzt die Augen auf. „Gestohlen… Aber das geht doch nicht!" „Hör mal, Lisa. Das ist vielleicht Mundraub, stehlen kann man das nicht nennen. Die Kinder hatten ihren Spaß. Haben wir es früher nicht genauso gemacht?"

Lisa zuckte die Achseln. „Gutheißen kann ich es nicht, Anneliese." Anneliese legte ihr die Hand auf den Arm. „Lass gut sein, Lisa. Kinderstreiche. Die Kirschen gehören schließlich nicht Teews, er pflegt die Bäume für unser Gut. Sie gehören also mir."

Daran hatte Lisa gar nicht gedacht. „Ich werde mit Teews reden, dass er ein Auge zudrückt. Und Kutzner… Der soll sich unterstehen, dir zu drohen."

Wie grimmig Anneliese drein sah, wenn es um den Bürgermeister ging. Lisa musste lachen. „Mit dem Kutzner ist nicht gut Kirschen essen!"

Anneliese steckte eine große Gabel voll Kuchen in den Mund. „Aber mit dir, Lisa, mit dir schmecken sie vorzüglich."

Der Sommer ging vorüber und Karl war schon ein ganzes Jahr fort. Ihr Garten brachte viel Arbeit und Lisa war jeden Tag mit Ernten und Verarbeiten beschäftigt: bis der Rücken schmerzte, pflückte sie Johannisbeeren und kochte Sirup daraus. Die Himbeersträucher hingen voll und mussten zu Marmelade verarbeitet werden, Zwetschgen und Birnen verschwanden in Weckgläsern, Karotten, Rote Beete und Bohnen. Manchmal ging sie mit den Kindern Pilze suchen, die sie am Dachbodenfenster auf Tüchern trocknete. Christl kannte Karls Pilzplätze, zum Glück. Schließlich hackte Lisa die Kartoffeln heraus und grub das Beet um für den Winter. Jede Woche schrieb sie an Karl und erzählte ihm, was so passierte: wie Christl diesen riesigen Steinpilz gefunden hatte, dass sie Karin stundenlang gesucht hatten, um sie im Hühnerstall schlafend zu finden und dass Jutta jetzt viel mit Hanne zur Pferdekoppel ging. Sie malte für Karl ein buntes Bild vom Dorfleben, berichtete von

Kutzner und Bischoff, erzählte von Adele und Martha, ließ ihn teilhaben an Nöten und Freuden. Im Spätherbst fuhr sie mit dem Rad nach Herrnstadt und ließ die Fotos aus dem Apparat entwickeln: Karin auf Omas Arm, die Kinder beim Hühnerfüttern, Jutta und Christl mit ihrem Vetter Klaus-Jürgen auf dem Heuwagen in Bartschdorf. Sie teilte die Bilder auf zwei Briefe auf, falls einer verloren ging, aber alle kamen an und Karl schickte ein begeistertes Dankeschön.

Auch Karl schrieb regelmäßig, teilte mit Lisa Gedanken und Träume, aber über die Situation der Truppe schrieb er kein Wort, er wollte nicht in Schwierigkeiten geraten.

Bischoff wolle keine Weihnachtsfeier veranstaltet in diesem Jahr, schrieb sie diesmal. Die Schüler seien sehr enttäuscht und deshalb hätte die Kindergärtnerin beschlossen, mit dem Kleinen wenigstens ein Krippenspiel aufzuführen. Christl durfte die Maria sein, weil die Kindergartenkinder nicht so viel Text behalten konnten. Juttas Puppe war das Christkind und Bertrams Puppenbett diente als Krippe. Karl erfuhr alles in Lisas Briefen.

Der Krieg wurde auf eine seltsame Art zum Alltag. Man lernte, auf viele Dinge zu verzichten, sich zu behelfen, mit dem, was man hatte. Über die Ereignisse an den verschiedenen Fronten diskutierte keiner mehr. Von Siegesstimmung war nichts mehr übrig. Es ging einfach ums Überleben.

Nur die Kinder blieben fröhlich.

Als der erste Schnee fiel, holte Lisa die Rodelschlitten vom Dachboden. Unermüdlich zogen die Kinder ihre Schlitten den Rodelberg hinter dem Kindergarten hinauf, riefen: „Bahn frei!" und sausten wieder herunter. Ihre Wangen glühten, der Atem dampfte, Lachen und Johlen schallte über den Schnee, manchmal bis die Sterne hervorkamen.

An einem Nachmittag, die Sonne stand schon sehr tief, scholl ein Ruf über den Rodelhang: „Nochowitz spannt an!" Im Nu leerte sich der Hügel. Christl und Erika stapften mit den anderen in den Schlosshof. Von allen Seiten kamen die Kinder: Mariechen und Käthe, Herbert und Rosemarie. Gustav und Erwin standen schon dort, die Hände in den Hosentaschen vergraben. Sie schienen Handschuhe für Mädchenzeug zu halten, vielleicht hatten sie auch keine. Peukert und Nochowitz rumorten in der Sattelkammer, legten den beiden Schlesiern das Geschirr an und zerrten die Pferdeschlitten aus dem Schuppen. Immer mehr Kinder fanden sich ein, die meisten zogen einen Rodelschlitten.

Christl trat aufgeregt von einem Bein aufs andere. Schon letzten Winter hatte sie dort drüben gestanden und das Treiben beobachtet, dort wo jetzt Lisa mit Jutta und Karin stand. Doch in diesem Jahr durfte sie mitmachen! Es fing an zu schneien und ihr Atem gefror zu kleinen Wölkchen.

Nochowitz schwang sich auf den Bock des Schlittens, griff Zügel und Gerte und winkte die Kinder heran. Erwin geknotete seine Schnur als erster an den Gutshofschlitten und half Christl ihre Leine an seinem Schlitten zu befestigen. Erika knotete den Schlitten dahinter, dann Käthe, dann Mariechen. Immer länger wurde die Schlange. Als alle erwartungsvoll auf ihrem Schlitten saßen, hängte Gustav seinen Schlitten noch hinten an. Er lachte, der letzte Platz in der Schlange sei der aufregendste, man würde so herrlich von einer Seite zur anderen geschleudert!
Auch Peukerts Schlitten zog eine Schlange. Trotzdem standen noch zehn Kinder am Straßenrand, sie mussten warten bis die Schlitten wieder kamen. Nochowitz schnalzte mit der Zunge, das Pferd zog an, die Kinderschlitten ruckten, Christl krallte sich an die Schlittenlatten. Erwin jauchzte und winkte, dass er beinahe herunter kippte, als der Schlitten in die Dorfstraße einbog. Die Glöckchen der Pferde klirrten im Rhythmus. Sie bogen in die Chaussee ein, die von den vielen Schlitten und Wagen eisglatt glänzte wie das Parkett im Schulzimmer. Darauf tänzelten die kleinen Schlitten hin und her und das Ende der Schlange schleuderte von einer Seite zur anderen. Dazu zog Nochowitz das Tempo an, die Pferde fielen in Trab, Rosemarie kreischte. Nochowitz drehte sich lässig um und lachte aus vollem Hals. Was für ein Spaß! Christl war damit beschäftigt, sich festzuhalten, spürte

den eisigen Wind an den Wangen und sah die Bäume der Allee vorbeisausen.

Am Forsthaus von Kleinpeterwitz drehte Nochowitz und lenkte den Schlitten nach Birkenhöhe zurück. Am Eingang zum Schlosshof sprang Auguste entsetzt zur Seite, die den Schlitten erst bemerkte, als der Schnee aufstob. „Fahr mich doch nicht um, Nochowitz, aler Stöpel! Nischte wird!" Sie drohte mit dem Schirm und humpelte davon. Atemlos stand Christl zwischen den aufgeregten Kindern und wäre am liebsten noch einmal gefahren. Doch Lisa legte den Arm um sie: „Zu Hause wartet für jeden ein Butterbrot. So etwas Feines hatten wir schon lange nicht mehr." Jutta hüpfte auf und ab. „Butterbrot!" Lisa spürte ihre Zehen kaum noch und freute sich auf den warmen Ofen.

Dezember 1940

Lisa schob die Gardine zur Seite. Wo Jutta und Christl nur blieben? Sie beschloss mit Karin ein Stück spazieren zu gehen bei diesem herrlichen Winterwetter. Sie hörte die Kinder von weitem jubeln. Der Bach war über die Ufer getreten und hatte wie jedes Jahr auf der Wiese einen großen See gebildet. Darauf glitzerte jetzt dickes Eis in der Wintersonne. Weil keins der Kinder Schlittschuhe besaß, schlitterten sie auf ihren Holzpantinen.

„Mutti, schau mal!", rief Jutta. „Wir kascheln!" Kascheln! Lisa grinste. Obwohl Karl seine schlesische Heimat liebte, sprach er keinen Dialekt, auch sie und die Kinder nicht. Aber manche schlesischen Wörter waren zu schön! Kaascheln, mit langem A. Ich finde das Wort passt, dachte Lisa und sah zu Christl hinüber, die mit Anneliese und Käthe Hand in Hand über das Eis rutschte.

Lisa atmete tief ein, die Luft roch frisch und reingewaschen, der Himmel übertraf sich selbst in einem kalten Blau, an den Stämmen der Birken klebte der Schnee. Käthes Mutter fragte, ob Lisa Zeit hätte, beim „Federn schleissen" zu helfen. Sie hätten so viele Federn von den Martinsgänsen. Lisa nickte. Federn schleissen war eine gesellige Sache. Sie verabredeten sich für Mittwoch.

Frau Apelt lud Lisa und die Kinder zum Schlacht-
fest ein. Samstag gegen 17:00 Uhr.

„Meine Geldanweisung ist immer noch nicht angekommen, Frau Bertram." Eine harte Männerstimme ließ Lisa herumfahren. „Sie müssen die Papiere noch einmal kontrollieren." Es war Kruse. Er
zog einen Handwagen mit schweren Säcken durch
den Schnee, sein Gesicht leuchtete krebsrot vor
Anstrengung.

„Guten Tag, Herr Kruse." Lisa grüßte ihn betont
freundlich, obwohl sie sich innerlich über seinen
rauen Ton ärgerte.

„Schauen Sie noch mal nach, Frau Bertram. Das
Geld müsste längst angekommen sein. Sicher haben Sie…"

„Herr Kruse. Manchmal dauert es etwas länger.
Machen Sie mir bitte keine Vorwürfe. Und kommen Sie das nächste Mal nicht erst in letzter Minute."

„Jetzt soll ich schuld sein, das ist ja unerhört!", er-
eiferte er sich. „Wenn das Weib seine Arbeit nicht
ordentlich macht…" Er ruderte erregt mit den Armen.

„Na, na", schaltete sich Frau Apelt ein. „Nun mal
ruhig, Herr Nachbar. Im Dorf ist wohl jedem bekannt, dass Frau Bertram die Kasse so zuverlässig
führt wie ihr Mann. Versuchen Sie nicht, ihr etwas
anzuhängen." Sie regt sich auf, dachte Lisa, das
gibt es bei Frau Apelt selten.

„Die Weibsbilder halten zusammen, natürlich!",
schimpfte Kruse und das Rot seines Gesichts vertiefte sich. „Halten Sie sich da raus, Frau Apelt!
Das geht Sie nichts an."
„Und ob es das tut". Frau Apelt schnappte nach
Luft. „Sie setzen hier gerade falsche Behauptungen
in die Welt. So was kann ich nicht leiden. Lassen
Sie gefälligst Frau Bertram in Ruhe... Frau Dalibor
hat mir da so einiges erzählt. So was lassen wir uns
nicht bieten, wir Frauen von Birkenhöhe." Wütend
drehte sie ihm den Rücken zu. „Gehen Sie einfach
nach Hause, Kruse. Sie verderben uns die gute
Laune." Damit hakte sie sich demonstrativ bei Lisa
ein. Zum Glück sah Kruse Lisas Grinsen nicht. Einen größeren Gefallen hätte ihr Frau Apelt nicht
tun können.

Die weißen Papiersterne machten sich wunderschön am Fenster des Herrenzimmers. Sie streckte
sich gerade auf einem Stuhl, um die kleinen Ober-
lichter in der Schulhaustür mit zwei Sternen zu
verzieren, da hörte sie aus dem Schulzimmer ein
Klirren. Nanu? War da noch jemand? Die Schule
war bestimmt seit einer Stunde aus.
Lisa öffnete die Klassenzimmer Tür und blieb erstaunt stehen. Lehrer Bischoff stand auf einem
Stuhl, in der Hand einen Kasten, und warf kleine

Glasscheiben in den Papierkorb. Mal traf er, dann riss er den Arm hoch und lachte, mal klirrte es neben dem Eimer, dann murmelte er: „Mist!" Karls Diabilder!

„Herr Bischoff!", rief Lisa entsetzt und rannte zum Pult. „Was tun sie da?"

Er ließ den Arm sinken, denn er hatte eben getroffen und schaute Lisa ärgerlich an. „Spielverderber", murmelte er und stieg vom Stuhl.

„Das sind wertvolle Glasbilder, Herr Bischoff!" Außer sich entriss sie ihm den Kasten. „Dafür hat mein Mann lange gespart. Was fällt Ihnen ein, damit herum zu werfen!"

Der Lehrer baute sich neben dem Pult auf und reckte die Brust heraus. „Im Dienste des Führers, Frau Bertram, habe ich unerwünschte Fotos entfernt!"

„Offenbar mit viel Spaß", schimpfte Lisa und hob einen leeren Diarahmen auf. „Kreml, Moskau", stand darauf in Karls Schrift.

„… Warschau… Prag… Petersburg. Wir werden sie besiegen. Sie werden Deutsch… Lebensraum im Osten. Für unser Volk…" Lisa rauschte es in den Ohren, so ein Mistkerl!

„Danke für ihre Führertreue, Herr Bischoff. Trotzdem werde ich die restlichen Fotos auf den Dachboden schaffen. Die Bilder sind Eigentum meines Mannes." Damit schickte sie sich an, den Raum zu verlassen, die halbleere Holzkiste unter dem Arm.

„Im Schrank ist noch mehr von dem Zeug. Können Sie alles mitnehmen. Nimmt mir nur Platz weg, komme mit dem modernen Projektor sowieso nicht zu recht." Bischoff machte: „Rrrrch", und spukte in den Spucknapf, der neben dem Pult stand.

Lisa drehte es fast den Magen um. Heute Abend würde sie den Topf wieder auswaschen müssen. Das war so eklig, wie der grüne Schleim in den Ecken klebte, sie wollte gar nicht daran denken. Plötzlich blieb sie stehen und schaute zu Bischoff zurück, der Hefte in seine Ledermappe packte. Warum eigentlich? Wer sagte denn, dass sie das tun musste, nur, weil sie dafür zuständig war, den Boden zu putzen? Sie stellte die Kiste auf das letzte Schülerpult und ging langsam den Mittelgang zurück. Ihr Herz klopfte bis zum Hals und sie kriegte vor Aufregung kaum Luft. Trotzdem versuchte sie, ihrer Stimme Festigkeit zu geben. „Ich mach das nicht mehr, Herr Bischoff", sagte sie und sah ihn an. Seinem Blick nach hatte er keine Ahnung, wovon sie sprach. Stumm zeigte sie auf den Spucknapf. Er hob erstaunt die Augenbrauen.

„Wie? Sie wollen den Spucknapf nicht mehr leeren? Aber wer sollte es denn sonst machen?"

Lisa zuckte die Achseln und grinste. „Sie zum Beispiel, Herr Bischoff." Ihm fiel die Kinnlade herunter und Lisa musste die Lippen zusammenpressen, um nicht laut zu lachen. „Fangen sie jetzt auch schon an wie diese Emanzen in Berlin, hier im

Dorf, wo noch Recht und Ordnung herrscht? Die
Frau hat dem Mann zu dienen und ihren Teil zum
Reich beizutragen. Keine Frage: Sie reinigen heute
Abend den Spucknapf und morgen steht er wieder
blitzblank an dieser Stelle."
Die Ader an seiner Schläfe schwoll an und sein Ge-
sicht glich dem roten Deutschbuch in seiner Hand.
Er kam Lisa gefährlich nahe, sie roch seinen faulen
Atem. „Gehorsam ist die erste deutsche Bürger-
pflicht."
Lisa stand aufrecht und sah ihn geradewegs in die
Augen. „Ich bin Ihnen nicht zum Dienst verpflichtet", sagte sie ruhig.
„Aber sie wohnen in einem Haus, das dem Staat
gehört." Bischoff fuchtelte mit seinen gelben Ziga-
rettenfingern vor ihrem Gesicht. „Ich lasse sie an
die Luft setzen, wenn sie nicht spuren." Lisa erschrak. Wo sollten sie hin, wenn er seine Drohung
wahr machte?
„Es ist nicht ihr Haus". Sie musste mutig sein. „Ich
bin nicht ihr persönliches Dienstmädchen, auch
wenn ich jede Woche das Klassenzimmer putze.
Wer so viel raucht und spuckt muss seine Hinter-
lassenschaften selbst beseitigen." Sie zeigte auf das
Fensterbrett. „Das gilt übrigens auch für den
Aschenbecher." Jetzt muss ich gehen, dachte sie,
sonst tragen mich meine Beine nicht mehr. Sie
drehte sich um, schnappte die Diakiste und lief zur
Tür.

„Ich werde sie anzeigen, sie grässliches Weib! Sie werden schon sehen…" Lisa hastete die Treppe hoch und brachte den Diakasten in die Dachkammer. Angespannt lauschte sie nach unten. Sie hätte erwartet, dass Bischoff seine Wut an den restlichen Diakästen ausließ, stattdessen löschte er das Licht und knallte die Klassenzimmertür zu, dass Lisa erschrocken lauschte, ob Karin weinte. Durchs Fenster sah sie ihn davon stapfen.

Ja, sie würde den Spucknapf stehen lassen, sollte er den Schleim morgen früh selbst herauskratzen. Lisa ließ sich aufs Bett fallen und stieß die Luft aus. Hoffentlich macht er seine Drohung nicht wahr, dieser grässliche Mensch! Sie atmete tief ein. Schließlich erhob sie sich, um die restlichen Dias in die Dachkammer zu schaffen. Sie musste oft die Treppe hinauf, Karl hatte eine reiche Sammlung mit jedem Gang wurde sie fröhlicher. Sollte er doch sehen, wo er blieb, der Bischoff! Ab jetzt lehrte er Aschenbecher und Spucknapf selbst.

Am nächsten Morgen, als sie für Karin das Frühstücksbrot in Stücke schnitt, hörte sie Bischoffs Wut. Er knallte sein Buch aufs Pult und ließ die Kinder drei Mal zum Morgenappell aufstehen. Lisa hörte die Stühle scharren. Zweimal mussten sie das Deutschlandlied singen. Der Lehrer ließ seine Wut an den Kindern aus. Zum Glück waren es die Frühschüler, so dass Christl nicht zu seiner

Zielscheibe werden konnte. Karin stopfte zwei
Schnitten auf einmal in den Mund und versuchte
dann, noch etwas zu sagen, was Lisa beim besten
Willen nicht verstand. Die Schüler taten ihr leid.
Wenn doch nur Karl hier wäre. Er würde sich vor
sie stellen, vor seine Kinder und seine Schüler.
Drüben brüllte Bischoff, das ganze Pack aus diesem Nest gehörte eingesperrt! Tief in Gedanken
räumte Lisa den Tisch ab. Schon fast zwei Jahre
hatte sie Karl nicht gesehen. Als Karin ins Kinderzimmer lief, goss sich Lisa einen Tee ein, umfasste
die Tasse mit beiden Händen und schlürfte langsam. Ich muss da durch, dachte sie trotzig. Wenn
ich jetzt nachgebe, lässt er mich wieder seinen Mist
wegräumen, für alle Ewigkeit. Er wird sich beruhigen. Wird schon sehen, der Mann. Auch eine Frau
kann hart sein. Wenn er mich nur nicht bei der
Schulbehörde anschwärzt. „Macht dass ihr weg-
kommt", hörte sie Bischoff plötzlich brüllen. Er
schien sich aus dem Fenster zu lehnen. „Die Schüler haben die Augen im Garten statt an der Tafel!
Verschwindet, aber rasch!" Lisa sah aus dem Küchenfenster. Christl und ihre Freundin bauten im
Garten einen hübschen Schneemann. Mit den Steinen für die Augen in der Hand standen die beiden
wie erstarrt, erschrocken über diese Abfuhr. Lisa
winkte sie herein und erklärte ihnen, warum Bischoff so wütend war. Christl kicherte. „Du bist
eine Heldin, Mutti. Vielleicht spuckt er jetzt

weniger, wenn er es selbst putzen muss. Dann hast du allen einen großen Gefallen getan."

Oktober 1941

Der Rücken schmerzte. Seit dem Mittagessen arbeitete Lisa im Garten, trug Kompost auf die Beete und grub ihn unter, sammelte das Unkraut zusammen, schnitt Stauden zurück. Müde lehnte sie an den Zaun und überlegte, ob sie sich vielleicht eine Zigarettenpause gönnen sollte. Eine halbe Schachtel besaß sie noch. Der Wind fegte in Böen über die Dorfstraße, aber am Haus war es windstill und Lisa genoss ihre Pause. Sie schloss die Augen und hielt das Gesicht in die Sonne, die schon dicht über Scheers Birnbaum stand. In einer Stunde ging sie unter. Dort liegt Frankreich, dachte Lisa. Karl sitzt in derselbe Sonne. Sie seufzte. Karl schrieb regelmäßig. Er sei in Frankreich in relativer Sicherheit, trainiere sogar fürs Sportabzeichen in Gold, was immer sein Traum gewesen war. Doch Lisas Sorge wuchs, je verrückter der Krieg tobte. Jederzeit konnte Karl an die vorderste Front verlegt werden. Im kleinen Birkenhöhe spürte man nur wenig von dem Krieg, der ganz Europa, ja die ganze Welt überzog: im Februar stand Rommel mit dem Afrika Korps in Libyen, deutsche Truppen nahmen im April Athen ein, besetzten im Juni das Baltikum, eroberten Jugoslawien und wandten sich schließlich sogar gegen die Sowjetunion. Lisa hörte regelmäßig Nachrichten im Rundfunk und oft liefen ihr dabei die

Tränen über die Wangen. Mit einem Ruck stand sie auf: wenigstens noch die Tulpen sollten heute ins Beet.

Als sie mit dem Rechen die Erde glattzog, trat jemand hinter sie und legte ihr vorsichtig die Hand auf die Schulter. Lisas Herzschlag stockte. Wer fasste sie an? Sie fuhr herum und sah mitten in sein Gesicht. Karl! Einen Moment bekam sie kaum Luft vor freudigem Schrecken. Konnte das wahr sein? Sie flog in seine Arme. Er roch fremd nach feuchtem Lodenstoff. Auf seiner Stirn perlte der Schweiß, er musste schnell gelaufen sein. Sie spürte seine Hände auf ihrem Rücken, schmiegte sich in seine Arme, ihr war schlecht vor Glück. Er war zurück. Oder war es ein Traum? „Lisa, meine geliebte Lisa", flüsterte er an ihrem Ohr und Lisa wagte nicht, sich zu rühren, damit der Traum nicht zerplatzte. So standen sie eine gefühlte Ewigkeit. „Vati!", rief Christl erstaunt. Sie kam gerade aus dem hinteren Garten. „Vati ist da!" Karl musste Lisa loslassen, um Christl aufzufangen, die ihm stürmisch entgegen lief. Jutta war außer sich vor Freude. Karin dagegen blieb an der Hausecke stehen und beobachtete die Szene. Karl ging hinüber, da lief sie weg. Jutta holte sie zurück: „Das ist doch unser Vati, Karin. Du musst dich nicht fürchten!" Lisa führte Karl in die Küche. „Hast du Hunger?" „Immer!" Er grinste. „Aber mach dir meinetwegen keine Umstände."

Sie lachte übermütig. „Was denkst du? Für dich mache ich alle Umstände der Welt." Der Rest Nudelsuppe vom Mittagessen war schnell warm gemacht und Karl aß mit sichtlichem Vergnügen. „Das schmeckt nach Zuhause. Ach wie herrlich ist das, hier bei euch zu sein." Die Mädchen hockten um ihn herum und schauten zu. „Ihr seid groß geworden." Natürlich, zwei Jahre sind lang. „Und die hübschen Kleidchen hat eure Mutti genäht. Meine Mädchen sind die hübschesten Mädchen der Welt." Mit einem Seitenblick auf Lisa schmunzelte er: „alle vier!"

Lisa getraute sich kaum, zu fragen, wie lange er bleiben durfte. Wenn er nur sagen würde: für immer.

„Sonntag muss ich zurück." Als hätte er ihre Gedanken gelesen. Fünf Tage. „Wir sind wieder mal in Neuhammer stationiert. Ich vermute, dann geht es nach Russland." Mehr sagte er nicht, er wollte die Kinder nicht beunruhigen. Aber Lisa sah die Sorgenfalte an seiner Stirn. Mit Macht war die deutsche Wehrmacht seit Juni nach Osten vorgedrungen, feierte Siege über Siege. Lisa ahnte, warum Karl sich sorgte: der Winter kam, brutal kalt und mit unerbittlich viel Schnee. Keine gute Zeit für den Angriff auf ein riesiges Land wie Russland. Karl schob den Teller zurück und nahm Christl und Jutta an der Hand: „So meine Lieben! Jetzt zeigt mir was Schönes! Leben die Hühner noch, die Großvater gebracht hat?" Jutta hüpfte fröhlich

auf und ab: „Vati, du musst unseren Kaufmannsla-
den ansehen, den wir in der Laube aufgebaut haben." Christl lachte fröhlich. „Da gibt es alles was
Frau Dalibor schon lange nicht mehr hat: Schoko-
lade und Lutscher, Kaffee und Kakao. Alles aus
Papier!" Da staunte Karl. Die Mädchen hatten
kleine Pakete gebastelt und bemalt, Werbeplakate
gezeichnet und an die Wand gehängt, leere Verpa-
ckungen gesammelt und alles liebevoll aufgebaut.
Papa bekam ausgeschnittenes Papiergeld in die
Hand und musste einkaufen.
Anschließend ließ er sich von den Kindern die
Hühner zeigen, den Garten, das Kinderzimmer.
Herrlich, zu Hause zu sein. Wer das Holz geliefert
hätte, fragte er.
„Oh", Lisa lachte. „Das hat Herr Apelt gebracht.
Ich habe dafür ein Nachthemd genäht und seine
Winterjacke geflickt." Und die Kohlen? „Die hat
Martha organisiert. Hirschbergers haben einen
Verwandten in Oberschlesien, der hat einen gan-
zen Wagen voll gebracht und im Dorf verkauft.
„Ihr haltet zusammen, wie ich sehe", Karl nickte
anerkennend. „Das ist gut." „Ohne die anderen
würde ich verrückt."
Er holte tief Luft: „Morgen holen wir die Kartof-
feln aus dem Acker und ich grabe das Salatbeet
um." „Wenn du da bist, ist Festtag. Da wird nicht
gearbeitet."
Er lachte laut: „Hier ist mir selbst die schwerste
Arbeit ein Paradies!" „Übermorgen müssen wir

nach Bartschdorf zur Rübenkampagne. Hab ich
Erika und deiner Mutter versprochen." Schade,
Lisa wäre zu gern den ganzen Tag mit Karl in der
Laube gesessen.

„Natürlich! Bei meinen Eltern wollte ich sowieso
vorbei."

Ein eigenartiges Gefühl wieder zu zweit ins Bett zu
gehen. Eine Weile lagen sie einfach nur da, eng
umschlungen und genossen die Wärme des anderen, die sie so lange vermisst hatten und an die sie
sich nicht gewöhnen durften. Fünf Nächte! Das
war nicht viel, doch Lisa wollte nicht daran denken. Sie genoss den Augenblick, zog den vertrauten Duft seiner Haut ein, spürte seine Hand auf ihrem Rücken und lauschte seiner Stimme.

„Du bist dünn geworden, Liebes. Habt ihr genug
zu essen?"

„Es reicht. Wir klagen nicht."

„Und... Wie geht es deiner Hüfte?"

„Mal so, mal so", wich Lisa aus. Aber Karl kannte
sie. „Ja, was soll ich denn machen? Die Arbeit
muss getan werden." Wieder schwiegen sie.

„Ich hab das Sportabzeichen in Gold", sagte Karl
in die Dunkelheit. „Den fünfundzwanzig Kilometer Gepäckmarsch habe ich in drei Stunden dreißig
geschafft. Einer der besten." Lisa streichelte seine
Wangen. „Du bist großartig, Karl. Noch nicht mal
im Krieg verlierst du deine Ziele aus den Augen."
Sie sprachen noch lange. Karl schlug vor, Christl
zum Klavierunterricht anzumelden, sie könne

doch jetzt mit dem Rad nach Herrnstadt fahren.
Sie sprachen über Juttas Einschulung und dass
Karin in den Kindergarten angemeldet sei. Zu
schade, dass Karl nicht dabei sein konnte.

„Du brauchst Entlastung, Lisa. Du bist so hart geworden, ich vermisse das freche, kecke Mädchen,
das du warst."

„Oh Karl", rief sie übermütig und kitzelte ihn bis
beide atemlos vor Lachen auf dem Bett lagen. „In
deiner Nähe bin ich wieder unbeschwert wie ein
Kind. Du bist mein ganzes Glück!"

„Wie kommst du mit der Kasse klar?", fragte Karl,
als sie am Frühstück saßen. Christl brachte die
kleine Schwester in den Kindergarten und hatte
Karin im Wagen mitgenommen. So hatten Karl
und Lisa eine halbe Stunde zum Plaudern.
Nebenan hörten sie die Frühschüler singen. Karl
zog eine Augenbraue hoch. „Klingt wie in der
Kompanie, ziemlich zackig."

„Willst du dir die Kasse mal ansehen?"

„Gibt's da was zu sehen?" Gespannt folgte Karl
seiner Frau ins Herrenzimmer. „Ein Karteikasten?"
Neugierig blätterte er die Karten durch, die Lisa
fein säuberlich hinter dem jeweiligen Namen einsortiert hatte.

„Du bist großartig!", rief Karl begeistert. „Auf die
Idee hätte ich selbst kommen können. So ist das
Geschehen in der Kasse viel übersichtlicher."
Wahllos griff er ein Blatt heraus. „Aha…" Lisa sah

ihm aufmerksam ins Gesicht, sein Urteil war ihr wichtig, wichtiger als alles andere. „Der Wilhelm muss aufpassen, dass er seine Schulden noch zurückgezahlt kriegt. So sieht man das auf einem Blick." Er nickte anerkennend. Ob sie die Beträge auch im Kassenbuch hätte? Lisa schob es über den Tisch. „Enorm, wie du dich eingearbeitet hast! Das sieht schöner aus als zu meiner Zeit." Er nahm sie in den Arm. „Da bin ich ja arbeitslos, wenn ich wieder komme!"

Die beeilte sich zu sagen: „Du übernimmst die Kasse wieder, keine Frage. Das Problem sind ja nicht die Zahlen und die Buchführung…" „Sondern?" „Die Menschen. Da heult mir Frau Nochowitz vor, ich solle ihr Geld geben, aber das Konto ist leer. Der Peukert bringt seine Raten für den Kredit nicht bei, ganz zu schweigen von üblen Gesellen wie Kaluzka und Kruse, die meinen, eine Frau will charmant umgarnt werden…"

Karl sah Lisa erstaunt an. Ihre Reaktion erschien ihm etwas zu heftig. „Bedrängen sie dich?" Lisa verbarg den Kopf an seinen Schultern. Sie hatte nicht darüber reden wollen, doch jetzt schossen ihr die Tränen in die Augen. Wie gut es tat, sich in seinen Arm zu schmiegen. Wenn er doch nicht wieder fort müsste! Er hielt sie von sich weg und schaute ihr ins Gesicht.

„Haben sie dich angefasst?" Seine Augen! Sie blitzten gefährlich und plötzlich sah er wieder aus, wie der Lehrer Bertram, den sie mit zwölf gefürchtet hatte, damals, als das Reagenzglas zerbrochen war, weil sie im Klassenzimmer Ball gespielt hatten. Alles würde er für mich in Bewegung setzen, dachte sie stolz.

„Soll ich mit ihnen reden?"

„Da muss ich allein durch, Karl", flüsterte sie.

„Nein, keiner hat mich angefasst. Sie reden nur groß und das macht mir Angst."

Lisa stellte das Geschirr zusammen, drüben im Schulzimmer rückten die Stühle, große Pause.

„Weißke bleibt hier und putzt die Tafel", brüllte Bischoff so laut, dass die Bertrams zusammenfuhren. Kurz darauf zog Zigarettenrauch zum Küchenfenster herein.

„Jetzt raucht er wieder am Fenster." Lisa seufzte.

„Aber seinen Spucknapf leert er jetzt allein."

Karl sah sie erstaunt an und lächelte. „Dich würde ich fürchten, wenn ich Bischoff wäre! So grimmig wie du schaust, Lisa Bertram."

„Die Kinder leiden. Hoffentlich bist du bald wieder Lehrer."

Karl holte sich ein Geschirrtuch. „Das dauert noch, Liebes. Auch, wenn sie lautstark anderes verkünden, Russland wird nicht leicht zu besiegen sein."

Er legte den Arm um sie und sah ihr in die Augen. „Irgendwann wird es wieder heller, irgendwann…" Er küsste sie zärtlich.

Christl steckte den Kopf zur Tür herein: „Da ist ein Soldat. Der hat zu mir gesagt: wo ist dein Vater, junges Fräulein." Sie kicherte. „Junges Fräulein, hat er gesagt."

Fritz Biedermann stand vor der Haustür und drehte schüchtern seine Uniformmütze in den Händen. Er hätte auch Fronturlaub. Ob der Herr Bertram einen Moment Zeit für ihn hätte? Karl zog seine Jacke über. „Gehen wir ein paar Schritte, Fritz, da redet es sich leichter." Anschließend wollte Karl noch zu Ottos, um den kleinen Jungen anzuschauen. Natürlich sprang Christl auf, um ihn zu begleiten. Die beiden kamen lange nicht zurück. Sie hätte noch bei Apelts reingeschaut, bei Augusts Witwe, bei Scheers vorn am Eck hätten sie noch ein Schwätzchen gehalten. Alle freuten sich, ihren Lehrer zu sehen und Lisa wusste: Sie musste diesen Mann mit den Menschen im Dorf teilen, denn auch ihnen allen gehörte sein Herz.

Karl war wieder fort und die Einsamkeit schien Lisa bedrückender als zuvor. Ihr Leben war so leicht und hell gewesen in diesen fünf Tagen und noch wochenlang konnte sie die Augen schließen, sein liebes Gesicht sehen und seine Hände auf den Wangen spüren. Doch der Winter kam und die Tage mit Karl verblassten im Alltag.

Wenn Einsamkeit und Hoffnungslosigkeit sie zu erdrücken drohten, setzte sich Lisa ans Klavier.

„Ich spiele dir etwas vor", sagte sie dann laut zu sich selbst. Sie spielte für sich die Barkarole von Krentzlin, den Radentsky Marsch von Strauss oder einen Schubertwalzer. Hinterher war ihr leichter. Sie spielte noch ein zwei Stücke und ging wieder an die Arbeit.

An einem Dienstag im Dezember ging Lisa wieder einmal mit Christl zu Heucherts zum „Federn schleißen". Die beiden Kleinen hatte sie zu Hause gelassen, auf Luise, das neue Pflichtjahrmädchen, konnte sie sich verlassen. Lisa freute sich auf den Nachmittag, Federnschleißen machte Spaß. Und das obwohl Lachen verboten war. Einmal hatte Käthe nämlich vor Lachen losgeprustet und die Federn stoben herum, im ganzen Wohnzimmer. Was für ein Chaos! Deshalb hatte der Großvater angefangen, Schauermärchen zum Besten zu geben und Spukgeschichten zu erzählen. Davon schien er unendlich viele zu kennen. Und Lisa freute sich sehr darauf.
Vielfaches Gänsegeschnatter begrüßte sie im Hof und Christl nahm ängstlich ihre Hand, als der Gänserich, einem Wachhund gleich, laut zischend auf sie zulief. Im Wohnzimmer roch es nach Pfefferminztee und Anisplätzchen. Liane hatte mollig eingeheizt. Ein Federmeer bedeckte den Tisch, Federn flogen auf den Fußboden, schweben auf Schrank und Fensterbrett und klebten an den Kleidern. Jakob, Käthe, Liana und Gustav saßen dort,

auch die Kupperts und Schnitzers und ein paar andere Nachbarn. Alle streiften mit den Fingern die Kiele aus den Federn und sammelten den weichen Flaum in einem Papiersack.

Lisa und Christl setzten sich dazu. Mucksmäuschenstill lauschten sie Opas Geschichte. Vom Berggeist Rübezahl, der die Armen beschenkte und die Leute foppte, die nicht glaubten, dass es ihn gab. Lisa verkniff sich das Niesen, als Staub in der Nase kitzelte, keinesfalls wollte sie ein Schneegestöber aus Federn anrichten. Auch wenn Lachen streng verboten war und jeder möglichst leise sprach, so hatten doch alle sichtlich Spaß an der Sache. Opa Gustav setzte zur nächsten Rübezahl Geschichte an. Lisa kannte die Geschichte vom böhmischen Glasträger, dessen Glas zerbrach, weil er Rübezahl verspottete. Seit ihrer Kindheit begleiteten sie diese Geschichten und sie liebte sie. Besonders, wenn Gustav sie erzählte mit seinem rumänischen Akzent, der das „R" noch viel mehr rollte, als es die Schlesier taten.

Als der Rücken steif wurde und die Finger schmerzten, tischte Großmutter Krautsuppe auf. Der Nachmittag verging im Flug. Als es draußen dämmerte, brachte Margarete die Verdunklung an den Fenstern an und schaltete das Licht ein. Lisa sah in die Runde. Ich mag die Leute, dachte sie. Hier gehöre ich hin.

März 1942

Den ganzen Winter über schrieb Karl nicht. Sein letzter Brief stammte vom Dezember. Sie seien am Ilmensee stationiert bei Starja-Russa, hätten feste Hütten gebaut und kämen so mit der Kälte einigermaßen klar. Lisa holte wie immer den Atlas hervor und suchte den Ilmensee. Sie versuchte die Entfernung zu schätzen - Karl war mindestens tausend Kilometer weg von der Heimat, nein eher tausendfünfhundert! So weit im Norden Russlands! Fast in Sankt Petersburg. Hoffentlich hatten sie wenigstens zu essen.

Im Februar hatte Lisa seltsame Schmerzen in der Herzgegend und es gefiel ihr gar nicht, was sie im Spiegel sah: Ihr Gesicht wirkte verquollen und aufgedunsen. Hoffentlich werde ich nicht ernstlich krank. Jeder Tag wurde zur Herausforderung. Zum Glück griff ihr Anna unter die Arme, als die ersten Beete umgegraben werden mussten und so konnte sie an den ersten warmen Tagen Salat setzen und Zwiebeln stecken.

Christl kam aus der Klavierstunde in Herrnstadt zurück. Sie sprang von Lisas Fahrrad, stellte das schwarze Ungetüm in den Schuppen und berichtete atemlos: „Mutti, beim Teich waren Frösche. So viele, dass ich absteigen musste. Die sind so lustig über die Straße gehüpft. Hab noch nie so viele Frösche gesehen. Die waren soo klein!"

Eine Fahrradklingel ließ sie aufsehen. Die Postbotin winkte von der Straße her. Ein Brief von Karl! Lisa ließ das halbvolle Samentütchen in die Schürzentasche gleiten, setzte sich auf die Bank und schlitzte den Brief auf. „Meine geliebte Lisa, meine lieben Kinder", schrieb er. „Nun musstet ihr lange auf einen Brief warten. Ich konnte nicht schreiben, weil ich in der Krankenstation lag. Zwei Tage vor Weihnachten traf mich bei einem Gefecht ein Granatsplitter im Gesicht. Direkt unterhalb des rechten Auges. Zehn Tage lag ich komplett im Dunkeln, hatte Angst um mein Augenlicht. Schließlich meinte der Arzt, ich hätte Glück gehabt. Der Splitter ist noch drin und ich hoffe sehr, dass er nicht noch ins Auge wandert. Die Schmerzen sind jetzt einigermaßen erträglich. Wochenlang konnte ich nicht zu meiner Truppe. Die Gegend ist sumpfig, der Schnee liegt hoch und pappt schwer an den Füßen. Der Feind ist sehr nahe. Nichts mehr übrig vom Siegestaumel vor einem Jahr. Glücklich, wer hier lebend rauskommt. Tut mir leid, dass ich keine besseren Nachrichten habe. Ich hoffe, euch geht es gut zu Hause. Vermisse euch sehr. Euer Vati." Der Brief zitterte in ihrer Hand. Lisa legte die Arme um ihre Kinder und sagte: „Ich hoffe, er kommt bald wieder. Ich hoffe es sehr."

„Sie haben zu viele Hühner, Frau Bertram. So viele sind nur erlaubt, wenn sie sie registrieren lassen und Eier abgeben." Kutzner war mit einem großen Sack Heu aus Dussas Scheune getreten und blieb am Zaun stehen. Die Hühner liefen aus allen Ecken herbei und hofften auf Futter. Lisa erstarrte. Zu viele Hühner? Diese zwölf Hennen sollten zu viele sein?

„Acht sind erlaubt, Frau Lehrer Bertram. Ich weiß das zufällig, ich bin der Bürgermeister." Wie Sie diesen Ton hasste, so von oben herab.

„Seit wann soll das gelten?", fragte Lisa ärgerlich und kam zum Zaun.

„1. April. Kostet fünfundzwanzig Reichsmark Strafe bei Nichteinhaltung." Dieser Schulmeisterton! Lisa ärgerte sich maßlos. Als sei sie ein kleines Kind.

„Sie müssen vier Hühner verkaufen", setzte er wieder an. „Ich würde sie nehmen. Schöne Hühner!" Er wandte sich zum Gehen. Lisa schüttelte ärgerlich den Kopf. Sie sollte Hühner hergeben, wo sie so eine Freude hatte an den Tieren? Dabei konnte sie die Eier gut gebrauchen. Die tauschte sie bei Dalibor gegen Schmalz oder Butter, bei Apels gegen geräuchte Wurst oder in Herrnstadt beim Kolonialwarenhändler gegen Nähfaden. In ihr brodelte es. Wer sollte sie zwingen? Wer kontrollierte das hier auf dem Dorf? Lisa holte den Besen und kehrte den Plattenweg, damit ihre Wut verrauchte. Kutzner würde sie mit Freude den Behörden melden! Die Hühner verstecken? Bei Nachbarn unterbringen? Den ganzen Tag grübelte sie.

Am Abend, als sie im Bett lag, beschloss sie: nichts werde ich tun. Die Hühner bleiben. Punkt aus.

Gegen Abend kam ihr Vater vorbei. Er zog eine Kiste aus dem Kofferraum: zwei junge Gänse. Er behauptete, die hätten noch Platz in der Garage. Wenn das Kutzner wüsste. Aber Gänse waren schließlich keine Hühner, oder? Ihrem Vater sagte sie nichts von Kutzners Drohung.

Als sie ein paar Tage später mit Anna darüber sprach, nickte die. Es gäbe seit 1. April diese Verordnung „zur Versorgung der Bevölkerung mit Lebensmitteln". Anna behauptete, das meiste davon ginge sowieso an die Front zur Versorgung der Wehrmacht, von wegen Bevölkerung. Für Lisa kam das auf das Gleiche heraus. Es waren ihre Hühner. Keines davon wollte sie hergeben. Vielleicht sollte ich sie nicht mehr auf die hintere Wiese lassen, überlegte sie später, als sie den Wäschekorb in die Waschküche trug. Ach, hier im Dorf wird schon keiner kontrollieren. Wenn mich nur Kutzner nicht anzeigt!

Nun war es wirklich Frühling! Lisa stürzte sich mit Begeisterung in die Gartenarbeit. Sie hatte alles so vermisst: das Vogelgezwitscher in den Obstbäumen, den Duft der frischen Erde in der Frühlingssonne, den nussigen Geschmack der ersten Radieschen. Endlich kamen die Leute wieder aus ihren Häusern, hielten ein Schwätzchen am Gartenzaun oder kamen auf eine Tasse Tee in die Laube. Die Kinder spielten Verstecken im Garten und von Kutzners Wiese drang das Meckern der jungen Lämmchen herüber. Schließlich sprangen die Knospen der Apfelbäume auf und verwandelten die Obstwiese in ein weißes Meer aus Blüten, in denen die Bienen brummten. Selig hielten die Mädchen die jungen Flaumbällchen in den Händen, die die Hühner ausgebrütet hatten, ungewöhnlich viele in diesem Jahr. Lisa kam Kutzners Warnung in den Sinn, aber sollte sie diese niedlichen Küken hergeben? Als Lisa mit einer Kiste voll Setzlingen aus dem Keller kam, stand er tatsächlich am Zaun. Sie erschrak, doch anscheinend ging es heute nicht um die Hühner. Neben dem Bürgermeister stand schüchtern eine Frau, etwas jünger als Lisa. An jeder Hand hatte sie ein Mädchen, etwa so alt wie ihre eigenen.

„Das ist Frau Schwarze", stellte Kutzner vor. „Bitte nehmen sie sich ihrer an, Frau Bertram. Sie ist neu hier." Als Lisa unsicher nickte, ließ der Bürgermeister die Frauen stehen und verschwand. Seufzend wischte Lisa die erdigen Hände an die Schürze. Kutzner hatte wirklich ein Talent, Arbeit an andere abzugeben.

Bei einer Tasse Tee berichtete die Frau schüchtern: „Wir kommen aus Köln. Es war uns zu gefährlich. Jeden Tag bombardieren die Alliierten die Stadt... Man sagte uns, Schlesien sei sicher." Lisa nickte.

„Hier scheint der Krieg weit weg. Aber Sicherheit

gibt es nicht." Die Frau streckte Lisa die Hand hin.
„Ich heiße Edith." Lisa blickte in zwei tiefblaue
Augen, die sie offen ansahen. Sie mochte die Frau.
„Das sind Grete und Ingeborg."
Lisa schickte die beiden Mädchen in den Garten:
„Ich glaube Jutta und Karin spielen in der Laube.
Sie freuen sich, wenn jemand in ihren Kaufmanns-
laden einkaufen kommt." Die beiden rutschten
von der Bank und liefen hinaus. Kurz darauf hörte
man fröhliches Lachen.
„Kinder finden leicht neue Freunde", seufzte
Edith. „Aber ob ich hier zurechtkomme?" Sie
nippte am Tee. „Wo könnte ich Arbeit findet in so
einem kleinen Dorf?"
„Es gibt Arbeit genug. Meine Freundin Anneliese
führt die Flachsfabrik, seit Kurt im Krieg ist. Sie
sucht immer Arbeiter." Edith lehnte sich erleichtert
zurück.
„Ich lebe nicht gern von Almosen und mit meinem
Ersparten komme ich nicht weit. Ich bin Arbeiten
gewohnt." Sie nagte an der Unterlippe. „Eigentlich
wollte ich in einer Pension unterkommen, aber es
gibt keine Zimmer mehr bei Biedermann. Also
brauche ich Möbel. Woher könnte ich ein Bett bekommen?" Entschlossen stand Lisa auf. „Margarete hat noch Willems Bett dastehen, der im Herbst
gestorben ist, von Nochowitz bekommen wir Stroh
für die Matratze und Heucherts fragen wir wegen
Bettfedern. Wir kriegen das hin, Edith."

Sie steckte den Kopf aus der Hintertür, um ihren Mädchen Bescheid zu sagen. Erstaunt hielt sie inne. Da saßen die fünf Kinder in Kreis und warfen einen Ball herum. „Mama,", lachte Jutta. „Die kommen aus Köln-Rodenkirchen, Gartenstraße Ölf." Perfekt kopierte sie den rheinländischen Dialekt und wollte sich ausschütten vor Lachen. „Das klingt so lustig", rief Christl und lachte wieder: „Sag, wie heißt ihr?" Grete schnarrte wieder Namen und Adresse herunter und alle Kinder lachten. „Wir reden ganz normal", sagte Grete und grinste. „Und für die ist es der beste Witz." Die Kinder kicherten und glucksten, sogar Karin und Ingeborg, die gar nicht verstanden, worum es ging. „Spielt ihr weiter zusammen?", fragte Edith. „Wir gehen und richten die Wohnung ein. Nicht wahr, Lisa?"

Edith wurde überall herzlich begrüßt und jede im Dorf trug etwas zu dem neuen Hausstand bei. Edith würde schnell eine von ihnen sein.

April 1942

Lisa breitete den Schnittmusterbogen auf dem großen Tisch im Wohnzimmer aus, fuhr die Linien mit dem Kopierrädchen nach und übertrug damit den Schnitt für die Kinderhose auf Zeitungspapier. Eine Latzhose für den kleinen Wolf Rüdiger. Anneliese würde die Arbeit mit Leinöl aus ihrer Ernte bezahlen. Lisa liebte Kartoffeln mit Quark und Leinöl. Das Radio lief, wie so oft. Deutschen Truppen standen vor Stalingrad. Die Stadt wurde hart bombardiert, eine Siegesmeldung jagte die nächste. Von Verlusten sprach niemand, doch Lisa war in Sorge. Wo war Karl in all diesen Kämpfen? Lebte er noch? Seit Wochen hörte sie nichts von ihm. Zwei Männer aus Birkenhöhe waren gefallen, einer aus Marienruh. Der Meljor ließ eine junge Frau mit einem Kind zurück. Lisa wusste, dass sie sie besuchen musste und ihre Hilfe anbieten, aber ihr graute vor diesem Gang. Der Gedanke, sie könnte bald selbst in dieser Lage sein, jagte ihr einen Schauer über den Rücken. Mit einer Stecknadel heftete sie den Papierschnitt auf den grauen Flanellstoff und setzte die Schere an. Sie liebte das Geräusch, wenn die Schere sich durch den Stoff fraß, was auf dem Eichentisch einen schnarrenden Laut erzeugte. Sie schob die ersten Stoffstücke unter das Nähfüßchen, gab dem Handrad einen Schwung und trat das Pedal gleichmäßig. Mit Stoff zu hantieren und ein Kleidungsstück unter ihren Händen entstehen zu sehen, erfüllte Lisa jedes Mal mit Stolz. Mit ruhigen, geübten Handgriffen fügte sie die Teile zusammen und wurde noch vor dem Mittagessen fertig.

Vor dem Gartentor hielt ein schwarzes Auto. Wer konnte das sein? Jutta klappte ihr Rechenbuch zu und sprang auf, Lisa folgte ihr ans Fenster. Ein Herr stieg aus. Er schloss den mittleren Knopf der Jacke, angelte eine Aktentasche vom Rücksitz und schloss die Autotür.

Lisa beobachtete ihn durch die Gardine. Ein Prüfer der Raiffeisenkasse? Oder brachte er schlechte Nachricht von Karl? Jedenfalls ein feiner Herr! Das graue Haar akkurat zurückgekämmt, blütenweißes Hemd.

Höflich streckte er ihr die Hand hin. „Frau Elisabeth Bertram?" Lisa brachte kein Wort heraus.

„Pfeiffer, Ordnungsamt Herrnstadt. Haben Sie einen Moment Zeit?" Sie warf einen flüchtigen Blick auf den Ausweis, den er ihr hinhielt. Ordnungsamt? Also nicht wegen Karl. Alles andere konnte nicht so schlimm sein.

Sie führte den Mann in die Stube. „Einen Tee?"

„Danke, sehr freundlich. Ein Glas Wasser reicht."

Er schlug seine Mappe auf. „Ich komme wegen der Hühner."

Lisa griff sich ans Herz, um ein Haar hätte sie das Glas fallen lassen. Die Hühner! Sie haben zu viele Hühner! Oh nein!

„Ist Ihnen nicht gut? Sie sind kreidebleich"

„Danke der Nachfrage." Lisa riss sich zusammen. „Zurzeit macht mein Herz Probleme." Pfeiffer nickte und blätterte in den Unterlagen.

„Ihre Hühner sind nicht registriert. Wie viele haben Sie denn?"

Lisa konnte keinen klaren Gedanken fassen. Acht waren erlaubt, sie hatte sechzehn. „Zehn." Hörte sie sich antworten. Gelogen! Das ist gelogen, hämmerte es an ihrer Schläfe. Hoffentlich geht er nicht nachzählen. Wenn sie nur Christl schicken könnte… Pfeiffer trug die Zahl in seine Liste ein.

„Legen Sie denn zufriedenstellend?", fragte er und sah Lisa an. Ich muss krebsrot sein, dachte sie und nickte leicht. Pfeiffer kreuzte „zufriedenstellend" in der Liste an und klappte die Mappe zu. Er schob den Stift in die innere Jackentasche und schloss die Knöpfe von oben nach unten.

„Die drei Mädchen sind Ihre?", fragte er freundlich. „Meine Enkel sind ungefähr gleich alt. Aber es sind keine braven Mädchen, sondern freche Jungs." Er grinste. „Ja dann…" Er nahm den Hut vom Tisch.

Lisa überlegte fieberhaft. Wenn er nur aus der Hintertür sah, entgingen ihm vielleicht die Junghennen, die gern hinten bei den Obstbäumen scharrten. Vielleicht liefen die Hennen drüben beim

Sportplatz und er würde sicher nicht jede Henne suchen gehen.

„Dürfte ich kurz den Stall ansehen? Nur der Ordnung halber." Pfeiffer stand kerzengerade im Flur und sah Lisa an. Es musste ihm auffallen, dass ihre Hände zitterten. Doch er lächelte freundlich.

Lisas Blick fiel auf die Küchenuhr, da durchfuhr sie ein neuer Schreck: fünf Uhr, Fütterzeit! Sie öffnete die Tür in den Garten und im Nu stand Herr Pfeiffer mitten in der Hühnerschar! Die Hennen erkannten Lisa und drängten sich mit lautem Gackern zur Tür, die beiden Gefleckten flitzten noch aus dem Obstgarten heran und balgten sich mit den anderen um den besten Platz zu Lisas Füßen. Die stand wie zur Salzsäule erstarrt, das Gesicht rot bis unter die Haarwurzeln. Selbst ein Erstklässler konnte erkennen: das waren mehr als zehn. Er musste nicht zählen.

„Ach du grüne Neune!", entfuhr es dem Ordnungshüter. Er griff sich ans Kinn und kratzte an der Schläfe, stumm vor Staunen. Hatte Kutzner von fünfundzwanzig Mark Strafe gesprochen? Oder waren es mehr?

Lisa wagte kaum zu atmen. Der Mann verschränkte die Arme vor der Brust, musterte die Hühnerschar und sagte kein Wort.

Schließlich zog er die Augenbrauen hoch und sah Lisa an. Sie hätte vor Scham im Boden versinken können. Plötzlich erschienen Lachfältchen um seine Nase und er sagte mit einem spitzbübischen

Grinsen: „Wenn ich es mir recht überlege, ist alles in Ordnung bei ihnen. Habe nichts gesehen und weiß von nichts. Zehn Hühner. Kann man durchgehen lassen… Habe die Ehre, Frau Bertram."

Er schüttelte lächelnd ihre Hand, lüftete kurz den Hut und verschwand durch die Vordertür. Der Motor sprang an, das Auto brauste davon. Lisa legte den Kopf an den Türrahmen und weinte vor Erleichterung.

Plötzlich fing Christl an zu lachen. „Oh Mutti! Hat der ein Gesicht gemacht, als die ganze Hühnerschar um ihn herum rannte."

„Ich fass es nicht! Wir dürfen die Hühner behalten und müssen keine Strafe zahlen." Lisa holte den Blechnapf mit dem Hühnerfutter. „Wollt ihr mir helfen? Die stehen bestimmt noch am selben Platz und wundern sich, warum es heute kein Futter gibt."

„Ach du grüne Neune!" Jutta schüttelte sich vor Lachen. „Ach du grüne Neune, hat er gesagt." Alle vier warfen die Körner zwischen die Hennen, die sich auf das Futter stürzten und darum zankten. Wie ihre Federn glänzen, dachte Lisa zärtlich, alles in Ordnung, hat Pfeiffer gesagt. Alles in Ordnung.

September 1942

Der Sommer kam und Lisa arbeitete jeden Tag im Garten. Es war überlebenswichtig, eigenes Gemüse zu ziehen. Und sie liebte diese Arbeit sehr. Als Lisa das Lauchbeet durchhackte, flog ihr ein auffällig gestreifter Käfer vor die Füße. Ein Kartoffelkäfer! Die seien in Deutschland auf dem Vormarsch, hatte sie in der Zeitung gelesen. Es wurde sogar vermutet, die Alliierten hätten sie aus Flugzeugen abgeworfen, um die deutsche Kartoffelernte zu zerstören. Lisa legte die Hacke weg und durchsuchte die Blätter ihrer Kartoffeln. Zehn Stück fand sie auf Anhieb.

Als sie ihre Kinder rief und sie bat, die Käfer ab zu sammeln, erzählten die: „Herr Bischoff hat heute in der Schule gesagt, Deutschland braucht unsre Hilfe. Kartoffelkäfer sammeln sei eine Ehre für jedes deutsche Kind. Wer die meisten Käfer hat, kriegt einen Preis."

Christl stellte sich aufrecht und verkündete im selben Ton wie der Lehrer: „Sei ein Kämpfer, sei kein Schläfer, kämpf gegen den Kartoffelkäfer." Jutta kicherte. So standen die drei am Nachmittag und an den folgenden Tagen mit den anderen Schulkindern und ihren Müttern in den Kartoffelfeldern des Dorfes und jagten Käfer. In ihrem Garten musste Lisa sich darum nicht kümmern. Die

Mädchen hatte ein regelrechtes Sammelfieber gepackt. Da hatte kein Käfer eine Chance.

Auch in Bartschdorf bei den Großeltern kämmten
sie die Kartoffeläcker durch. Das machte Spaß,
weil die ganze Familie half. Urgroßmutter Anna,
die im „Austragsstübel" wohnte, schenkte jedem
Kind einen Groschen. Als es in den großen Weckgläsern von Käfern wimmelte, spielten alle Kinder
Verstecken in den Pferdeställen und Scheunen. Ein
Paradies.

Am Nachmittag schickte sie der Großvater zum
Kühe hüten unten am Bach. Lisa saß derweil mit
ihrer Schwiegermutter Martha und Schwägerin
Erika in der Küche. Körbe voller Birnen warteten
darauf, geschält und eingeweckt zu werden.

„Wir müssen die Hälfte der Haferernte abliefern",
erzählte Martha. „Lastwagenweise karren sie das
Getreide an die Front. Und wir können sehen, wie
wir unsere Pferde satt kriegen im Winter. Dass
Oskar sogar auf der Sumpfwiese Heu machen
würde, hätte ich nicht gedacht."

„Es gibt kein Kraftfutter mehr zu kaufen", warf
Erika ein „von irgendwas müssen die Pferde le-
ben." Martha schob eine weiße Strähne aus dem
Gesicht, die sich aus ihrem Dutt gelöst hatte.

„Wenn sie uns nur den Oskar nicht einziehen."
Die Kinder stürmten in die Küche. „Mutti", rief
Jutta begeistert. „Wusstest du, dass Kühe schwim-
men können, richtig schwimmen?" Lisa stutzte.

„Wir haben sie durch die Bartsch getrieben", sagte Christl unschuldig. „Jetzt grasen sie auf der anderen Seite." Lisa und Erika rissen die Augen auf. „Maiers Rüben!"

Da kam Leben in Lisa. In fliegender Hast warf sie die Schürze über einen Eimer, rannte zum Schuppen und schnappte das Fahrrad. Die Kühe im Rübenacker! Das gab Ärger! Hinter der kleinen Brücke warf sie das Rad an den Wegrand, suchte einen Stock und trieb die Kühe durch die Bartsch zurück. Das Feld sah wüst aus. Erika leitete die Kühe auf die untere Weide zurück und Klaus-Jürgen musste sie hüten.

Die Mädchen bekamen von Otto eine Standpauke, die sich gewaschen hatte. Atemlos nahm Lisa die beiden in den Arm. „Kühe können schwimmen, das wisst ihr jetzt. Probiert es bitte nicht mehr. Sie fressen nämlich auch sehr gern Rübenkraut!"

Oktober 1942

Jutta und Christl stapften zur Hintertür herein. Erschrocken stellte Lisa den Blechtopf mit dem Hühnerfutter ab. So wütend hatte sie ihre Mädchen selten gesehen.

„Jemand hat unsere riesengroße Sandburg zertrampelt!", rief Christl erbost. „Das war unsere aller schönste Burg. Auf den Türmen wehten sogar Papierwimpel." Jutta wischte die Tränen an den Ärmel.

„Habt ihr nicht gesehen, wer es war?" Lisa legte teilnahmsvoll den Arm um ihre Schulter. „Wer wird denn so boshaft sein?"

Christl rannte ans Fenster. Drei Jungs und ein großes Mädchen lehnten am Gartenzaun und riefen: „Lackoaffe, Spierdalaj, Grupitsch…Ätsch, wir waren es!"

„Das sind die Kinder aus dem Ottohaus, die Polenkinder!", flüsterte Christl. Lisa wusste nicht recht, ob sie sich in den Kinderstreit einmischen sollte.

„Die kommen oft", sagte Christl leise. „Immer ärgern sie uns." Das hatte sie nicht gewusst.

Lisa riss die Vordertür auf, da lief die Bande weg. Vorn am Eck bei Scheer drehte sich das Mädchen noch einmal um und brüllte: „Wir gewinnen den Krieg! Und dann kriegen wir euer Klavier!" Einer der Jungs drehte eine lange Nase. „Verlierer!

Verlierer!", riefen sie, als sie hinter der Ecke verschwanden.

Lisa blieb die Luft weg. So rotzfrech! Aber tief im Innern spürte sie eine Niedergeschlagenheit. Die Kinder könnten Recht haben. Aber wie sollten Sie an das Klavier kommen? Sie beschloss, noch besser abzuschließen und darauf zu achten, dass keiner ins Haus kam. Die Mädchen liefern mit dem Ball auf den Sportplatz. Auf Sandburgen bauen hatte niemand mehr Lust.

„Ach übrigens, Frau Bertram", sagte Frau Dalibor, als Lisa am Dienstag den Laden betrat. „Ihr Herr Vater aus Herrnstadt hat für Sie angerufen." Die rundliche Frau zog einen Zettel aus der Schublade. „Er bittet sie, am Sonntag mit den Kindern zum Mittagessen zu kommen, er hätte eine Überraschung."

„Na, da bin ich mal gespannt", lachte sie. „Vermutlich wieder einer von Vaters guten Einfällen. Zum Glück, ich hatte schon befürchtet, es sei etwas passiert."

„Ach nein, Frau Bertram, da hätte ich jemanden rübergeschickt. Was darf's denn sein?" Lisa legte die Bezugsmarken für Zucker und Öl auf den Tisch.

„Tut mir leid, Öl ist aus. Ich hoffe, ich kriege Donnerstag noch mal welches. Ich schreib sie auf." Die Ladenglocke bimmelte. Erna Weißke stellte ihren Korb ab. Lisa erkannte mit einem Blick, dass etwas nicht stimmte. Unordentlich hingen die Haare aus ihrem Dutt, die Augen rot geweint, die Nase rot.

„Mein Junge wird eingezogen." Sie griff nach dem Taschentuch.

„Aber Robert ist doch noch ein Kind!", rief Frau Dalibor empört.

„Fünfzehn", murmelte Erna. Lisa hatte in den Nachrichten gehört, dass sie jetzt junge Männer ab fünfzehn als Flakhelfer zwangsverpflichtet wurden. Sie hatte sich keine Gedanken gemacht, weil ihr in diesem Alter niemand einfiel. Robert! Der zarte Junge sollte in den Krieg? Das war doch unmöglich. Erna brach fast zusammen und Lisa nahm sie in den Arm.

„Der Krieg ist für harte Männer schon schrecklich", flüsterte Frau Dalibor „wie soll der Junge das aushalten?"

„Vielleicht können wir etwas tun, damit Robert nicht gehen muss." Lisa streichelte Ernas Hand.

„Ich war bei Kutzner", sagte Erna. „Er versucht, den Gauleiter um eine Ausnahme zu bitten, weil der Junge so dünn und klein ist. Aber ich fürchte…" Sie schluchzte. „Wenn nur der Krieg schon zu Ende wäre."

Frau Dalibor packte Lisas Sachen in den Korb und reichte ihn über die Theke. „Drei fünfzig."

„Ich fürchte nur, der Krieg endet für das Reich mit einer Niederlage. Und dann Gnade uns Gott…"
Erna hatte sehr leise gesprochen, so als fürchte sie, für diese Worte verhaftet zu werden. Lisa musste an Anneliese denken. Erst gestern hatte sie erzählt, dass ihr Bruder aus Stalingrad einen Abschiedsbrief geschickt hatte. Sie seien hoffnungslos eingekesselt, hätten nichts mehr zu essen und es sei eine Frage der Zeit, bis sie alle in die Hände der Russen fielen. Alle? Das waren über hunderttausend Mann. Entsetzlich! Davon durfte sie Erna gar nichts erzählen. Vielleicht hatte Robert Glück und wurde in der heimatlichen Flugabwehr eingesetzt.
„Soll ich dich nach Hause begleiten?"
„Lieb von dir, Lisa. Ich schaff das. So wie ich alles schaffen werde. Ohne meinen Mann. Und ab nächster Woche ohne meinen Sohn. Vielleicht geht alles gut aus und wir können nächstes Jahr wieder lachen." Ja, hoffen wir es, dachte Lisa.
Auf dem Heimweg waren ihre Gedanken bei Karl. Wie sein Gesicht jetzt aussah? Ob die Wunde gut heilen konnte? Er hatte von Stellungskämpfen am Lowat geschrieben, der Vorstoß sei zum Erliegen gekommen. Sie kämpften nicht nur gegen die Russen, sondern auch mit Sumpf und Morast, Hunger und Ruhr, Läusen und Stechmücken und mit zunehmender Müdigkeit und schwindendem Kampfeswillen. Wo sollte das noch enden? In Gedanken formulierte Lisa einen Brief an Karl. Wenigstens auf dieses Weise konnten sie verbunden bleiben.

Am Sonntag wanderte sie mit den Mädchen nach Herrnstadt. Die drei trugen ihre neuen Kleider, die sie aus Stoffresten und abgelegten Kleidern geschneidert hatte. Hübsch, die weißen Krägelchen, Juttas Puffärmel und Christls kurzes Jäckchen, das weit über der Taille endete und ihre schlanke Mädchengestalt betonte. Schon bevor sie in die Hauptstraße einbogen, wusste Lisa, welche Überraschung ihr Vater gemeint hatte: in Herrnstadt war Kirmes! Auf dem Marktplatz drängten sich Buden und Fahrgeschäfte und die ganze Stadt war auf den Beinen. Die Luft schwirrte von Drehorgel Musik und dem Duft von gebrannten Mandeln.

Die Mädchen hüpften vor Begeisterung und hätten sich am liebsten sofort beim Karussell angestellt. Doch die Großeltern warteten mit dem Mittagessen. Lisas Schwestern Trudchen und Halo, die eigentlich Johanna hieß, saßen mit am Tisch und die Kinder streichelten Peggy, den schwarzen Pudel, der übermütig ihre Hand leckte.

Nach Rindersuppe und Kirschkompott holte der Großvater seine Jacke und rief: „Dann mal los! Kirmes ist der beste Sonntag des Jahres!" Er hob Karin auf die Schulter, damit sie im Getümmel nicht verloren ging. Martha hakte Lisa unter und nahm Jutta an der Hand. Eine Drehorgel leierte: O du lieber Augustin! Das Kreischen der Leute auf der Schiffschaukel mischte sich mit dem Gedudel einer

Ziehharmonika und dem „hereinspaziert, liebe Leute!" von dem kleinen Mann mit der Riesenbrille vor der Geisterbahn. An der russischen Luftschaukel stand eine viel zu lange Schlange und das Kettenkarussell war zu teuer. Schade. Lisa schnupperte. Gebrannte Mandeln! Ob sie dafür Geld ausgeben sollte? Als hätte er die Gedanken erraten, steuerte ihr Vater zielstrebig den Wagen mit den Süßigkeiten an und erstand ein kleines Tütchen. Natürlich, ihr Vater kannte sie. Jedem der Mädchen schenkte er ein winziges Lebkuchenherz und stolz spazierten sie damit über den Rummel. Eine Weile schauten sie zu, wie die Leute in der Berg- und Talbahn die Hände in die Luft warfen, beobachteten fasziniert einen Feuerschlucker, der mit nacktem Oberkörper auf einer Kiste balancierte und staunten über einen Jungen, der riesige Seifenblasen aus einer Schüssel zauberte. Lisa genoss den Nachmittag in vollen Zügen. Kirmes! Wie früher.

Die Kinder lachten laut und klatschten Beifall, als ein dicker Herr mit einem Wurf alle Blechdosen vom Regal fegte. Der Budenbesitzer schob ihnen dafür einen kleinen Metallvogel über den Tresen, den man mit einem Schlüssel aufziehen und picken lassen konnte. Offenbar brauchte der Herr den Vogel nicht. Er sah sich suchend um und drückte ihn schließlich der verdutzten Karin in die Hand. Die jauchzte laut. Der Mann lächelte und verschwand in der Menge. Den ganzen

Nachmittag drückte Karin den Vogel fest an sich, um ihn ja nicht zu verlieren. Der Großvater kaufte den beiden großen Mädchen einen Luftballon, damit sie nicht traurig sein sollten. Die beiden lachten entzückt.

Sie lauschten der großen Kirmes Orgel, auf der hübsche Figuren tanzten, starrten einem Stelzenläufer nach, der ihnen von oben herab zuwinkte und reckten die Hälse beim Flohzirkus, doch einen Floh entdeckten sie nicht.

Als krönenden Abschluss dieses herrlichen Tages kaufte der Großvater vier Karten für das Karussell mit den Holzpferden. Karin und Jutta wollten in der Kutsche fahren, Christl wählte das blaue Pferd mit der roten Satteldecke. Doch für wen hatte Ernst die vierte Karte gedacht? Martha lief rot an, als er sie ihr in die Hand drückte. „Für mein Mädchen! Ich weiß doch, wovon du das ganze Jahr träumst." Martha küsste ihn auf die Wange und lief auf die andere Seite. Stolz stieg sie auf das große weiße Pferd und thronte darauf wie eine Königin, als sich das Karussell in Bewegung setzte. Ernst legte den Arm um seine Tochter und gemeinsam freuten sie sich am Spaß von Großmutter und Enkeln.

„Willst du auch?", fragte ihr Vater.

Lisa schüttelte den Kopf. „Gibt es etwas Schöneres, als zu sehen, wie sich unsere Lieben freuen?"

Nach dem Abendbrot brachte Ernst die Vier im Auto nach Birkenhöhe zurück. Noch lange erzählten die Kinder von diesem herrlichen Tag.

Erschöpft lehnte Lisa an der Haustür, ehe sie die Klinke drückte. Ihr Herz schmerzte. Den ganzen Vormittag hatte sie bei Bauer Apelt geholfen, hatte Zwiebeln geschnitten, Fleisch durch den Fleischwolf getrieben und Würste gekocht. Zwei Schweine hatten Apelts geschlachtet. Wie einen Schatz trug sie den Lohn vor sich her: ein kleines Töpfchen Schmalz. Seit Wochen gab es weder Öl noch Margarine und nur selten ein Stück Butter. Zwei Paar Bratwürste hatte Herr Apelt obendrauf gelegt.

Lisa trat in den Flur und hängte die Jacke an den Haken. Ein seltsamer Geruch stieg ihr in die Nase, der ihr fast den Magen herumdrehte. Impftag! Das ganze Haus stank nach Karbol. Christls Klasse war heute an der Reihe mit Pockenimpfung. Die Tür zum Schulzimmer stand offen und Lisa schaute an den Kindern vorbei, die in zwei langen Reihen vor dem Lehrerpult warteten. Eine junge Schwester mit hübschem Häubchen verteilte die Zuckerstückchen mit der Schluckimpfung für die Kleinen, Doktor Sauer steckte eben eine neue Kanüle auf die Spritze, zog Impfstoff auf, strich Erikas Arm sauber und impfte sie. In der Ecke beim Bücherregal warteten vier junge Mütter mit ihren Säuglingen. Bis hier alle Impfungen durch waren, würde es Abend werden. Höflichkeitshalber musste sie also die beiden in der Pause auf eine Tasse Tee einladen. Gebäck hatte sie leider nicht.

Lisa legte Würste und Schmalz auf dem Küchentisch, als sich hinten auf der Eckbank etwas bewegte. „Christl? Bist du nicht beim Impfen?" Christl setzte sich ächzend auf, ihr Gesicht käsebleich.

„Mir ist schlecht", jammerte sie. „Ich kann das Zeug nicht riechen."

„Verstehe. Warst du schon dran?"

„Nein", flüsterte sie. „Ich kann nicht."

„Dann müssen wir sehen, wann wir die Impfung nachholen können." Innerlich seufzte Lisa, weil sie dann vermutlich nach Winzig laufen mussten.

Gegen Fünf klopfte es an der Küchentür und die Schwester steckte den Kopf zur Tür herein. „Wir sind fertig, sie können das Klassenzimmer dann reinigen."

Lisa sprang auf. „Nehmen Sie doch noch ein paar Minuten im Herrenzimmer Platz, ehe sie nach Hause fahren. Ich brühe ihnen einen Muckefuck auf nach dem anstrengenden Tag." Der Duft tat gut und sie freute sich selbst darauf.

„Milch und Zucker?"

„Danke, gern."

Lisa setzte sich zu den Beiden und streckte die Beine aus.

„Geht es dem Fräulein Tochter besser?", fragte der Arzt teilnahmsvoll. „Nein, Herr Doktor."

Der Arzt nahm die schwarze Ledertasche. „Wo befindet sich die junge Dame? Ich werde mal nach ihr sehen." Als Lisa ihn in die Küche führte, saß die Arme immer noch hinter dem Tisch und starrte vor sich hin.

„Ja prima", rief der Arzt gut gelaunt und packte die Spritze aus der Tasche. Ehe Christl richtig begriff, war sie schon geimpft. Mit weit aufgerissenen Augen schaute sie zu, wie er seelenruhig alles einpackte und den Mantel überzog.

„Den Weg nach Winzig können Sie sich sparen, Frau Bertram. Manchmal ist es praktisch, direkt in der Schule zu wohnen!"

Dezember 1942

Draußen prasselte der Regen gegen die Scheibe, der Sturm pfiff durch die Ritzen und riss an den Bäumen hinter dem Haus. Edith Schwarze und ihre Kinder waren zu Besuch. Gemeinsam knackten sie Walnüsse. Im Ofen knisterte das Feuer und wie immer um diese Zeit lief das Radio. Sie hörten den „Wehrmachtbericht" und anschließend die Sondermeldungen von der Front, wo verdiente Truppenteile oder besonders tüchtige Divisionen namentlich erwähnt wurden. Schon drei Mal hatte Lisa vom 81. Artilleriebataillon gehört. Die Truppe, zu der Karl gehörte, wurde als besonders tapfer gelobt. Zu Anfang des Krieges hatte die Berichterstattung noch sehr sachlich geklungen, später gab es nur Siegesmeldungen und begeisterte Lobeshymnen auf die deutsche Wehrmacht, doch in letzter Zeit hatte der Überschwang nachgelassen und Lisa glaubte, eine gewisse Resignation herauszuhören. Zumindest hörte sie öfters das Wort „Rückzug". Das machte ihr Angst. Was wurde aus Deutschland, wenn sie den Krieg verloren?

„Lisa?" Edith schaute sie an. „Träumst du?"

„Oh entschuldige, Edith. Ich grüble zu viel, das ist nicht gut."

Edith seufzte. „Klaus ist in Afrika. Er schreibt von kilometerlangen Märschen durch die Wüste. Sie hätten wenig zu essen und was sie hätten, schmeckte nicht. Stell dir vor, er träumt manchmal von dem leckeren Gulasch, den ich koche. Naja. Ich weiß kaum noch, wie Rindfleisch schmeckt."

„Wenn die Männer nur wiederkommen", seufzt Lisa

„Ich hab dies Jahr überhaupt keine Lust auf Weihnachten." Edith schob die Schalen zusammen und lehnte sich zurück. „Es ist das erste Jahr in meinem Leben, wo ich nicht in den Kölner Dom zur Christmitte kann. Und hier im Dorf gibt es nicht mal eine Kirche. Nein, bis Winzig laufe ich nicht."

„Wenigstens sitzen wir hier in der warmen Stube. Letzten Winter hat Karl von Minus vierzig Grad geschrieben."

„Brrr! Verrückt! Klaus schrieb von plus vierzig Grad in Tunesien." Lisa stand auf und goss Pfefferminztee nach.

Die beiden Frauen horchten auf. Die Haustür klappte und jemand schüttelte den Schirm ab. Eine Männerstimme schimpfte. Wer kam bei diesem Regen? Triefend nass erschien der Bürgermeister in der Küchentür. Lisa eilte ihm entgegen, weniger aus Höflichkeit, sondern um ihm den nassen Mantel und den Hut abzunehmen, damit er nicht den ganzen Fußboden nass tropfte.

Kutzner ließ sich auf einen Stuhl fallen und stellte eine blecherne Sammelbüchse vor sich auf den Tisch.

„Bitteschön! Fürs Kriegswinterhilfswerk. Tun sie reichlich was rein, Frau Lehrer Bertram, damit sich mein Gang durch dieses Mistwetter gelohnt hat." Während sie nach ihrer Geldbörse kramte, musterte sie Kutzner, unter dessen Stuhl sich eine kleine Pfütze gebildet hatte. Warum kam er persönlich? Sonst schickte er die Schüler durchs Dorf, um die Spenden einzusammeln.

„Wissen Sie, Frau Lehrer Bertram", sagte der Bürgermeister, als hätte er ihre Gedanken gelesen, „die Kinder lassen sich abwimmeln. Wenn ich selbst vorspreche, ist das Ergebnis um Welten besser!" Er setzt die Leute unter Druck und dann prahlt er beim Gauleiter, dachte sie. Typisch. „Darf ich Ihnen einen Pfefferminztee anbieten? Der wärmt von innen." „Vielen Dank, keinen Tee. Hätten sie vielleicht ein Schnäpschen für mich, das wärmt auch von innen." Kutzner lachte scheppernd. „Alkohol besitze ich schon lange nicht mehr. Otto Normalverbraucher kommt an so was nicht."

„Man fragt halt mal. Manche Leute haben da Vorräte im Keller…" Lisa steckte einen fünf Reichsmarkschein in die Dose. So viel Geld zu geben, tat weh. Aber sie kannte Kutzner, er schaute genau und wer wenig gab, hatte mit Schikanen zu rechnen. Hoffentlich reichte ihm das, mehr konnte sie auf keinen Fall entbehren. Mit großer Geste zog Kutzner eine Schatulle aus der Innentasche seines Jacketts und kramte ein Abzeichen heraus. „Sie

sammeln doch sicher...?", fragte er und schob Lisa
die Plakette mit dem Reichsadler über den Tisch.
Offensichtlich waren ihm fünf Reichsmark genug.
„Und sie, Frau Schwarze. Was geben sie?" Edith
fuhr nervös auf.
„Leider habe ich kein Geld dabei, Herr Bürgermeister. Selbst wenn ich Geld dabei hätte, fünf
Reichsmark kann ich niemals geben." Edith wurde
rot und schaute auf ihre Hände.
„So so", Kutzner senkte gefährlich die Stimme.
„Die reichen Rheinländer nisten sich hier ein, wohnen günstig und essen uns die Vorräte weg. Und
dann geben Sie nichts?" Edith war dem Weinen
nahe. Lisa tat das Herz weh bei ihrem Anblick. Die
arme Frau wusste nicht, dass Kutzner mit allen
Frauen so umsprang. Sie biss sich auf die Lippen,
um ja nichts Falsches zu sagen, doch der Ärger
stieg in ihr hoch. Die Mädchen hatten aufgehört zu
spielen und starrten herüber. Die Spannung in der
Luft knisterte. Kutzner zog die Augenbrauen zusammen und atmete tief ein. Schließlich erhob er
sich ächzend und langte nach Hut und Mantel, die
Lisa an den warmen Herd gehängt hatte. „Sehen
Sie zu, dass sie an Geld kommen, Frau Schwarze.
Ich erwarte eine angemessene Spende für das
Kriegswinterhilfswerk!"
Lisa verschränkte wütend die Arme vor der Brust.
Kutzner hatte keine Ahnung! Edith hatte gerade
genug zum Leben. „Das ist nicht in Ordnung, Herr
Kutzner. Lassen Sie die Frau selbst entscheiden,

wie viel sie spenden kann." Der Mann starrte sie
an.

Süffisant lächelnd schnarrte er: „Ach die Frau Sozi-
alistin. Sie müssen sich überall einmischen, Frau
Lehrer Bertram. Sie sind ein Querkopf. Passen Sie
bloß auf, gute Frau." Grimmig setzte er den Hut
auf und verschwand.

„Hoffentlich bekommst du wegen mir keinen Ärger", sagte Edith leise.

„Der Mann bringt mich auf die Palme. Da kann ich
den Mund nicht halten." Es dauerte eine Weile, bis
die Kinder wieder friedlich spielten und die Nüsse
wieder knackten.

„Wer weiß, ob das Geld wirklich bei den Bedürfti-
gen ankommt?", überlegte Edith laut.

„Wenn das das einzige Opfer wäre, das der Krieg
von uns fordert…"

„Oh ja", Edith klang traurig. „Wenn ich höre, dass
die Alliierten unser schönes Köln in Schutt und
Asche bomben, noch nicht mal den Dom haben sie
verschont."

Lisa lenkte ab. „Will jemand ein Stück Honigbrot?"
Die Mädchen standen erwartungsvoll um den
Tisch herum und als alle genüsslich kauten, hatten
zumindest die Kleinen den Vorfall vergessen. Lisa
nicht. Sie hoffte inständig, dass Kutzner sich nicht
irgendetwas ausdachte, um ihr zu schaden.

März 1944

Der Frühling kam, doch die Lage wurde nicht leichter. Handwerksbetriebe und Gaststätten, die nicht kriegswichtig waren, wurden geschlossen, der private Eisenbahnverkehr kam praktisch zum Erliegen, weil Treibstoff und Kohlen an der Front gebraucht wurden.

Zum Glück funktionierte die Post beinahe wie früher. Lisa liebte Briefe. Abends, wenn es im Schulhaus still wurde, zog sie die Briefe aus der Tasche, auf die sie sich freute, seit Martha Mutzke sie auf die Treppe gelegt hatte. Dann gingen ihre Gedanken zu Hanne oder zu Tante Grete in See, zu Karls Cousine Liesel und ihrer Cousine Margot, zu ihren Schwestern Trudchen, Elfriede und Halo. Ihr Herz sog die Worte begierig auf und die Liebe und Anteilnahme der Briefschreiber füllten sie mit neuer Kraft.

In Birkenhöhe war selbst das letzte Stübchen besetzt mit Menschen, die aus Breslau und anderen Städten vor den Bomben geflohen waren. Das gab dem Dorf eine gewisse Geschäftigkeit, denn auch diese Leute wollten essen. Oft hatte Lisa jemanden zusätzlich am Tisch sitzen, auch wenn das Essen kaum reichte, sie hatte ein gutes Herz und wollte niemanden abweisen. Nun, wenigstens hatte sie den ersten Salat, Radieschen und Spinat aus dem eigenen Garten.

Die Tage wurden länger und in der hellen Sonne vergaß Lisa manchmal, wie verzweifelt die Lage war. Überall mussten die deutschen Soldaten zurückweichen, vom Sieg sprach keiner mehr. Die Sprache im Wehrmachtbericht und in den Sondermeldungen wurde geschäftlich. Mechanisch las der Sprecher die Verlustzahlen der deutschen Truppe herunter, dabei war doch jeder einzelne Soldat ein Schicksal.

Im letzten Brief schrieb Karl, er hätte die Nahkampfspange in Bronze erhalten für fünfzehn Tage, an denen er „das Weiße im Auge des Feindes" gesehen hatte. Zwei Wochen so nah an den Russen! Drei Wochen Fronturlaub stünden ihm dafür zu, schrieb er weiter. Lisa machte sich wenig Hoffnung. Wie sollte er dort herauskommen?

Draußen regnete es seit Tagen. Der letzte Schnee schmolz zu glitschigem Papp, die Hühner staksten durch Matsch, auf der Dorfstraße musste man über tiefe Pfützen springen oder durchs Wasser waten. Als Lisa von ihrer Näharbeit aufsah, standen Jutta und Karin völlig verdreckt und durchnässt an der Tür. Nun musste Lisa mitten in der Woche heißes Wasser für den Badezuber kochen. Natürlich genossen die Mädchen das Bad und hatten viel Spaß im Wasser, doch Lisa war schon samstags immer erschöpft, wenn die Baderei vorbei, alle Haare getrocknet, das Wasser ausgeschöpft und die Wanne verräumt war. Und nun dasselbe noch einmal mitten in der Woche! Just in dem Moment, als alle drei Mädchen splitternackt im Zuber standen, erschien Kutzner an der Haustür und wollte Geld abheben. Die Mädchen kreischten: „Nicht reinlassen, nicht reinlassen!"

Was sollte sie tun? Sie komplimentierte den Bürgermeister ins Herrenzimmer und wickelte seine Geldgeschäfte ab, immer in der Sorge, die Küche könnte unter Wasser stehen, wenn sie wieder kam. Zum Glück hatte sie große und vernünftige Mädchen.

Am nächsten Tag saßen die Kinder in der Ecke vorn am Fenster und spielten mit ihren Stoffpuppen. Lisas Freundin Erika war gekommen und Lisa genoss die Zeit mit ihr. Erika schnitt einen Rock zu. Lisa bemühte sich mit ihrer Winterjacke. Die hatte schon viele Jahre gehalten und Lisa liebte sie. Leider hatte der Reißverschluss zwei Zähnchen verloren und ließ sich nur noch zur Hälfte schließen. Da hatte doch ihr Vater kürzlich irgendwo einen neuen Reißverschluss aufgetrieben und Lisa trennte den alten aus der Jacke, um ihn auszutauschen.

Allerdings war das eine schrecklich fummelige Arbeit, die Lisa viel Nerven kostete: bis der alte ordentlich herausgetrennt war, ohne überall ins

Futter zu schneiden und bis der Neue auf beiden Seiten genau passte. Dauernd stach sie sich mit den Stecknadeln. Dann ging der dicke Stoff kaum unter das Füßchen der Nähmaschine und jedes Mal, wenn sie das Pedal in Bewegung setzen wollte, rutschte der Stoff wieder heraus. Lisa biss sich auf die Lippen. Erika grinste, sie war gelernte Schneiderin und wusste Rat:

„Nimm dir die Zeit, Lisa und hefte den Reißverschluss mit großen Handstichen fest, dann geht das viel einfacher." Siehe da, sie hatte Recht. Den ganzen Nachmittag arbeitete Lisa konzentriert und schließlich drehte sie sich zufrieden vor dem Spiegel.

Ein Geräusch im Flur ließ sie aufhorchen. Als sie nachsah, fand sie Lehrer Bischoff im Klassenzimmer, wie er verschiedene Gegenstände in einen Pappkarton packte. Was tat er hier um diese Zeit? Die Schule war doch längst zu Ende.

„Ich packe meine persönlichen Sachen. Hier gibt es keine Schule mehr."

„Wie?" Erika schob sich hinter Lisa ins Klassenzimmer. „Wieso keine Schule?"

„Ach, die Damen wissen es noch nicht? Hinter Birkenhöhe wird geschanzt. Das Schulhaus wird gebraucht." Er schien nicht gewillt zu sein, Lisa aufzuklären. Unverschämt grinsend weidete er sich an ihren ratlosen Blicken.

Christl erschien an der Haustür: Lieselotte und Rosemarie seien mit dem Hufeisen da. Amtliche

Mitteilungen wurden an ein Hufeisen gebunden und von Kindern von Haus zu Haus getragen. Vielleicht stand in der Mitteilung des Bürgermeisters etwas darüber, was Bischoff ihnen gerade verschwieg. Lisa rollte das Papier aus, während die beiden großen Mädchen ihren Schirm zuklappten und tropfend im Flur warteten.

„Ab Montag, dem 15. März 1944, findet in Birkenhöhe kein Schulunterricht mehr statt. Im Klassenraum werden die Schanzweiber nächtigen, die an der Chaussee Panzergräben zur Verteidigung ausheben werden." Lisa riss die Augen auf. Fremde Frauen sollten bei Ihnen im Haus übernachten? Wie konnte das denn gehen?

Genau in dem Augenblick erschien Bürgermeister Kutzner in der Tür.

„Äh, Frau Bertram… Folgendes…"

Lisa schloss die Augen. Ihr schwante Schreckliches.

„Sonntagabend bekommt Birkenhöhe acht polnische Arbeiterinnen, die zum Schutz gegen russische Panzer Gräben ausheben werden. Ich sehe keine andere Möglichkeit, sie müssen auf Feldbetten im Klassenzimmer schlafen. Bis auf weiteres gibt es keine Schule mehr."

„Mich freut`s", rief Bischoff dazwischen. „Lange genug bin ich mit dem Fahrrad durch Wind und Wetter gefahren…"

„Das Essen kocht Auguste Biedermann. Waschen können sich die Frauen sicher in ihrer Küche." Lisa holte erschrocken Luft. Acht fremde Frauen in ihrer Küche?

„Nein!", rief sie entschieden. „Nein, das geht zu weit. Unmöglich! Ich habe drei Kinder."

Bischoff lachte auf: „Die waschen sich eh nicht, die Polen. Höchstens am Sonntag."

„Bischoff!", sagte Kutzner scharf. „Hüten Sie Ihre Zunge…" Er drehte sich zu Lisa. „Na gut, dann sollen sie den Hahn am Brunnen benutzen. Jetzt kommt sowieso der Sommer. Sollen sich nicht so anstellen. Noch Fragen?"

„Na, ich geh dann mal", sagte Bischoff und nahm grinsend die Kiste unter den Arm.

„Moment." Lisa sprang auf ihn zu und zog ein Buch aus der Kiste. „Der Atlas gehört meinem Mann, ebenso der Füllhalter."

„Wie sie wollen, gnädige Frau. Ich dachte mir, das kann der Mann in Russland sowieso nicht gebrauchen und ob er wiederkommt… Wer weiß?"

Lisa wäre ihm am liebsten an die Gurgel gesprungen. Ihr war zum Heulen. Acht fremde Weiber im Haus, das machte ihr Bauchweh. Bischoffs Geschwätz fehlte ihr gerade noch.

Sie könnte schon mal die Tische an die Seite räumen, schlug Kutzner vor und die Sachen aus dem Schrank auf den Dachboden räumen. Man wisse ja nicht, ob sie nicht klauen, die Polinnen. Lisa wurde schlecht. Klauen? Hier im Haus standen alle Zimmer offen. Wie sollte sie ihre Sachen schützen? Das bisschen Schulzeug im Schrank war ja wohl nicht das Problem! Die Raiffeisenkasse! Ihre Vorräte! Alles!

Kutzner schloss seinen Mantel und setzte den Hut auf. „Sonst alles klar? Wenn Sie Ärger machen, ich meine die Schanzweiber, natürlich nicht sie, Frau Bertram, dann kommen Sie gern auf mich zu, ja? Und jetzt empfehle ich mich." Galant lüftete er seinen Hut verschwand.

Lisa brachte kein Wort heraus. Schließlich flüsterte Erika: „Zwangsarbeiterinnen sind das. Man behauptet, sie werden in Polen auf offener Straße einfach in ein Auto gezerrt."

„Wahllos? Sie haben kein Verbrechen begangen? Das klingt ja wie ein Räubermärchen. Wer erzählt so was?"

Erika senkte die Stimme noch einmal. „Mein Schwager ist bei der Waffen-SS. Er war selbst dabei. Polen seien sowieso weniger wert als Deutsche, sagen sie. Und wenn es dann gar polnische Juden…"

„So wie Ruth Cianetzke…" Lisa traten die Tränen in die Augen. „Die Armen. Trotzdem will ich sie nicht im Schulhaus, Erika!" Lisa warf verzweifelt die Arme in die Luft.

Erika legte den Arm um sie. Das tat gut. Lisa seufzte, nahm den Atlas vom Tisch und steckte den Federhalter in die Schürzentasche.

„Das einzig Gute an den Schanzweibern ist, dass wir Bischoff für eine Weile los haben", grinste Erika. „Und das ist schon mal nicht schlecht."

Natürlich, aber Christl hatte mit seinem schlechten
Unterricht schon große Lücken, wie sollte sie ohne
Schule nächstes Jahr aufs Gymnasium gehen?
Als Erika gegangen war, kramte Lisa im Kleider-
schrank nach ihrer Kiste mit der eisernen Reserve.
Dort hatte sie neben Bargeld auch Zigaretten ver-
steckt. Mit Zigaretten konnte man fast alles kaufen.
Doch jetzt brauchte sie selbst eine. Sie trat an
Schlafzimmerfenster, schnippte eine Zigarette aus
der Schachtel und steckte sie an. In ihrem Kopf
wirbelte es, während sie einen tiefen Zug nahm
und den Rauch ausstieß. Fremde Frauen im Haus!
Panzergräben! Und dazu die Frage: wer könnte
Christl unterrichten? Allmählich zitterten ihre
Hände nicht mehr, doch die innere Unruhe konnte
keine Zigarette vertreiben.

Samstag kamen die Feldjäger und brachten die
Betten, ein paar Nachttöpfe und Kannen für
Waschwasser. Lisa stand fassungslos dabei, als die
Männer mit ihren dreckigen Stiefeln das frisch ge-
putzte Klassenzimmer betraten. Das gute Parkett!
Doch es sollte noch schlimmer kommen.
Am Montagabend kamen zehn verdreckte Frauen
von der Arbeit am Graben zurück, verschmiert
und triefend von Schlamm. Lisa stand fassungslos
in der Tür. Der Fußboden sah schrecklich aus, am

Kartenständer hing ein brauner langer Rock, der so nass tropfte, dass sich darunter ein kleiner See bildete. Über allen Tischen, die Lisa an den Rand geschoben hatte, hatten die Frauen nasse Mäntel, Strümpfe und Schuhe ausgebreitet. Schweißgeruch und modriger Gestank hingen in der Luft. Lisa beobachtete die Polinnen durch die halboffene Klassenzimmertür. Die Frauen, alle höchstens dreißig, hockten mit leerem Blick auf den Feldbetten oder unterhielten sich leise. Worüber sprachen sie? Die fremden Wortfetzen machten Lisa unsicher. Was, wenn sie sich für ihre Entführung rächen wollten? Zum Glück hatte sich die Aufseherin in der Nähe der Tür niedergelassen. Ob sie Deutsche war? Die beiden am Fenster sahen sehr jung aus. Ihre schlanken Arme und die zarten Hände konnten nicht geeignet sein für die schwere Arbeit mit Hacke und Schaufel. Die beiden wirkten sehr erschöpft. Am Fenster stand eine ältere Frau und sah sehnsüchtig hinaus. Lisa erschrak. Sie hätte ihre Mutter sein können. Ihre Mutter bei so einem Einsatz? Undenkbar! Keine Woche würde sie das durchhalten.

Unbeweglich verharrte Lisa im Flur und starrte ins Zimmer. Sie schwankte zwischen Mitleid und Wut, Verständnis und Abscheu. Dass diese Frauen gerade im Schulhaus untergebracht wurden! Als hätte sie nicht schon genug zu meistern. Nein, Putzen würde sie das Schulzimmer sicher nicht, so wie das nach einem Tag schon aussah. Aber der Flur, der würde ihr nicht erspart bleiben.

Am nächsten Morgen, noch ehe sie selbst aus dem Bett kroch, hörte sie unten den Appell der Aufseherin. Mit harter Stimme weckte sie die Frauen, deutsche Wortfetzen drangen an Lisas Ohr. Schon vor sechs hörte sie unten die Haustür, es wurde gerade hell. Im Nachthemd tappte sie ans Flurfenster. Die Frauen banden ihre Kopftücher um, schulterten Schaufel und Hacke und marschierten in Reih und Glied zur Chaussee hinüber. Zum Glück nieselt es nur noch leicht. Während sie den Frauen nachschaute, gingen ihre Gedanken nach Hernstadt. Christl wohnte seit gestern bei Lisas Eltern, damit sie in Herrnstadt zu Schule gehen konnte. Sie würde Heimweh haben, das wusste Lisa. Ihre Mutter hatte kaum Zeit, morgens verschwand sie in Vaters Büro und abends saß sie hinter der Kinokasse. Natürlich war Irina da, das Hausmädchen. Aber die hatte sicher keine Lust, sich um Schulaufgaben zu kümmern und Punkt Sechs machte sie Feierabend. Ich hoffe, Christl schafft das, dachte Lisa und ging ins Kinderzimmer, um die beiden Mädchen zu wecken.

Mai 1944

Sonntag hatten die Schanzweiber frei. Lisa kam vom Hühnerfüttern zurück und beobachtete die Frauen, die sich im Gras und an der Hauswand sonnten. Die beiden jungen Fräuleins saßen auf dem Fensterbrett des Schulzimmers und ließen die Beine an die Hauswand baumeln. Im ganzen Garten wurde Polnisch gesprochen, was Lisa befremdete. Das hier war ihr Zuhause, ihr Garten, ihre Bank. Diese Frauen traten achtlos auf die Blumenbeete und knickten die Äste der Sträucher. Die alte Frau hockte am Gartenzaun. Plötzlich zuckte Lisa zusammen, aus den Augenwinkeln nahm sie wahr, dass die Frau durch den Zaun langte, ein Radieschen herauszog, am Rocksaum säuberte und in den Mund schob. Mit samt den Blättern. Lisa sog empört die Luft ein, was für eine Frechheit! Doch dann sah sie die leeren Augen im müden Gesicht der Alten. Ach, sollte sie doch ein paar Vitamine haben. So lange die Frauen nicht durchs Gartentor marschierten und anfingen zu ernten. Doch da würde die Aufseherin sicher einschreiten.

Anneliese streckte den Kopf zur Tür herein. „Morgen, Lisa. Hast du einen Moment?" Sie hob die kleine Sibylle aus dem Wagen.

„Für dich immer, das weißt du doch. Setz dich, ich koch uns einen Tee." Sie stellte eine Schüssel auf den Tisch. „Das sind die letzten Erdbeeren."

„Was trägst du mitten im Frühling den Wintermantel spazieren?", fragte Lisa erstaunt und zeigte auf den dicken Wollmantel, den Anneliese über die Stuhllehne gehängt hatte.

„Deshalb komm ich, Lisa." Anneliese breitete den Mantel aus. „Könntest du mir hier innen eine Tasche ein nähen? Möglichst unsichtbar?"

Lisa runzelte die Stirn. „Wozu?"

„Ich weiß, es klingt blöd…" Anneliese druckste herum. „Aber… Da will ich meinen Schmuck verstecken, wenn die Russen kommen…" Lisa starrte ihre Freundin entsetzt an.

„Glaubst du wirklich, die kommen hier her?"

„Lisa! Mach doch mal die Augen auf. Wozu schicken Sie uns Schanzweiber und zerwühlen die ganzen Felder zu Panzergräben?"

Lisa schluckte. Ihr Herz schmerzte und das Atmen fiel schwer. „Bist du nicht diejenige, die die Truppenbewegungen im Atlas nachschaut? Jedenfalls die, die in den Nachrichten kommen? Merkst du nichts?"

Lisa stieß die Luft aus und sah Anneliese lange an. Die Russen hier in Birkenhöhe? Nein, das wollte sie sich nicht vorstellen. Schlesien besetzt? Was für eine entsetzliche Zukunft wäre das? Hatte Karl nicht immer vor der harten Hand der Russen gewarnt? Klar! Das Oberkommando des Heeres hatte

Verbände nach Westen verlegt, nachdem die Alliierten in der Normandie gelandet waren. Männer und Panzer wurden in den Ardennen gebraucht, sie fehlten im Osten. Vermutlich hatte Anneliese Recht. Wie hatte sie diese Gefahr so lange nicht sehen können?

„Natürlich nähe ich dir eine Innentasche in den Mantel, am besten zwei, das ist unauffälliger." Da grinste Anneliese: „Was denkst du? So viel Schmuck habe ich nicht."

Lisa stand noch immer regungslos. „Mach nicht so ein Gesicht, Lisa!", rief Anneliese. „Hab nur heute Nacht so über alles nachgedacht. Die Möglichkeit ist nicht von der Hand zu weisen."

Langsam erholte sich Lisa von dem Schrecken, den ihr die Freundin eingejagt hatte. „Meine Antwort kann da nur heißen: Vorräte! Bis zum Winter müssen alle Weckgläser gefüllt sein, dann haben wir in all dem Unglück wenigstens zu essen." Und ich habe etwas zu tun, setzte sie in Gedanken hinzu. Wenn ich anfange zu grübeln, zieht es mich jedes Mal so in die Tiefe, dass ich wie gelähmt bin. Sie packte den Mantel und trennte an einer Stelle das Futter auf. Diese Tasche würde niemand entdecken.

Am Sonntag holte Lisa Christl in Herrnstadt ab und wanderte mit den Kindern zu den Schwiegereltern nach Bartschdorf. Unterwegs fragte sie

Christl: „Wie war die Schule diese Woche?" Das Mädchen wollte nicht recht raus mit der Sprache, doch Lisa bohrte. Christl erzählte von Halos Zimmer, dass sie Farben, Papier und Schere benutzen durfte, dass Gundel sie jeden Morgen abholen würde, aber tagsüber keine Zeit hätte. „Wie ist dein Lehrer?" „Der Lehrer Bräuer ist sehr streng. Immer sagt er: du bist Karls Tochter, du musst das doch wissen. Dauernd nimmt er mich dran. Dabei sind sie schon beim großen Einmaleins und in Birkenhöhe waren wir gerade an der Achter Reihe. Ach Mutti…" Christl blieb stehen und lehnte sich an Lisa. „Irina, das Hausmädchen, geht um sechs. Sie macht mir das Abendbrot, das esse ich ganz allein. Großmutter ist im Kino. Oft muss ich weinen, weil ihr mir fehlt." Lisa seufzte. Ihr Mädchen hatte schlimmes Heimweh, war das die Schule wert?

„Gestern Abend hat es an der Haustür geklingelt, als Irina schon weg war", erzählte Christl. „Du hast hoffentlich nicht geöffnet?"

„Nein. Ich hab das Stubenfenster aufgemacht und hinunter geschaut. Da stand eine dicke Frau, die hat mir mit der Faust gedroht. Wir hätten nicht richtig verdunkelt, hat sie böse gerufen, ob wir schuld sein wollten, wenn die Flieger Herrnstadt zerstören? Mutti, es war nicht meine Schuld. Irina hat die Verdunklung vergessen. Ich hab den Verdunklungsrahmen schnell festgemacht. Aber meine Knie waren ganz schloddrig danach."

In der Försterei vergaß Christl ihren Kummer. Die Cousinen zeigten den Mädchen die beiden jungen Fohlen, die auf dünnen Beinchen ans Gatter trabten. Gemeinsam kletterten sie durch den Heuschober, um die Schwalbennester aus der Nähe zu sehen und beobachteten die Gänse, denen süße graue Federbällchen in einer Reihe folgten. Sie liefen dem polnischen Arbeiter hinterher, der die Schweine fütterte und turnten auf dem leeren Heuwagen herum. Ein herrlicher Sommertag! Lisa half ihrer Schwägerin Erika beim Unkraut jäten im Möhrenbeet und tröstete sie. Oskar schriebe so unglückliche Briefe vom Militär und sie selbst kämen nur schwer damit zurecht, dass die ganze Verantwortung an ihr hinge. Lisa wusste gut, wovon sie sprach. Der Großvater wolle sich nicht mit dem kargen Essen abfinden, sagte Erika. Er brächte zwar ab und zu einen Hasen von der Jagd, aber dann schicke er sie nach Wilhelmsbruch zum Anstehen nach Öl, nach Graupen und Grieß, anstatt mit dem zufrieden zu sein, was da war. Zu Essen hätten sie schließlich, wenn auch ziemlich einseitig. Und Martha hätte ihr Lachen verloren, seit Oskar weg sei. Lisa sah auf. Die Kinder tollten und lachten auf der Wiese, die Sonne schien und im Busch lärmten die Spatzen.

„Genug gejammert, Erika. Davon wird nichts besser", sagte sie schließlich energisch und schob die Schwägerin zum Gartentisch, auf den Martha gerade ein Tablett mit Teetassen absetzte. Später brachte sie sogar noch ein Stück Streuselkuchen. Die drei Frauen saßen auf der Gartenbank und unterhielten sich, bis die Sonne fast den Horizont berührte. Schließlich musste Christl nach Herrnstadt zurück und Lisa zog mit den beiden Kleinen wieder nach Birkenhöhe. Obwohl Martha und ihre Eltern den kleinen Leiterwagen reich gepackt hatten mit Mehl, Mirabellen und Konservendosen, fühlte sich Lisa leer und traurig. Bis sie um die Ecke bogen, sah sie Christls schlanke Gestalt unter der Haustür ihrer Eltern stehen und winken. Der Abschied wollte ihr das Herz zerreißen.

Gleich nach Sonnenaufgang, noch bevor die Schanzweiber an ihre Gräben marschierten, stand Lisa im Garten und setzte Salatpflänzchen in Reih und Glied. Wie sie diese Morgenkühle liebte! Der Sommer zeigte sich von seiner schönsten Seite: hinter dem Haus blühten Margariten, Glockenblumen und gelber Sauerklee wie ein bunter Teppich. Den Rand des Gartens zierten Rittersporn und weiße Lilien. Und das Allerschönste: jenseits der Häuser erstreckte sich das blaue Meer der Leinfelder. Lisa mochte diesen Ausblick, blau bis zum Horizont. Ihr Schlesien, ihre Heimat! Wenn Frau Scheer die Fensterläden aufstieß und ihre Betten lüftete, winkte Lisa fröhlich hinüber. Lisa erntete eine große Schüssel Spinat, das Mittagessen für heute. Ach, dieser Garten war ihr Paradies. Wenn aus der Schmiede die ersten Hammerschläge erschallten, räumte sie Rechen und Hacke in den Schuppen, um den Mädchen das Frühstück zu richten. Jutta begleitete Karin in den Kindergarten. Oft blieb sie mit dort. Hier sangen sie die Lieder und hörten sie Geschichten, die ihr fehlten, seit es keine Schule mehr gab. Lisa war das recht. Sie arbeitete hart und ihr Keller füllte sich mit Vorräten: Zwetschgenkompott, Johannisbeermarmelade, Kirschengläser, sogar Fleisch weckte sie ein. Vom Verdienst mit der Raiffeisenkasse kaufte sie Mehl und Graupen. Sie tauschte Eier gegen Linsen und Trockenbohnen, nähte und flickte für Kartoffeln und Möhren. Egal was kam, sie würden nicht hungern müssen! Karl schrieb, sie stünden mit dem Rücken zur Wand, überall seien Russen. Manche Kompanie sei vollkommen aufgerieben. Lisa sollte sich auf das Schlimmste gefasst machen, ihre Heimkehr sei ungewiss. Hoffentlich hatte Karl Unrecht. Es war einfach unvorstellbar.

August 1944

Dienstagnachmittag packte sie Karin und Jutta in Scheers Leiterwagen und machte sich auf den Weg nach Herrnstadt. Sie wollte ihre Eltern besuchen und Christl in die Arme nehmen. Sie fehlte ihr so sehr. Außerdem war der Bäckerwagen bestimmt seit zwei Wochen nicht mehr dagewesen und Lisa hatte Lust auf richtiges Brot. Fast eine Stunde standen sie beim Bäcker an, doch dann hielt sie ein in Papier eingeschlagenes Weißbrot in den Händen. Es duftete so herrlich frisch, dass Lisa schlucken musste, weil ihr das Wasser im Mund zusammenlief. Es gehörte sich nicht, doch sie konnte nicht widerstehen und brach vor dem Laden für sich und die Mädchen große Stücke ab. Genüsslich schob sie einen Brocken in den Mund. Das schmeckte besser als jeder Kuchen.

Als sie weitergehen wollten, zupfte Jutta ihre Mutter am Ärmel und zeigte auf ein Schaufenster. Da saß eine wunderschöne Schildkrötpuppe, bestimmt einen halben Meter groß. Ihre Haare waren aufgemalt und am Ohr zu einer hübschen Schnecke gedreht. Arme und Beine schienen beweglich zu sein. Sie streckte die Arme aus, als riefe sie: „Nimm mich mit, sei meine Puppenmutti!" Jutta drückte entzückt die Nase an die Scheibe. Ein Blick auf das Preisschild sagte Lisa: viel zu teuer!

Schade. Karin kletterte in den Leiterwagen und Jutta folgte ihr langsam. Zu teuer, schade. Lisa kratzte sich am Ohr. Warum eigentlich? Sie schob den Wagen an die Wand.

„Wartet hier!", rief sie und stürmte die Treppe hinauf in den Spielzeugladen. Das Leben war so schwer für die Kinder. Ach, es würde irgendwie reichen.

Jutta riss erstaunt die Augen auf, als Lisa ihr die Puppe in die Arme drückte. Sie jauchzte laut. Lisa nahm die Deichsel und lenkte den Wagen zum Marktplatz, während Jutta die Puppe immerzu streichelte und glücklich seufzte. Manchmal bin ich ein bisschen verrückt, dachte Lisa. Einfach so eine teure Puppe zu kaufen. Aber manchmal muss man verrückt sein, damit das Leben noch Spaß macht.

Sie spazierte unter den Arkaden entlang, schon kam das Haus der Eltern in Sicht, eins der eng aneinander gebauten Marktplatzhäuser. Erinnerungen stiegen in Lisa auf. Hier hatte sie mit ihren Freundinnen und Schwestern Hüpfspiele auf das Pflaster gemalt und auf einem Bein hüpfend den flachen Stein von Kästchen zu Kästchen gekickt. Fast meinte sie, Halos helles Lachen zu hören. Doch heute waren keine Kinder zu sehen.

Nur ein Mädchen prellte einsam einen Ball an die Hauswand. „Christl!", rief Karin und winkte. Christl, ganz allein, wie trostlos! Sie warf sich Lisa in den Arm und drückte das Gesicht an ihre Brust.

„Irina hat mich raus geschickt. Ich sei ein Stuben-
hocker, hat sie gesagt. Aber es ist langweilig."
„Und Großmutter?"
„Im Büro. Und Großvater ist mit dem Auto wegge-
fahren."
„Wir haben leckeres Brot, Großmutter kann sicher
eine Pause machen."
Ich nehme Christl wieder mit nach Hause, beschloss sie, während sie die Tassen auf den Tisch
stellte. Obwohl sie sich nicht beklagt, sehe ich
doch, dass sie leidet. Das ist alle Schulbildung der
Welt nicht wert. Ihre Mutter stimmte ihr zu. Sie
hätte das Mädchen manchmal abends schluchzen
hören, dass es ans Herz ginge. Lisas Vater lud am
Abend den Leiterwagen auf die Ladepritsche des
Lieferwagens und fuhr sie nach Hause. Alle vier –
mit Christl.
Christl blühte auf. Glücklich spielte sie mit den
Schwestern wieder Verstecken hinter den langen
Gardinen, die bis zum Fußboden reichten. Am
liebsten trugen die drei Juttas neue Puppe herum.
Sie wurde im Karins Kinderwagen liebevoll zugedeckt und herumkutschiert. Im nächsten Moment
wieder herausgezerrt, gewickelt und gefüttert und
wieder hineingelegt. Nicht einmal zum Schlafen
trennte sich Jutta von „Ilse". Als Lisa noch einmal
nach den Kindern sah, lächelte Jutta im Schlaf.
Christl atmete gleichmäßig und hatte heute Abend
keinen Grund zum Weinen.

Oktober 1944

Der Sommer vierundvierzig brachte reiche Ernte. Dick standen die Weizenähren, das Kraut gedieh prächtig, die Rüben zeigten mit dichtem Laub, das große Knollen zu erwarten waren, und dieses Jahr fanden die Kinder kaum Kartoffelkäfer. Doch Ende September, mitten in der Rübenernte, schlug das Wetter um. Es wurde ungewöhnlich kalt, der Wind fegte übers Land und jagte einen Regenschauer nach dem nächsten daher.

Die Schanzweiber sahen wieder aus wie Wühlmäuse, wenn sie vom Graben kamen, die Hände blau vor Kälte. Oft stellte sich Lisa vor, dass Karl auch irgendwo die Hacke schwang, denn er hatte ihr geschrieben, dass wenn der Feind zu nahekam, auch der letzte Schreiber, Funker, Sanitäter und Trossfahrer mit Schaufel und Hacke geschickt würde, um Panzergräben auszuheben. „Gräben statt Gräber" sei die Parole. Und immer das Gewehr oder die Panzerfaust parat.

Die Schanzweiber wuschen sich wie abgemacht am Brunnen. Lisa sah dem eine Weile zu, dann beschloss sie, abends zwei Eimer heißes Wasser in die Schulstube zu tragen, damit sie sich wenigstens einmal am Tag mit einem warmen Waschlappen durchs Gesicht fahren konnten. Als es anfing, im Flur seltsam zu riechen, stellte sie am Samstag noch einen Zuber mit heißer Seifenlauge vor die Tür, damit die Frauen Strümpfe und Unterwäsche waschen konnten. Besser wurde der Geruch allerdings nicht, er wurde zum Gestank, der Lisa sehr störte. Dieser fremde Geruch in ihrem Haus verfolgte sie bis in die Träume. Die lehmigen Schuhe der Frauen lagen im Flur kreuz und quer und abends hörte sie sie streiten und zetern bis in die Nacht. Warum ausgerechnet in ihrem Haus? Doch sie konnten nichts ändern, wie der Bürgermeister ihr bestätigte, als sie sich beschwerte.

Am 16. Oktober abends saß Lisa wie erstarrt vor dem Radio. In amtlichen Ton berichtete der Sprecher von der Ostfront. „Die Heeresgruppe Nord ist jetzt der letzte Brückenkopf in Kurland, eingeschlossen von Russen."
Karl war in Kurland! Er war jetzt vorne an der Front. Ob er noch lebte? Seit vier Wochen hatte Lisa kein Lebenszeichen mehr. Wie immer holte sie den Atlas und suchte die Orte, die der Sprecher genannt hatte: Riga, Rückzug über die Düna. Hunderttausend Mann. Stumm fuhr sie mit dem Finger die Grenze zu Lettland entlang. Irgendwo von dort hatte er zuletzt geschrieben. Noch waren sie weit weg von Schlesien, doch mit jedem Erfolg rückten die Russen weiter nach Süden vor. „Russische Untermenschen" nannte sie der Radiosprecher,

„Barbaren". Lisa lief es kalt den Rücken hinunter. Sie hatte Angst vor ihnen.

Sie musste mit jemandem reden, am besten mit Anneliese. Die Kinder schliefen schon. Also stürmte sie die Treppe hinab, griff die Jacke von der Garderobe und zog sie über. Draußen war es empfindlich kalt.

Als sie den Reißverschluss schließen wollte, stutzte sie. Er war verschwunden. Herausgetrennt! Abrupt hielt Lisa inne und sah an sich hinab. Wirklich! Nur noch die ausgefranste Kante. Wut ballte sich im Magen. Sie schlüpfte heraus und hielt ihren geliebten Anorak hoch. Der Reißverschlussdieb hatte sich nicht die Mühe gemacht, die Naht vorsichtig aufzutrennen. Wie schludrig die Person vorgegangen war: überall Schnitte im Futter, sogar im Oberstoff! Lisa schossen die Tränen in die Augen. So perfekt hatte sie ihn eingenäht, sich bemüht, nirgends einzuschneiden und wie sah er jetzt aus! Ruiniert. Und der schöne Reißverschluss mit den stabilen Metallzähnen fehlte. Wer tat so etwas? Die Schanzweiber!

Wütend riss Lisa die Schulzimmertür auf. Die Geschäftigkeit im Raum erfror schlagartig. Alle starrten sie an. Manche in Unterwäsche, manche schon unter der Wolldecke.

Die Aufseherin kam an die Tür. „Was gibt's?" Wortlos hielt Lisa die verschandelte Jacke in die Höhe. „Wir werden das klären, Frau Bertram.

Keine Sorge, wir finden die Übeltäterin." Das klang so drohend, dass Lisa die Diebin schon fast leid tat.

Kopfschüttelnd nahm sie ihre Strickjacke vom Haken. Wer so dreist einen Reißverschluss heraus trennt, würde der nicht auch Kleider und Spielzeug stehlen? Auf dem Weg zu Anneliese fiel ihr die Raiffeisenkasse ein. Oh Schreck! Sie musste nachsehen, ob nichts fehlte und dann die Schatulle irgendwo verstecken.

Zum Glück fehlte kein Pfennig. Sie packte die ganze Kasse in eine Holzkiste und schob sie ganz nach hinten unter ihrem Kleiderschrank.

Die Aufseherin brachte am nächsten Abend den Reißverschluss zurück. Lisa seufzte, jetzt musste sie ihn ein zweites Mal einnähen. Ob sie es wieder so hinkriegte, dass man sich damit irgendwo sehen lassen konnte? Lisa ärgerte sich immer noch. Die Aufseherin kratzte sich am Kinn, als wollte sie noch etwas sagen, wüsste aber nicht wie.

„Ja?"

„Die junge Frau bittet, dass sie den Vorfall nicht dem Bürgermeister melden", sagte sie leise.

„Ich hab mich sehr geärgert. Möglicherweise könnte ich es schon erwähnen…"

„Nein!" Die Aufseherin sah Lisa eindringlich an. „Bitte nicht, wenn vorgesetzte Stellen davon erfahren, kommt sie ins Arbeitslager. Deswegen hat sie gestern den ganzen Abend geheult. Hat solche

Angst, dass junge Ding. Tun sie ihr das nicht an. Obwohl ich es natürlich verstehen kann."

Lisa zog fragend die Augenbrauen hoch. „Ich denke, das hier ist ein Arbeitslager", sagte sie erstaunt.

„Sie wissen nichts, sie Glückliche. Sie wissen nichts. Das hier ist ein Ferienlager im Vergleich." Damit zog sie die Tür zu. Lisa schüttelte den Kopf. Ist das hier nicht schon schrecklich? Geht es noch schlimmer? Am Sonntag zog die eine der beiden jungen Frauen mit der Hacke ganz allein an die Schanze. Ein ganzer Tag Arbeit für einen Reißverschluss.

„Mein letzter Brief ist vermutlich nicht durch die Zensur gekommen, weil ich keine Antwort von dir erhalten habe", schrieb Karl. „Kein Wunder, ich hatte die Situation an der Front so beschrieben, wie sie ist: furchtbar. So versuche ich es noch einmal, vielleicht klappt es diesmal."

Er schrieb, dass die Front im Moment relativ ruhig sei, weil heftige Regenfälle die Wälder in Morast verwandelten. Das sei selbst den Russen zu hart. Dafür käme kaum warme Verpflegung nach vorn, drei seiner Kameraden litten an der Ruhr. Verbitterung mache sich breit. Alles so sinnlos. In den größeren Kompanien gäbe es wieder

Truppenbetreuung, Varieté und Musikdarbietungen. Sie geben sich Mühe, uns den Tod zu versüßen, schrieb er.

Im September habe er das Kriegsverdienstkreuz zweiter Klasse überreicht bekommen. „Natürlich freue ich mich über die Auszeichnung", schrieb er. „Aber eine Auszeichnung als besonderer Pädagoge im Schuldienst wäre mir trotzdem lieber. Dabei haben sie übrigens gemerkt, dass ich die drei Wochen Sonderurlaub immer noch nicht bekommen habe. Das hat sich wohl erledigt, wo die einundachtzigste Kompanie nur noch per Schiff und Flugzeug zu erreichen ist. Den Landweg in die Heimat haben uns die Russen abgeschnitten." Er halte sich gern in den Pferdeställen auf, schrieb Karl weiter, der Geruch und das leise Schnauben der Rösser erinnere ihn an die Heimat. Die Pferde leisteten Großartiges, Karl klang fast euphorisch. Wo kein Lastwagen mehr durchkäme, kämpften sich die treuen Tiere durch den Morast. Pferde hat er schon immer geliebt.

Lisa ließ den Brief sinken und schaute versonnen aus dem Fenster, wo der Herbststurm an den drei Tannen rüttelte. Sie selbst konnte nicht reiten, wenn sie ehrlich war, hatte sie sogar Angst vor den großen Tieren. Doch damals, als sie frisch verliebt waren, hatte er sie vor sich in den Sattel gehoben und zusammen waren sie durch den Sommer geritten. Lisa schloss die Augen und konnte beinahe den Wind in den Haaren spüren und den Duft

nach Heu riechen. Es schien Ewigkeiten her. Wenn
Sie noch einmal so reiten könnten!
Lisa musste aufstehen und irgendetwas tun. Nur
so ertrug sie die Sehnsucht nach seinem Armen,
seinem Atem, nach seiner Stimme. Sie ließ Wasser
ins Spülbecken und schrubbte die Töpfe, doch der
helle Frühsommer 1928 schwirrte weiter durch ihren Kopf und der Klang der Pferdehufe ließ sich
nicht abschütteln.
Als sie das Geschirrtuch an den Ofen gehängt
hatte, setzte sie sich ans Klavier. Durch einen Trä-
nenschleier sah sie kaum die Noten von Schuberts
Frühlingswalzer, doch die Musik tröstete ihre
Seele und langsam fand sie ins Heute zurück.

Es klopfte an der Haustür. Lisa trocknete ihre Tränen. Kutzner stand draußen und meldete in amtlichen Ton, dass die Schanzweiber am Samstag nach
Winzig weiterziehen würden. Wenn möglich sollte
sie bis Montag das Schulzimmer in Ordnung bringen, damit die Schule wieder beginnen könne.
„Die Gemeinde ist ihnen zu Dank verpflichtet,
Frau Bertram", näselte er.
Lisa holte tief Luft. So wie das Schulzimmer aussah, war sie wohl mehr als einen Tag beschäftigt.
Allein bis das Parkett gereinigt und eingewachst
war! Sie drehte gedankenverloren eine Haar-
strähne in der Hand. Warum sollte das alles an ihr
hängen bleiben?

„Das ist nicht Ihr Ernst, Herr Kutzner, dass ich hier die Dienstmagd bin. Für ein Dankeschön! Also bitte!"

Kutzner seufzte. „Ich wusste es." Er presste ein Auge zu und sah mit dem anderen über die Brille zu ihr. „Mit Ihnen kann man nicht umspringen wie mit anderen Frauen."

Er drehte sich zum Gehen. „Ich werde Ihnen meine Polin schicken und… Selbstverständlich kriegen sie zehn Mark aus der Gemeindekasse für ihre Mühen."

Lisa grinste, als er das Gartentor hinter sich zuzog. Na bitte. Jetzt muss ich den Dreck wenigstens nicht allein beseitigen.

Dezember 1944

Christl und Jutta gingen gern in die Schule, auch wenn wieder nur Bischoff den Unterricht hielt. Meistens spielten sie nach der Schule im Haus, draußen pfiff ein kalter Wind. Handschuhe und Mützen wurden vom Speicher geholt, Winterschuhe, Mäntel. Christl war wieder mal aus allem herausgewachsen, die Stiefel drückten, die Mantelärmel waren knapp. Trotz der Reichskleiderkarte kam Lisa nicht an Mantelstoff. Er werde für die Soldaten gebraucht, sagte die Verkäuferin in Herrnstadt. Lisa kaufte einen abgelegten Mantel und kürzte die Ärmel. Schuhe fand sie nicht.

„Bestien wüten in Ostpreußen." Der Wehrmachtsbericht im Radio sprach von dem schrecklichen Geschehen in Neumersdorf, einem Ort in Ostpreußen, wo die Russen neunzehn deutsche Zivilisten ermordet hätten. Östlich von Danzig würden sich die ersten Flüchtlingstrecks in Bewegung setzen, deutsche Bauern und Städter, die auf Pferdewagen und mit Handkarren sich und ihre Habe vor den Russen retten wollten. Auch die Letten flüchteten vor den heranrückenden Russen. Und das bei diesem Wetter, dachte Lisa mitfühlend. Angst kroch in ihr hoch, werden die Russen bis Schlesien kommen? Mechanisch schälte sie weiter die Kartoffeln, schnitt sie klein und stellte sie im Salzwasser auf

den Herd. Ihr Hab und Gut auf einem Pferdewagen? „Dann kriegen wir euer Klavier!" Das hatte
das Polenmädchen gesagt. Das Klavier geht nicht
auf einen Pferdewagen. Wenn wir nur nicht wegmüssen! Sie versank in dunkles Grübeln.

Da stürmte Christl ins Zimmer, Kreide bleich. „Ilse
ist aus dem Wagen gefallen." Dahinter erschien
Jutta, im Arm die Puppe. Tränen liefen ihr über die
Wangen. Im Puppenkopf klaffte ein Loch.

„O Mutti. Bist du mir böse?", weinte Jutta. „Ich
wollte das nicht."

Lisa schloss ihre aufgelösten Mädchen in die
Arme. „Frau Scheer hat es gesehen und gesagt, du
würdest mir den Hintern versohlen wegen der teu-
ren Puppe."

Lisa streichelte ihr Gesicht. „Wo du so traurig bist,
sollte ich dich noch schlagen? Das ist schade um
die Puppe, aber jetzt musst du eben wieder mit der
alten Jule spielen."

Christl strich liebevoll über Lisas Arm. „Ich wusste
es. Du schlägst uns nicht wegen so einem Missge-
schick. Frau Scheer versteht das nicht. Du bist die
beste Mutti der Welt."

Die Puppe kam auf den Speicher, Lisa wollte sich
nicht ärgern. Jutta war so schon traurig genug, was
nützte dann alles Gezeter? Der Nikolaus, es war
wie jedes Jahr Bauer Apelt, hatte ein ganzes Säckchen Nüsse dagelassen und Lisa beschloss,

Apfelstrudel mit Nüssen zu backen. Ach, wenn Karl hier wäre! Apfelstrudel mochte er so gern. Lisa knackte die Schalen und rieb die Nüsse in der Handmühle klein. Eier hatte sie genug und Mehl auch, statt Zucker nahm sie Honig.

In dem Moment, als sie den Strudel aus dem Ofen holte, fuhr ein Auto vor. Christl stürmte in die Küche. „Der Großvater kommt. Er hat einen Soldaten dabei." Lisa wusch die Hände und nahm die Schürze ab. Ihr Vater lud gerade einen Rucksack von der Ladefläche des Lieferwagens, klopfte dem Soldaten freundlich auf die Schulter und fuhr davon. Der Mann hievte den Rucksack auf den Rücken und drehte sich zum Haus. Lisa stockte der Atem. Unmöglich! Karl? Träume ich? Kämpfte er nicht in Kurland und war Kurland nicht abgeschnitten von der Heimat? Ohne Jacke und in Pantoffeln rannte sie durch den Schnee und warf sich in seine Arme. Sie merkte nichts von den eisigen Kristallen, die sich an ihre Strümpfe setzten, spürte keine Kälte, nur seine Arme, seine Hände, sein stoppeliges Kinn. War das möglich?

„Mädchen, du holst dir den Tod!", rief er und schob sie ins Haus. „Mädchen!" Das klang wie Geigenmusik in ihren Ohren. Wie betäubt saß sie in der Küche und konnte den Blick nicht von seiner mageren Gestalt lassen. Karl hier! Er zog den feuchten Mantel aus und hängte ihn an den Ofen. „Vati!" Christl warf sich an seine Brust. „Oh Vati! Dass du da bist! Wie wunderbar." Jutta und Karin hängten sich an seine Beine. Liebevoll wuschelte er ihnen durch die Haare. „Ihr seid groß geworden!", rief er. „Ich hatte vergessen, wie schön es hier ist. Wie im Himmel… ganz vergessen. Und es riecht nach Apfelstrudel! Darf ich?"

„Vorsicht heiß!", warnte Lisa.

Doch Karl grinste. „Ich puste, keine Sorge. So schmeckt Apfelstrudel am allerbesten: von meiner Lisa gebacken und frisch aus dem Ofen. Als hättest du gewusst, dass ich komme."

Lisa schüttelte den Kopf. „Niemals hätte ich damit gerechnet!" Karl saß in ihrer Küche und ließ sich den Apfelstrudel schmecken. Wenn das nur kein Traum war!

„Drei Wochen Fronturlaub, längst überfällig! Bei der Verleihung des Eisernen Kreuzes…" stolz zeigte Karl auf seine Jacke. „… Sagte Generalmajor Bentivegni: Jetzt gebt dem Mann endlich seinen Urlaub. Er hat ihn mehr als verdient."

„Aber ist Kurland nicht abgeschnitten von der Heimat? Das haben sie im Radio gesagt. Und ich hab mir solche Sorgen gemacht hat."

Lisa legte den Arm um Karl, der inzwischen einen Stuhl herangezogen hatte, seine Strümpfe auszog und die nackten Füße wohlig vor dem Ofen ausstreckte. Er nahm den Teller vom Tisch, stach ein Stück Apfelstrudel ab und steckte es genüsslich in den Mund.

„Zuerst bin ich mit dem „eisernen Elias" gefahren", erzählte er kauend. „Das ist eine

Transporteisenbahn quer durch Kurland. In Liebau nahm mich ein Versorgungsdampfer mit bis Schwerin. Von da wieder mit der Eisenbahn bis Herrnstadt. Ernst war so nett, mich herzufahren. War fast zwei Tage unterwegs."

„Du hast tatsächlich drei Wochen Urlaub? Mitten im Krieg. Geht das denn?"

„Das geht. Sind aber nur gut zwei Wochen übrig, brauche auch wieder zwei oder drei Tage zurück."

Lisas Augen leuchteten: „Dann bist du ja Heiligabend hier!"

Karl nickte. „Silvester muss ich wieder in Kurland sein. Oder woanders, das entscheiden sie in Stettin."

Karin hüpfte auf und ab und freute sich: „Weihnachten mit Vati!" „Endlich bist du da", sagte Christl leise. „Fünfmal haben wir ohne dich gefeiert." Sie klatschte in die Hände. „Du bist mein allergrößtes Weihnachtsgeschenk, Vati." Karin streichelte seine Knie und sah ihren Vater unverwandt an, so, als könne sie immer noch nicht glauben, dass er da am Ofen saß. Und Lisa ging es genauso.

Christl leerte ihre Milch mit einem Zug und wischte sich den Mund. „Ich muss in die Schule. Gerade jetzt, wo du da bist!"

Karl nahm ihre Hand. „Ich bin heute Nachmittag immer noch da, Christl. Lass doch Jutta und Karin die Freude, mich ganz für sich zu haben. Dafür wandern wir beide heute Nachmittag ganz allein durch den Birkenwald."

Karin klatschte fröhlich und Jutta lachte: „Was wollen wir anstellen, Vati? Später muss ich in die Schule, wenn die Frühschüler fertig sind." Sichtbar ungern nahm Christl ihre Tasche und ging ins Klassenzimmer hinüber, wo schon Bischoffs kratzige Stimme versuchte, die plaudernden Schüler zu übertönen. Doch erst als die Schulglocke schrillte, wurde es still.

Karl nahm die beiden Mädchen auf den Schoß. „Was wollen wir tun? Denkt euch was aus!" „Malen!", rief Karin. Ihre Lieblingsbeschäftigung.

Lisa holte die Schachtel mit dem Papier. Karl nahm sich ein Blatt. „Wollen wir schöne Karten malen? Jutta könnte Grüße darauf schreiben und hinterher besuchen wir jemanden und verschenken die Karten.

Lisa lächelte. Karl hatte immer gute Ideen. In der Küche wurde es still und Lisa genoss Karls Dasein. Er saß wirklich am Küchentisch, es war kein Traum. Und das mitten im Krieg. Wie er die Zunge zwischen die Lippen presste, weil er so ganz vertieft und bei der Sache war. Eine warme Welle der Zuneigung ließ sie die Arme um ihn schlingen.

Er malte einen Hund, der so treu schaute, dass sie lachen musste. „Das ist ja Peggy, Halos schwarzer Pudel! Wie gut du ihn getroffen hast."

„Nein, Lisa. Das ist der Pudel von der Rinneoma, der vor ein paar Jahren gestorben ist. Meine Karte ist nämlich für die Rinne Auguste. Für wen ist deine Karte, Jutta?" Jutta kaute am Bleistift. „Ich glaube, die Oma Heuchert ist immer noch krank. Ich male eine Blumenwiese für sie."

„Meine Karte ist für Luise", sagte Karin. Das Pflichtjahrmädchen in Lisas Haushalt war Karins große Freundin.

„Habt ihr zufällig schon Plätzchen gebacken? Nur Karten mitzubringen ist ja langweilig." Karl zwinkerte den Mädchen zu. „Morgen backen wir Neue, wenn die Mutti noch Eier hat."

Jutta fiel ihrem Vater um den Hals. „Vati backt Plätzchen mit uns!"

Am Nachmittag zogen die drei Mädchen mit ihrem Vater los, um Besuche zu machen und die Bilder und Plätzchen zu verteilen. Überall wurde Karl mit großem Hallo begrüßt. Jeder freute sich, ihn zu sehen, ein paar Worte zu wechseln. Karl strahlte, als sie wiederkamen. Birkenhöhe, sein Heimatort! All die freundlichen Nachbarn und Eltern seiner Schüler und all die jungen Leute, die er damals als Kinder unterrichtet hatte, machten ihn froh.

Lisa bürstete Karls Jacke und hängte sie auf den Bügel, während Karl schon in den Schlafanzug schlüpfte und sich unter die Decke kuschelte. „So

viele Zeichen am Kragen und an der Schulterklappe und diese Orden! Sieht fesch aus", sagte
Lisa voll Bewunderung. „Was bedeuten die Zeichen?"

„Die Zeichen am Kragen sagen: der Mensch ist
Leutnant der Baupioniere, auf der Schulterklappe
steht Kurland und der Christbaumschmuck an der
Tasche, das ist das Eiserne Kreuz, die Nahkampfspange und das Goldene Sportabzeichen." Karl
zog das Deckbett um sich herum. „Könnte auf den
ganzen Klimbim verzichten, nur auf das Sportabzeichen bin ich ehrlich stolz!"

Lisa löschte das Licht und kam auch ins Bett. „Ich
bin stolz auf dich, mein Lieber", flüsterte sie.

„Ich versuche halt, recht zu machen, was ich tue.
Aber der Krieg ist schrecklich. Darüber kann das
ganze glänzende Metall nicht weg täuschen. Es
klebt Blut daran, ich bin nicht stolz darauf."

Eine ganze Weile schwiegen die beiden. Im Gebälk
knackte es, wie immer, wenn es draußen kälter
wurde. Sie hatte eben noch aufs Thermometer geschaut, schon minus 10 Grad. Ein eisiger Winter.

„Du hast unglaubliche Muskeln gekriegt", stellte
Lisa fest, als Karl den Arm um sie legte.

„So viel gegraben wie im letzten Jahr habe ich die
ganzen dreiundvierzig Jahre davor nicht. Und nie
bin ich so viel gelaufen. Und nie habe ich so viel
gefroren. Man wird hart und zäh an der Front."

Lisa seufzte. „Aber weißt du, Lisa", fuhr Karl fort.
„Ich versuche, aus dem größten Mist noch das

Beste zu machen. Hab mich zur Funkerausbildung gemeldet und den Lastwagenführerschein gemacht und Buchhaltung gelernt, sogar die Orientierung am Sternenhimmel. An den langen, dunklen Abenden hat mir Stabsgefreiter Armbruster bei Kerzenlicht Schach beigebracht und Höfling hat mir gezeigt, wie man Perspektive zeichnet. Auf jedes übrige Stück Papier haben wir Tiere und Pflanzen gemalt, Perspektive geübt und anatomisches Zeichnen. Manchmal hat uns das die menschlichen Abgründe vergessen lassen, in die wir täglich schauen."

Er schwieg und Lisa spürte, dass eine schwere Last auf ihm lag. Sie getraute sich nicht, zu fragen, welche Abgründe er meinte. Vielleicht war es besser, wenn sie nichts davon wusste.

„Wir gehen in russische Gefangenschaft", sagte Karl plötzlich. Lisa setzte sich auf, ihr Herz raste. „Woher weißt du…?" „Unser General hat Berlin gebeten, Kurland mit Schiffen zu evakuieren. Der Landweg ist abgeschnitten." Karl senkte die Stimme, als hätte jemand das Ohr an der Tür. „Der Führer hat es kategorisch abgelehnt. Er hat den General abgezogen und einen linientreuen Chef geschickt. Die Russen werden in Kurland siegen. Wir halten es nicht. Der Nachschub an Material ist abgeschnitten, wir werden aufgerieben. Aber das darf man natürlich nicht laut sagen." Seine Stimme klang bitter.

„Er liefert uns ans Messer. Ich schätze mal drei-
hunderttausend Männer. Wie unverantwortlich!"
Lisa knetete ihre Unterlippe. Ihr kam ein Gedanke.
„Und wenn du einfach da bleibst?"
Er streichelte ihre Haare. „Die Landjäger würden
mich finden. Mit Deserteuren wird kurzer Prozess
gemacht. Außerdem: nach unehrenhaftem Fern-
bleiben von der Truppe werde ich niemals wieder
als Lehrer arbeiten können. Wir müssen da durch,
Lisa. Und ich werde wiederkommen. Die Sehnsucht nach euch, wird mich am Leben halten!"
Lisa verbarg das Gesicht an seiner Brust und
weinte. Karl streichelte ihren Rücken. „Wir haben
diese zwei Wochen, Lisa. Viele andere haben das
nicht."
Lisa stöhnte. „Wie kannst du nur so gefasst sein
bei all dem Unglück?"
„Das ist meine Art, es zu ertragen, Lisa. Aufrecht
und stolz bleiben, das Gutes suchen und sei es
noch so klein." Lisa angelte sich ein Taschentuch
aus dem Nachttisch. „Und sehen, wo man die Not
der anderen lindern kann", fuhr Karl leise fort.
„Das hilft auch, das eigene Leid zu ertragen."
„Oh Karl!" Lisa putzte die Nase. „Ich liebe dich!
Ich würde jedes Unglück ertragen, wenn du nur
bei mir bleiben könntest." Sie kroch nahe an ihn
heran und schmiegte sich in seine Arme. Wie gut,
dass er da war. Hier fühlte sie sich geborgen und
warm. Lange lagen sie so schweigend in der Dunkelheit, bis sie der Schlaf übermannte.

Am Samstag vergnügte sich Karl mit den Mädchen am Rodelhang. Die anderen Kinder schauten neidisch zu, ihr Vater war weit fort. Doch Karl schaffte es, alle mit einzubeziehen. Er spielte das Pferd und zog die Schlitten den Berg hinauf. Die Kleinen durften sogar darauf sitzen bleiben. Anschließend veranstaltete er ein Wettfahren für die Großen und feuerte sie lautstark an. Bis die Wangen glühten und die Hände durch die Handschuhe froren, kletterten sie unermüdlich den Hang wieder hinauf und sausten jubelnd hinunter. Christl wich nicht von der Seite ihres Vaters.

Am Abend, als alle in der Küche die Füße in ein warmes Fußbad steckten und begeistert von diesem lustigen Nachmittag erzählten, sagte Karl:

„Morgen fahren wir zu den Großeltern nach Bartschdorf."

„Fahren?", fragte Lisa erstaunt. „Mit welchem Auto?"

„Anneliese leiht uns den Schlesierrappen und den Schlitten!" Die Mädchen jubelten. „Und was denkt ihr, wer noch dort ist?" Karl tat geheimnisvoll.

„Fritz und Hanne mit ihren Kindern."

„Fritz hat auch Fronturlaub? Was für ein Zufall. Ein Familientreffen mitten im Krieg! Fehlt nur noch Oskar."

„Du wirst es nicht glauben, der wird auch da sein. Er ist in Guhrau stationiert und hat für den

Nachmittag frei bekommen." Christl klatschte in die Hände. „Das wird ein Fest. Und ganz sicher hat Großmutter schlesischen Streuselkuchen gebacken!"
Gleich nach dem Mittagessen fuhren sie los. Nach dem allgemeinen Hallo und Begrüßen liefen die Kinder auf die Koppel hinaus, wo die Pferde über die kalten Wiesen jagten. Die Cousine holte Karotten aus der Futterbox. Karin kletterte als erste keck auf den Zaun und als die braune Stute herantrabte, streichelte sie ihre Nüstern.
Karl drückte seine Mutter lange. „Du bist schmal geworden, Mama. Der Krieg zehrt an dir."
„Junge! Das ist nur äußerlich. Innen drin bin ich die alte", rief sie entrüstet und alle lachten. „Und wie ich sehe, hast du schwer gearbeitet. Du hast ja Muskeln wie ein Holzhauer und Hände wie ein Maurer."
Karl seufzte „Ja, ich hoffe, dass ich bald wieder Kreide und Zeigestock schwinge. Das würde ich tausendmal lieber tun." Er wandte sich zu seinem Bruder. „Und du siehst sehr fesch aus in deiner Offiziersuniform. Richtig Respekt einflößend."
„Oh", sagte Fritz und nahm die Mütze ab. „Das ist nur äußerlich, Karl, nur äußerlich!"
Oskar, der eben zur Tür hereinkam und die letzten Worte gehört hatte, sagte: „Jetzt sind alle Heeresränge vertreten. Ich bin der einfache Soldat. Infanterie. Aber das reicht mir völlig. Wenn der ganze Wahnsinn nur schon vorbei wäre."

Martha nahm ihren Jüngsten in die Arme. „Hier spielen Hierarchien keine Rolle."

„Hier hört jeder auf dein Kommando.", konterte Otto frech und lachte, dass sein Schnurrbart zitterte. Von wegen, dachte Lisa, Martha ist so sanft, wenn hier einer das Kommando führt, ist er es. Martha knuffte ihren Mann. „Ja, dann. Marsch! An den Tisch! Habe Streuselkuchen gebacken und Kaffee gekocht."

„Kaffee?", fragten Karl und Fritz gleichzeitig. „So etwas existiert noch?" „Ein Pfund Kaffee habe ich versteckt und mir geschworen: sollte ich meine Söhne jemals wieder sehen, dann trinken wir diesen Kaffee. Und heute, wie ein Wunder, habe ich alle drei am Tisch. So ein Glück!" Erika brachte den Kuchen und eine große Schüssel Sahne.

„Oh bitte, lasst den Kindern etwas übrig", rief Martha entsetzt, als die Männer kräftig zugriffen. „Sie haben sich so auf den Kuchen gefreut."

Lisa beobachtete ihre Schwiegermutter, die sich nur ein kleines Kuchenstück genommen hatte und still kaute. Glücklich ließ sie den Blick von einem zum andern wandern und freute sich an diesem Tag. Die ganze Familie am Tisch, alle lebten.

Doch es dauerte nicht lange, bis die Gespräche ernst wurden. Die Bedrohung durch die Rote Armee und wie Fritz berichtete, im Westen durch die Alliierten, die Pläne der Nationalsozialisten, die Angst um Schlesien. Bedrückte Gesichter, dunkle Stimmung.

Bis Lisa energisch die Serviette weg legte. „Bitte…
Können wir vielleicht die wenige Zeit, die wir gemeinsam haben, mit fröhlichen Dingen füllen?"
Hanne lachte hell. „Das dachte ich auch gerade."
Martha nickte. „Nicht, dass ich gleich noch los-
heule."
„Ja", sagte Otto trocken. „Wenn der Feldwebel
heult, geht es mit der Truppe bergab." Fritz lachte
schallend.
So erzählten jetzt die Frauen: wie Christl dem
Hahn den Kopf abgeschlagen hatte, um ihrer Mutter die Arbeit abzunehmen und wie der Hahn
dann kopflos durch den Hof gerannt war. Wie
Hannes in den Gartenteich fiel und Schlamm bedeckt wieder auftauchte. Und natürlich kam die
Sache mit den Kühen in der Bartsch, die schwimmen können und im Rübenacker landeten, ebenfalls wieder zum Vorschein. Die Männer amüsier-
ten sich, es wurde viel gelacht. Schließlich stürmten die Kinder herein, kalt und durchgefroren, bekamen heißen Kakao und Streuselkuchen mit
Sahne.
Alle redeten durcheinander, bis Martha sagte:
„Bitte. Ich hätte so gern noch eine Fotografie von
diesem Tag." Karl stand auf. „Also los, ehe es dunkel wird." Alle stellten sich vor dem Tannenwäld-
chen auf. Den Kindern wurde die Sache schnell zu
langweilig, aber Martha bestand darauf, dass sie
noch ein Foto mit ihr und Otto und den drei Söhnen haben wollte. Otto brummte und schaute

grimmig in die Kamera. „Wer weiß, ob wir so noch einmal zusammenkommen", sagte sie entschuldigend.

„Mal den Teufel nicht an die Wand, Martha. Du denkst immer das Schlimmste", wischte er ihre dunklen Ahnungen weg. „Heute ist heute und das genießen wir!" Alle saßen wieder in der Stube. Hanne holte die Gitarre und Lisa setzte sich ans Klavier. Singen ist doch wunderbar, dachte Lisa, und am allerbesten ist es, wenn ich Karls kräftigen Tenor im Rücken höre. Dann ist die Welt in Ordnung.

Plötzlich war es vorbei mit dem Winterwetter. Es regnete tagelang wie aus Kübeln. Der schöne Schnee schmolz, die Bäche schwollen an und auf den Wiesen standen Seen.

„Das ist gut", sagte Karl fröhlich, als Lisa über das Wetter stöhnte. „Dann haben meine Kameraden in Kurland Ruhe vor den Russen. Die Panzer bleiben im Matsch stecken, so kann es bleiben!"

Lisa holte den Atlas, das war die Gelegenheit, Karl nach seiner Einheit zu fragen. „Hier. Tukum, westlich von Riga. Das alles ist Kurland." Er fuhr mit dem Finger über die Nordspitze von Lettland.

„Hier ist Königsberg. Bis vor ein paar Wochen haben wir verzweifelt versucht, den Landweg dorthin freizubekommen. Hundertzwanzig Kilometer haben uns gefehlt, wir haben es nicht geschafft.

Wir sind einfach zu wenige inzwischen." Seine Stimme erstarb und Lisa merkte, dass ihm das Reden schwer fiel. „Allein im November haben wir über dreißigtausend Männer verloren." Wieder schwieg er. Er war in Gedanken weit weg. „Das `Urrah, Urrah!´ der Russen werde ich wohl nie vergessen. Sie waren so nah…"
Karl nahm Lisa in die Arme und streichelte ihre Haare. „Das war mein größter Wunsch in all den Jahren: dich zu liebkosen, Lisa. Die Gedanken an dich und die Kinder haben mir Kraft gegeben. Die Fotos von euch sind ganz abgegriffen, so oft habe ich sie herausgezogen."

Drei Tage regnete es ununterbrochen. Karl spielte mit den Mädchen „Mensch ärgere dich nicht", ging mit ihnen alle möglichen Leute aus dem Dorf besuchen, half ihnen ein Futterhaus für die Vögel zu bauen, las ihnen vor und hörte sich alle Gedichte an, die die Mädchen aufsagen konnten. Er holte seine Geige aus dem Kasten und bat Lisa ans Klavier. Sie sangen Volkslieder, Wanderlieder, Studentenlieder, Weihnachtslieder. Lisa mochte gar nicht aufhören. Sie genoss die Musik sehr und doch spürte sie den Schatten: er würde wieder gehen müssen… Dies waren die kostbarsten Minuten ihres Lebens, niemals wollte sie sie vergessen.

Am Wochenende ging der Regen wieder in Schnee über und am Montagmorgen lagen zwanzig

Zentimeter. Nachmittags holte Karl die Säge aus dem Schuppen. Bauer Apelt hatte jenseits der Chaussee einen Tannenwald, dort wollte er mit den Kindern einen schönen Baum aussuchen. Sie fanden ein prächtiges Exemplar, an dem sie vermutlich etwas absägen mussten, damit er überhaupt ins Wohnzimmer passte.

„Mutti, wir waren an den Schanzgräben draußen, die die Polenfrauen graben mussten", berichtete Christl. „Ich wusste nicht, dass die Gräben so tief sind, dass ich darin stehen kann." Christl befreite sich aus ihrer Trainingshose, die vor lauter Schneeklumpen fast von selber rutschte. Lisa klopfte sie an der Hintertür aus.

„Die Schinderei der Frauen war völlig umsonst", brummte Karl, während er seine Stiefel aufschnürte. „Die meisten Gräben sind vollgelaufen mit Wasser. Wenn es jetzt gefriert, fahren die Panzer einfach darüber." Erschrocken sah Lisa auf. „Oh nein! Das darf nicht wahr sein. Hinter den Gräben hatte sich Birkenhöhe sicher gefühlt." Karl zuckte die Achseln. „Fraglich, ob die Gräben wirklich geholfen hätten…" Als wollte er sich jetzt nicht mit der ernsten Situation beschäftigen, begann Karl, den Baum zurecht zu sägen und in den Christbaumständer zu stellen.

In früheren Jahren hatten Karl und Lisa den Baum heimlich geschmückt und die Kinder durften ihn erst am Heiligen Abend sehen. „Dieses Jahr ist alles anders", sagte Karl entschieden. „Mutti, wo ist die Kiste mit dem Baumschmuck?" Es wurde ein vergnüglicher Abend. Karl steckte die Kerzen an die Zweige, Christl und Jutta hängten vorsichtig die Kugeln auf und Karin verteilte die Strohsterne und die Papiersterne. Oben auf die Spitze steckte Karl den Goldstern. Dabei summte er leise vor sich hin. Er wirkte herrlich entspannt. „Schaut mal, was hier noch liegt", rief er begeistert und hob einen Umschlag mit silbernem Lametta in die Höhe. „Wunderbar! Jetzt wird unser Baum richtig festlich!"

Zwei Tage vor Weihnachten schlachtete Lisa eine Gans. Als sie in der Küche saß und die Federn rupfte, kam Karl herein. Wer die Gans geschlachtet hätte, wollte er wissen. Erstaunt hörte er, dass Lisa inzwischen auch Hasen abzog und Hühner schlachtete. Sie hätte eine Menge gelernt in den letzten Jahren. Er setzte sich an den Küchentisch und sah ihr beeindruckt zu.
Doch irgendetwas schien ihn zu bedrücken. „Lisa. Jetzt wo wir allein sind... Ich wollte dir... Ach Lisa, ich fürchte, ihr müsst weg von hier." Lisa sah ihn fragend an. „In Ostpreußen habe ich Flüchtlingstracks gesehen. Ein Wagen am anderen, beladen mit dem Nötigsten. Seit zwei Wochen tobt in Posen der Kampf. Das ist nicht weit von hier."
„Aber warum, Karl?" Ihr Gehirn weigerte sich, zu glauben, was sie hörte.

„Die Russen werden kommen, sie sind nicht auf-
zuhalten."

„Dann sind wir eben Russisch. Ich möchte die Heimat nicht verlassen."

„Russen sind grausam. Ich will nicht, dass sie dich
anfassen…"

„Das ist Propaganda, Karl. Goebbels lügt."

Karl schüttelte den Kopf. „Ich glaube, dieses eine
Mal lügt er nicht, Lisa. Richte dich darauf ein,
selbst wenn sie jetzt noch anderes erzählen." Karl
stand auf und holte sich ein Glas Wasser. „Das
Schlimmste für mich ist, dass ich euch ganz allein
lassen muss. Schreib mir, so oft es geht, sonst
komme ich um vor Sorge." Er legte den Arm um
sie. Lange standen sie so da, keiner sprach ein
Wort. Der Wasserhahn tropfte, aus dem Schulzimmer klangen leise Stimmen, im Herd knackte ein
Scheit Holz. Lisa genoss Karls Wärme, spürte seinen Herzschlag, tiefe Geborgenheit umfing sie.
Doch im gleichen Moment schluchzte sie auf. Nur
noch eine Woche. Eine Woche Glück. Sanft streichelte er ihren Nacken. „Heute Nachmittag bringe
ich die Negative zum Entwickeln. Vielleicht macht
mir der alte Neubauer die Fotos noch vor Weihnachten."

„Mit dem Fahrrad ist es heute völlig unmöglich,
du musst zu Fuß nach Herrnstadt gehen."

Doch Karl lächelte über ihren Einwand. „Hab
schon mit Anneliese gesprochen. Der braune
Schlesier muss bewegt werden. Ich saß eine

Ewigkeit nicht mehr auf einem Pferderücken und freue mich unbändig darauf. Schon möglich, dass ich noch einen Abstecher nach Winzig mache und meinen alten Kollegen Preuß besuche."

„Oder durch die Birkenwälder an die Horle," grinste Lisa. „Ich kenn dich." Karl nickte lachend und streichelte Lisas Wange.

„Ich genieße jede Minute mit euch, Lisa. Aber heute Nachmittag ist Schlesien dran, meine Heimat. Alles werde ich aufsaugen in meine Seele, für den Fall, dass ich es nie wieder sehe. Dann kann ich die Augen schließen und zu Hause sein, wo ich auch bin auf der Welt, selbst im fernen Sibirien." Und während er im Flur die Winterjacke überzog und den Schal um den Hals wickelte, hörte Lisa ihn singen: „O Täler weit, oh Höhen, oh schöner grüner Wald, du meiner Lust und Wehen…"

Das wurde ein besonderes Weihnachten, Karl war da. Schon am Morgen des Vierundzwanzigsten kramten die Mädchen in der Kiste mit Geschenkpapier, das Lisa jedes Jahr wieder aufbügelte und sorgsam einpackte. Geheimnisvoll wispernd verschwanden sie in ihrem Zimmer. Lisa schälte Kartoffeln für das Weihnachtsessen und Karl saß am Küchentisch und schaute die Post durch.

„Jetzt kommt die Postkarte aus Bad Salzbrunn von Mutters Kur", lachte er, „wo sie längst wieder zu Hause ist." Grete aus See hatte eine

Weihnachtskarte geschrieben, eine Postkarte mit Weihnachtsgrüßen kam aus Berlin von Halo und ein langer Brief von Hanne aus Schweidnitz.

Ganz unten lag ein grauer Umschlag: Feldpost.

„Das gibts ja nicht!", rief Karl, als er den Brief aufgeschlitzt hatte. „Schau nur, sie haben mir geschrieben!" Er hielt Lisa das auf gefaltete Blatt hin. „Das hat Höfling gezeichnet, er hat Armbruster und Gödl gemalt." Karl schlug sich auf die Schenkel vor Vergnügen. „Gut getroffen, wirklich! Frohes Fest wünschen Schreibstube und Melder des 3. Bau-Pionierbattalions 795. Und dann alle Unterschriften! Das hebe ich mir auf. So eine Überraschung!" Er atmete tief durch. „Diese Männer sind mir ans Herz gewachsen! Seite an Seite sind wir durch den Morast gerobbt, haben das letzte Brot geteilt, uns getröstet, wenn die Sehnsucht nach den Lieben das Herz zerriss, uns gewärmt in der klirrenden russischen Kälte." Sein Blick wanderte in die Ferne. „Diese Kameradschaft auf Leben und Tod ist unendlich wertvoll." Geistesabwesend biss er in einen Apfel, den er aus dem Obstkorb genommen hatte. Lisa wagte kaum, sich zu rühren. „Wir werden es durchstehen… Gemeinsam… Irgendwie."

Auf der Straße hupte ein Auto. Lisa eilte zur Haustür. Die Herrnstädter Großeltern stiegen aus ihrem Lieferwagen. Martha hatte sich fein zurecht gemacht und trug ein schwarzes Kleid, auf dem eine weiße Perlenkette wunderbar zur Geltung kam.

Ernst hatte die gemütliche graue Strickjacke, die er meistens anhatte, gegen einen braunen Anzug mit Einstecktuch getauscht.

Die Gans schmorte seit Stunden im Ofenrohr, das Blaukraut duftete verführerisch. Dazu trug Lisa Kartoffelklöße und Sauce auf. Alle saßen erwartungsvoll am Tisch, da holte Ernst eine kleine Flasche aus der Jackentasche. „Habe zur Feier des Tages eine Flasche „Kroazbeere" ergattert." Jeder Erwachsene bekam ein Likörglas voll. Damit die Kinder mit anstoßen konnten, holte Karl eine Flasche Kirschsaft aus der Vorratskammer. Ernst prostete: „Auf unser aller Wohl und eine gute Zukunft!"

„Zum Wohl!", riefen alle.

Lisa versuchte, unbeschwert und fröhlich zu bleiben und kämpfte gegen die dunkle Stimmung, die in ihr aufzusteigen drohte. Was würde das Jahr fünfundvierzig bringen?

„Kliesla, Flesch und Tunke!", rief Ernst nach dem Essen auf schlesisch und lehnte sich satt zurück.

„Großes Lob, Lisa! Es hat vorzüglich geschmeckt." Er wischte sich den Mund mit der Serviette und drehte sich zu Karin, die neben ihm saß.

„War denn das Christkind schon da?" Sie schaute ihn mit großen Augen an. „Weiß nicht, Großvater." „Ich werde mal nachsehen."

Augenzwinkernd erhob er sich und ging in die Stube hinüber. Nach ein paar Minuten, in denen die Kinder ungeduldig mit den Füßen zappelten, kam er zurück und sagte: „Ich habe kein

Christkind gesehen. Aber in der Stube liegt die Einbescherung auf dem Tisch." Einbescherung sagten die Kinder im Dorf zu den Geschenken. „Mutti und ich sehen mal nach. Ihr wartet im Flur", sagte Karl. Drinnen raschelte es geheimnisvoll, dann ging langsam die Stubentür auf. Eine Hand voll Marzipankartoffeln rollten heraus. Marzipankartoffeln! Was für eine Herrlichkeit. Tatsächlich: auf dem Tisch lag ein kleines Häufchen mit Geschenken. Doch die Kinder mussten mit dem Auspacken noch warten.

Sie sangen Weihnachtslieder, Karl las die Weihnachtsgeschichte vor und Ernst wollte unbedingt das Weihnachtsgedicht von Eichendorff hören. Das hatten die Mädchen gründlich einstudiert und abwechselnd sagten sie die Zeilen auf: „Markt und Straßen stehn verlassen, still erleuchtet jedes Haus. Sinnend geh ich durch die Gassen, alles sieht so friedlich aus." Karin sagte den ersten Vers ganz allein auf und die Erwachsenen klatschten. „An den Fenstern haben Frauen buntes Spielzeug fromm geschmückt", fuhr Jutta fort. „Tausend Kindlein stehen und schauen, sind so wunderstill beglückt." „Und ich wandere aus den Mauern bis hinaus ins freie Feld. Hehres Glänzen, heilges Schauern, wie so weit und still die Welt." Als Christl ihren Vers zu Ende gesagt hatte, fielen Lisa und Karl gemeinsam in die letzte Strophe ein: „Sterne hoch die Kreise schlingen, aus des Schnees Einsamkeit steigt´s wie wunderbares Singen, O du gnadenreiche Zeit."

Ernst hatte Martha in den Arm genommen und lauschte andächtig. Lisa wollte dieses Bild festhalten, tief im Herzen verschlossen und es niemals vergessen.

Gegen halb acht fuhren alle nach Winzig zur Christmette und anschließend gab es „Mooklisla", Mohnklößchen, auf die sich Lisa besonders freute. Mooklisla, das schmeckte nach Zuhause, fand Lisa, weil es die jede Weihnachten gab seit sie ein Kind war.

Als die Kinder in ihren Betten lagen, saßen die Erwachsenen noch lange in der Stube. „Ich werde Martha nächsten Mittwoch zum Zug bringen. Sie soll zu Annemie nach München fahren. Dort scheint es mir sicherer als hier." Ernst spielte gedankenverloren mit einem Stück Geschenkband.

„Und du?", fragte Lisa und sah ihren Vater liebevoll an. Der seufzte. „Ich kann nicht weg. Das Geschäft… Außerdem habe ich einen Stellungsbefehl für den 15. Januar. Volksfront."

Lisa riss die Augen auf. „Du? Du bist doch über sechzig." „Sie haben das Alter hoch gesetzt. Bis siebzig." Karl schüttelte traurig den Kopf. „Das hätte nicht sein müssen."

„Wo er schon im letzten Krieg gekämpft hat…" Martha hatte Tränen in den Augen.

„Ist nicht zu ändern. Der kleine Mann hat zu gehorchen." Ernst saß regungslos. „Und ehrlich gesagt, vielleicht ist es besser, eine Waffe in der Hand zu haben, wenn der Russe kommt..." Da war sie wieder, Lisas Zukunftsangst. Und das an Heiligabend.

„Will noch jemand Plätzchen?", fragte sie, entschlossen, diesen Abend zu genießen. Noch lebten sie schließlich!

Am Christtag wichen die Kinder und Lisa nicht von Karls Seite. Draußen schneite es ununterbrochen. Natürlich wurden die neuen Buntstifte ausprobiert und jedes der Mädchen malte mit Hingabe an einem Bild, das Vati als Andenken mitnehmen sollte.

Lisa stand in der Küche und rollte Hefeteig aus, Karl sollte doch einen schlesischen Streuselkuchen haben für die lange Fahrt.

Am Nachmittag wurde es heller draußen und Karl baute mit den Kindern einen großen Schneemann. Der stand an der Schultür und lachte breit aus seinem Kieselsteinmund. Er wusste nichts von dem Kloß, der sich in Lisa breitmachte und immer dunkler wurde. Auch Karl war schweigsam und ernst. War dies der letzte Tag, den sie zusammen erlebten?

„Ich komme zurück", sagte Karl plötzlich trotzig, als sie am Abendbrot saßen. „Und wenn es Jahre dauert, bis mich die Russen wieder laufen lassen, ich komme wieder zu euch. Ganz sicher. Macht

kein solches Gesicht, wir lassen uns nicht unter-
kriegen."
Christl lächelte ihren Vater an. Sie glaubte ihm.
Lisa schmiegte sich an seine Schulter.
„Ich werde auf dich warten, egal was kommt, Karl.
Versprochen!" Dann brauchte sie ein Taschentuch.

Ernst holte die Familie am zweiten Feiertag mit
dem Auto ab und brachte sie nach Herrnstadt zum
Bahnhof. Karls Rucksack spannte. Lisa hatte eingepackt, was die Vorratskammer hergab: Brot und
Käse, getrocknete Linsen, geräucherten Schinken,
Möhren, Äpfel und oben auf kam der Kuchen. Ein
dicker Stapel Fotos, ein Gedichtbändchen von Eichendorff, sein Lieder Heft. Zu gern hätte er seine
Violine mitgenommen, das war natürlich unmöglich. So hatte er sie seufzend wieder in den Kasten
gelegt, das feine nussbraune Holz gestreichelt und
sie dann auf dem Schrank verstaut.
Mit stampfenden Rädern fuhr der Zug ein, Rauch
zischte. Lisa glaubte, ihre Knie müssten versagen.
Am liebsten wäre sie mit Karl weggelaufen. Abschied, wie schrecklich, die Zukunft ungewiss.
Reiß dich zusammen, schimpfte sie sich. Karl
drückte die Mädchen, umarmte den Schwiegervater, dann hielt er Lisa lange im Arm.
Der Schaffner ging schon vor den Waggons auf
und ab, die ersten Türen fielen zu. Karl küsste Lisa
auf die Stirn und nahm seinen Rucksack.

„Lebt wohl. Ich denke jeden Tag an euch." Er hievte den Rucksack ins Abteil, kletterte die Stufen hinauf und schob von innen das Abteilfenster herunter.

Ein Pfiff, Karl winkte, die Lokomotive zog an, er lehnte sich aus dem Fenster, um seine Lieben möglichst lang zu sehen. Hinter der Bartschbrücke verschwand der Zug zwischen den Bäumen.

Lisa wankte. Ihr Vater sprang heran und legte seinen Arm um sie. Wie gut, dass er da war. Er führte sie zum Auto, sie sah nichts vor lauter Tränen. Zuhause wärmte er die Nudelsuppe und deckte den Tisch.

Dann verabschiedete er sich: „Martha wartet mit dem Jahresabschluss. Feiertag hin oder her. Ich will die Bücher in Ordnung haben, wenn sie am Mittwoch nach München fährt. Sie soll alles mitnehmen, dann ist es in Sicherheit.

Als Ernst fort war, brauchte Lisa eine Weile, bis sie sich gefasst hatte. Das Leben ging weiter, die Kinder brauchten sie. Entschlossen stand sie auf, holte das kleine Stück Kuchen, dass nicht mehr in den Rucksack gepasst hatte und sagte: „Jetzt besuchen wir Anneliese. Das bringt uns auf andere Gedanken."

Anfang Januar 1945

Am 10. Januar kam Post von Karl. Schon tagelang hatte Lisa den Atlas aufgeschlagen auf dem Tisch liegen und ihre Gedanken waren in Kurland. Doch Karl schrieb aus Stettin. Es gäbe kein Schiff mehr nach Kurland, hätte man ihm gesagt, sie seien froh um jeden Mann, den sie dort rauskriegten. Ein Teil der 3./795 sei mit einem der letzten Schiffe herausgekommen. So sei er nun tatsächlich wieder mit Markart, Hölting, Armbruster, Jaeger und einer Handvoll alter Kameraden in einer Bautruppe. Es täte ihm entsetzlich leid um alle, die in Kurland zurückblieben. Anscheinend sei die sechzehnte und achtzehnte Armee einfach vergessen worden, einem Schicksal in russischer Gefangenschaft ausgeliefert. Er sei nun zwar näher an der Heimat, doch auch seine Zukunft sei ungewiss, die Russen gefährlich nahe.

Lisa schwankte zwischen der Hoffnung, dass der „Russenspuk" im Frühjahr verschwand wie der Schnee und der verzweifelten Angst vor der Roten Armee. Sie tröstete sich am Klavier mit Schuberts Sehnsuchtsmelodie, träumte beim Wiener Walzer von alten Zeiten und munterte sich mit schlesischen Heimatliedern auf.

Die letzte Glut im Ofen knackte. In der Küche war es heimelig warm, Lisa knipste das Licht an, es war kurz nach drei Uhr nachts. Karin hatte Ohrenschmerzen und Lisa kochte eine warme Milch, tat zwei Teelöffel Honig hinein und brachte es dem Mädchen ans Bett. Besorgt legte sie ihr die Hand auf die Stirn, hoffentlich bekam sie kein Fieber. Endlich kuschelte sich das Mädchen ins Kissen und schlief wieder. Lisa deckte sie ordentlich zu und schlich aus dem Zimmer. Sie zog den Bademantel enger, unter der Haustür zog es immer kalt herein. Sie stellte die Tasse in die Küche. Abrupt blieb sie vor der Wohnzimmertür stehen. Der Weihnachtsbaum. Sie wollte ihn noch einmal ansehen. Karl hatte ihn so wunderbar geschmückt, von oben bis unten voller Lametta, dass sie es bisher nicht übers Herz gebracht hatte, ihn abzubauen. Sie knipste das Licht an, schloss die Tür und setzte sich aufs Sofa. Am liebsten hätte sie Streichhölzer geholt und die Kerzen angezündet, doch dann schimpfte sie sich ein sentimentales Weib. Was änderte ein Baum? Und doch. Er hielt die Erinnerung wach. Dieses Weihnachtsfest blieb wie ein buntes Bilderbuch in ihrem Kopf, jede Kleinigkeit. Wenn Sie den Baum ansah, konnte sie Karls Rasierwasser riechen, seine Hände auf dem Rücken spüren und hören, wie er „Mädchen" zu ihr sagte und sie fürchtete, dass mit dem Baum der Zauber verschwinden würde. Hier im Wohnzimmer war die Zeit mit ihm besonders lebendig. Sogar seine Geigennoten lagen noch auf dem Schränkchen. Sie spürte einen Stich in der Herzgegend.

Entschlossen stand sie auf. Ich darf mich nicht hängen lassen, nicht depressiv werden. Die Mädchen brauchen mich, Anneliese braucht mich, die Frauen im Dorf auch. Ich muss stark sein.

Sie trat ans Fenster und schob den Vorhang zur Seite. Sternenklare Nacht. Es musste bitter kalt sein, das Fenster der Garage war blind vor Eisblumen. Vielleicht muss ich eine Strohmatte davor spannen, damit es im Hühnerstall nicht zu kalt wird. Ein heftiger Wind trieb den feinen Schnee wie Nebel über die Dorfstraße. Lisa schauderte: bei diesem Wetter müssen viele Ostpreußen trecken. Die Armen. Wenn nur die Wehrmacht den russischen Ansturm rechtzeitig abwehren kann! Nicht auszudenken, wenn uns dasselbe Schicksal ereilte. Seufzend ging sie zurück ins Schlafzimmer, doch der Schlaf kam lange nicht.

Anneliese ging nervös im Zimmer auf und ab, während Lisa auf der Stuhlkante saß, den Einkaufskorb auf den Knien. Sie hatte nur kurz reinschauen wollen und fragen wie es geht. Obwohl sie längst daheim sein und kochen sollte, hockte sie angespannt auf den Küchenstuhl und lauschte dem Wehrmachtbericht im Radio.

Ein Fanfarenstoß, dann eine feste Stimme: „Heute ist Mittwoch, der 12. Januar. Erbitterte Kämpfe sind entbrannt. Nebenangriffe südlich der Weichsel und im Nordteil des Baranov-Brückenkopfes wurden zerschlagen, zahlreiche bataillonsstarke Angriffe der Sowjets abgewiesen." Lisa brauchte keinen Atlas. Der Baranov- Brückenkopf lag fünfzig Kilometer östlich von Oels, wo Karl drei Jahre studiert hatte. Die Front war auf hundert Kilometer herangerückt, es wurde bedrohlich. Die Russen standen fast auf schlesischen Boden. Inzwischen berichtete der Sprecher von der Räumung der Ardennen und von Divisionen, die nach Osten zögen. Ob die Hilfe noch rechtzeitig kam? Die Gräben, die die Polinnen mühsam gegraben hatten, boten den russischen Panzern kaum ein Hindernis. In den Vertiefungen stand das Wasser hüfthoch und das Eis, das sich darauf gebildet hatte, musste inzwischen selbst einen Panzer tragen, so kalt war es seit Tagen.

„Lisa, wir müssen packen. Ich denke dauernd daran herum. Wir müssen Dächer auf die Wagen bauen. Das wäre wichtig wegen der Kälte und dem Schnee…"

„Anneliese! Packen ist bei Strafe verboten, das weißt du. Wenn das einer mitkriegt."

„Lisa, meine Gute! Wer kann mir denn das Nachdenken verbieten? Ich werde Strohmatten flechten lassen, die sind leicht… Und vielleicht ein Lattengestell…" Lisa musste grinsen. Wie grimmig entschlossen ihre Freundin schaute. „Lisa. Falls wir weg müssen… Ich will nicht in dem Augenblick alles organisieren. Wenn ich umsonst bereit bin, umso besser. Umso besser, Lisa."

Anneliese hatte Recht, doch es fiel Lisa schwer, diesen Gedanken überhaupt zu denken. Weg aus dem Schulhaus, aus dem Dorf. Wie würde ihr Garten aussehen, wenn die Russen durchmarschiert waren?

„Ihr kommt mit auf den luftbereiften Wagen, Lisa. Nochowitz wird ihn kutschieren. Seine Frau und die Kinder fahren auch dort mit. Dann lässt er den Wagen auf jeden Fall nicht im Stich."

„Warum sollte er?"

„Einige meiner Polen sind letzte Nacht verschwunden."

„Wer sollte den Wagen fahren, wenn der Kutscher fort ist? Ich könnte das nicht."

„Eben, drum fährst du mit Nochowitz", lachte Anneliese. „Ich könnte es zur Not."

„Und du? Mit wem fährst du?"

„Ich nehme den neuen Kutschwagen. Der war zu teuer, um ihn den Russen zu lassen. Jerzy wird ihn fahren. Aber ich kann erst weg, wenn alle auf dem Weg sind. Jeder Wagen muss besetzt werden, viele im Dorf haben keine andere Möglichkeit. Und ich muss die Unterlagen aus der Fabrik mitnehmen."

„Ich sehe schon", sagte Lisa anerkennend. „Du hast wirklich schon viel darüber nachgedacht."

„Ich denke kaum was anderes. Wenn du mich fragst, Lisa, sollten wir längst fort sein. Es ist fahrlässig, so lange zu warten. Ich versteh das nicht. Hinterher ist alles Hals über Kopf und schlecht organisiert. Ich für meinen Teil will vorbereitet sein."

Sie zeigte Lisa eine schwere Reisetasche, die im Schrank hinter den Kleidern lag. „Die Dokumente für die Firma habe ich fast zusammen, das Fotoalbum geplündert, den Schmuck in der geheimen Manteltasche." Sie schloss die Schranktür. „Ich bin überzeugt: das ist für immer."

Lisa schaute sie entsetzt an. Ihre Freundin wirkte hart und entschlossen.

„Karl sagte das auch", flüsterte Lisa. „Aber ich mag es nicht glauben. Unser schönes Schlesien. Wie sollte ich jemals woanders zu Hause sein?"

Anneliese zuckte die Schultern. „Erst mal geht's ums Überleben."

Lisa nahm ihren Korb, es war wirklich Zeit fürs Mittagessen. „Sei bitte vorsichtig", mahnte Lisa und wandte sich zum Gehen. „Sonst steht der Kutzner vor der Tür, schneller, als du gucken kannst." „Keine Sorge, Lisa. Auf den Ärger kann ich verzichten."

Tief in Gedanken ging Lisa nach Hause. Sie packte die Einkäufe in die Vorratskammer und setzte Wasser auf den Herd für die Suppe. Christl saß am Küchentisch über ihren Rechenaufgaben, Karin kam vom Kindergarten und gleich war Juttas Schule aus. Beinahe hätte Lisa die Karottenschalen in die Suppe geworfen und die Karotten in den Haseneimer. Fort von hier, aus ihrem gemütlichen Zuhause? Unglaublich. Und das bei... Sie warf einen Blick auf das Thermometer vor dem Küchenfenster: 14 Grad minus. Wo sollten sie schlafen, wo

war das Ziel ihrer Flucht? Erst als die Suppe über-
kochte, erwachte sie aus ihren Gedanken.
Nebenan hörte sie Bischoff brüllen, der Mann
wurde von Tag zu Tag lauter und unerträglicher.
Wenn doch Karl hier wäre.
Ein neuer Gedanke erschreckte sie: wie sollten sie
einander wieder finden, wenn er zurückkam?
Die Schulglocke schrillte und kurz darauf stürzte
Jutta kreidebleich in die Küche. „Der Bischoff hat
die Käthe angeschrien, er würde die Heucherts anzeigen, hat er gesagt." Lisa nahm ihre Tochter in
den Arm, die noch immer zitterte. „Bischoff hat gefragt, ob jemand gesehen hat, dass die Eltern Sachen zusammenpacken, um von hier fort zu gehen.
Käthe hat genickt, nur ganz leicht. Ich glaube, sie
wollte es gar nicht. Da hat er losgebrüllt: Unsere
Wehrmacht wird die Rote Armee besiegen! Wer
packt, untergräbt die Hoffnung und das Vertrauen
in unsere Soldaten. Heucherts seien Verräter.
Mutti, ich hatte solche Angst, dass er sie schlägt.
Und Käthe hat geweint."
Lisa wurde bleich. Die Heucherts. Die Armen,
dachte sie, das ist die zweite Flucht in ihrem Leben. Keine zwanzig Jahre ist es her, dass die Familie aus Rumänien fliehen musste. Sie wissen, was
es heißt.
„Wieso weg gehen, Mutti?", flüsterte Jutta entgeistert. Mit weit aufgerissenen Augen saß ihre Tochter am Tisch. Lisa atmete schwer, was sollte sie nur
sagen? Sie setzte sich zu Jutta und streichelte ihre

Hand. „Ich fürchte, wir müssen so lange woandershin, bis die russischen Panzer durch sind. Es ist zu gefährlich, hier zu bleiben."

„Aber unser Haus ist aus starken Steinen, Mutti", wandte Jutta ein. „Die kann kein Panzer zerschießen. Hier sind wir sicher." Lisa zuckte die Schultern. „Wir bleiben hier, so lange es geht, mein Kind. Man wird uns sagen, was zu tun ist."

Christl nahm Lisas andere Hand. „Solange du bei uns bist, Mutti, so lange habe ich keine Angst." Voll Vertrauen schaute das Mädchen zu ihr auf und Lisa wurde es warm ums Herz. Stumm legte sie den Arm um Christl. Dann stand sie auf und deckte den Tisch, die Suppe war fertig.

Sie sollten hier weg? Es war schwer vorstellbar. Mechanisch räumte Lisa die saubere Wäsche in den Schrank und fuhr mit dem Staublappen über die Möbel. Dabei kam ihr ein Buch in die Hand, dass ihr vor Monaten jemand ausgeliehen hatte. Also beschloss sie, Karin vom Kindergarten abzuholen und das Buch zurückzubringen.

Vor dem „Biedermann" kam ihr Edith entgegen. „Was ist los?", fragte sie, als sie Ediths verweinte Augen sah.

„Meine Schwester hat geschrieben", erzählte Edith und zog einen zerknitterten Briefumschlag aus der

Tasche. „Köln sieht furchtbar aus. Und der Bombenhagel will nicht enden. Dabei hatte ich gehofft, ich könnte zurück…" Edith wischte sich mit dem Ärmel über die Augen. „Dann dachte ich, ich fahre mit der Eisenbahn zu meiner Großmutter in den Schwarzwald. Irgendwo muss es doch ein sicheres Plätzchen für meine Kinder geben."

„Kein Geld?" Edith lachte bitter. „Geld hilft nichts in diesen Zeiten. Ich war bei Kutzner. Man braucht eine Reiseabmeldebestätigung. Was ich denn denke, hat er losgepoltert. Es sei Krieg. Da gebe es keine Ferienreisen…"

„Sehr einfühlsam, der Mann", murmelte Lisa.

„Wir müssen hierbleiben", jammerte Edith. „Und der Russe kommt!" Sie schlug die Hände vors Gesicht. „Was soll nur aus uns werden? Und wo sollen wir hin?"

Lisa strich ihr über den Rücken. Was sollte sie sagen, wo der Gedanke an die Zukunft ihr selbst die Kehle zu schnürte?

„Wir werden trecken müssen", flüsterte Edith und sah ängstlich die Dorfstraße hinab. „So wie die Königsberger und die Danziger. Dann hab ich nicht mal einen Handkarren. Soll ich den Koffer auf den Kinderwagen packen und zu Fuß gehen?"

„Frag Anneliese", flüsterte Lisa zurück. „Vielleicht kann sie dich auf unseren Wagen einteilen."

„Die Frau plant das richtig? Aber das ist doch Verrat!" Lisa legte den Finger an den Mund. „Bitte plaudere es nicht aus. Wir brauchen Ihre Hilfe, sie hat Wagen und Pferde."

Edith nickte. „Tapfer. Ich bewundere sie." Lisa winkte ab. „Jeder tut seine Pflicht. Wir müssen zusammenhalten und jeder muss tapfer sein. Aber ich freue mich auf den Tag, an dem ich nicht mehr tapfer sein muss. Ich hoffe, er kommt bald."

Edith schloss müde die Augen. „Ich will gar nicht tapfer sein. Ich will nur meine Ruhe." Ihre Tochter kam aus dem Kindergarten und sie verabschiedete sich.

Seufzend ging Lisa, das Buch zurückbringen. Mit dem Kinderwagen über die verschneite Chaussee, das ging wirklich nicht.

Vaters Lieferwagen parkte vor dem Haus. Die Kinder rannten los, als sie ihn sahen. Ernst Hüttig kletterte heraus und breitete die Arme aus. Jauchzend warfen sich alle drei Mädchen hinein, was ihn fast ins Straucheln brachte. Er holte eine große Papiertüte vom Rücksitz.

„Was hast du mitgebracht, Großvater?" Jutta versuchte, einen Blick in die Tüte zu erhaschen. „Zeig ich dir in der Küche, während deine Mutti mir einen heißen Tee kocht. Ich bin völlig durchgefroren."

Schuhe kamen aus der Tüte. Drei Paar. „Ich hoffe, sie passen. Am Bahnsteig hat mir Martha noch schnell die Größen aufgeschrieben." Lisa sah ihren

Vater fragend an, wollte aber das Thema nicht im Beisein der Kinder besprechen. Warum kaufte er gerade jetzt Schuhe für die Mädchen? Sie ahnte es. „Dürfen wir sie gleich anlassen, Großvater? Wir wollten nämlich auf Scheers Wiese kascheln."

„Kaascheln, so ein schönes schlesisches Wort", lachte der Großvater. „Na, dann viel Spaß auf dem Eis!"

Lisa war es recht, wenn die Kinder sich draußen beschäftigten. Sie brauchte jetzt Vaters Gelassenheit dringend. Doch der warf einen Blick auf die Uhr und schaltete das Radio ein. „… Im Oberschlesien Grenzgebiet setzen unsere Truppen dem weiter nach Westen drängenden Feind erbitterten Widerstand entgegen. Eingreifverbände und Volkssturmbataillone stellen sich dem sowjetischen Angriffsspitzen entgegen und verzögern ihr weiteres Vordringen."

Ernst seufzte. „Es ist vorbei. Wenn sie erst die oberschlesischen Rüstungsfabriken haben, dann…" Er stützte den Kopf in die Hand. „… Dann geht uns schlicht und einfach die Munition aus. Das muss böse enden."

„Im Vertrauen auf unseren großen Führer glauben wir weiter an den Endsieg und werden…" Ernst sprang erregt auf und drehte das Radio aus. „Die liefern Schlesien ans Messer und faseln immer noch vom Sieg!", rief er wütend. „Das glaubt doch kein Mensch mehr." Lisa lachte bitter. „Bischoff schon. Wer packt, ist ein Verräter, sagt er." „Der hat sicher den größten Koffer dastehen, wenn man genau hinsieht. Verlogenes Pack." Unruhig ging er im Zimmer auf und ab. „Vor einer Woche hat Goebbels selbst im Radio gesagt: es ist nicht zu bestreiten, dass die Sowjets schon in den ersten beiden Tagen der Offensive im Weichselraum beachtliche Erfolge erzielt haben. Und er hat zugegeben: die Dinge sind nicht so gelaufen, wie wir das eigentlich erwartet haben…" Er strich sich die Haare nach hinten. „Und jetzt sind die Russen schon in Oberschlesien." Aufgebracht ging er zum Fenster. „Minus 22 Grad und das am Mittag. Ein denkbar ungünstiger Zeitpunkt, die warmen Häuser zu verlassen. Aber langsam müsste die Evakuierung anlaufen. So viele tausend Schlesier auf den Straßen! Dazu die Truppenteile, die sie aus Westen heranführen müssen. Das gibt ein Chaos! Und mit jedem Tag verlieren wir wertvolle Zeit." Noch nie hatte Lisa ihren Vater so wütend gesehen.

„Lisa!" Er blieb vor ihr stehen und sah ihr in die Augen. „Auch, wenn du es heimlich tun musst, packe eure Sachen. Und wenn sie tausend Mal am Tag vom Sieg reden, ich glaube es nicht."

Lisa wurde es kalt und heiß. Sie schloss die Augen.

„Und noch etwas: versprich mir, wenn ihr unterwegs seid, nach München zu schreiben. Martha und Annemie wissen dann, wo ihr seid. Ich nehme an, es wird ein heilloses Durcheinander geben und ich wüsste gern, wie ich euch finde. Und wenn

Karl dorthin schreibt, kommt ihr schnell wieder zusammen."

Lisa nickte ernst. „Am liebsten würde ich nach See fahren zu Elfriede. Jenseits der Neiße sind wir auf jeden Fall sicher." Ernst legte den Arm um sie.

„Wenn ihr nicht zurück könnt, bist du in See gut aufgehoben. Bei Tante Elise, Tante Grete oder Elfriede, zur Not im Bedienstetenhaus vom Schloss, man kennt uns noch."

„Aber ich will hier her zurück, Vater. Es ist unsere Heimat. Das Haus, der Garten…"

„Wirklich, es wäre schade um alles. Dein schöner Garten, mein Elektrogeschäft, das Kino, der stolze Hof deiner Schwiegereltern, auf dem die Familie seit Generationen lebt. Ja, aber ist das Leben nicht wichtiger? Ihr seid jung, ihr baut das neu auf und das Leben wird wieder schön." Er drückte Lisa an sich.

Sie schloss die Augen und lehnte sich an ihn. Ihr geliebter Vater. „Danke für die Schuhe", murmelte sie, als er sich von ihr löste und seine Sachen nahm. Er hätte noch einen Termin in Großlinden. Ehe er ins Auto stieg, winkte er lange und lächelte, dann brauste er davon. Nachdenklich ging Lisa ins Haus und fing an zu packen: wichtige Dokumente, Fotos, Schmuck, Geld. Die Tasche versteckte sie hinter dem Bett. Inständig hoffte sie gleichzeitig, dass diese Arbeit unnötig war. Man würde sehen…

Mitte Januar 1945

Samstagnachmittag. Das Feuer knackte gemütlich und es duftete herrlich nach frischem Streuselkuchen, den Lisa im Ofen hatte, weil morgen Anna mit den Kindern zum Nachmittagstee kommen wollte. Die Mädchen malten am Küchentisch, Lisa wischte den Küchenboden. Draußen strich ein eiskalter Wind durch die Tannen am Zaun, es wurde früh dunkel.

Es klingelte an der Haustür und alle sahen sich erstaunt an, wer kam um diese Zeit? Draußen standen zwei Kinder mit dem Mitteilungshufeisen, an dem eine Nachricht des Bürgermeisters befestigt war. Lisa runzelte die Stirn. Heute, 18:00 Uhr, sollte sie zu einer Versammlung ins Gasthaus Biedermann kommen. Lisa sah zur Uhr, in einer halben Stunde also. Ihr Herz klopfte heftig, das bedeutet nichts Gutes. Sie rieb die Hände, die plötzlich ganz kalt wurden. Unschlüssig stand sie in der Küche, eine flatterige Unruhe hatte sie ergriffen. „Was ist?", fragte Christl besorgt. „Ich muss um sechs in den Biedermann. Kannst du euch was zu essen machen?" Lisa verbrannte sich die Finger am Blech, als sie den Kuchen aus dem heißen Rohr holte. Dann zog sie Mantel und Schuhe über und eilte ins Dorf.

Von allen Seiten kamen die Dorfbewohner zusammen. Besorgte Gesichter. Alle waren da: Bauer

Apelt, Anneliese, Martha Hirschberger mit ihren Töchtern Adele, Ruth und Erna, der Schmied, alle, das ganze Dorf. Edith Schwarze stellte sich neben sie, bleich wie ein Tuch. Kutzner stand vorn und drehte einen Zettel in den Händen, er wirkte fahrig. Als die Tür geschlossen wurde, hob er den Arm zum Hitlergruß. Nach dem vielfältigen „Heil Hitler" wurde es mucksmäuschenstill. Mit kräftiger Stimme begann Kutzner. „Hier habe ich eine Mitteilung des Gauleiters: bis morgen, Sonntag, 23. Januar um 12 Uhr mittags ist das Dorf Birkenhöhe bewohnerfrei zu machen. Zurück bleiben nur wehrfähige Männer. Gezeichnet Otto Wagner, Gauleiter." Betretene Stille. Adele schluchzte. „Bei dieser Kälte!", flüsterte Edith tonlos und lehnte sich an Lisa.

„Wir treffen uns morgen früh um 10 Uhr vor dem Gemeinschaftshaus. Familie Otto stellt uns großzügiger Weise sieben Wagen zur Verfügung, wofür wir sehr dankbar sind. Packen Sie nicht zu viel, damit die Wagen nicht zusammenbrechen."

„Werden wir wiederkommen?", fragte Frau Tittel von hinten.

„Selbstverständlich werden wir das, meine Damen und Herren. Selbstverständlich. In spätestens zwei Wochen werden wir wieder Zuhause sein." Er hob den Arm, um das aufgeregte Gemurmel zum Schweigen zu bringen. „Jeder bringt seinen Hausschlüssel zu mir, bitte mit einem Namenszettel.

Die Schlüssel werden in meinem Büro sicher ver-
wahrt, bis wir wieder da sind."

Martha zuckte die Schultern. „Ich hätte auch selbst
auf meinen Hausschlüssel aufgepasst. Aber wenn
er meint…"

„Wir hoffen, in Steinau Unterkunft zu bekommen", fuhr Kutzner fort. „Jenseits der Oder, in Sicherheit. In ihren Häusern werden vorübergehend
deutsche Soldaten einquartiert, dafür brauchen wir
die Hausschlüssel", fuhr er fort, als hätte er
Marthas Einwand gehört. „Lassen sie an den Türen und Schränken alle Schlüssel stecken, damit
niemand etwas aufbrechen muss." Während er redete, ging er auf und ab, die Hände hinter dem Rücken verschränkt.

Lisa schauderte bei dem Gedanken an die kalte,
eisglatte Landstraße. Bis Steinau zu Fuß, bei Minus
20 Grad! Wie gut, dass Anneliese ihr den Platz auf
dem luftbereiften Wagen zugesagt hatte. Der hatte
eine breite Ladefläche. Was sollte sie mitnehmen?
Kutzner sprach immer noch. Lisa spürte einen
Kloß in der Kehle und hätte am liebsten geheult, so
wie Edith, die neben ihr haltlos schniefte. Eine Zigarette, das bräuchte sie jetzt! Kutzner entließ die
Versammlung, viele eilten davon, andere standen
in Grüppchen zusammen. Lisa zündete eine Zigarette an und spürte, dass sie sich etwas entspannte.
Heulen macht blind und kopflos, dachte sie, und
ich brauche jetzt die volle Konzentration.

„Wurde auch Zeit", brummte Apelt im Vorüberge-hen. „Sie hätten uns längst trecken lassen sollen. Gestern war Ostwind und ich habe schon das Don-nergrollen der Kanonen gehört. Unverantwortlich, so lange zu warten."

Seine Frau legte ihm die Hand auf den Arm. „Bitte Reinhard. Sei Still. Willst du als Verräter erschos-sen werden? Was täte ich ohne dich?" Er brummte etwas von „unter uns", doch man wusste nie.

„Dann bis morgen früh." Lisa trat die Zigarette aus. „Jetzt wird es ernst. Gute Nacht."

Wie sage ich es den Kindern? Fragte sich Lisa, als sie die Haustür aufschloss. Und wo fange ich an, zu packen? Christl hatte Karin schon den Schlafan-zug angezogen, Jutta rannte noch barfuß durch den kalten Flur und suchte Christls Puppe. Lisa setzte sich auf die Bettkante im Kinderzimmer. „Schlaft noch einmal in euren weichen, warmen Betten. Morgen müssen wir fort." Es dauerte lange, bis Jutta, Christl und Karin sich hinlegten, sie wa-ren zu aufgeregt. Lisa las drei Gutenachtgeschich-ten vor, dann eilte sie in die Küche. Sie wickelte den größten Teil des Streukuchens in ein Tuch, ein Brot, Äpfel, Karotten, eine Tasche voll Essen. Das schien ihr das Wichtigste. Kurz entschlossen schlachtete sie die dicke weiße Henne, rupfte sie und tat sie in den heißen Kochtopf. Während es aus der Küche anfing, herrlich nach Hühnersuppe zu duften, eilte Lisa durch die Wohnung. Die Kleider der Kinder legte sie im Flur auf drei Stühle, sie würden über einander anziehen, was sie hatten. Lisa überprüfte die Tasche mit den Dokumenten, die sich hinter dem Bett hervorholte, packte noch dies und das, was ihr wichtig erschien und stopfte es dazu.

Hat Karl wirklich gesagt, Schlesien wäre verloren? Ging es ihr durch den Kopf. Kutzner sagte doch so zuversichtlich, dass wir nur zwei Wochen weg sind. Sie blieb vor dem Wohnzimmerschrank stehen. Was ist das wichtigste, wenn wir wirklich nicht zurückkämen? Das Foto ihrer Eltern. Sie nahm es aus dem Rahmen. Das Fotoalbum war zu sperrig, also sammelte sie die schönsten Fotos heraus. Traurig stand sie vor der Nähmaschine, die musste dableiben. Aber was konnte sie aus dem Nähkorb gebrauchen? Lisa steckte die gute Schere, die dicke Rolle Zwirn und ein Briefchen Nadeln in die Manteltasche. Das konnte nicht schaden. Versonnen fuhr sie über die Tasten am Klavier, räumte die Noten weg und schloss den Deckel. Die Raiffeisenkasse versteckte sie im Keller unter dem losen Stein, hoffentlich war sie noch da, wenn sie wieder kamen. Kamen sie wieder?

Im Wohnzimmer räumte sie den ganzen Vorrat an Zigaretten aus. Sie rauchte wenig, die meisten Zigaretten brauchte sie, um Dinge zu bezahlen, an die man sonst nicht herankam. Sie würden unterwegs Gold wert sein.

Lisa stellte die Dokumententasche in den Flur neben das Essen und ging ins Schlafzimmer hinauf.
In der obersten Schublade der Kommode lag Karls
Ahnentafel und seine gesamte Forschung über
seine Vorfahren. Lisa seufzte. Unmöglich, das alles
mitzunehmen. Also trennte sie die Seite mit dem
Stammbaum aus dem großen Heft, faltete sie sorgfältig und schob sie zu den Fotos. Die Bernstein-
kette, die sie von ihren Eltern zur Hochzeit bekommen hatte, der Ring ihrer Großmutter, die Brosche
die Karl ihr geschenkt hatte, die goldene Armbanduhr, alles verschwand im Futter des Mantels.
Lisa grinste und dachte an Anneliese.
Wenn ich nur Rucksäcke für die Kinder hätte,
dachte sie und sah sich im dämmrigen Kinderzimmer um. Dann könnten die Kinder auch ein paar
Kleinigkeiten einpacken. Zum Nähen blieb keine
Zeit, Stoff hatte sie nicht. Kurz entschlossen holte
sie von jedem der Mädchen einen Trainingspulli,
nähte unten den Bund zu und heftete die Arme als
Träger fest. Jetzt konnte jede von ihnen durch den
Kragen einfüllen, was sie mitnehmen wollte. Lisa
lobte sich selbst, für diese geniale Idee.
Während die Nähmaschine surrte, stellte Lisa erstaunt fest, dass die nagende Unruhe gewichen
war. Ihr Körper funktionierte einfach. Heute war
nicht der Tag, über die Zukunft nachzudenken. Sie
würden das alles durchstehen und sicher kämen
wieder bessere Zeiten. So schaltete sie den Herd

aus, schlüpfte ins warme Bett und konnte sogar ein paar Stunden schlafen.

Eisige Kälte schlug ihr entgegen, als Lisa am nächsten Morgen die Haustür öffnete. Minus 18 Grad. Nebel lag über dem Dorf, bei jedem Atemzug standen Rauchwölkchen in der Luft. Lisa und die Kinder froren nicht. Sie sahen aus, wie Nordpolfahrer. Zum Glück waren sie früh aufgestanden, denn das Packen der Pullirucksäcke brauchte viel Zeit. Was mitnehmen, was dalassen? Jutta wollte Christls Schildkrötpuppe „Bärbel" mitnehmen und Christl erlaubte es, sie sei sowieso zu alt für Puppen. Dafür steckte sie selbst ein leeres Schulheft und Buntstifte ein, „Pünktchen und Anton", ihr Lieblingsbuch und einen silbernen Löffel, den sie einmal von der Großmutter in Bartschdorf bekommen hatte. Das Buch nahm sie schließlich wieder heraus, weil es ihr zu schwer schien, dafür kam ein Kartenspiel und das Hüpfseil hinein. Karin steckte ihren Stoffhund hinein, ein Bilderbuch und die kleine Schmusedecke. Christl trug die Tasche mit dem Essen, aus dem das warme Huhn dampfte. Die Brühe hatte Lisa in zwei Flaschen mit Schnappverschluss gefüllt, das würde heute ihr Mittagessen. Lisa trug die beiden Säcke mit dem Bettzeug, die sie gestern Abend noch schnell genäht hatte, die Tasche mit den Dokumenten und ein Beutel mit restlichen Kleidern.

Als sie den Schlüssel umdrehte, hallte es im leeren Schulhaus und das Geräusch jagte Lisa eine Gänsehaut über den Rücken. Wann würden Sie zurückkommen? An den großen Bartschlüssel hängte sie den Zettel mit Namen und Adresse. Als sie am Gartenzaun standen, drehte sich Lisa noch einmal um. Der Schornstein rauchte noch leicht, ihr wurde wehmütig.

Plötzlich rief Jutta: „Die Hasen! Wir müssen sie mitnehmen! Sie sind sonst ganz allein." Lisa sah ihre Tochter erschrocken an. „Du hast recht. Wartet hier! Ich gebe den Tieren noch Futter, sonst verhungern sie bis wir wiederkommen." Sie rannte in die Garage, kippte den Hühnern den ganzen Sack Körner in den Stall und verteilte Mohrrüben und so viel Heu in die Hasenställe, dass sich die Tiere kaum noch regen konnten. Und wenn wir gar nicht zurückkönnen? Überlegte sie auf dem Rückweg. Doch zum Grübeln blieb keine Zeit.

Vor dem Biedermann standen sieben Wagen, einer hinter dem anderen. Anneliese mit dem kleinen Rüdiger auf dem Arm teilte die Kutscher zu. Kutzner stolzierte wichtig herum, eine Namensliste vor der Nase, die er abhakte, wenn eine Familie ihre Sachen auf den Wagen verstaut hatte. Der luftbereifte Wagen fuhr an vierter Stelle. Frau Nochowitz hatte sich mit den Kindern ganz vorn hinter dem Kutschbock eingerichtet. Der Säugling schlief. Der große Plattenwagen hatte nur einen schmalen Rand. Er war mit Heu bedeckt und ein bunter

Teppich machte ihn gemütlicher. Am Rand wurden Gepäckstücke festgemacht, damit keiner herunterfiel, dazwischen lagen die Bettsäcke. Hinter Frau Nochowitz fand Edith mit ihren Mädchen Platz, Familie Welte und Gretel Hirsemann mit ihrer Tochter. Ganz hinten verstaute Lisa ihre Sachen. Es dauerte eine Stunde, bis die letzten Dorfbewohner ihre Plätze hatten. Rüdiger weinte inzwischen, Anneliese stand am Tor des Schlosses und winkte. Lisa rannte hinüber, sie musste ihre Freundin noch einmal drücken. Diesen Duft nach Anneliese Parfüm würde Lisa niemals vergessen! Die ersten Wagen zogen an. Opa Mahn stand am Straßenrand und winkte. Auch Reinhard Dalibor und noch ein paar Männer blieben im Dorf, um die Tiere zu versorgen, bis die anderen zurückkamen. Zuerst gingen die Leute noch in Gruppen zusammen neben den Wagen und redeten aufgeregt, doch gegen Nachmittag wurde es immer stiller. Aus dem Nebel fiel feiner Niesel von Eiskristallen, die im Gesicht prickelten. Die Straße wurde von eisigen Rillen vieler Wagen überzogen und jeder musste achtgeben, dass er nicht ausrutschte. Auch die Pferde hatten Mühe. Wo die schützenden Bäume fehlten, fegte ein kalter Wind übers Feld. Lisa setzte sich mit den Kindern zwischendurch auf den Wagen und packte das Huhn aus, solange es noch warm war. Es war schnell gegessen, denn alle auf ihrem Wagen schnupperten:

Hühnerfleisch? Dazu verspeisten sie die belegten
Brote, die schon beinahe gefroren waren.
Besorgt blickte Lisa am Zug nach vorn. Es dämmerte schon, hoffentlich fanden sie in Winzig eine
Scheune, in der sie übernachten konnten. Doch es
ging sehr, sehr langsam voran.
Vor Kirchlinden standen sie fast eine Stunde, weil
der Treck aus dem Dorf in die Kolonne einfädelte.
Die Häuser lagen verlassen, nur ein alter Mann
trieb eine Ziege in den Stall. Auf der Anhöhe hinter den letzten Häusern standen sie wieder. Lisa
schaute die Chaussee hinab Richtung Winzig. Ein
Wagen am anderen, Wagen mit Pferden, Wagen
mit einer Kuh davor, Handwagen, hoch bepackt.
Nebenher gingen die Frauen mit den Kleinsten auf
dem Arm, größere Kinder in Grüppchen mit ihren
Freunden. Kaum jemand sprach.
Wie es vorgeschrieben war, stand die Kolonne aus-
einandergezogen, fünf Meter Abstand zwischen
den Wagen. „Dort steht ein Kinderwagen in der
Schneewehe!", rief Frau Nochowitz erschrocken.
Sie ging nachsehen, ob er leer sei. Mit schreckens-
bleichem Gesicht kam sie zurück. „Darin liegt ein
Säugling, vielleicht drei Monate alt.", flüsterte sie.
„Sein Gesicht ist weiß und kalt. Erfroren!" „Was
muss die Mutter ausgestanden haben?" hauchte
Lisa tonlos. Wie grausam dieses zarte Geschöpf bei
minus 20 Grad auf die Landstraße zu zerren!
Zum Glück glaubten Jutta und Karin Lisas Not-
lüge, es läge eine Puppe im Wagen.

Doch Lisa konnte den Gedanken an diese Tragödie nicht abschütteln. Während sie mechanisch einen Schritt vor den anderen setzte, sah sie die süße Karin vor sich, drei Monate alt, wie sie fröhlich in der Wiege strampelte. Unvorstellbar, wenn sie das niedliche Kind damals tot in einem kalten Kinderwagen hätte zurücklassen müssen.
Hinter dem Dorf standen sie wieder, scheinbar war weiter vorn ein Pferd gestürzt. Schließlich wurde es dunkel und Winzig war noch weit.

Also zogen alle ihre Federbetten aus den Säcken und legten die Kinder schlafen. Als sie kurz nach acht wieder stillstanden, befahl Kutzner, es sich so gut wie möglich einzurichten. Sie müssten hier auf der Straße übernachten. Lisa schauderte. Wenn nur keiner erfror! Sie holte die Mädchen nahe zu sich heran und deckte alle zu, so gut es ging. Mehrmals in der Nacht erwachte sie, weil ihr kalt war und fremde Geräusche sie erschreckten. Kaum dämmerte das erste Licht über den Horizont, setzte sich der Zug wieder in Bewegung, die Kinder saßen noch in den warmen Federn, Lisa packte im Gehen das Frühstücksbrot aus der Tasche. Es war steinhart gefroren. Jedes Kind bekam eine Schnitte, brach ein Stück ab und taute es im Mund auf. So dauerte es lange, bis sie satt waren.
Lisa dachte sehnsüchtig an eine warme Tasse Tee, doch es gab nichts mehr zu trinken außer geschmolzenem Schnee. Endlos trotteten sie neben

dem Wagen her, die Kinder spielten Fangen, um warm zu werden.

Wieder standen sie. Ganz vorn, die Leute reckten die Hälse, musste es ein Unglück gegeben haben. Als sie zwei Stunden später die Stelle passierten, sahen sie ein heilloses Durcheinander: Wagenteile lagen herum, Taschen, aufgesprungene Koffer und alles übersät mit Bettfedern. Dann entdeckte sie die zugedeckten leblosen Körper am Boden. Offenbar war am Bahnübergang ein Zug in den Treck gerast und hatte einen Wagen mitgerissen. Lisa presste die Lippen zusammen vor Wut. Wusste der Bürgermeister dieses Dorfes nicht, wann ein Zug kam? Hatte der Lokführer den Treck nicht bemerkt? Kümmerte es keinen, wenn Flüchtlinge überfahren wurden? Sie spürte eine Hilflosigkeit, fühlte sich ausgeliefert und alleingelassen. Es hätte jeden Wagen treffen können, auch unseren.

Gegen Abend kam endlich die große Oderbrücke in Sicht. Sicherheit! Irgendwo bleiben können, Ruhe für sich und die Kinder. Als sie die Brücke passierten, entfuhr ihr ein Aufschrei. Hatte sie erwartet, dass die Oder einen natürlichen Schutz gegen die russischen Panzer bilden würde? Doch dort unten liefen Kinder Schlittschuh. Dieses Eis würde selbst Panzer tragen!

In Steinau wurden sie abgewiesen, sie sollten weiterfahren, alle Quartiere seien überfüllt. Sie fuhren noch bis Sebnitz und Kutzner kam nach einer halben Stunde mit einer Quartierliste. Müde stolperten die Kinder ins Haus des Ortsvorstehers, wo ihnen die Wohnung einer Berlinerin zugewiesen wurde, die am Vortag abgereist war. Ihr Parfüm lag noch in der Luft und verbreitete eine Behaglichkeit, die allen gut tat. Sogar das Öfchen war noch warm.

Edith und ihre Mädchen bekamen das Schlafzimmer und Henny legte sich eine Matratze in die Küche. Lisa und die Kinder schliefen im Wohnzimmer, tief und traumlos. Die beiden Tage hatten viel Kraft gekostet. Nicht nur das Laufen in der eisigen Kälte strengte an, Lisa spürte auch die Last auf der Seele: der Abschied von Zuhause, der erfroren Säugling, das Zugunglück, die toten Tiere am Straßenrand. Zu viel für zwei Tage. Karin hatte wegen dem Dackel geweint, der im Graben lag, vielleicht weil er aus sah wie der in Bartschdorf. Edith musste Gretel trösten, der die Puppe unbemerkt aus dem Wagen gefallen war. Nun heulte sie den ganzen Nachmittag und keiner konnte helfen.

In der zweiten Nacht fuhr Lisa aus dem Schlaf. Gewehrfeuer! Waren die Russen so nah? Am Morgen erfuhren sie, dass die Kadettenanstalt in Steinau hart umkämpft war. Ja, die Russen waren nah, direkt an der Oder. Schlagartig wusste Lisa: Hier würden sie nicht bleiben können. Sie ruhten sich aus. Im Schrank fanden sie ein Halmaspiel und Quartettkarten. Lisa schrieb an Karl und suchte einen Briefkasten im Ort, der hoffnungslos überquoll. Sie stopfte ihren Brief dazu. Hoffentlich wurde er noch geleert. Auch tagsüber hörten sie Schießereien und oft schauten die Kinder aus dem Fenster. Lisa packte die Taschen und stellte sie an die Tür. Sie konnten noch einmal über Nacht bleiben, genossen die Wärme und das schöne Zimmer, aber sie schliefen in den Schuhen, weil sie mit dem Schlimmsten rechneten.

Am nächsten Tag ging Lisa aus dem Haus, um sich beim Bäcker anzustellen. Mit großen Augen sagte Jutta: „Mutti, komm nur schnell wieder, wenn du nicht da bist, haben wir Angst." Lisa versprach, auch für Edith Brot mitzubringen, damit die Kinder nicht allein waren. Im Brotregal herrschte erschreckende Leere und Lisa hoffte inständig, dass noch etwas übrig war, bis sie an die Reihe kam.

„Die Oderbrücke in Steinau ist gesprengt!", sagte eine dicke Frau, die eben hereinkam. Schlagartig verstummten die Gespräche.

„Ich hoffe, die meisten Flüchtlinge sind drüber", murmelte ein alter Mann.

„Glaub ich nicht." Die Bäckersfrau schüttelte den Kopf. „Hab gestern Wagen wieder nach Osten fahren sehen. Manche meinen wirklich, sie könnten schon wieder zurück." „Dann stehen sie jetzt zwischen den Panzern, wie furchtbar."

Lisa musste an Anneliese denken, hoffentlich hatte sie nicht zu lange gezögert. Steinau war die einzige Brücke über viele Flusskilometer. Und ihre Schwiegereltern, Erika, Hanne? Lisa seufzte. Ob sie es geschafft hatten? Als Lisa an die Reihe kam, schob die Verkäuferin die letzten Brote zusammen. Der Bäcker heftete einen Zettel an die Tür: ausverkauft! Ein Glück war sie so früh aufgestanden.

Ende Januar 1945

Zwei Nächte konnten sie noch bleiben. Am 28. Januar mussten auch die Einwohner von Sebnitz ihre Sachen packen und am neunundzwanzigsten standen die Wagen aus Birkenhöhe wieder vor dem Rathaus. Es ging weiter nach Westen. Lisa trug gerade die Bettsäcke zum Wagen, als vorn ein großes Gezeter anfing. Die dicke Frau aus dem Banat, die kurz vor Weihnachten 44 nach Birkenhöhe geflüchtet war, stand mit ihren beiden erwachsenen Töchtern vor einem Wagen. Ringsherum Koffer und Mehlsäcke, Bettzeug und Taschen. An einem Wagen war die Achse gebrochen und die Mitfahrer sollten auf andere Gefährte verteilt werden. Niemals passte all das Zeug auf den Wagen, das sah Lisa auf einen Blick. Die Frauen schrien und stritten, Kutzner gestikuliert wild. „Die Menschen gehen vor", hörte Lisa ihn rufen „Sie müssen einen Teil dalassen."

„Meine Aussteuer!", jammerte die eine Tochter. Lisa schüttelte den Kopf. Ging es hier nicht um ihrer aller Überleben? Ungeduldig schob Kutzner einen riesigen Koffer in die Haustür zurück. „Wir müssen weiter, meine Damen. Sie bringen uns alle in Gefahr!"

Schließlich fügten sie sich schmollend und der Zug reihte sich auf der Landstraße in den unendlichen Flüchtlingsstrom ein. Es gab kein Rechts und

Links, jeder hatte beim Treck zu bleiben. Stundenlang holperte der Wagen über das Kopfsteinpflaster, die Landstraße verlief schnurgerade und verlor sich weit vorne im Dunst des Januartages. Die Birken rechts und links bogen sich unter dem schweren Schnee, verlassene Höfe lagen trostlos im Grau. Lisa dachte den ganzen Tag darüber nach, wie sie nach See kommen konnte. Einen Bahnhof müsste sie finden, um mit dem Zug weiter zu kommen. Doch dazu brauchte sie eine Genehmigung, die Kutzner ausstellen musste. Das würde einige Überredungskünste kosten.

Als sie diesen Gedanken laut äußerte, war natürlich Edith gleich Feuer und Flamme. Zum Bahnhof. Mit der Eisenbahn in den Schwarzwald! Sie würde auf jeden Fall mit Lisa kommen. Alles sei besser als „das hier", mit einer abfälligen Geste wies sie den Treck entlang. Auch Gretel Hirsemann wollte mit. Sie hätte Verwandte in Görlitz.

Also ging Lisa am Nachmittag die Wagen entlang zum Bürgermeister, der neben seinem Wagen marschierte und sich mit dem Kutscher unterhielt. Beide rauchten dicke Zigarren. Lisa grinste innerlich, Kutzner war ein Genussmensch, selbst hier im Elend.

„Was gibt's?" Es klang, als würde Lisa stören und ihr Mut sank.

„Herr Kutzner", sie nahm allen Mut zusammen. „Meine Familie mütterlicherseits lebt in der Nähe von Niesky. Ich würde gern den Treck verlassen und bei ihnen unterkommen."

„Wie wollen Sie denn nach Niesky kommen, gute Frau? Allein!" Er grinste überheblich.

„Mit der Bahn", sagte Lisa knapp. Kutzner lachte schallend. „Hier wimmelt es von Militär jeder Art und die Frau Lehrer Bertram will zur Sommerfrische! Wie stellen Sie sich das vor?"

In ihrer Aufregung übersah Lisa einen Ast am Weg und stolperte, beinahe wäre sie gestürzt. Sie machte keine gute Figur. Kutzner verzog erheitert das Gesicht, sagte aber nichts. Eine Weile ging Lisa schweigend hinter Kutzner, der Weg war zu schmal, um nebeneinander zu gehen. Der Kutscher drehte sich um und starrte sie belustigt an, sodass Lisa die Röte ins Gesicht stieg.

„Frau Schwarze und Frau Hirsemann mit ihren Töchtern werden mitgehen", sagte sie im Gehen. Kutzner blieb stehen und stürzte empört die Hände in die Seiten. „Ich wusste es!", rief er so laut, dass sich die Leute auf den Wagen umdrehten. Nun hatten sie auch noch neugierige Zuschauer. „Die Frau Lehrer Bertram kümmert sich um das halbe Dorf. Das ist nichts Neues. Woher wollen Sie denn Lebensmittelkarten nehmen für so viele Leute? Nein! Basta. Sie bleiben beim Treck. Ich trage hier immerhin die Verantwortung!"

Lisa setzte zu einer Entgegnung an, doch er schnitt ihr das Wort ab. „Kommt nicht infrage… Und jetzt scheren sie sich zu ihrem Wagen!" Lisa hätte heulen können vor Wut. Sie drehte sich um und ging zu ihrem Wagen zurück, der ihr langsam entgegenkam.

Gretel fing an zu weinen, aber Edith schimpfte: „Im Treck ist die Versorgung furchtbar schlecht. Natürlich sind die Bäckereien überfordert bei so vielen Menschen. Allein käme ich sicher besser klar."

„Die Panzer und Flugzeuge machen mir Angst", schluchzte Gretel. „Bei meiner Schwester in Görlitz gibt es einen Luftschutzbunker und hier sind wir allem hilflos ausgeliefert."

„Wir geben nicht auf", hörte sich Lisa sagen und staunte selbst über ihre ruhige Stimme. „Wir kriegen die Genehmigung noch."

Am Abend breiteten sie ihre Decken auf einem Strohlager in der Turnhalle von Weissig aus. Hier blieben sie auch den folgenden Tag. Offenbar waren die Straßen verstopft von all den Trecks und es ging das Gerücht, dass ein großes deutsches Panzeraufgebot nach Osten verlagert würde. Sie bekamen kaum Nachrichten, das letzte Mal hatte Lisa vor fünf Tagen in Sebnitz den Wehrmachtsbericht gehört, weil dort das Radio funktionierte. Oppeln und Ohlau seien in russischer Hand, war zu erfahren, Breslau sollte als „Festungsstadt" gehalten werden. Das verstand Lisa nicht. Wie sollte das gehen, wo es überhaupt keine Stadtmauern gab?

In der Nacht lag Lisa lange wach. In der ganzen Turnhalle schnarchte es, ein Säugling wimmerte, in der Ferne fielen Schüsse. Wie es wohl meinem Vater geht?, überlegte Lisa. Sicher ist Herrnstadt schon russisch. Hoffentlich lebt er noch. Und die Schwiegereltern? Erika und die Kinder? Hanne? Und Karl? Aus seinem letzten Brief wusste sie, dass er jetzt in der Heeresgruppe Weichsel kämpfte, die versuchte, Berlin zu retten. Berlin russisch? Unvorstellbar! Sie drehte sich auf die andere Seite, zog das Federbett enger und versuchte die Gedanken abzuschütteln. Sie musste eingeschlafen sein, denn das nächste, was sie hörte, war: „Aufstehen, Mutti! Es geht weiter."

In Primkenau standen sie den halben Vormittag, weil ihnen ein Treck entgegenkam. Die beiden Treckführer stritten laut mit einander. Wo sie denn hin wollten, fragte Kutzner, worauf der andere „nach Hause" brüllte. Da seien die Russen, ob sie das nicht wüssten? Der Verwalter der Domäne schaltete sich ein, schließlich wendeten die acht Wagen und reihten sich hinter Birkenhöhe ein, zurück nach Westen. Die Frauen weinten.
Lisas Magen knurrte. Über eine Woche waren sie unterwegs, ihre Vorräte aufgebraucht. Heute war sie zu spät gekommen, der Bäcker hatte kein einziges Brot mehr. Ihre Knie fühlten sich weich wie Butter an, doch sie getraute sich nicht, auf dem Wagen sitzen zu bleiben. Was, wenn das alle

täten? Die Pferde hatten es schwer genug. Heute früh hatte Lisa Nochowitz schimpfen hören, wie die Pferde ziehen sollten, wenn es so wenig Futter gab? Gestern Abend hätte er die umliegenden Höfe abgeklappert, hätte um Stroh und Hafer gebettelt, mit geringer Ausbeute. Lisa steckte ihm zwei Zigaretten zu, was seine Laune erheblich verbesserte.

Den ganzen Tag zog der Treck durch eine herrliche Landschaft, das Naturschutzgebiet von Priemkenau. Morgens zogen Nebelschwaden durch die Moorflächen, später blitzte sogar ab und zu die Sonne durch und spiegelte sich im Bober, der sich behäbig durch die Auen schlängelte. Zu anderen Zeiten überwältigend schön, dachte Lisa, aber heute spüre ich die Kälte durch alle Kleiderschichten und mir ist schlecht vor Hunger. Da hilft alle Schönheit nichts.

In Dittersdorf, es war gegen vier Uhr nachmittags und dämmerte bereits, ließ Kutzner den Treck anhalten und ging mit Nochowitz und Dussa, um ein Quartier zu finden. Den Kindern war der Aufenthalt mehr als recht, denn hier gab es eine Menge zu sehen: direkt neben der Straße lag ein Flugplatz, auf dem ständig Maschinen starteten und landeten. Für Lisa nichts Besonderes, mehrmals war sie mit Karl am Flugplatz gewesen. Doch viele der Dorfbewohner hatten bisher keine Gelegenheit gehabt, Flugzeuge so aus der Nähe zu beobachten. Es sei eine Flugschule der Luftwaffe, hatte Kutzner gesagt. Die Jungs hingen am Zaun und kommentierten begeistert, was sie sahen.

Lisa nutzte die Zeit, um ihr Gepäck enger zu packen, sie hatte das Vorhaben noch nicht aufgegeben, mit der Bahn nach See zu kommen. Jutta, Karin und Christl hockten in Decken gewickelt auf dem Wagen und spielten „Zahl an Zahl", ein Zeichenspiel, bei dem man Linien von Zahl zu Zahl ziehen musste, ohne eine andere Linie zu kreuzen. Wieder startete ein Flugzeug, es kam in ihre Richtung und würde direkt über ihre Köpfe hinweg fliegen. Die Mädchen schauten vom Spiel auf, das Dröhnen der Motoren kam immer näher, gleich musste es abheben. Lisa erstarrte. Zaunlatten flogen durch die Luft, das Flugzeug kam nicht hoch! In der Kabine fuchtelte der Fluglehrer wie wild mit den Armen, Lisa sah seine weit aufgerissenen Augen. Sekunden später krachte das Flugzeug in den Treck! Lisa fuhr herum. Entsetzt sah sie den übernächsten Wagen, von der Wucht des Aufpralls zerborsten, von der Straße fliegen.

Holzsplitter schossen wie Pfeile durch die Luft. Jutta schrie auf und hielt sich die Stirn, zwischen ihren Fingern sickerte Blut. Lisa sprang auf, packte ein Taschentuch und drückte es auf die Platzwunde. Jutta wimmerte. Aus den Augenwinkeln sah Lisa, dass das Flugzeug weit im Feld zum

Stehen gekommen war, die Reste des Wagens vor
dem Fahrwerk.

Überall im Schnee lagen Koffer, Bettzeug und…

„Hirschbergers!", schrie Lisa, drückte Christl das
Taschentuch in die Hand und sprang vom Wagen.
Sie musste nach Martha sehen, nach Adele, Ruth
und Erna, nach Marthas Enkelkindern. Als sie zum
Flugzeug kam, stand schon ein ganzer Kreis von
Leuten um die Unglücksstelle. Frau Kutzner kniete
neben Adele und schluchzte.

„Sie ist tot!", rief sie immer wieder. Auch der
Säugling in ihren Arm lebte nicht mehr. Lisa
wankte zu Martha, die unter einem Wagenstück
begraben lag. Tot. Ruth und ihre beiden Mädchen.
Tot. Erna fanden sie unter dem Flugzeug, die
Haare voller Blut, sie lebte nicht mehr.

„Wo ist Alfred?", fragte Frau Dalibor. „Alfred ist
nirgends!" Nun wurden alle Federbetten aufgehoben, das Gepäck durchsucht, Marthas elfjähriger
Enkel war nicht zu finden.

„Er war mit am Zaun", rief ein Junge von hinten.
Alle drehten sich zum Flugplatz. Da stand Adeles
Ältester, reglos am Zaun und starrte wie ein Fremder auf das Geschehen. Er hatte soeben alles verloren, was er liebte. Wie ein Traumwandler tappte er
zu Dussas Wagen, legte sich zwischen die Federbetten und schlief ein. Frau Dussa zuckte die
Schultern. „Lasst ihn schlafen. Er kann bei uns
bleiben." Die Bewohner von Dittersdorf liefen zusammen, eine Gruppe Uniformierter holte den

Piloten, der völlig unter Schock stand und führte ihn ab. Ein paar Frauen suchten aus den Trümmern zusammen, was noch brauchbar war.

Lisa nahm ihre Kinder in den Arm, jetzt kamen die Tränen. Gemeinsam weinten alle vier. Lisa bekam kaum Luft, das Entsetzen schnürte ihr die Kehle zu. Hirschbergers! Zwölf Menschen waren tot. Inzwischen sah man die Hand vor den Augen nicht mehr, der Wagen zog an, sie sollten in der Dittersdorfer Zuckerfabrik übernachten.

Lisa konnte sich später nicht erinnern, wie sie ins Quartier gekommen waren. Sie bekamen das Wohnzimmer des Verwalters. Lisa war schlecht, die Mädchen noch immer kreideweiß.

„Inge ist auch tot", sagte Jutta plötzlich. Jetzt erst drang die Wahrheit in ihr Gehirn, dass ihre Freundin nicht mehr lebte. Sie schluchzte auf und verbarg den Kopf an Lisas Brust. Unbegreiflich. Reinhold Hirschberger hatte auf einen Schlag keine Familie mehr, nur noch Alfred. Wie sollten sie nach einer Katastrophe wie dieser weiterfahren, als sei nichts gewesen?

Ich muss weg vom Treck, dachte Lisa. Wir müssen nach See zu meiner Familie. Noch mehr Unglück verkrafte ich nicht. Da fiel ihr Blick auf das Telefon auf dem großen Eichenschreibtisch. Ob es noch funktioniert? Lisa sprang auf und hob den Hörer ab. Das Freizeichen ertönte!

Sie lachte laut, Edith und Gretel schauten sie entgeistert an. „Es geht! Stellt euch vor!" Ihre Stimme

überschlug sich. „Ich kann am Bahnhof anrufen."
Gretel stand auf und legte die Hand auf Lisas
Schulter.

„Wir gehen mit."

„Wir auch", sagte Edith ohne Zögern.

Also drehte Lisa die Wählscheibe, verlangte bei
der Vermittlung den Bahnhof Sprottau und erkundigte sich beim Bahnbeamten, ob noch Züge führen.

„Heute fahren noch Züge, ob morgen noch welche
fahren, ist ungewiss."

„Wir versuchen es", sagte Lisa, als sie aufgelegt
hatte. „Wunderbar," flüsterte Edith erleichtert.

„Nur weg von hier nach all dem Schrecklichen."
Lisa zog den Mantel über. „Ich rede mit Kutzner."
Edith runzelte die Stirn. „Deinen Mut möchte ich
haben, Lisa." „Mut der Verzweiflung", grinste Lisa
schief „was bleibt uns anderes übrig?"

Kutzner tobte, wie erwartet. „Sie sind ein Dickschädel, Frau Lehrer Bertram. Immer wissen sie alles besser. Bleiben Sie beim Treck, alles andere
kann tödlich enden." Lisa zuckte die Schulter.

„Das kann es hier auch, wie wir gesehen haben."

„Die Bahnhöfe werden bombardiert. Ich rate Ihnen
dringend ab! Sehr dringend!" Damit war das Gespräch für ihn beendet, er ließ Lisa einfach stehen.

„Es müsste uns nur einer die drei Kilometer zum
Bahnhof fahren", rief sie ihm hinterher.

Er drehte sich um. „Keiner fährt vom Treck weg! Es kann inzwischen weitergehen und dann? Nein, kommt nicht infrage. Das verbiete ich."

Lisa schlenderte tief in Gedanken zum Quartier zurück. Wer außer Kutzner war noch berechtigt, die Reiseerlaubnis auszustellen? Gab es in Dittersdorf einen Bürgermeister? „Verwaltung Domäne Sprotten" stand auf einer Holztafel am Gartenzaun. Lisa zögerte. Ob man ihr hier helfen konnte? Entschlossen schob sie das Gartentor auf und klingelte am Portal. Sie bekam die Reisebescheinigung für sich, für Edith und Gretel. Der freundliche Herr bot sogar an, sie zum Bahnhof zu fahren. Er selbst hätte seine Familie gestern Abend in den Zug gesetzt.

Glücklich eilte Lisa in die Zuckerfabrik zurück. Nun war an Schlaf nicht mehr zu denken. Wie aufgescheuchte Hühner liefen Frauen und Kinder durcheinander und suchten ihre Sachen zusammen. Lisa schrieb Elfriedes Adresse in See auf Stofftaschentücher und heftete sie mit Nadel und Faden auf die Gepäckstücke, die sie fest in Decken eingenäht hatte. So schien ihr das Gepäck „bahnmäßig". Sie schliefen noch ein bisschen und standen morgens reisefertig in der Tür des Verwaltungsgebäudes.

Kutzner hievte eben seinen Koffer auf den Wagen, als er Lisa erblickte.

„Los, los, einladen! In zwanzig Minuten fahren wir weiter. Was stehen sie herum und halten Maulaffen feil?"

„Wir fahren nicht mehr mit dem Treck", sagte Lisa ruhig. Bevor der Bürgermeister laut werden konnte, hielt sie ihm das Reisedokument mit dem Stempel der Domäne unter die Nase. Belustigt beobachtete sie, dass er seine Kinnlade festhielt, damit sie nicht herunterklappte.

„Das werden sie noch bereuen, Frau Lehrer Bertram", presste er zwischen den Zähnen hervor.

„Sie und diese Damen, die sich auf ihre Hilfe verlassen." Er zuckte die Achseln, hob kurz den Hut und verschwand.

„Ihr verlasst uns?", fragte Anna. Ihre Augen waren verquollen, als hätte sie die halbe Nacht geweint. Lisa nickte. Ein Kloß im Hals verhinderte weitere Worte. So fielen sich die beiden Frauen stumm um den Hals. Christl und ihre Freundin Erika umarmten sich. Es sprach sich herum und so dauerte es nicht lange, bis von anderen Wagen die Frauen und Kinder kamen, um sich zu verabschieden.

„Wenigstens kann ich bei dir anständig Lebewohl sagen, bei Adele hatte ich dazu keine Gelegenheit", flüsterte Erna an Lisas Ohr und weinte schon wieder.

„Alles Gute! Hoffentlich sehen wir uns wieder."

„Schreibt nach München an meine Schwester Annemie", rief Lisa, so laut, dass es alle hörten.

„Anna hat die Adresse." Kutzner, der ungeduldig

auf und ab marschiert war, hob jetzt die Hand.
„Alle zu den Wagen! Es geht weiter."

Lisa, Edith und Gretel standen mit den Kindern
zwischen ihrem Gepäck und winkten, bis die Wa-
genschlange zwischen den Häusern verschwunden
war.

Wenige Minuten später fuhr der Domäneverwalter
vor und lud ihr Gepäck auf. Gegen elf Uhr am
Vormittag setzte er sie am Bahnhof ab. Es regnete
und schneite gleichzeitig. Jetzt mussten sie allein
sehen, wie sie weiterkamen. Gretel kaufte eine
Fahrkarte nach Görlitz, Lisa nach See und Edith
nach Stuttgart.

„Keine Garantie", sagte der Bahnbeamten, als Lisa
ihre Koffer und Deckenpakete in die Gepäckabfer-
tigung schob. „Ich weiß nicht, ob es jemals abgeht
und noch weniger, ob es ankommt. Das ist zurzeit
ziemlich Glückssache." Er strich die Münzen und
Scheine in seine Kasse, schob die Fahrkarten und
den Gepäckschein über den Tresen und schloss
sein Sprechfenster. Sie waren die einzigen Reisenden.

Das kleine Grüppchen suchte eine Bank, ihre
Schritte halten im leeren Bahnhof. Restaurant und
Kiosk hatten die Läden heruntergelassen, es gab
nichts zu kaufen. Als Karin flüsterte: „Mutti, ich
hab solchen Hunger", schnitt sie die beiden letzten
Äpfel in Stücke. Dazu drei trockene Scheiben Brot,
das war alles, was sie noch hatten.

Den ganzen Tag warteten sie, doch es kam kein Zug. Als es dämmerte, machte niemand Licht aus Angst vor Bombenangriffen. Endlich hörten sie eine Lok näherkommen, doch der Zug fuhr in die falsche Richtung. Enttäuscht gingen sie zu ihrer Bank zurück und drängten sich eng zusammen, es zog entsetzlich. Karin und Jutta schliefen auf Lisas Schoß, die anderen starrten in die trostlose Nacht und warteten.

Da, wieder ein Zug! „Richtung Sorau, bitte einsteigen!", rief der Schaffner. Die Frauen schoben Kinder und Handgepäck in den Waggon und ließen sich erschöpft auf die Sitze fallen. Endlich! Es ging nach Süden, wunderbar! Sie waren die einzigen Reisenden im Abteil, es gab kein Licht, aber wenigstens war es warm. Keiner sprach.

Nach einer halben Stunde kam Sagan in Sicht. Hier mussten Lisa und Gretel umsteigen. Sie verabschiedeten sich herzlich, rafften im Dunkeln ihre Sachen zusammen und warteten an der Tür, bis der Zug hielt. Edith und die Kinder standen am Fenster und winkten. Die Türen fielen zu. „Wo ist Jutta?", fragte Christl und sah sich um. Lisas Herz drohte auszusetzen. War das Kind noch im Zug? Der Schaffner ging die Waggons entlang, jeden Moment würde er die Kelle heben. Lisa riss die Wagentür auf, stürzte hinein, da lag Jutta in einer Ecke und schlief! Atemlos sprang Lisa heran, zerrte das schlaftrunkene Mädchen hoch und hastete mit Jutta zur Tür zurück.

Das Signal ertönte, ein Ruck lief durch die Wagen, gerade noch rechtzeitig sprangen die beiden auf den Bahnsteig hinab. Die Lok zog unter Zischen und Fauchen an und der Zug nahm Fahrt auf. Lisa vergaß Edith und Gretel. Sie schloss Jutta in die Arme und weinte vor Erleichterung. Ihre Knie zitterten.

Doch es blieb keine Zeit, sich zu setzen, denn auf dem gegenüberliegenden Gleis fuhr ein Zug ein. Das musste der nach Niesky sein. Gretel nahm ihre schwere Tasche. Als sie einstiegen, dämmerte der Morgen. Bleierne Müdigkeit erfasste Lisa, als sie sich im Abteil niederließen. Gretel versprach, sie kurz vor Kohlfurt zu wecken. Lisa hörte es kaum noch. Sie träumte von Martha und Adele, hörte ihr fröhliches Lachen über den Schlosshof schallen und sah, wie ihre Wäsche bunt und fröhlich im Wind flatterte. Die kleine Emilie lief ihr in die Arme. Plötzlich dröhnten Flugzeugmotoren, Splittern, Krachen, Schreie! Lisa fuhr hoch. Bis in ihre Träume verfolgte sie die schreckliche Katastrophe. Lisa hatte stechende Kopfschmerzen und sehnte sich nach einem Bett, doch auch dort würde sie diese Bilder nie mehr abschütteln können.

„Ich bin froh, dass wir vom Treck weg sind", flüsterte sie und Gretel nickte traurig.

„Wir werden in alle Winde zerstreut. Ob wir jemals wieder zurück können nach Birkenhöhe?"

Lisa zuckte die Schultern. „Wer weiß, wie es jetzt dort aussieht." Sie dachte an die Hühner und Hasen. Ob sich jemand erbarmte und sie fütterte?

In Kohlfurt trennten sich ihre Wege. Lisa und die Mädchen stiegen in den Zug nach Niesky, Gretel nach Görlitz. Sie winkten lange, als der Zug aus dem Bahnhof dampfte, jetzt waren sie allein. Je näher sie Niesky kamen, umso wärmer wurde es Lisa ums Herz. Der Zug hatte nur eine Minute Aufenthalt. Diesmal schaute Lisa, dass alle Kinder mitkamen. Der Schreck steckte ihr noch gehörig in den Knochen. Christl gab das Gepäck zum Fenster hinaus, Lisa nahm es unten ab, alles ging reibungslos. Es nieselte etwas, der Wartturm war hinter dem Nebel versteckt. Lisa sah die Schleiermacherstraße hinunter und fühlte sich in ihre Mädchenzeit zurück versetzt. Hier in Niesky hatte sie die Schule besucht, jeder Straßenzug fühlte sich nach Heimat an.

Dicht an die Wand des Bahnhofs gedrängt, warteten die Kinder beim Gepäck, während Lisa in die Dresdner Straße eilte, um bei ihrem Onkel einen Handkarren zu leihen, mit dem sie Gepäck und Kinder abholte und nach See zu Tante Grete brachte. Tante Grete war die jüngste Schwester ihres Vaters und so etwas wie eine Ersatzmutter für Lisa. Damals, 1917, als ihre Mutter starb und Lisa und ihre Schwester zur Großmutter kamen, war

Tante Grete ein junges Mädchen gewesen. Sie hatte Lisa und Trudchen die Wärme gegeben, die die Großmutter nicht aufbrachte.

Tante Grete kochte eilig. „Euch kommt der Hunger ja zu den Augen heraus!", rief sie. Die Kartoffel-suppe schmeckte wunderbar, dazu gab es weiches, frisches Brot und Himbeersirup. Lisa fand, dass sie lange nicht so etwas Herrliches gegessen hatte.

Zwei Wochen waren sie unterwegs gewesen, ihr gemütliches Schulhaus in Birkenhöhe schien Ewig-keiten entfernt zu sein.

Tante Grete räumte das Kinderzimmer leer und streute Heu auf den Fußboden. Das Zimmerchen war so winzig, dass es voll war, wenn die vier wie Heringe in der Büchse nebeneinanderlagen. Am Tisch mussten sie eng zusammenrücken. Grete lebte allein hier. Lisa merkte schnell, dass sie nicht bleiben konnten, auch, weil Grete jeden Tag von ihren Kindern sprach, die nach See kommen soll-ten, weil jenseits der Weichsel der Kampf tobte. Li-sas Schwester Elfriede wohnte ein paar Häuser weiter und nahm die Vier auf. Sie besaß ein großes Haus. Lisa ging zum Bürgermeister und meldete sich und die Kinder an. Hier sollten sie von nun an zu Hause sein: in der Sproizer Strasse in See.

Die Kinder verschliefen den halben Tag. Lisa saß derweil mit einer Tasse „Muckefuck" bei Elfriede in der Küche.

„Oh Elfriede, du glaubst nicht, wie froh ich bin, hier zu sein. Alles ist so friedlich."

„Ha!" Elfriede lachte. „Dann warst du noch nicht im Dorf. In jedem Haus sind Soldaten einquartiert. Es wimmelt von Motorrädern, Kübelwagen und Panzerspähfahrzeugen. Überall Uniform. Vorn am See ist eine Versorgungseinheit."

Lisa seufzte. „Solange sie nicht schießen…"

„Im Gegenteil: ab und zu fällt etwas zu Essen ab." Elfriede grinste. „Wir haben einen Offizier unterm Dach einquartiert, der bringt jeden Tag eine Kleinigkeit mit, was mir sehr weiterhilft."

Sie legte den Arm um ihre Schwester. „Schade, dass die Umstände so entsetzlich sind. Aber es ist schön, dich mal wieder um mich zu haben, Schwesterherz." Wie ein molliges Bad an einem Wintertag, vertrieben diese Worte alle Kälte der letzten Tage, wo Lisa sich herumgeschubst und heimatlos gefühlt hatte. Es tat gut, willkommen zu sein. Elfriede war ein paar Jahre älter als sie selbst und mit ihr hatte sie sich immer sehr gut verstanden. Sie war in See geblieben und hatte ihren Sandkastenfreund geheiratet. „Schade, dass die anderen nicht da sein können: Halo, Trudchen und Annemie." Elfriede starrte versonnen auf den Tisch. „Wann wir die mal wiedersehen?" „Und wie wird es Vater gehen und Mutti in München?" Christl steckte den Kopf zur Tür herein, hinter ihr kamen die Kleinen fertig angezogen und frisch gekämmt. Elfriede goss ihnen warme Milch ein und stellte Teller mit Honigbroten auf den Tisch. Es riecht wie zu Hause, dachte Lisa und schloss traurig die Augen.

Am nächsten Tag zogen Christl und Lisa mit dem leeren Handkarren die Sproitzer Strasse hinauf nach Niesky. Am Bahnhof fragten sie nach dem Gepäck aus Sprotten. Ein Teil der Deckenpakete war angekommen und der Bahnbeamte schob das unhandliche Stück über den Tresen. Und der Rest? Er zuckte die Schultern: „Vielleicht morgen?" Lisa stöhnte. Noch einmal eine Stunde hin, eine Stunde zurück. Doch was blieb ihnen übrig? Am nächsten Tag kam der Koffer und Lisa atmete erleichtert auf. Er barg einen Teil der Kleidung, eine Menge Fotos, Karls Schulunterlagen, Dokumente und Spielzeug der Kinder. Wäre wirklich schade gewesen, wenn sie ihn verloren hätten. Es fehlten immer noch zwei Taschen und ein Deckenbündel, und so nahm sie am dritten Tag noch einmal den Weg auf sich.
Diesmal ging sie allein. Sie nahm den Umweg über den Marktplatz und wollte ein bisschen in Erinnerungen schwelgen. Vielleicht konnte sie bei ihrem alten Stammbäcker eine Dresdner Eierschecke essen? Beim Gedanken daran lief ihr das Wasser im Mund zusammen. Doch als sie um die Ecke bog, wurde sie herb enttäuscht: die Apotheke war eine Ruine, an der Bäckerei klaffte ein großes Loch, das Bürgerhaus war beschädigt, auch Niesky hatten

die Bomben getroffen. Das Ausmaß der Zerstörung erschreckte sie, nichts war wie früher, auch hier nicht.

„Sie haben Glück, gute Frau. Dieses sind ihre fehlenden Stücke." Der Bahnbeamte hievte die Tasche mit dem Geschirr und den restlichen Kleidern auf den Tresen. „In einer Stunde fährt der letzte Zug, der Bahnverkehr wird eingestellt." Glück! Alle Gepäckstücke angekommen, ja sie selbst waren gerade noch rechtzeitig gewesen. In Sicherheit bei Elfriede, auf dieser Seite von Oder und Weichsel. Auf dem Weg nach See war Lisa nach Singen zumute und als keiner in der Nähe war, sang sie wirklich. Sie konnten dankbar sein, dass alles so gut gelaufen war. Sie waren in See gut aufgehoben, weiter mochte Lisa nicht denken.

Sie erholten sich von den Strapazen der Reise, hatten genug zu essen und genossen die Gesellschaft der Familie und der alten Bekannten aus dem Dorf. Trotzdem lag Nervosität in der Luft. Von morgens bis abends zogen Trecks am Dorf vorbei Richtung Dresden. Jeweils an den ersten Wagen war der Namen des Dorfes gepinselt, aus dem er kam. Lisa las viele bekannte Ortsnamen aus Niederschlesien, auch aus ihrem Kreis Guhrau. Doch nach „Bartschdorf" und „Herrnstadt" suchte sie vergeblich.

Elfriede packte vorsorglich. Es ging das Gerücht, dass See geräumt werden müsste. Der Gutshof stellte Wagen bereit, Lisa brachte einen Teil ihrer Sachen bei Elfriedes Taschen unter. Doch es kam anders.

Anfang Februar 1945

Eines Morgens fuhr Lisa aus dem Schlaf, es war kaum hell. Sie stürzte ans Fenster und riss es auf, denn unten fuhr ein Lautsprecherwagen. Er plärrte: „Bis heute Nachmittag, fünfzehn Uhr müssen alle nicht Ortsansässigen See verlassen haben." Lisa fasste sich ans Herz, sie mussten weg. Einen Moment lehnte sie ans Fensterbrett, weil ihr schwarz wurde vor Augen, doch dann riss sie sich zusammen.

Sie weckte die Kinder und packte. Elfriede eilte in die Küche. „Ich backe euch einen Stapel Eierplinse!", rief sie und brachte kaum eine Stunde später einen Stapel Pfannkuchen an, die sie in eine Schachtel packte. Sie dufteten herrlich und Lisa sah ihre Schwester dankbar an. Davon konnten sie eine Weile essen, sie wussten inzwischen, was Hunger bedeutete.

Lisa ging auf die Dorfverwaltung, um einen Meldeschein zu erhalten, dann war es Zeit, Abschied zu nehmen. Wie Lisa solche Augenblicke hasste! Aus dem warmen Haus mit den geliebten Menschen auf einen offenen Armeelastwagen voller fremder Leute.

„He sie, gute Frau!" Ein Feldwebel hielt Lisa an. „Sie haben zu viel Gepäck! Das laden wir nicht alles auf." Lisa fuhr der Schreck in die Knochen. Sie brauchte die Sachen. Der Soldat wollte ein dickes Paket aus Decken zur Seite legen. Lisa richtete sich auf und sah dem Mann in die Augen. „Wenn das dableibt, bleiben wir auch da."

Der Mann presste die Augen zu kleinen Schlitzen. „Machen Sie hier keinen Wind!", schimpfte er und wollte sich umdrehen. „Ich weiß, was Frieren heißt", sagte Lisa ruhig. „Bitte laden Sie die Sachen auf, wir brauchen sie." Insgeheim wunderte sie sich über ihren Mut. Der Soldat stieß ärgerlich die Luft aus, packte aber Lisas Koffer, die Tasche und die beiden Deckenbündel auf die Ladefläche und half Lisa und den Kindern hinauf. Dann legte er die Hand an die Mütze und grinste Lisa an: „Sie sind vielleicht ne Marke, Weib! Allet Jute für de Zukunft!" Lisa grinste zurück, na also, warum nicht gleich so? Es wurde immer enger auf dem Lastwagen. Schließlich fuhr er an. Es mochte knapp über null Grad sein, der Fahrtwind blies eisig, es schneite leicht.

„Mutti", flüsterte Christl plötzlich und fing an zu weinen. „Meine Armbanduhr liegt noch auf dem Schrank." Kreidebleich sah ihre Älteste auf. „Die schöne Uhr von Großmutter."

„Du hast sie ausgezogen?"

„Ja, damit sie nicht nass wird beim Geschirrspülen. Und nun habe ich sie liegen lassen." Lisa legte tröstend den Arm um Christl.

„Schade. Zurück können wir nicht. Vielleicht nimmt Elfriede sie mit, wenn sie wegmüssen. Wir schreiben ihr später." Christl war untröstlich. Nach einer Stunde Fahrt wurden sie kurz vor Hoyerswerda vor dem „Adler" abgeladen. Das ehemalige Gasthaus war wohl bis vor kurzem als Lazarett genutzt worden, das roch Lisa schon an der Tür. Ein furchtbarer Karbolgestank schlug ihnen entgegen. Dicht an dicht drängten sie sich im Flur. Oh nein! Karin trippelte von einem Bein aufs andere! Wohl oder übel ließ Lisa das Gepäck bei Jutta und Christl und quetschte sich mit dem Mädchen durch die Menschenmenge zur Toilette.

Als sie zurückkamen, hatte Christl schon ein Zettel mit der Zimmernummer in der Hand: Zimmer vierzehn. Sie waren nicht allein, in Zimmer vierzehn hatten sich schon drei Familien niedergelassen. Also stiegen sie über Pakete und Decken, balancierten zwischen Taschen und Koffern und fanden schließlich ganz vorn am Fenster ein Eckchen, das kaum reichte, dass alle sich hinlegen konnten. Jutta sagte zwar kein Wort, doch Lisa sah wohl, dass sie sich vor den Spinnen in der Ecke fürchtete. Der Fußboden klebte speckig und Lisa graute es, hier ihre Decken auszubreiten.

Am einzigen Badezimmer auf dem Stock standen sie Schlange zum Händewaschen, die Toilette hatte eklig braune Spuren und war zudem ständig belegt. Die Beine umgedrehter Tische ragten zwischen den Familien in die Luft. Daran befestigte jeder eine Decke und so konnten sie wenigstens etwas Privatsphäre schaffen. Aber das Weinen der Säuglinge, das Husten des alten Mannes an der Tür, Weinen und Flüstern drangen trotzdem durch. Lisa lag sehr lange wach. Das Schlimmste waren die Flugzeuge. Die ganze Nacht hörte Lisa, wie sie in Staffeln heran dröhnten und Bomben explodierten. Der Bahnhof sei das Ziel gewesen, erfuhr Lisa am Morgen und bekam weiche Knie, wenn sie daran dachte, dass sie genau dort heute abfahren sollten. Sie warteten den ganzen Vormittag. Schließlich hielt Lisa es nicht länger aus. Zusammen mit einer Frau aus Breslau und einigen alten Männern ging sie zum Bahnhof, um zu erfahren, ob überhaupt noch ein Zug kam. Wenn einer fuhr, wollte sie einen Platz reserviert haben, damit sie wirklich mitkamen. Jutta jammerte, sie hatte Angst. Christl nahm sie an der Hand und zog sie ans Fenster. „Mutti kommt sicher wieder, wir warten am Fenster auf sie." Mein tapferes Mädchen, dachte Lisa stolz.

Um vierzehn Uhr dreißig sollte ein Zug fahren. Lisa kaufte Fahrkarten, rannte zurück und packte ihre Sachen zusammen. Die Breslauerin hatte einen Handkarren organisiert und war bereit, Lisas Sachen mit aufzuladen. Um halb zwei würde sie an der Laterne warten.

Der Bahnhof wies weniger Schäden auf als erwartet, der Schaffner sagte, die auslaufenden Gleise seien intakt. Doch Lisa schaute nervös zum Himmel. Wo sollen wir hin, wenn die Bomben fallen? Der Zeiger der Bahnhofsuhr sprang auf halb, der Zug dampfte ein. Endlich! Lisa schob Kinder und Gepäck die Stufen hinauf. Hoffentlich fuhren sie gleich ab.

Das Innere des Abteils überraschte sie: ein komfortabler Reisezug. Lisa schob die Tür des Abteils auf, das sie ganz für sich allein hatten. Es schien ein Truppentransportzug zu sein, an den Wänden gab es doppelstöckige Liegepritschen.

Lisa schob das Fenster herunter und schaute den Zug entlang, kein Mensch mehr auf dem Bahnsteig. Nur eine Strohtasche stand dort. Wem die gehörte?

Ein Volkssturmmann kam heran und hob sie auf. Lisa lachte und winkte ihm, es war Baumeister Stöbe aus Herrnstadt. Was für ein Zufall.

„Wie wunderbar, dich gesund und munter zu sehen, Lisa", rief er herauf. „Ist das deine Tasche?" Er hob sie hoch. Lisa schüttelte den Kopf. „Sie scheint herrenlos. Du kannst sie gebrauchen." Er linste hinein. „Weckgläser. Kirschen, Karotten, sogar ein Glas Karnickelfleisch. Ich befehle also, sie mitzunehmen. Hier!"

Er streckte die Tasche zum Fenster herein und lächelte verschmitzt. „Alles Gute, ihr Bertrams! Alles Gute."

Lisa schloss das Fenster. Die Lok pfiff und fuhr an.

Gespannt öffneten die Mädchen die Tasche und lachten glücklich: eine Tüte getrockneter Apfelringe, eine Packung Zwieback, fünf Weckgläser und sogar eine Dose mit Kandiszucker! Alle vier hatten die Gefahr vergessen, lutschten jeder ein Bonbon und freuten sich über das unerwartete Geschenk.

Der Zug ruckelte gleichmäßig, und das klack-klack der Schienen schläferte ein. Anfangs spielten die Kinder noch Schnick-Schnack-Schnuck, später holte Christl ihre rote Schnur aus der Tasche und zog mit Jutta Fadenspiele von Hand zu Hand. Wohin fuhren sie? „Gau Bayreuth" hatte Lisa einen Offizier sagen hören. Das letzte blasse Licht des Tages kam von rechts, sie fuhren also nach Süden. Lisa überlegte, ob sie die Betten aus den Säcken ziehen durfte, oder ob sie bald umsteigen mussten. Sie hatte keine Ahnung und niemand kam, der sie informierte. Als nur noch ein kleines Licht aus dem Gang in ihr Abteil fiel, breitete sie die Decken aus, hüllte die Kinder ein und versuchte selbst zu schlafen. Doch es wollte nicht gelingen.
Mitten in der Nacht fuhren sie in einen Bahnhof ein. „Neustadt in Sachsen", las sie an der Wand. Sie versuchte, sich die Landkarte vorzustellen. Das musste östlich von Dresden sein, wenn sie sich richtig erinnerte. Der Bahnhof lag im Dunkeln, kein Mensch auf dem Bahnsteig, keiner stieg aus.

Keine Durchsage im Lautsprecher, gespenstisch. Im Zug rührte sich nichts. Ob sie hier über Nacht blieben? Lisa zog die Decke enger, sie fröstelte. Die Mädchen im oberen Bett lagen alle drei aneinander kuschelt und wärmten sich gegenseitig.

Plötzlich fiel die Einsamkeit über Lisa her. Da liege ich, in einem Zug, von dem wir nicht wissen, wohin er fährt, wie lange er unterwegs sein wird, was die Zukunft bringt. Heimatlos. Karl unendlich weit weg. In einem erbarmungslosen Krieg. Wohin der Treck wohl fuhr mit Anna, Herta, Pauline? Wie geht es Anneliese? Wo, um alles in der Welt, sind meine Schwiegereltern, mein Vater? Und wie sieht es zu Hause in Birkenhöhe aus? Ob die Hasen und Hühner noch leben? Tausend Gedanken gingen ihr durch den Kopf. Hoffentlich platzt die Wasserleitung nicht, ich hätte den Haupthahn abdrehen sollen, wenn es jetzt so kalt ist. Dann steht alles unter Wasser, wenn wir zurückkommen. Kommen wir überhaupt zurück? Die Gedanken verschwammen. Müde und doch aufgewühlt, wollte der Schlaf nicht kommen. Heimatlos, dachte sie immer wieder und starrte an die abgeblätterte Bahnhofswand.

Irgendwann musste sie eingeschlafen sein, doch selbst im Schlaf fand sie keine Ruhe. Dröhnende Flugzeugmotoren verfolgten sie bis in die Träume. Als die Dampflok anfing zu fauchen, erwachte sie. Ein neuer Tag im Zug nach Nirgendwo.

Karin musste zur Toilette, also ging Lisa mit ihr den Gang hinunter, Christl und Jutta blieben sicherheitshalber bei den Sachen. An der einzigen Toilette warteten schon sechs Leute. Die Kleine schaffte es gerade noch. Das Waschbecken funktionierte nicht, kein Tropfen. Karins Auge war verklebt, sie musste irgendwo einen Durchzug bekommen haben. Doch wie sollte sie ohne Wasser dem Mädchen das Gesicht waschen? Sie fuhren durch einen Tunnel, dann über eine lange Brücke. Das ist die sächsische Schweiz, dachte Lisa. Sie zeigte aus dem Fenster: „Dort ist die Elbe, Kinder, schaut! Da oben ist Königstein." Warum sind wir nur so umständlich um Dresden herumgefahren? Lisa konnte es sich nicht erklären. Nun ging es Elbe aufwärts, sie folgten dem Strom bis Tetschen-Bodenbach. Dort stand der Zug lange im Bahnhof. Die Lok wurde umrangiert. Neben dem Eingang entdeckte Lisa einen Hydranten. Ob sie dort schnell Wasser holen sollte? Oder fuhr der Zug gleich weiter? Andere Reisende vertraten sich die Beine auf den Bahnsteig und so scheuchte sie die Mädchen nach draußen. Sie hatte zwei Waschlappen und ein Handtuch mitgenommen. Inzwischen hatte sich an der Wasserstelle schon eine Schlange gebildet. Lisa wusch Karins Auge, machte sich und die Kinder frisch. Anschließend füllte sie zwei Weckgläser mit Wasser, wer weiß, wann es wieder so eine Gelegenheit gibt, dachte sie.

Dann ging es weiter nach Süden. Ein kleiner, hagerer Mann in Schaffneruniform ging mit hinter dem Rücken verschränkten Händen im Gang auf und ab. Lisa hatte ihn gestern schon gesehen. Jetzt schob er die Tür des Abteils einen Spalt auf, steckte den Kopf herein und näselte:

„Hier alles in Ordnung? Ich muss ihre Personalien aufnehmen." Er zog ein dickes Buch aus der Tasche.

Lisa sah auf. „Ich wüsste gern, wohin wir fahren", sagte sie leise. Der Schaffner zuckte die Schultern.

„Das weiß keiner." Lisa riss die Augen auf.

„Sie auch nicht?"

„Nein.", sagte er knapp.

„Hieß es nicht: Ziel Gau Bayreuth?"

„Das stimmt. Wir wurden mehrmals umgeleitet." Er wollte nicht recht raus mit der Sprache. „Wir hätten einfach über Dresden…"

„Das ist das Problem. Eigentlich darf ich nicht darüber sprechen. Dresden wurde massiv bombardiert."

Lisa schlug die Hand vor den Mund. „Die ganzen Trecks… Ihr Ziel war Dresden. Bombardiert sagen sie? Aber… Das darf nicht wahr sein." Sie verbarg das Gesicht in den Händen. Der Schaffner warf einen unsicheren Blick auf die Mädchen, die stumm da saßen.

„Tut mir leid, ich wollte sie nicht beunruhigen. Wir fahren durch die Tschechei, hier sind wir sicher. Und dann sieht man weiter. Habe die Ehre!" Er lupfte den Schaffnerhut und zog den Kopf aus der Schiebetür. Keiner sagte ein Wort. Alle die Dorfnamen, die sie an den Wagen gesehen hatte, alle diese Leute aus Schlesien, sie waren nach Dresden gefahren!

Ein blondes Mädchen klopfte an die Abteilscheibe und fragte nach einem Glas Wasser. Sie hätten nichts mehr und ihr kleiner Bruder sei so durstig. Lisa schenkte ihr eins der Gläser mit dem Kirschkompott, da konnten sie den Saft trinken. Wasser hatten sie selbst nicht mehr. Das Mädchen lächelte, da legte Christl ihr noch drei große Stücke Kandis in die Hand.

Leiterniz, Most, Karlsbad. Den ganzen folgenden Tag durften sie nicht aussteigen. Sie tunkten die beiden letzten harten Pfannkuchen in das zweite Glas Kirschkompott, aßen kaltes Kaninchenfleisch mit kalten Bohnen, kauten trockene Apfelringe. Trotzdem knurrte der Magen, Lisa hatte stechende Kopfschmerzen und ihr war übel von der Luft, die nach Kohlenrauch aus dem Schornstein der Lok und nach dem öligen Dampf aus den Räderkolben stank.

Plötzlich glaubte sie ihren Augen nicht zu trauen: dieses Stadtbild in österreichischem Gelb mit den Kuppeln kannte sie von Postkarten. Das musste

Franzensbad sein. Sie erkannte das Badehaus, den Malteser Garten. Hierher war ihre Mutter erst letztes Jahr zur Kur gefahren. Lisa schien das Ewigkeiten her zu sein. Wie ihr ganzes früheres Leben. Wie es Mutter wohl ging?

Am nächsten Mittag erreichten sie Bayreuth, doch noch immer schienen sie nicht am Ziel zu sein. Wieder wurde die Lok gewechselt, eine Gruppe wichtiger Männer in Uniform steckten auf dem Bahnsteig die Köpfe zusammen. Schließlich winkte einer dem Schaffner zur Weiterfahrt und scheuchte die Menschen in den Zug zurück, die sich auf dem Bahnsteig die Füße vertreten hatten. Wie lange sollten Sie denn noch in der Eisenbahn fahren? Sechs Tage waren sie nun schon unterwegs. Lisa sehnte sich danach, zu baden und in frische Wäsche zu schlüpfen, die Strümpfe zu waschen und die Haare zu ordnen. Hier gab es keinen Spiegel, doch sie musste schrecklich aussehen.
Tagsüber kam warme Luft aus einem Schlitz unter den Sitzen, daran konnten sie sich die Hände wärmen. Aber nachts, wenn der Zug stand, wurde es furchtbar kalt. Lisa war froh an ihren Federbetten. Aber selbst die hatten morgens eine feine Eisschicht vom festgefrorenen Atem.
Draußen zogen endlos Wälder vorbei. War das der bayerische Wald? Hier kannte sich Lisa überhaupt nicht aus. Irgendwo im Koffer musste Karls kleiner

Atlas sein, aber Lisa wollte ihn nicht öffnen. Was sie nicht ständig brauchten, stand gepackt neben der Tür. Sie wollte bereit sein, wenn sie plötzlich aussteigen mussten. Ob sie nach München fuhren? Das wäre prima, dort konnte sie vielleicht bei Annemie unterkommen.

Doch in Regensburg fuhr der Zug nach Osten. Was lagen dort für Städte? Am späten Nachmittag streckte der Schaffner den Kopf herein. „Fertig machen zum Aussteigen." Eilig packten sie ihre Sachen zusammen. Endlich kamen sie aus diesem engen Raum. Acht Tage lang waren sie Bahn gefahren. Dann standen sie mit den anderen Reisenden im Gang, voll bepackt mit Taschen und Deckenpaketen. Ängstlich sah Lisa nach Jutta und Karin, nicht, dass sie im Gedränge verloren gingen. „Waggon Nummer drei: Plattling raus!", brüllte jemand in ein Megaphon. „Wagen Nummer vier: Pankofen raus." „Wagen Nummer fünf: „Deggendorf raus!" Das war ihr Wagen! Sie reihten sie sich in die Menge der Aussteigenden.

Sie wurden in eine Güterhalle gelotst. Wieder warten. Karin schlief fast im Stehen ein. Lisa schmerzte der Rücken. Da entdeckte sie das Essen! Dort hinten erwartete sie ein langer Tisch mit Bergen von Wurstsemmeln! Sie musste zweimal hinsehen. Narrte sie der Hunger? Himmlisch sah das aus!

Und dieser Duft! Wie in einem feinen Hotel, nach
Pfefferminztee und Lyonerwurst!
Eine ganze Reihe freundlicher Helferinnen reichten den Ankommenden heißen Tee. Karin jauchzte
so laut, dass die Umstehenden aufsahen. Lisa vergaß die triste Güterhalle. So weiches Weißbrot,
eine dicke Schicht Butter und große Rädchen Lyo-
ner. Etwas Feineres hatte sie Ewigkeiten nicht
mehr gegessen.
Hier gab sich jedermann große Mühe mit den
Flüchtlingen. „Willkommen in Deggendorf!",
stand auf einem Plakat. Mit so viel Wärme, ja
Liebe, hatte sie wirklich nicht gerechnet. Jedes
Kind bekam einen Apfel und einem bunten Lutscher. Wo gab es denn so was noch zu kaufen?
Während Lisa zwischen den Kindern saß und selig
kaute, schaute sie in die Gesichter der Frauen, die
die Tabletts mit den aufgeschichteten Brötchen von
einer Gruppe Flüchtlinge zur nächsten trugen. Ihre
sonnenbraunen Gesichter ließen harte Arbeit, ein
karges Leben und auch Sorgen erkennen und doch
strahlten sie gütig und offenherzig in die müden
Augen der Fremden. Das machte Lisa Mut, auch
hier arbeiteten die Frauen zusammen. Sie musste
an ihre Freundinnen in Birkenhöhe denken. Augenblicklich hatte sie Marthas rundliches Gesicht
vor Augen und konnte nicht fassen, dass diese
wunderbare Frau nicht mehr lebte.
„Noch Tee?", fragte eine grauhaarige Dame, die sie
an ihre Mutter erinnerte. Lisa nickte und wischte

eine Träne aus den Augenwinkeln. Teilnahmsvoll legte die Frau ihre Hand auf Lisas Arm. „Olles Guate für die Zukunft", flüsterte sie aufmunternd. „S´kumma wiada bessre Zeita." Das konnte sich Lisa im Moment überhaupt nicht vorstellen.

„Mutti", Karin zupfte sie am Ärmel. „Die reden alle so wie der Herr Obermeier in Birkenhöhe. War der von dieser Gegend?" Lisa nickte. Manchmal hatten sie über seine sonderbaren Ausdrücke geschmunzelt. Ja, hier redeten alle wie Herr Obermeier. „Mutti", Karin war mit ihren Beobachtungen noch nicht zu Ende. „Mutti, hör nur: hier können die Kinder sogar schon bayerisch reden." Jutta kicherte und Lisa legte den Arm um ihre Jüngste. „Du hast recht, Karin", flüsterte sie. „Und die reden so sehr bayerisch, dass ich kaum verstehe, was sie sagen."

„Familie Vogel in Gries", stand auf Lisas Meldeschein, den sie in die Hand gedrückt bekommen hatte. Gespannt schaute sie in die Runde. Die Leute aus dem Dorf standen an der Tür, um die Flüchtlinge abzuholen, die ihnen zugeteilt worden waren. Eine rundliche, kleine Frau drückte zwei Buben und ihre schüchterne Mutter herzlich, und führte sie plaudernd zur Tür hinaus, andere gaben ihren Ankömmlingen förmlich die Hand und schoben sie vor sich her nach draußen. Wieder andere nahmen einfach den Meldeschein und gingen, die Fremden würden ihnen schon folgen.

Lisa ließ den Blick über die übrigen Gastgeber schweifen. Wo würden sie hinkommen? „Frau Bertram", rief der Ortsvorsteher. Ein Dorfbewohner um die fünfzig löste sich aus der Gruppe der Einheimischen. Lisa erschrak. Der Mann in der zerschlissenen Jacke, an der ein Knopf fehlte, wirkte ungepflegt. Sein Kinn unrasiert, die Zähne gelb vom Rauchen, die Nase rot. Die Schnapsfahne, die Lisa entgegenschlug, nahm ihr fast den Atem. In diesem Haus sollten Sie wohnen?

Im Gehen fing sie den mitleidigen Blick einer Dorfbewohnerin auf. Was sollte sie tun? Hatte sie eine Wahl? Unsicher sah Christl zu ihr auf. Wahrscheinlich war ihr auch der Willem aus Birkenhöhe eingefallen, bei dem es genauso gerochen hatte. Lisa bemühte sich, zu lächeln, nahm die Decken unter den Arm und hängte die Taschen um. Erst auf ein Zeichen des Ortsvorstehers bequemte sich der Mann, den großen Koffer zu tragen. Herr Vogel warf den Koffer auf einen Handkarren, der an der Wand stand. Lisa und Christl ergriffen die Deichsel, als der Mann keine Anstalten machte, den Wagen zu ziehen. Lisas Magen knurrte laut, es mochte elf oder zwölf Uhr sein, an Frühstück hatte keiner gedacht. Auf Stühlen sitzend hatten sie die Nacht in einer Gaststube verbracht.

Lisa machte sich keine Hoffnung, dass es in Vogels Haus eine warme Suppe geben könnte, also hielt sie auf dem Weg Ausschau nach einer Bäckerei oder einem Lebensmittelladen. Der Ort, etwas größer als Birkenhöhe, wirkte sauber und adrett, in den Vorgärten schauten die ersten Schneeglöckchen aus den Schneelücken in der Sonne.

Vor dem Gasthaus zum Adler war der Schnee weggetaut und eine Frau rechte die Blätter vom Beet. Der Geruch der frischen Erde ließen Lisa schwindelig werden vor Heimweh. Auch in Birkenhöhe öffneten jetzt am Bach die ersten Schlüsselblumen ihre Kelche. In anderen Jahren hatte sie genauso in ihrem Vorgarten die Beete glattgezogen, wie es die Frau dort tat. Lisa musste wegschauen, damit sie nicht anfing zu schluchzen. Nebenan kamen zwei ältere Frauen aus einem winzigen Gemischtwarenladen. Sie schleppten volle Einkaufskörbe. „Guadmorgn.", rief die eine der Gärtnerin zu. „Guadmorn beinand!", rief sie zurück und winkte. „I wünsch da a scheena Dog!", meinte die andere. Der niederbayerische Dialekt klang wie Kauderwelsch in Lisas Ohren. Ob sie sich je daran gewöhnen würde? „Guat dass i di treff, Bertl. Gib mir amol dei Kerwl. I dua dir Erpfl nei. Sin scho gwoschn." „A schaug amol…Dank schee." „Jo grias eich Gott…" Lisa musste sich sehr konzentrieren, dass sie einigermaßen verstand, wovon geredet wurde. Sie fühlte sich fremd und ausgeschlossen.

Durch die Ladentür des Dorfladens sah sie die Besitzerin am Tresen hantieren. Es war die rundliche

Frau von gestern, gemütlich wie Pauline Dalibor. Wie es der wohl ging? Daneben gab es einen kleinen Bäckerladen und Lisa bemühte sich, den Weg zu behalten. Später musste sie hierher zurück. Gries war ein Teilort von Mitterndorf jenseits der Landstraße. Gleich am Ortseingang lag der „Mutzenbauernhof", wie über der Tür zu lesen war. Eine rundliche Frau, die die Arme um einen Jungen in Karins Alter gelegt hatte, wartete an der Tür. Immerhin hatte sie ein zaghaftes Lächeln für Lisa und fragte nach den Namen der Mädchen. Sie führte die Flüchtlinge über die enge Stiege ins obere Stockwerk und öffnete eine Zimmertür. „Hier werden 'S wohnen, Frau Bertram. Mehr Platz haben wir nicht zu vergeben."

Modrige, abgestandene Luft schlug ihnen entgegen. Doch das Zimmer war erstaunlich geräumig und unerwartet hell. Neben einem Doppelbett aus wurmstichiger Eiche hatte Frau Vogel einen Sack Heu abgestellt, vermutlich, damit Lisa für die Kinder Betten zurecht machen konnte. Am Fenster stand ein Tisch mit drei Stühlen und einem wackligen Hocker und rechts in der Ecke ein Holzofen, den sie zum Heizen und zum Kochen nutzen konnte. Einen Schrank gab es nicht, nur ein windiges Holzregal. Sie holten das Gepäck herauf und Vogels verschwanden.

Da standen sie nun alle vier. Das war ihr neues Zuhause. Ohne ein Wort legte sich Karin auf die blanke Matratze, seufzte selig und schlief ein.

„Wartet", sagte Lisa, als Jutta und Christl sich ebenfalls hinlegen wollten. „Wir spannen zuerst ein Leinentuch auf die alte Matratze."
Lisa zog die Deckenpakete auseinander und machte es allen gemütlich. Am liebsten hätte sie sich dazu gelegt, doch der knurrende Magen war stärker.
„Ich gehe schnell einkaufen." Mit einer der ausgeräumten Taschen ging sie ins Dorf zurück. Doch die dicke Ladenbesitzerin schüttelte den Kopf: „Die preisischen Lebensmittelkarta gelten in Bayern nicht. Sie missa beim Stangl, des is der Bürgermeista, a neie hola." Sie deutete durch das kleine Schaufenster die Straße hinunter.
Lisa fügte sich achselzuckend, also zuerst anmelden. Zum Glück trug sie die Ausweise noch in der Manteltasche. Mit der neuen Lebensmittelkarte steuerte sie den Laden zum zweiten Mal an. „Eigentlich müsstens den Flichtlingen a extra Kartn gem", brummte die Verkäuferin. „Des bissl reicht do vorn un hintan net." Als Lisa bezahlt hatte, sagte sie: „Wartens, sie krign no wos." Sie verschwand im Hinterzimmer mit Lisas Tasche und reichte sie anschließend dick gefüllt wieder über den Ladentisch. „Des sagen si fei koanem, jo?", lachte sie. „I heis übrigens Frau Blocher." Sie streckte Lisa die Hand hin. Erfreut schlug sie ein. Wie wunderbar wäre es, hier in Bayern Freundinnen zu finden.

„Vielen Dank, Frau Blocher, ich heiße Lisa Bertram. Was bin ich noch schuldig?"
Die Frau lachte und Lisa gefiel es, wie ihre kleinen Äuglein fast hinter den dicken Backen versanken.
„Scho guat. Kost nix. Ihr werdets braucha kinna!"
Lisa verabschiedete sich erleichtert. Wenn schon Vogels nicht besonders freundlich waren, im Dorf würde sie Frauen finden, die sie in ihrer Mitte willkommen hießen.
Vom Bäcker holte sie ein Brot, kochte die Kartoffel, die sie in ihrer Tasche fand und legte alles auf den Tisch. Die Teller hatte sie zu Hause wieder ausgepackt, weil sie ihr zu schwer schienen. Wenigstens Besteck hatten sie dabei. Ob ihr jemand im Dorf vier Teller schenken würde?
Die Mädchen waren so müde, dass sie wieder ins Bett krochen. Lisa konnte sich kaum noch auf den Beinen halten, obwohl es erst Nachmittag war. Sie breitete das Heu in der Ecke neben dem Bett aus, legte ein Laken darüber und war eingeschlafen, noch ehe sie sich richtig zugedeckt hatte.

Mitte Februar 1945

Lisa schlug die Augen auf, brauchte einen Augenblick ehe sie begriff, wo sie war. Karin schob geräuschvoll einen Stuhl ans Fenster, Jutta kletterte zu ihr hinauf und schob die Gardine zur Seite. Christl schlief noch. Draußen war es schon wieder hell. Hatten sie so lange geschlafen? Ihre Schläfe pochte. Die letzten Tage und Wochen hatten sie ausgelaugt. Sie schälte sich aus ihren Decken und kletterte aus dem Heubett. Nicht besonders bequem, aber viel besser als ein Eisenbahnabteil.

„Schau Mutti", sagte Jutta und zeigte nach unten auf die Straße. „Das große Mädchen von Vogels geht in die Schule. Müssen wir nicht auch in die Schule gehen?"

Lisa kramte in der Tasche des Mantels und suchte den Zettel, den der Bürgermeister ihr gegeben hatte. Darin stand, dass Christl und Jutta nach Ostern in Neßlbach zur Schule gehen sollten, Karin würde dort auch eingeschult.

„Ich will nicht in die Schule", maulte Jutta. „Da kenne ich keinen und verstehen tue ich die Leute sowieso nicht. Die reden so seltsam."

„Wenn nur Vati wiederkäme, dann wäre alles besser zu ertragen."

„Und wir hätten den besten Lehrer der Welt!", rief Christl.

„Ich wette jedenfalls, jeder bayerische Lehrer ist besser als der Bischoff. Rrrrk!", machte Jutta ihren alten Lehrer nach und alle lachten.

Nach dem Frühstück, es bestand aus den Resten Brot und Äpfel, räumte Lisa die Tasche mit den Küchensachen ins Regal: Sie hatte einen Topf mitgebracht, Besteck für jeden, Kochlöffel und Schöpfkelle, ein scharfes Messer, für jeden einen Emailbecher. Das war's, keine Schüssel, keine Teller.

Christl bot sich an, zu Frau Vogel zu gehen und zu fragen, ob sie ihnen Teller und Schüsseln leihen könnte. Lisa sah sie erstaunt an, so mutig kannte sie ihre Tochter gar nicht.

Christl blieb lange weg und Lisa wollte schon nachsehen, als sie kreidebleich in der Tür stand.

„Ich glaube, er stirbt!", stieß sie hervor.

„Wer?"

„Der Herr Vogel."

Lisa sog die Luft ein. „Oh nein!"

„Ich musste lange warten", erzählte Christl. „Frau Vogel war in Stall. Da stand ich in der Stube, der Herr Vogel saß auf der Ofenbank, die Hände vor dem Gesicht und hat arg gejammert. Immer hat er den Kopf vor und zurück gemacht und gesagt: Aus is! Aus is! Mutti, wenn er jetzt stirbt…"

Lisa nahm Christl in den Arm. „Dann hast nicht nach den Tellern gefragt?" Das Mädchen schüttelte stumm den Kopf.

„Da läuft er!", rief Jutta, die wieder am Fenster stand. „Mit der Hacke über die Schulter. Er sieht gar nicht tot aus." Christl und Lisa sahen sich an. „Jetzt verstehe ich überhaupt nichts mehr", sagte Christl und ließ sich aufs Bett fallen. „Die Bayern sind komische Leute."

Unten im Flur schepperte es laut. Christl sprang auf, öffnet die Tür einen Spalt breit und schielte die Treppe hinab. Frau Vogel war offensichtlich ein Krug aus der Hand gefallen, überall lagen Scherben verstreut. „Aus is", heulte sie, „aus is!"

„Ob Frau Vogel jetzt auch stirbt?", kicherte Jutta, als Christl die Tür geschlossen hatte. Die beiden prusteten los und Christls Gesichtsfarbe kam zurück. „Die sagen wohl immer und zu allem: aus is!"

„Stimmt, ich erinnere mich, die Frau, die nach mir aus dem Laden kam, sagte das auch.", fiel Lisa ein. „Dabei ist sie nur am Bordstein gestolpert. Vielleicht ist das wie in Schlesien, wenn die Leute `geh ock´ sagen. Das nimmt man auch für alles."

„Ich werde niemals `aus is´ sagen", war Jutta überzeugt. „Und wenn, wird es mich an Vogels erinnern, bis an mein Lebensende." Lisa lachte und schüttelte den Kopf. „Auf jeden Fall müssen wir uns keine Sorgen mehr um Herrn Vogel machen." Sie streichelte Christl und seufzte: „Aber Teller haben wir immer noch keine."

„Ham sia jetzt das letzte Stück Soapfa gnumma?",
fragte die Frau mit dem grünen Lodenmantel hinter ihr, als Lisa bei Frau Blocher an der Kasse
stand. „Nein", antwortete Lisa. Was ist Soapfa?
überlegte sie irritiert.
„Dann woars dia Flichtlingsfrau, die vorhin herrin-
nen woar. Olles is knapp in dem blöden Krieg und
jetzt kumma die no und nehmen uns alles weg.
Wann kriegen´s wieder Seife, Frau Blocher?"
„Nächste Woche, Frau Andl", sagte Frau Blocher
und füllte hundert Gramm Waschpulver für Lisa
in eine Tüte.
„Überschwemmt wird Bayern!", fing Frau Andl
wieder an zu zetern. „Überschwemmt von dena
Preissa. Die macha unser gute Kultur kaputt. Net
mal in die Kirchn gehen´s, dia Heidn!"
Frau Blocher hob die Augenbrauen und sah zu
Lisa hinüber.
„Wir sind evangelisch", sagte Lisa äußerlich ruhig.
„Wir dürfen hier gar nicht in die Kirche."
Frau Andl schnaubte. „I komm später wiader.
Preissen, saudumme", murmelte sie und stieß die
Ladentür auf. „Am liebsta verschwindet ihr bald
wieder."
Die Ladenglocke bimmelte, die Tür fiel zu. Betre-
tene Stille. Was sollte Lisa sagen?
„Recht hot´s", sagte eine Frau in der Schlange.
„Hätten bleiben können, wo sie woarn."
Lisa hatte einen Kloß im Hals. Wie gern wäre sie in
Schlesien geblieben.

„Wir ham selber nicht genug", sagte eine andere.
„Was denken die, wovon sie leben wollen? Am
Ende klauen sie uns das Zeug aus dem Garten. Ich
bin auf der Hut."

Frau Blocher räusperte sich. „Brauchen Sie noch
was, Frau Bertram?" Lisa schüttelte den Kopf.
„Und damit sie's wissen, meine Damen", sagte
Frau Blocher mit vorgeschobenem Kinn und zu-
sammengekniffen Augen. „Wer bezahlt, ist bei mir
jederzeit willkommen. Katholisch oder evangelisch, ganz egal. Was darf's sein, Frau Obermeier?
Auf Wiedersehen, Frau Bertram. Einen schönen
Tag wünsche ich."

Lisa lächelte zaghaft und verließ den Laden, ohne
die beiden Damen hinter sich noch einmal anzusehen. Ihr war schlecht.

Auf dem Heimweg musterte sie die schmucken
Häuser, die sauber gefegten Wege, die frisch um-
gegrabenen Gärten. Jede dieser Frauen hatte den
Keller voller Weckgläser, Marmelade, Kartoffeln
und Krautköpfen. So wie sie selbst zu Hause in
Birkenhöhe. Nur, dass sie aus ihrem Keller nichts
holen konnte. Dabei hatten ihre Kinder Hunger.
Heute wollte sie die Linsen kochen, die sie eben
gekauft hatte, dazu gab es für jeden eine Scheibe
Brot. Ob das Mahl dieser Lästermäuler ebenso so
karg war? Lisa zwang sich, den Ärger hinunter zu
schlucken.

Etwas anderes bereitete ihr Sorge: von dem Brennholz, das Vogels bereit gelegt hatten, war kaum

noch etwas übrig. Wie sollte sie also die Linsen kochen?"

Als sie ins Zimmer kam, lag Jutta auf dem Bett und langweilte sich. Christl und Karin kullerten einen Ball hin und her, den Vogels Tochter ihnen geliehen hatte.

„Geht doch eine Weile runter auf die Wiese", schlug Lisa vor.

„Ich gehe nicht raus", murmelte Jutta. „Die anderen Kinder mögen uns nicht. Nie mehr gehe ich raus zum Spielen."

Lisa kratzte sich am Kopf. Den Kindern ging es nicht besser als ihr selbst. „Sie werden sich an uns gewöhnen." Lisa versuchte, ihren Kindern Mut zu machen. Sich selbst auch.

„Die Preußen reden komisch, hat das Mädchen mit den dicken Zöpfen gesagt und mich nachgeäfft. Ich hasse sie!"

Lisa versuchte, Feuer zu machen. Die letzten Holzstücke waren zu dick und brannten nicht ohne Kleinholz. Christl schaute eine Weile zu, dann stand sie auf.

„Sollen wir in den Wald gehen und Äste sammeln, Mutti?", fragte sie. Jutta klatschte begeistert und sprang vom Bett. „Das machen wir, Christl. Das machen wir jetzt gleich. Ich langweile mich sowieso."

Lisa sah ihnen aus dem Fenster nach, wie sie begeistert die Schulstraße hoch Richtung Wald rannten. Atemlos kehrten sie nach zwei Stunden mit großen Astbündeln zurück. Lisa staunte, wie sie so viel Holz hatten tragen können.

„Wir haben es nicht getragen, wir haben alles auf einen großen Ast gebunden", berichtete Jutta mit roten Wangen. „Und dann haben wir den Ast hinter uns hergezogen, wie einen Wagen. Das hat herrlich gestaubt auf der Straße!"

Sie knackten die Äste klein und stapelten sie neben dem Ofen. Was noch feucht war, legte Lisa in die Bratröhre, damit es schnell trocknete. Doch das Feuer wollte nicht recht brennen, wahrscheinlich war das ganze Holz nicht trocken genug. Es qualmte und stank wie Räucherspeck. Lisa hustete und die Augen tränten. Hier sollten Sie heute Nacht schlafen?

Die Linsen schmeckten jedenfalls hervorragend. Vielleicht auch, weil es ihnen inzwischen vor Hunger übel war. Sie aßen aus dem Topf, Teller hatten sie immer noch keine.

März 1945

Nun waren sie schon eine Woche in Bayern.
Es gab nichts zu tun, außer sich ums Essen
zu kümmern. Das war schwierig genug.
Was sie auf Lebensmittelkarten bekamen, reichte
kaum zum Leben und oft hatte Frau Blocher noch
nicht mal da, was Lisa zustehen würde. Jeden Tag
dachte sie an ihre Vorräte zu Hause und wer davon jetzt wohl aß. Manchmal träumte sie nachts
davon, dass sie ein Glas Kirschkompott aus dem
Keller trug und Grießbrei dazu kochte, sah sich
eine Henne rupfen und Schnittlauch in Beet abschneiden. Mindestens achthundert Kilometer lagen zwischen ihr und ihrem geliebten Garten.
Würde sie ihn je wieder sehen?

Die Kinder wurden indessen mutiger und lernten
Mitterndorf kennen. Am Samstag kamen sie in ihr
Zimmer zurück und jede hatte eine große Laugen-
brezel in der Hand.
„Wer hat euch die geschenkt?", rief Lisa erfreut
aus.
„Wir haben sie verdient, Mutti", sagte Karin ernst.
„Verdient?"
„Christl und Jutta haben für die Bäuerin Ha-
senställe ausgemistet und ich hab einen großen
Korb Gras gerupft, da hat sie uns die Brezeln gege-
ben." Karin reckte sich stolz. „Einen schönen Gruß
an dich, lässt sie ausrichten." Christl lachte. „Du

hättest großartige Mädchen, die könnte man brauchen."

„Wo wart ihr denn?" „An dem großen Hof die Straße hinunter, der Hof mit dem schönen Kreuz im Garten." „Sie heißt Frau Nothaft."

Da gingen die drei ohne zu fragen und machten sich nützlich. Sie konnte wirklich stolz sein.

„Frau Nothaft hat einen Palmen gebunden, das ist eine hübsche Krone auf einen Stock aus Lorbeerblättern und buntem Papier. Morgen ist die Prozession, sagt sie, wo alle Leute so eine Palmkrone in die Kirche tragen, damit sie gesegnet wird."

Christls Augen leuchteten. „Mutti, dürfen wir morgen hingehen und zusehen?"

Ein Donnerschlag ließ die vier zusammen fahren. Lisa stürzte zum Fenster. Dort am eisblauen Frühlingshimmel verschwand ein Schwarm amerikanischer Bomber am Horizont.

„Kommt der Krieg jetzt auch hierher?", fragte Jutta ängstlich.

„Ich weiß nicht", flüsterte Lisa. „Ich dachte, hier sind wir sicher."

Entferntes Grollen zeigte, dass wieder irgendwo Bomben fielen. Im Dorf blieb es ruhig, wahrscheinlich waren Passau und Deggendorf die Ziele. Oder die Zuckerfabrik in Vilshofen. Lisa schüttelte den Kopf.

Zuhause hätte sie sofort das Radio angedreht, hier gab es keines. Sie wusste gar nichts. Seit sie See verlassen hatten, war sie nicht mehr in Bild über die Lage. Ob die Russen jetzt in See standen? Hatte Elfriede zurückkönnen? Alle ihre Lieben, lebten sie noch? Von ihrer Mutter hatte sie auch noch keine Antwort, obwohl sie sofort geschrieben hatte, als sie in Mitterndorf ankamen. München wurde sicher bombardiert. Hoffentlich lebten sie noch.

Lisa fühlte sich plötzlich müde und alt. Hilflos wie ein Blatt in einem reißenden Fluss. Karl! Wenn doch wenigstens Karl da wäre. Ihr wurde schwindelig.

„Mutti?" Christl nahm ihre Hand. Lisa ließ sich auf den Stuhl fallen und atmete tief durch. Reiß dich zusammen, schimpfte sie sich in Gedanken. Doch es half nichts. Wie durch einen Schleier sah sie, dass die Kinder Brot aufschnitten, den kleinen Kanten Käse und die Milch auf den Tisch stellten.

„Du musst etwas essen, dann wird es dir wieder besser", sagte Christl und schob ihr eine halbe Brezel von Frau Nothaft hin. Endlich löste sich die Anspannung. Was hatte sie für großartige Kinder. Die Brezel schmeckte himmlisch und Lisa lachte wieder.

Noch zweimal verdunkelte sich der Himmel und ein ganzer Schwarm amerikanischer Bomber jagten über das Dorf hinweg. Lisa konnte die Flagge am Höhenruder sehen. Warum gab es keinen Fliegeralarm? Und wo fanden sie Schutz? Starr vor Angst saßen die vier am Tisch und warteten. Doch danach blieb es ruhig und allmählich kehrten die Lebensgeister zurück.

„Ich muss unbedingt Nachrichten hören", sagte
Lisa leise. „Ich werde um fünf bei Vogels nach einer Zwiebel fragen und hoffe, dass sie die Nachrichten anhaben."

Sie wurde enttäuscht. Vogels hörten kein Radio.
Herr Vogel schrie herum, seine Frau hätte den
Schnupftabak versteckt, Frau Vogel verschwand
mit verheulten Augen in der Küche, um die Zwiebeln für Lisa zu holen, Franzl hockte auf der Eckbank und weinte. Lisa floh mit der Zwiebel die
Treppe hinauf. Das Elend des Krieges kümmerte
hier keinen, diese Leute hatten andere Sorgen.

Am Sonntagmorgen fegte ein eiskalter Wind durch
den Kapellenweg, obwohl die Sonne schien. Lisa
zog den Mantel enger. In einer geschützten Ecke
warteten sie auf den Zug der Palmträger. Neun
Kinder mit herrlichen Palmen zogen an ihnen vorüber, dahinter die Mitterndorfer Bäuerinnen und
Bauern im Sonntagsstaat. Karin kicherte über die
Hosen der Männer. Die junge Frau neben ihnen erklärte: „Das sind die traditionellen Lederhosen. Jeder ist stolz auf die Stickerei am Latz und man
trägt oft die Hose von Großvater und Urgroßva-
ter."

Lisa konnte kaum den Blick von den wunderschö-
nen langen Röcken der Frauen wenden, die mit
reichlich Stoff bei jedem Schritt schwangen. Und
erst diese Miederoberteile! Die sahen richtig fesch

aus. Die Tracht der Männer schmückte ein kesses Hütchen, die Frauen trugen Halstücher.

Christl wunderte sich, warum keine Musik spielte, hatte nicht Frau Nothaft davon erzählt?

„Heuer will jeder rasch in die Kirche, wegen der Flieger.", sagte die Frau, nahm ihr Kind an die Hand und folgte dem Zug. Der bewegte sich aus dem Ort hinaus Richtung Winzer, in Mitterndorf gab es keine Kirche.

„Ihr brauchts gar nicht mitgehen nach Winzer, euch lassen´s eh nicht in die Kirch." Die dicke Frau am Ende des Zuges machte eine wegwerfende Handbewegung wie zu einem Hund, den man nach Hause scheuchte. Betreten schauten sie einander an.

Der Zug war verschwunden. Etwas verloren stand noch eine Handvoll Frauen und Kinder am Straßenrand. Lisa erkannte die Frau mit den beiden Buben, die ihr am Tag der Ankunft schon aufgefallen war und eine elegante ältere Dame.

„Sie sind auch Flüchtlinge?" Lisa streckte den Frauen die Hand entgegen und stellte sich vor. Mila hieß die Frau und die Kinder Helmut und Paul. Sie seien aus dem Wartheland und inzwischen zum zweiten Mal auf der Flucht. Sie seufzte: „Hier scheint man uns nicht zu mögen. Dabei wünsche ich mir so sehr, endlich irgendwo bleiben zu können."

„Ich hoffe, ich kann bald zurück", sagt sie die ältere Dame und Lisa sah sie erstaunt an. Die harte

Stimme mit dem verbitterten Unterton passte gar nicht zu ihrer zarten Gestalt und dem gepflegten Gesicht. Jetzt streckte sie Lisa die Hand hin. „Gräfin Zippora von Degenfels ist mein Name. Wir haben bei Hirschberg große Ländereien. Ich muss schnellstens zurück, das Gut braucht meine ordnende Hand. Wer weiß, wie es jetzt aussieht, wenn die Russen vertrieben sind."

Lisa zuckte die Schultern. Sie wollte hierbleiben in Bayern, bis Karl zurückkam. „Bei mir kommt keiner zurück", flüsterte die Gräfin und ihr Gesicht wirkte noch blasser. „Mein Mann ist in Stalingrad gefallen." Lisa schwieg betroffen. Hoffentlich kam Karl zurück.

Die Frau aus Warteland verabschiedete sich, ihr sei kalt. Auch die Gräfin wandte sich zum Gehen.

„Hier scheint es nirgendwo eine evangelische Kirche zu geben. Ich vermisse unsere Lieder jetzt schon." Ja die Lieder, die vermisste Lisa auch.

Doch im Moment gab es Vordringlicheres als Lieder.

April 1945

Lisa gab die Suche nach einem Radio nicht auf. Sie musste wissen, wie es um Schlesien stand und ob die Russen schon Stettin erreicht hatten.

Schließlich entdeckte sie am Haus des Bürgermeisters einen Schaukasten mit der neuesten Zeitung. Zeitung! Das war prima. Lisa sog die Nachrichten auf. Aber es waren keine Guten: Breslau kapituliert, Oppeln und Gleiwitz aufgegeben, Posen verloren.

Und dann fand sie eine Rede von Goebbels in Görlitz: „… Unsere Soldaten, wenn sie an diesem oder jenen Teil der Ostfront zu Großoffensiven antreten werden… Werden sie in diesen Kampf hineingehen wie in einen Gottesdienst. So wie der Führer die Krisen der Vergangenheit bewältigt hat, so wird er auch diese bewältigen!"

Von Stettin fand sie nichts, nur, dass Danzig letzten Freitag von den Russen erobert worden war. Wie weit lag Danzig von Stettin entfernt? Nachdenklich ging Lisa in das Zimmer zurück. Von Kampfhandlungen in Bayern hatte sie nichts gelesen, aber sie hatten die Flieger doch selbst gesehen!

Nach Ostern wurde es bitter kalt und als sie am Dienstag aufwachten, lag eine dicke Schneeschicht auf den Tulpen im Vorgarten. Ausgerechnet heute mussten die Mädchen den ersten Tag zur Schule. „Ich will nicht gehen." Jutta war den Tränen nahe. Christl tröstete sie: „Komm, Jutta. So furchtbar wie der Bischoff kann der bayerische Lehrer gar nicht sein."

Es klopfte und Frau Vogel steckte den Kopf zur Tür herein. „Guadn Morgn, Frau Bertram. Da Franzl hot heuer sein ersta Schuldog. Kennats mir vielleicht a Poar Seggl leiha?"

Lisa stutzte. Was wollte sie? „A Boar Seggl fürn Franzl." Wiederholte Frau Vogel, als sie Lisas fragendes Gesicht sah.

„Ein paar Strümpfe will sie", erklärte Jutta. „Für Franzl."

Lisa runzelte die Stirn. Die Bäuerin fragte die Flüchtlingsfrau nach Socken? Was sollte das denn? „Han olle Löcha, die vom Franzl. Kriagsts heut Obad wieda." Karin holte ihr zweites Paar vom Regal. Anerkennend fuhr die Frau über das Gestrick, murmelte ein Dankeschön und verschwand. Fassungslos starrte Lisa hinterher. Die Bäuerin lieh sich tatsächlich Socken bei einer Flüchtlingsfamilie, nur, weil sie die eigenen nicht rechtzeitig geflickt hatte?

Unschlüssig stand Jutta mitten im Zimmer, Farbstifte und Heft in der Hand. „Wo sollen wir unsere Sachen reintun? Die Kinder werden uns auslachen, weil wir keine Schultaschen haben, nur solche

Pullirucksäcke." Lisa schlug vor, die Einkaufstasche zu nehmen.

„Das ist blöd."

„Zuspätkommen ist noch blöder!" drängelte Christl. Endlich trollten sich alle drei aus dem Haus die Landstraße hinab, den Mitterndorfer Kindern hinterher, die Hefte im Pullirucksack.

Lisa räumte das Zimmer auf. Das Feuerholz neigte sich wieder dem Ende zu, ihr blieb nichts anderes übrig, als Holz unter dem Schnee hervor zu ziehen. Natürlich war es feucht. Sie band es mit einem Seil zusammen und trug es auf der Schulter durchs Dorf zurück. Schon im Wald spürte sie ihren leeren Magen, sie hatte heute noch nichts gegessen.

Im Dorf wurde ihr schwarz vor Augen. Sie setzte das Bündel unter der Linde ab, nur einen Moment ausruhen.

Als sie es wieder auflud, um mühsam weiter zu gehen, öffnete sich neben ihr eine Haustür. Eine kleine Frau, etwa in Lisas Alter, eilte heraus.

„Geht´s eana net guat? Kommen´s doch a Augenblickerl rein. Sind ja kaasweiß, guate Frau!" Erstaunt lehnte Lisa ihr Holz neben die Haustür und folgte der Frau durch einen dunklen Flur in die Küche. Sie ließ sich auf der Eckbank nieder und spürte, wie ihre klammen Finger in der Wärme auftauten. Aus dem Backofen duftete es verführerisch nach frischem Brot.

Mit einem Lächeln streckte ihr die Frau die Hand
entgegen. Aus ihren hübsch hochgesteckten Haaren fiel eine Strähne in das braun gebrannte Gesicht, die Grübchen neben dem schmalen Mund
machten sie augenblicklich sympathisch.

„Ich bin die Käthe. Ich sag einfach Du, wenns
recht is. Mogst an Tee?" Lisa nickte stumm. „Bist
doch eine vo den Flichtlingen. Wie find´st di
z´recht? Muss schwer sein, wen ma koan kennt."

„Ich heiße Elisabeth, alle nennen mich Lisa."

Käthes Küche fühlte sich fast an wie zu Hause. Das
Spülbecken, der Kohlenbeistellherd und der Elektroherd, genau wie in Birkenhöhe, sogar Mohnblumen auf der Tischdecke!

Käthe stellte Brot und Honig hin, schenkte Tee ein.
Lisa fühlte sich wohl, wie lange nicht. Sie erzählte
von Birkenhöhe, von Karl, von den Kindern. Das
tat so gut.

Ihr Mann sei irgendwo in Italien an der Front,
sagte Käthe, sie ernähre sich und die beiden Jungs
von dem, was der Garten hergäbe und von dem
Verkauf ihrer Eier. „Du hast Hühner?" Lisa trat
ans Fenster. Hühner! Ihre lebten sicher nicht mehr.
„Kannst Eier brauchen?" Lisa nickte erfreut.

„Was fehlt dir noch, Lisa?" Teller!

Auf dem Heimweg schleppte sie neben dem Feuerholz einen schweren Korb und es scheppterte bei
jedem Schritt. Pfanne, Schüssel, Nudelsieb, vier

Teller und manches Nützliche hatte ihr Käthe eingepackt, dazu die Hälfte von dem frischen Brot
und zehn Eier. Sie fühlte sich reich, vor allem, weil
sie jetzt eine Freundin im Dorf hatte.

Zum Glück hatte sie noch genug Holz, um die
neuen Stücke zu trocknen. Sie holte Wasser am
Brunnen und machte es heiß, um die Unterwäsche
zu kochen. Im gleichen Seifenwasser drückte sie
die Strümpfe aus, hängte sie über die Stuhllehne
und schob den Stuhl an den Ofen. Bis die Kinder
zurückkamen, würde alles einigermaßen trocken
sein. Dann brauchten sie die Stühle wieder zum
Sitzen. Karin Kleid hatte einen Flecken, aber es gab
keinen Platz mehr, etwas aufzuhängen und draußen auf der Leine trocknete es niemals bei diesem
Wetter. Also versuchte sie, den Flecken mit einem
feuchten Tuch zu beseitigen.

Es klopfte. „Do is Post für sie!" Frau Vogel streckte
einen dicken braunen Umschlag zur Tür herein.
Post aus München! Lisa ließ alles stehen und liegen, schlitzte den Brief auf und setzte sich damit
aufs Bett. Mehrere Umschläge segelten heraus. Zuerst griff Lisa nach der bunten Osterkarte. Farbig!
Wo bekam Annemie denn so was her? Tja, selbst
zu Kriegszeiten war München eben München!
Ihnen gehe es gut, schrieb ihre Schwester, auch,
wenn sie oft in den Keller flüchten müssten, das

Leben gehe weiter. Die Innenstadt sei die Hölle, gliche einer Kraterlandschaft und doch hausten dort Menschen. Ihr Haus in der Weststraße stünde noch wie durch ein Wunder. Doch sie seien am Packen, um für ein paar Wochen zu Ottos Großtante auf die schwäbische Alb zu ziehen. Otto sei in Italien an der Front. Annemie schrieb, sie hätte alle Post für Lisa gesammelt und in den Umschlag getan. Lisa legte die Karte weg. Hatte Karl geschrieben?

Ein Feldpostbrief! Überglücklich riss sie ihn auf. Die Russen rückten jeden Tag auf breiter Front näher, schrieb Karl. Sie würden sich auf eine lange Belagerung einrichten. „Ich hoffe, ihr seid irgendwo angekommen, wo ihr bleiben könnt." Schrieb er weiter. „Mein Herz ist bei dir, geliebtes Frauchen und bei euch, meine lieben Kinder. Ich hoffe, euch recht bald wieder in die Arme zu schließen."

Lisa las sich die Sätze laut vor und spürte beinahe seine Hand auf der Schulter, sah sein geliebtes Gesicht vor sich. Die Sehnsucht übermannte sie. Einfach nur an seine Schulter lehnen, das wäre wunderbar! Eine bleierne Müdigkeit erfasste sie. Karl war ganz im Norden Deutschlands, sie im Süden, dazwischen Panzer, Flugzeuge, Zerstörung und Tod. Wie sollten sie jemals wieder zusammenkommen und glücklich sein?

Seufzend legte sie den Brief weg und griff nach einer Postkarte. Ein graues Stück Papier, keine

Farbe. Elfriede aus See schrieb, dass sie nach drei Wochen wieder in ihr Haus zurückkonnten. Zwar stünde es noch, aber es sei von oben bis unten durchwühlt und geplündert. Leider sei auch Christl Uhr gestohlen worden. Aber immerhin hätte sie jetzt wieder ihren Garten und könnte neu anfangen.

Ein Garten. Lisa schloss die Augen, konnte die Narzissen in ihrem Garten in Birkenhöhe sehen und den betörend den Duft der Apfelblüten riechen. Kinderlachen und Gänseschnattern, das Meckern von Kutzners Ziegen drang in ihre Ohren. Meine Heimat, mein geliebtes Zuhause. Mit einem Ruck stand Lisa auf. Sie durfte sich nicht gehen lassen, das tat nicht gut.

Noch eine Karte steckte in dem Umschlag: Anna hatte geschrieben. Der Treck aus Birkenhöhe sei bis Leipzig gefahren, dann seien sie verteilt worden. Sie selbst sei jetzt in Halle an der Saale gelandet, auch Familie Apelt und die Dussas seien dort. Manfred, ihr Mann, würde in Birkenhöhe festgehalten, die Polen hätten ihn gezwungen, für sie Schnaps zu brennen. Sie selbst wolle nicht mehr dort wohnen. Die Polen seien den Deutschen spinnefeind und hätten sich alles unter den Nagel gerissen, was einst uns gehörte. „Manfred schreibt: in allen unseren Häusern wohnen Polen. Im Schulzimmer sind zwei Fenster zerborsten durch eine Granate. Die haben sie kurzerhand zugemauert und Lisas Klavier steht im Garten."

Die Worte der Polen Kinder hatten sich auf grausame Weise bewahrheitet: wir kriegen euer Klavier. Mein schönes Nussbaumklavier mit den beiden Kerzenhaltern. Im Regen! Lisa trauerte wie um einen Freund. Sie dachte an die kostbaren Stunden, wo Walzer und Märsche die Luft erfüllten und die Klaviermusik mit Karls Geige so herrlich harmonierte. Doch dann atmete sie tief ein, entschlossen, sich von dem Bild des zerstörten Klaviers nicht herunter ziehen zu lassen.

Es half nichts, das Leben musste weitergehen und wem nützten ihre Tränen?

Der letzte Brief war von Hanne, das sah Lisa schon an den Blümchen auf dem Umschlag. Die Gute hat ihre künstlerische Ader nicht verloren. Aber im Lesen erkannte Lisa, dass Hanne eine Menge verloren hatte. Drei ihrer Freunde aus Kreisau seien als Verräter hingerichtet worden, Fritz werde immer noch in Frankreich festgehalten, Hanne und die Kinder lebten in einer feuchten Flüchtlingsunterkunft im Harz. Hannes hätte dadurch wieder schrecklichen Husten, der einfach nicht besser werden wollte. Und es gäbe immer zu wenig zu essen. Hanne erzählte, dass sie die Großeltern Otto und Martha Bertram getroffen hätte, sie seien keine zehn Kilometer weiter in Bad Harzburg untergebracht. Dort befinde sich allerdings eine Kaserne und dauernd müssten die beiden in den Luftschutzkeller fliehen. Hanne könne kaum zusehen, wie diese früher so stolzen Besitzer eines

Bauernhofs Hunger litten. Doch sie selbst habe nichts, um ihnen zu helfen.

Lisa saß den ganzen Morgen über den Briefen, las sie immer wieder und beantwortete einen nach dem anderen. Inzwischen kamen die Kinder nach Hause und sie hatte nichts gekocht, so beschäftigt war sie gewesen.

Erstaunt sah sie auf. „Schon zwölf?"

„Nein, Mutti, kurz vor eins und wir haben Hunger", sagte Jutta. Warum grinste sie so?

„Wir könnten Kartoffeln kochen", schlug Christl vor.

„Kartoffeln habe ich keine, Kinder, tut mir leid. Eine Mehlsuppe kann ich kochen." Lisa räumte die Briefe in die Schachtel mit den wichtigen Dokumenten.

„Haben wir wohl, Mutti", platzte Karin heraus und zog ihren Pulli Rucksack von den Schultern. Zehn Kartoffeln kullerten auf den Tisch und Karin strahlte wie ein blankpolierter Apfel.

„Woher…?"

„Ach", lachte Christl, „die Mitterndorfer Kinder wollten nicht, dass wir mit ihnen gehen. Preissendeifi haben sie uns nachgerufen. Da haben wir einen kleinen Umweg durch Sattling gemacht."

„Und bei den Bauern nach Essen gefragt", ergänzte Jutta.

„Ihr wart betteln?", rief Lisa erschrocken.

„Nein, Mutti, doch nicht betteln! Wir haben gesungen! Summer, Summer, Summer, ich bin ein kleiner Pummer…", sang Christl und tanzte durch das Zimmer.

„Weil das Sommersingen doch ausgefallen ist, weil wir in der Eisenbahn waren am Sonntag Laetare." Karin reckte sich stolz.

„Die Bayern wissen nichts vom Sommersingen, aber sie haben geklatscht und unsere Taschen gefüllt." Aus Christls Rucksack kam ein halbes Brot und aus Juttas ein Hartkäse und ein Beutel getrocknete Bohnen. Dazu drei Äpfel.

Jetzt lachte Lisa: „Was bin ich stolz auf meine Mädchen! Dass ihr euch das getraut habt."

„Naja eine alte Bäuerin hat uns davongejagt. Aber das gehört doch auch dazu: Hühnermist und Taubenmist, ei dam Hause kriegt ma nischt!" Christl klatschte in die Hände und ihre gute Laune sprang auf Lisa über. Fröhlich sang sie mit den Kindern Summerlieder, während sie die Kartoffeln auf den Herd setzte und das Feuer neu entfachte: „Rot Gewand, rot Gewand, schöne grüne Linden. Suchen wir, suchen wir, wo wir etwas finden…" Und als ihnen keine Summerlieder mehr einfielen, trällerten sie Frühlingslieder: „alle Vögel sind schon da", „im Märzen der Bauer", deckten derweil den Tisch, pellten die Kartoffeln und stellten Hartkäse und Salz dazu. Mmmh, wie fein das duftete. Andächtig genossen sie jeden Bissen von den neuen Tellern. Karin lachte stolz, denn dieses Singen in Sattling war ihr in den Sinn gekommen.

„Es ist mir nicht recht, wenn ihr betteln geht, Kinder." Lisa steckte nachdenklich einen Kartoffelschnitz in den Mund.

„Ach", sagte Jutta leichthin. „Die meisten Leute haben gesagt: Kommt´s mol wieader. Swoar schee." Die anderen lachten.

„Du kannst ja schon richtig bayerisch reden, Jutta!"

„Ich kann noch mehr: Kannst mir das Biacherl gem? Jo grias eich Gott! Des koost oschaugn, wos passt!" Christl gluckste vor Lachen und Lisa platzte heraus: „Unglaublich, wie schnell du lernst, Jutta. Du bist hier ja schon fast zu Hause."

„Nein, Mutti", sagte Jutta leise. „Zu Hause bleibt immer das Schulhaus in Birkenhöhe." In dem Moment beschloss Lisa, den Kindern nichts von den zugemauerten Fenstern und dem Klavier im Garten zu erzählen. Sie sollten ihre Heimat in Erinnerung behalten, wie sie war: sonnig und voller Glück.

„Do is des Trauderl aus Passau, mei Kusine." Vogels Zenzi streckte den Kopf zur Tür herein. „Dirfa mir a weng zu eich kumma?" In letzter Zeit war Zenzi öfter hier, spielte mit Christl und Jutta oder hockte neben Lisa und redete. Offenbar gefiel es

ihr hier besser als in der angespannten Atmo-
sphäre ihrer eigenen Familie.

Heute schob sie ein großes Mädchen mit dicken
blonden Zöpfen vor sich her in das Zimmer. Es
mochte etwas älter sein als Christl. Lisa räumte ihr
Flickzeug vom Stuhl aufs Bett und schob ihn Zenzi
hin. Sie selbst setzte sich an die Bettkante und
wandte sich wieder Juttas Strümpfen zu, die langsam nur noch aus geflickten Stellen bestanden. Karin kletterte zu ihr aufs Bett und wollte die Bremer
Stadtmusikanten erzählt haben. Christl und Jutta
räumten ihr Spiel zur Seite. Aus der Zeitung, die
Lisa beim Stangl zum Feuer machen holte, hatten
sie Buchstaben geschnitten und legten damit Wörter.

„Habt´s ihr koa richtiges Spielzeug?", fragte Trauderl und sah sich um.

„Des sin Flichtling, Trauderl ", erklärte Zenzi, „die
hom nix."

„Doch, a Puppn!", rief Traudl und holte Bärbel
vom Bett. Jutta zuckte zusammen und Christl hob
die Augenbrauen. Wenn das Mädchen die Puppe
bloß nicht fallen ließ! Doch Traudl legte sie schon
wieder achtlos beiseite.

Sie schickte Zenzi nach unten, sie solle das
Mensch-ärgere-dich-nicht holen. Während sie
spielten, fragte Traudl, was sie denn so machten
den ganzen Tag. Sie hätte eine Puppenküche zu
Hause, eine große Murmelbahn, einen neuen

Tretroller. Wie schrecklich langweilig es sein musste, gar nichts zu haben.

Jutta wurde rot vor Scham, doch Christl tippte sich wütend an die Stirn und sagte leise: „Hier. Unseren Grips haben wir immer noch, auch wenn wir alles andere daheimlassen mussten. Wir denken uns Sachen aus. Uns wird nicht langweilig!" Lisa grinste. Ihre Mädchen hatten wirklich selten Langeweile, schon erstaunlich.

„Des glaub i net", entschied Trauderl.

Christl zuckte die Schultern: „Dann lass es."

„Wir könnten was malen", schlug Trauderl schließlich vor. „Habt ihr wenigstens Buntstifte?" Christl holte ihr Federmädchen aus der Schultasche. Buntstifte hatten sie aus Birkenhöhe mitgenommen und in der Schule hatte sie befriedigt festgestellt, dass keins der Mädchen so viele Stifte hatte wie sie.

„Papier?", fragte Trauderl ungeduldig. Christl schüttelte den Kopf.

„Kein Papier?" Trauderl starrte ungläubig auf Lisa, als müsste sie aufstehen und Papier besorgen, aber auch Lisa schüttelte den Kopf.

„Wir malen unsere Bilder auf den Rand der Zeitung", sagte Karin, als sei es die normalste Sache der Welt, auf Zeitungspapier zu malen.

Trauderl lachte laut und lange. „So was Blödes hab i jo no nie ghört!" Sie sprang auf und lief die Treppe hinab. Mit einem fingerdicken Packen Papier kam sie zurück. Christl riss die Augen auf. So viele herrlich weiße Blätter! Makelloses Papier! Großzügig teilte Trauderl jedem einen Bogen aus, sogar Karin bekam einen. Und dann saßen alle am Tisch und malten Bilder.

„Ich krieg keinen Hasen hin", schimpfte Trauderl ungeduldig. Wütend knüllte sie das Papier zusammen und warf es in die Holzkiste.

„Halt!", rief Christl entsetzt. „Du hättest dein Bild auf die Rückseite malen können. Da ist das Blatt doch ganz leer!"

„Nee!" Trautel schürzte trotzig die Lippen und setzte auf dem nächsten Blatt zu einem neuen Hasen an. „Ich hab genug Papier. Mei Vadder is bei der Eisenbahn. Der kann mir jeda Dog neis Papier kaufa."

Jutta sah sehnsüchtig auf das zerknüllte Blatt, vielleicht konnte sie es wieder glattstreichen und morgen darauf malen? Inzwischen zerknüllte Trauderl das nächste Papier und schaute neidisch auf Christls Blatt. Die hatte Löwenzahn und Vergissmeinnicht gemalt und die Blumen sahen aus, als wären sie frisch gepflückt.

„Du kannst der Christl ja ein paar Blätter schenken, Trauderl", schlug Zenzi vor. „Sie kann wunderbar malen."

Trauderl funkelte ihre Cousine böse an: „Du red´st a Schmarrn, Zenzi, des is mei Papier, verstanden?" Zenzi zog den Kopf ein. „Nix geb i her. Scho gar net an so Preissen!"

Ärgerlich schmierte sie ein großes S auf das nächste Blatt, knautschte es zusammen und zielte auf die Holzkiste. Aufs nächste weiße Papier kam ein Strich, wieder zerknüllt, weggeworfen. Mit verbissenem Gesicht knüllte sie jedes Blatt zusammen, bis der Stapel zu Ende war und die Holzkiste voller Papierbälle. Dann stieß sie den Stuhl zurück, stapfte zur Tür hinaus und knallte sie zu. Zenzi saß erstarrt, sie schien sich zu schämen. Schließlich zuckte sie die Schultern und folgte Trauderl.

„Die schönen weißen Blätter!" Jutta bekam kaum Luft vor Empörung. „Eine ganze Woche hätten wir damit gemalt."

„Blöde Kuh!", rief Karin und ihre Stimme schnappte über vor Wut.

„Ich glaube, sie ist neidisch auf uns." Christl sah nachdenklich vor sich hin.

„Warum?", fuhr Jutta auf. „Sie ist so reich und wir haben nicht mal Spielsachen. Und dann zerknüllt sie das gute Papier."

„Aber wir haben viele Farbstifte und können schön malen. Und Spiele ausdenken. Bei uns ist es friedlich und nett, auch wenn wir nichts haben."

Karin sprang auf und schlang ihre Arme um Lisa: „Und wir haben die besten Mutti der Welt!"

„Wenn nur Vati hier wäre", sagte Christl leise und die fröhliche Stimmung drohte zu verdunkeln.

Lisa stand auf.

„Ich leihe mir Käthes Bügeleisen und dann bügeln wir Traudels Papier. Das kriegen wir doch glatt, oder?" Die Mädchen lachten wieder. Ein Glück hatte Traudl immer nur die Vorderseite vollge- schmiert.

„Wenn wir noch irgendwo Reißnägel kriegen...", Christl rieb sich die Hände. „Dann können wir die hässlichen Flecken an der Tapete mit bunten Bil- dern zudecken und das Zimmer verschönern." Wenn Traudel wüsste, wie sehr sie sich über den Berg Papierknödel in der Holzkiste freuten.

Lisa stellte den Eimer in den Brunnentrog und pumpte ihn voll. Gerade, als sie über die Haupt- straße gehen wollte, kamen die Flieger. Sie warf den Eimer zu Boden und rannte um ihr Leben. Wild atmend drückte sie sich in den nächsten Hauseingang. Vier oder fünf Flugzeuge ver- schwanden nach Osten. Die Kinder! Durchfuhr es Lisa. Gewiss waren sie auf dem Nachhauseweg von der Schule. Ihr Herz schlug bis zum Hals und am liebsten wäre sie die Dorfstraße hinunterge- rannt, um nach ihnen zu sehen. Doch am Horizont erschienen die nächsten Flugzeuge und Lisa drückte sich tiefer in den Schatten des Hauses. Sie legte die Hand über die Augen und schaute hin- auf. Amerikaner, wie an den Streifen zu erkennen war. Eine Gruppe Schulkinder wäre ein leichtes Ziel. Wie furchtbar. Was für einen Sinn hätte ihr Leben noch ohne die Mädchen? Endlich blieb es still am Himmel und Lisa packte den Eimer und rannte in ihr Zimmer.

Außer sich vor Sorge warf sie sich aufs Bett. Was konnte sie tun? Sie werden in den Graben gesprungen sein, versuchte sie sich zu beruhigen. Vielleicht sind sie wieder durch Sattling gelaufen und haben gesungen, doch das glaubte sie selbst nicht. Die Untätigkeit machte sie wahnsinnig, jede Minute sah sie zur Uhr. Um diese Zeit waren sie doch sonst zu Hause. Endlich polterten es die Treppe herauf. Alle drei, gesund und munter! Jede trug einen Strauß gelbe Sumpfdotterblumen in der Faust und strahlte sie an.

„Bin ich froh, dass ihr da seid!", rief sie so laut, dass Christl erstaunt aufsah.

„Hast du dir Sorgen gemacht, Mutti?" Lisa nickte, Tränen der Erleichterung standen in ihren Augen. „Die Flieger…"

„Wir sollten den Feldweg nehmen, hat der Lehrer Erhard gesagt, die Hauptstraße sei zu gefährlich. Da sind wir vorn an der Donau gelaufen. Dort gibt es riesige Blumenfelder, alles gelb!" Jutta sah an sich hinunter.

„Leider auch ein bisschen matschig."

„Ein bisschen…", lachte Lisa. Doch was waren ein paar verdreckte Kleider? Wenn nur ihre Mädchen lebten!

„Und wie war es in der Schule heute?", fragte Lisa und schob eine Kartoffel in den Mund. Heute gab es Kartoffel, allerdings ohne Butter und Leinöl.

„Heute war es blöd", maulte Karin.

„Ja, der Pfarrer war da."

Lisa sah auf. „In der Schule?"

„Der kommt hier immer freitags zum Religionsunterricht."

„Evangelische raus!", hat der Lehrer Erhard gezischt, als der dicke Pfarrer rein kam. Alle Flüchtlingskinder haben schnell ihre Sachen gepackt und sind verschwunden.

„Bis wir draußen waren, stand er da und hat hochnäsig geschaut." Jutta machte sein überhebliches Gesicht nach.

„Hat sich doof angefühlt", flüsterte Christl. „Als sei es eine ansteckende Krankheit, evangelisch zu sein."

„Wir mussten eine Stunde draußen auf dem Gang warten, weil wir danach noch Sport hatten."

Wir sind Fremde hier, dachte Lisa und manche Leute lassen uns das immer wieder spüren. Aber müsste es der Pfarrer nicht besser machen?

„Die Christl hat den Pfarrer gemalt, als wir in Gang saßen." Jutta grinste. Christl zierte sich. „Ich hatte Langeweile…"

Lisa warf einen Blick auf das Gemälde. Der Mann, der sie da anblickte, strahlte Autorität und Macht aus, ja Härte. Mit dem legte man sich am besten nicht an. „Sie werden sich an uns gewöhnen und merken, dass Evangelische genauso Menschen sind. Sicher werden wir irgendwann gute Nachbarn sein, wir brauchen nur noch etwas Geduld."

Als Lisa am nächsten Tag einkaufen ging, staunte sie nicht schlecht. Der Gemischtwarenladen von Frau Blocher stand voller Leute. Was war denn hier los? Eine Frau legte den Finger an den Mund und Lisa begriff: Frau Blocher besaß ein Radio und alle lauschten dem Wehrmachtsbericht, der gerade ausgestrahlt wurde: „… Dem Feind gelang es im Laufe des 18. April Nürnberg bis auf einen Zugang am Südwestrand, einzuschließen." Lisa spitze die Ohren. Hier konnte sie Nachrichten hören!
„… Mit der Fortsetzung des Vordrängens des Gegners, so wie einem überraschenden Vorstoß feindlicher Panzertruppen gegen den Donauabschnitt zwischen Donauwörth und Regensburg muss gerechnet werden…"
„Die Amis?", fragte Frau Andl und runzelte die Stirn. „Haben Sie nicht gestern noch gesagt, die Russen stehen dreißig Kilometer vor Passau? Feinde vorn und Feinde hinten! Wo bleiben die deutschen Verteidiger?"
„Es sieht nicht gut aus", murmelte ein kleiner alter Mann. „Ich bin zweiundachtzig und habe vorhin einen Stellungsbefehl bekommen. Meinen die

wirklich, Leute wie ich könnten das Ruder herum-
reißen?"

„Und dann gibt es immer noch Gauleiter, die vom
Endsieg faseln, man will ja keinen Namen nennen..."

„Halt den Mund, Otto!", fauchte seine Frau. „Du
weißt nie, wer zuhört und dann holen sie dich
noch ab. "

„Ach ist doch wahr", brummte er.

Frau Blocher drehte das Radio aus. Lisa kaufte
Erbswurst, sie wollte eine Suppe kochen. Aber wie
sollte sie die Zwiebeln anbraten, wenn es weder
Butter noch Öl gab? Auf dem Heimweg ging sie
bei Stangls Zeitungsaushang vorbei, erfuhr aber
wieder nichts über Stettin und Berlin.

In den nächsten Tagen wurde es mild, der Frühling zog ins Land. Die Blaumeisen fütterten ihre
Jungen, in den Tulpen brummten die Hummeln
und der Duft der Kirschblüten füllte Lisas Herz
mit Heimweh. Jeden Tag flogen amerikanische
Flugzeuge Richtung Osten und schossen auf alles,
was sich bewegte.

Die Kinder gingen jetzt immer an der Donau entlang oder oben im Wald zur Schule, was natürlich
viel länger dauerte. Dafür gab es jede Menge zu
entdecken, oft brachten sie trockenes Holz mit

nach Hause und immer standen frische Blumen auf dem Fensterbrett. Der Autoverkehr auf der Straße wurde verboten, Post nicht mehr transportiert. Zwischen den Ortschaften errichteten Volkssturmeinheiten Panzersperren. Gegen die Amerikaner? Gegen die Russen? „Mir is langsam olles wurscht!", sagte Frau Vogel. „Hauptsache, es gibt wos zu essen."

Nur wenige deutsche Soldaten bekamen sie zu Gesicht. Einmal marschierte eine Kompanie Richtung Winzer durch den Ort. Zerrissene, geschlagene Gestalten, aus deren Gesichter aller Kampfeswille und jede Hoffnung verschwunden war. Lisa taten die Männer leid. Wie es Karl wohl ging?

Im Zimmer war es still. Lisa saß auf dem Bett, hatte die Beine angezogen und umschlang die Knie. Müde starrte sie vor sich hin. Die Kinder waren schon eine Weile in der Schule. Natürlich gab es zu tun: Geschirr abspülen, die Betten aufräumen, Strümpfe flicken, einkaufen. Aber heute hatte sie keinen Schwung, keine Lust zu gar nichts. Die rechte Schläfe pochte, sie fühlte sich krank.

Was war das für ein Leben? Eingepfercht in ein einziges Zimmer, ohne den geliebten Karl, ständig hungrig, ein Herz voller Heimweh. Und die Zukunft? Daran mochte sie nicht denken. Versunken in ihr Elend hockte Lisa da. Plötzlich glaubte sie, Annelieses Stimme zu hören. Wo sie wohl war? Ihre Nachbarin Frau Scheer? Anna, Erna, Frieda,

Henny? Wie traurig, in alle Winde waren sie verstreut, jede auf sich gestellt, im Kampf für sich und ihre Kinder, die Männer weit weg.

Lisa schluchzte auf: mein Klavier! Das würde mich jetzt trösten. Ich könnte die „Barkarole" von Offenbach spielen oder das lustige Lied vom Vogelsänger. „Für Elise" könnte ich sogar auswendig. Aber mein Klavier steht im Garten. Ihr Herz schmerzte, so sehr sehnte sie sich nach Hause. In Gedanken ging sie durchs Schulhaus. An den Händen konnte sie spüren, wie sich die Türklinken anfühlten, sie hörte ihre Schritte im Treppenhaus hallen, die Schulglocke schrillen, roch den feinen Duft nach Gras und Erde, wenn sie die Hintertür öffnete und den Geruch nach Papier und gespitzten Bleistiften, wenn die Kinder die Klassenzimmertür aufrissen und hinausstürmten. Die Sehnsucht nahm ihr fast den Atem. Als sie in Gedanken ins Wohnzimmer trat, stand da noch der Weihnachtsbaum in aller Pracht, voller Lametta von oben bis unten! Karl! Karl hatte ihn geschmückt. Inständig hoffte sie, dass er noch lebte.

Lisa heulte. Um Karl, um sich, um die Heimat, über ihre trostlose Zukunft. Ein dunkler Strudel zog sie hinab, sie fand nicht mehr heraus. Ob sie eine Stunde so gesessen hatte? Oder zwei? Irgendwann musste sie eingeschlafen sein vor lauter Kummer.

Munteres Geplapper weckte sie, da standen die Kinder im Zimmer. Keine Betten gemacht, kein

Geschirr gespült, nichts zu Mittag gekocht. Ihr Kopf drohte zu zerspringen. Christl sah sich besorgt an. Wie gelähmt sah Lisa zu, wie die drei das Frühstücksgeschirr abspülten. Immer wieder versuchte sie, die dunkle Wolke abzuschütteln und aufzustehen, es gelang ihr nicht. Schließlich musste sie eingeschlafen sein.

Als sie die Augen öffnete, glaubte sie zu träumen: auf dem Tisch stand eine dampfende Suppe. Lisa schnupperte. Hühnerbrühe? Also doch ein Traum. Aber nein, da saßen ihre Mädchen vor den Tellern und kicherten. Sie träumte nicht. Lisa erhob sich steif und strich ihr Haar zurecht. „Woher…?"

„Einen schönen Gruß von Frau Nothaft!", riefen die Kinder und erzählten, wie sie erschrocken waren, ihre Mutti so zu sehen, wie sie überlegt hatten, wer Ihnen helfen könnte und wie sie zu Frau Nothaft gelaufen waren. „Hühnersuppe hilft fast bei jeder Krankheit, hat Frau Nothaft gesagt. Sie lässt dich schön grüßen und du sollst schnell wieder gesund werden. Und jetzt komm, sonst wird sie kalt", drängte Christl.

Hühnersuppe! Himmlisch! Mit Fett und Fleisch und vielen Nudeln. Jeden Löffel ließ sie genießerisch durch die Kehle rinnen. Zuerst hatte sie gedacht, das sei so viel, da könnten sie morgen noch davon essen, doch plötzlich war der Topf leer, es hatte so wunderbar geschmeckt. Satt und zufrieden hielten sich die Kinder die Bäuche. Lisa schien die Welt mit einem Schlag wieder heller. Sie konnte die Erleichterung in den Gesichtern ihrer Kinder lesen. Sie musste sich in Zukunft besser zusammenreißen!

Besorgt schob Lisa die Münzen auf dem Tisch zusammen. Ihr Geld war fast zu Ende. Sie hatte zwar gleich im Februar beantragt, Karls Sold hierher zu bekommen, aber die deutsche Verwaltung war auf Krieg eingestellt, solche Dinge gingen unter. Doch wie sollten sie leben ohne Geld? Hier auf dem Dorf gab es keine Fabrik, wo sie nach Arbeit fragen konnte. Sie musste sich im Dorf nützlich machen: am Dienstag grub sie einer älteren Dame den ganzen Garten um und las Steine heraus. Dafür trug sie Weckgläser nach Hause, Bohnen, Kirschen, eingelegte Gurken, gekochte Möhren. In Sattling mistete sie einen Ziegenstall aus für Linsen und ein Stück Speck, in Flintsbach setzte sie einen Kompost um und strich den Gartenzaun.

So hatten sie jeden Tag zu essen, wenn auch manchmal Gerichte in seltsamen Kombinationen. Hauptsache satt.

Fürs Zaunstreichen bekam sie drei Mark, damit wanderte sie am nächsten Morgen an der Donau entlang nach Winzer. Karins Auge tränte wieder eitrig und wollte einfach nicht abheilen. In Winzer gäbe es eine Apotheke, hatte Frau Vogel gesagt.

Winzer war ein netter kleiner Ort, fast so groß wie Herrnstadt. Die Augentropfen kosteten nur eins fünfzig und Lisa beschloss, über den Wochenmarkt zu gehen. Als sie die Apothekentür hinter sich zu zog und die Stufen hinab zur Straße ging, hörte sie es: aus einem Fenster im oberen Stockwerk erklang Musik. Jemand spielte Klavier, Lisa erkannte das Präludium von Bach.

Wehmütig lehnte sie an die Hauswand und lauschte. Bis sie wieder ein Klavier besaß, würden Jahre vergehen, vielleicht könnte sie sich nie wieder eins leisten. Jetzt erklang der Radentzkymarsch und Lisa wippte mit den Zehen. So sehr war sie ins Zuhören versunken, dass sie die junge Frau erst bemerkte, als neben ihr ein Streichholz zischte. Es war die Apothekerin, die eine Zigarette ansteckte, offenbar hatte sie Pause.

„Sie mögen Marschmusik?", fragte sie. Lisa nickte: „Klavier…"

„Oh, das klingt sehnsüchtig. Können sie spielen?" Die Apothekerin schaute interessiert.

„Naja, so für den Hausgebrauch. Aber ich besitze kein Klavier mehr."

„Ausgebombt?"

„Vertrieben aus Schlesien."

Die Frau nickte. Wortlos lauschten sie der Klaviermusik, die Apothekerin zog genüsslich an ihrer Zigarette. Schließlich streckte sie Lisa die Hand hin.

„Ich heiße Mitzi. Wenn du Lust hast, kannst du mal spielen kommen, wenn ich frei habe. Zum

Beispiel Samstag. Unter der Woche spielt meine
Tante." Sie zeigte nach oben und verdrehte die
Augen.

„Oh, ich heiße Lisa. Kann ich das annehmen?",
stotterte Lisa.

„Klar", grinste Mitzi, „die Tastenabnutzung ist ge-
ring, das verkraftet das alte Klavier."

Lisa musste lachen. Diese Frau gefiel ihr. Sie trug
das kastanienbraune Haar ungewöhnlich kurz und
unter dem Apothekerkittel schaute eine hübsche
Bluse mit Rosenmuster hervor. Eine interessante
Frau. Natürlich wollte Lisa wiederkommen und
Klavier spielen. Und Mitzi besser kennen lernen.
Sie verabredeten sich für Samstag.

Glücklich schlenderte Lisa noch über den Wochenmarkt, kaufte ein Brot und Zwiebeln und ein
Pfund frischen Winterspinat. Für die letzten dreißig Pfennige gönnte sie sich und den Kindern acht
Scheiben Lyoneraufschnitt. Ein Festmahl mit dem
frischen Brot. Den ganzen Heimweg über freute sie
sich aufs Klavierspielen.

Eben kam sie am Gasthaus „zur Post" vorbei. Was
taten die vielen Leute dort am Tresen? Lisa reckte
neugierig den Hals und lauschte. Sie hörten Radio!
Offenbar war gerade der Wehrmacht Bericht zu
Ende und die Frauen und alten Leute diskutierten
das Gehörte. Lisa schnappte nur ein paar Sätze auf
und so sehr sie sich mühte, konnte sie keine Zu-
sammenhänge verstehen. „... München

kapituliert…" , hörte sie, „… Stuttgart eingenommen…" „… Rotarmisten hissen Flagge auf dem Reichstag…" „… Heftige Straßenkämpfe im Stadtzentrum Berlins…" Lisa ärgerte sich, dass sie zu spät war. Zu gerne wüsste sie Genaueres. „…Deutschland am Ende." Was wurde aus ihnen, wenn der Feind nach Mitterndorf kam?

Sie ging noch beim Stangl vorbei, um aus der Zeitung Genaueres erfahren. Nachrichten von gestern waren besser als gar keine. „Reichstag von der Roten Armee eingenommen…", stand da tatsächlich! Die Russen im Herzen Berlins. Jetzt ist es aus. Ob Halo rechtzeitig wegkonnte? Sie sorgte sich um ihre jüngere Schwester. Und wo war Trudchen? Und ihr Vater? Sie hatte kein Lebenszeichen, seit Wochen. Wenn nur Karl gesund wieder kam.

Schubert! Lisa versank in der Musik, während sie ein Stück nach dem anderen spielte. Endlich wieder Klavier spielen! In Mitzis Noten hatte sie manches entdeckt, was sie kannte und sie fühlte sich Jahre zurückversetzt.

Mitzi hantierte in der Küche und lächelte hin und wieder herüber. Lisas Wangen glühten. Das tat so gut, Musik, einfach nur Musik! Ihre Finger wanderten über die Tasten, sie gab sich ganz dem Klavier hin. Mühelos spielte sie eine halbe Stunde ununterbrochen.

Mitzis Tante steckte den Kopf zur Tür herein und wollte sehen, wer da so wunderbar spielte. Lisa wurde rot. Sie hatte nur für sich gespielt, für keinen sonst und als Mitzi fragte, ob sie eine Tasse Pfefferminztee möge, fühlte sie sich entspannt und voller Kraft wie nach einer Sommerfrische. Mitzi stellte eine Silberschale mit Mandelkeksen auf den Tisch und sagte: „Nun erzähl mal. Wo kommst du her?" Lisa nippte am heißen Tee und erzählte von Birkenhöhe, dem Schulhaus und ihrem Garten, von der Nähmaschine und dem Frauenkreis. Mitzi hörte aufmerksam zu und Lisa redete sich alle Sehnsucht von der Seele. Plötzlich fiel ihr Blick auf die Großvateruhr in der Ecke, schon fünf! Die Mädchen mussten sich Sorgen machen, wenn sie so lange nicht kam.

„Eine Frage noch, ehe du gehst, Lisa. Wir suchen eine zuverlässige Putzkraft für die Apotheke. Immer Samstagnachmittag. Vier fünfzig die Stunde. Wäre das was für dich?" Ein wunderbares Angebot! Lisa brachte kein Wort heraus und nickte nur. „Und wenn du dann schon mal da bist, spielst du uns noch ein paar Stückchen auf dem Klavier?" Lisa lachte. Geld verdienen und Klavierspielen!

Mai 1945

Ein eisiger Wind blies auf der Landstraße und trieb einen Schleier von Schneeflocken vor sich her. Lisa schlug den Mantelkragen hoch und vergrub die Fäuste in den Taschen. Was für eine Kälte! Wo blieb der Frühling? Heute war immerhin der 1. Mai. Ihre Mädchen spielten im Hof mit Zenzi Ball.

Eben wollte Lisa sagen, dass sie bei der Kälte doch im Zimmer spielen sollten, als von Winzer her Militärfahrzeuge in den Ort rollten. Auf jedem offenen Wagen hockten mindestens sechs Soldaten, das Maschinengewehr im Anschlag. Lisa zog Karin in den Hauseingang und winkte die anderen auch heran. Amerikaner!

Am ersten Haus sprangen ein paar Soldaten ab, stießen die Haustür auf und durchsuchten das Gebäude, die anderen Wagen fuhren zum nächsten Haus. Ein Soldat scheuchte Lisa und die Kinder zur Seite und rief etwas. Dann stürmte er Vogels Haustür. Zenzi heulte auf und wollte hinterher, aber Lisa hielt sie fest. „Sie suchen nach deutschen Soldaten, deiner Mutter tun sie nichts." Dabei hoffte sie inständig, dass es stimmte, was sie da sagte. Noch drei Männer drängten an ihnen vorbei. Soldaten fanden sie nicht, aber im Hinauslaufen bissen sie in heiße Weißwürste, die sie von Frau Vogels Tisch beschlagnahmt hatten. Dabei grinsten sie frech und sahen plötzlich gar nicht mehr so bedrohlich aus. Die Kinder standen bleich an der Hauswand, irritiert von den fremden Worten, die die Soldaten einander zuriefen, eingeschüchtert von den Maschinengewehren.

Ein Wagen brauste heran, bremste vor den Kindern, ein Soldat sprang ab und kam auf sie zu. Lisa erschrak. Er war schwarz im Gesicht. Natürlich wusste sie, dass in Amerika Schwarze lebten, schließlich war Geschichte ihr Lieblingsfach gewesen. Doch selbst gesehen hatte sie noch keinen. Auch die Kinder starrten ihn an.

Als er lächelte, leuchtete seine helle Zahnreihe aus dem dunklen Gesicht. Hinter dem Rücken holte er eine Dose hervor. War das nicht die Bonboniere von Frau Blochers Ladentisch? Lachend streckte er jedem der Kinder zwei Bonbons hin, winkte und sprang wieder auf den Wagen. Ehe jemand danke sagen konnte, waren die Autos verschwunden.

„Seine Haut ist braun wie Schokolade!" rief Jutta überrascht.

„Sogar an den Händen", fügte Karin hinzu. „Nur innen waren sie hell, das habe ich gesehen."

„Das waren Amerikaner", sagte Zenzi überflüssiger Weise. „Man nennt sie Tschieis, hat meine große Schwester gesagt. Und die Autos heißen Tschieps." Was sie alles wusste. „Und meine Schwester sagt auch, sie wäre froh, wenn die Amis kommen, die sind besser als die Russen."

Gar keine Soldaten wären mir am liebsten, dachte Lisa. Aber vielleicht hatte Zenzis große Schwester ja Recht. Diese Amerikaner eben, hatten ihr nur kurz Angst gemacht. Aber ob sich alle so gut benahmen? Hier im Dorf gab es keinen Widerstand, doch woanders machten sie sicher Gebrauch von ihren Maschinengewehren. Frau Vogel hatte erzählt, dass es in Deggendorf Schießereien in der Innenstadt gegeben hätte. Was für ein Glück, dass sie hier in diesem Nest gelandet waren, um das es sich nicht lohnte, zu kämpfen. Glück im Unglück.

Es klopfte, draußen stand der Postbote. „Frau Elisabeth Bertram, san Sie das?" Als Lisa nickte, schob er ihr ein Telegramm zu. „Aber das ist vom 27. April!", rief Lisa. „Und heute ist der 2. Mai. Wieso braucht ein Telegramm fünf Tage?" Der Postbote zuckte die Schultern. „S'woar koan Postverkehr die letzten Dog", rief er schon auf der Treppe. Von Hanne. Lisa riss den Umschlag auf. „Großmutter bei Luftangriff gestorben. Großvater bei uns." Großmutter? Doch nicht Martha Bertram? Wie schrecklich! Lisa musste sich setzen. Die Mädchen standen um sie herum.
„Die Bartschdorfer Oma ist tot", flüsterte Lisa und schlug die Hände vors Gesicht. Wie konnte sie tot sein, die freundliche, gute Frau? Lisa glaubte, ihre

Stimme zu hören, wie sie die große Familie an den Tisch rief in Bartschdorf in der Försterei. „Esst Kinder, esst ock, im Keller gibts noch mehre!" Ihre liebe Stimme, die beste Schwiegermutter der Welt. „Armer Großvater", sagte Christl traurig. „Wie soll er ohne Oma zurechtkommen?" Ja, wie sollte das gehen? Da hatte Hanne eine schwierige Aufgabe. „Wir sollten ihm schreiben", schlug Lisa vor. „Vielleicht tröstet ihn das ein winziges Bisschen." Lange saßen die vier vor dem leeren Blatt, was schreibt man da?

Schließlich holte Christl eins von Traudels Blättern und fing an zu malen. „Ich male ihm die Försterei. Da freut er sich."

„Dann male ich den Pferdestall mit Hektor und Lilie", beschloss Jutta. Karin wollte den Garten mit der Schaukel und den Hühnern malen. Lisa schrieb ein paar teilnahmsvolle Zeilen und packte alles in einen Umschlag. Hoffentlich arbeitete die Post wieder.

Am folgenden Tag kam ein langer Brief von Hanne. „Meine Liebe Lisa, liebe Kinder. Die Großeltern sind im Schlaf überrascht worden. Es hat keinen Fliegeralarm gegeben. Die Bombe hat das halbe Haus weggerissen, ehe Großvater richtig wach war. Großmutter ist unter der Zimmerdecke begraben worden, Großvater blieb wie durch ein Wunder unverletzt. Wie du dir denken kannst, ist er völlig neben sich. Er hat die Heimat verloren und nun noch den einzigen geliebten Menschen, der ihm geblieben ist. Er will nicht mehr leben, was ich gut verstehe. Die Versorgung der Flüchtlinge hier ist miserabel und so kann ich gar nichts besorgen, was ihn früher aufgemuntert hat: Schnupftabak, Kaffee oder Schokolade. Von solchen Sachen können wir nur träumen, wo selbst Einfaches wie Brot und Milch schon fehlt. Und dabei darf ich ihm nicht sagen, was mir vorgestern Erika geschrieben hat: Oskar ist gefallen. Erika schrieb, dass sie ihn noch im Lazarett besuchen konnte. Sie war mit ihren Eltern und den Kindern nach Tschechien geflohen und sei jetzt wieder in Bartschdorf zusammen mit ein paar anderen Familien, die ebenfalls nicht mehr nach Westen gelangt waren. Sie wohnten in Großmutters Austragsstüberl und versuchten, sich von dem winzigen Stück Garten zu ernähren, das man ihnen ließ. Nachts müssten sie ihre eigenen Äpfel von den Bäumen klauen. Doch ständig würden sie von polnischem Gesindel überfallen, das den Frauen Schreckliches antäte und mitnehme, was ihnen gefalle. Darum versteckten sie sich nachts auf dem Heuboden. In der Försterei lebten Polen und es bräche ihr das Herz, mit ansehen zu müssen, wie sie das stolze Hofgut verloddern lassen. Sobald sie könnte, wolle sie dort weg. Ach Lisa, das Leben ist so schwer geworden. Ich warte auf den Tag, wo wir in unser schönes Haus nach Schweidnitz zurückkehren dürfen. Mir fehlt der Garten so sehr.

Dort müssten wir jetzt nicht hungern. Ich wünsche mir, spätestens im Herbst dort zu sein, um meine Trauben zu ernten."

„Was schreibt sie?" Christl reckte den Hals. „Geht es Ihnen gut?" Lisa ließ das Blatt sinken und schüttelte den Kopf. „Armer Großvater. Jetzt ist auch Onkel Oskar tot. Wenn er das erfährt…" Lisa seufzte. Fremde Leute in der Försterei, Erika schutzlos und allein, Großmutter tot. Nie mehr würde es wie früher sein. Lisa legte Christl den Arm um die Schulter.

„Was für ein Glück, dass wir hier in Sicherheit sind. Ich glaube, wir ich kochen uns jetzt eine Suppe." Sie wollte ihre Kinder nicht noch trauriger machen, davon wurde nichts besser.

„Wir müssen Vati davon schreiben", sagte Jutta ernst. Lisa nickte. „Das machen wir gleich nach dem Essen."

Schweigend löffelten sie die Kartoffelsuppe. Plötzlich runzelte Karin die Stirn: „Hört ihr das?" Der Boden vibrierte und ein dumpfes Grollen wurde ständig lauter. Sie stürmten ans Fenster, konnte aber nichts sehen.

In das Grollen mischte sich ein Rasseln wie von schweren Ketten. Die vier warfen die Mäntel über und rannten die Treppe hinab.

„Schnell, in den Stall, da sind dicke Mauern!", rief Frau Vogel, die aus der Stube stürzte. „Aus Westen rücken Panzer an. Die Amerikaner!"

Im Stall standen alle an den kleinen Fenstern, die zur Straße hinausgingen. Ein Panzer nach dem andern dröhnte vorbei. Sie hatten die Luke offen, die Soldaten standen lässig darin, das Gewehr im Anschlag.

„Sie fahren nach Passau", rief Frau Vogel gegen den Lärm. „Dort sollen die Russen stehen."

„So nah?", fragte Lisa entsetzt.

„Man sagt es", Frau Vogel zuckte die Schultern.

„Einundzwanzig, zweiundzwanzig…" Karin zählte. Erst bei einunddreißig hörte die Kolonne auf.

„Sie sind weg", Frau Vogel atmete auf. „ Ein Glück!"

Montagabends kam der Lieferwagen zu Frau Blocher, deshalb beeilte sich Lisa am Dienstagmorgen. Sie musste einkaufen, ehe alles weg war. Natürlich standen schon acht Frauen vor ihr, noch ehe die Tür aufgeschlossen wurde. Frau Stangl stand bestimmt schon seit sieben Uhr hier. Heute früh hatte Lisa den Mädchen Haferbrei gekocht, Brot war schon seit Samstag kein Stück mehr da. Als die Mädchen satt waren, blieb ihr selbst noch ein winziges Schälchen Brei. Deshalb schmerzte jetzt der Magen vor Hunger und vor ihren Augen

flimmerte es. Vielleicht bekam sie heute das Kilo
Brot, das ihnen pro Woche zustand.

Lisa lehnte am Gartenzaun und dachte an das
himmlische Brot, das der Bäcker in Herrnstadt gebacken hatte, sie spürte die feine Krume beinahe
auf der Zunge.

„Gehn´s weiter, gehen´s weiter!", drängelten die
Frau hinter ihr. Frau Blocher hatte aufgeschlossen.

„Der Hassensstein hat sich das Leben genommen!", flüsterte eine Frau ihrer Nachbarin zu. „Der
Generalmajor von der Kampfgruppe Hassensstein,
genau der."

„Hat er nicht letzte Woche noch den Sieg beschwo-
ren? Das stand in der Zeitung."

Frau Blocher hatte die letzten Worte gehört. „Sieg?
Das glaube ich nicht mehr. Für uns ist es vorbei."
Sie zuckte die Achseln und reichte das Päckchen
Linsen über die Theke. „Hauptsache, wir kriegen
Frieden und unsere Männer zurück."

„Meine Tante sagte am Telefon, es gehe das Gerücht, der Führer habe sich auch das Leben genommen." Frau Stangl hatte sehr leise gesprochen,
doch alle hatten es gehört. Entsetzte Stille. Niemand sagte etwas dazu.

Lisa hörte die Worte wie durch einen Schleier. Ihr
war nicht nach Diskutieren, sie brauchte dringend
etwas zu essen. Endlich kam sie an die Reihe,
reichte ihre Lebensmittelmarken über den Tresen
und legte fünf Mark daneben. Brot! Frau Blocher
wickelte es in ein Papier. Haferflocken, Linsen,

Mehl... Auf dem Heimweg setzte Lisa die Tasche ab, sie musste etwas essen! Nur eine kleine Kante Brot! Sie schob ein Stück in den Mund. Das tat gut! Der Führer sollte tot sein? Undenkbar. Trotzdem merkte Lisa, wie wenig es sie berührte. Hauptsache, sie hatten etwas zu Essen. Für heute und morgen und dann konnte sie weitersehen.

Nach dem Mittagessen ging sie zum Schaukasten beim Bürgermeister, um mehr zu erfahren über dieses Gerücht. So etwas Wichtiges musste doch in der Zeitung stehen, aber sie fand nichts. Passau und Deggendorf hatten vor den Amerikanern kapituliert, auch Vilshofen und Straubing. Auf dem Rückweg musste sie an der Straße warten, weil eine lange Kolonne Soldaten Richtung Winzer marschierte. Deutsche. Hinter ihnen amerikanische offene Wagen, die die Männer vor sich hertrieben. Die Soldaten saßen lässig auf den Pritschen, die Maschinengewehre im Anschlag. Die deutschen Männer marschierten in einer Reihe, hatten die Hände hinter dem Kopf, wirkten niedergeschlagen und müde. Sie gehen in Gefangenschaft, durchfuhr es Lisa. Ob Karl auch so abgeführt wurde? Seine Bewacher waren Russen und schickten die Gefangenen nach Sibirien. Verzweifelt hoffte sie, dass er wiederkam.

Zenzi riss die Tür auf. „Der Krieg ist aus! Kam eben im Radio", rief sie und war gleich wieder weg. Lisa ließ die Flickwäsche fallen, warf die Strickjacke über und rannte ins Dorf. Vor Blochers Laden drängte sich eine Menschentraube. Von drinnen dröhnte das Radio: „Seit Mitternacht Schweigen an allen Fronten die Waffen. Auf Befehl des Großadmirals hat die Wehrmacht den aussichtslos gewordenen Kampf eingestellt. Damit geht das fast sechsjährige heldenhafte Ringen zu Ende. Es hat uns große Siege, aber auch schwere Niederlagen gebracht. Die deutsche Wehrmacht ist einer gewaltigen Übermacht ehrenvoll unterlegen."

Lisa schob sich ans offene Fenster, um besser zu verstehen. „Der deutsche Soldat hat, getreu seinem Eid, im höchsten Einsatz für sein deutsches Volk für immer Unvergessliches geleistet!" Atemlos lauschten die Menschen, das ganze Dorf war gekommen. Frieden, endlich!

„… Den Leistungen und Opfern der deutschen Soldaten zu Lande, zu Wasser und in der Luft wird auch der Gegner die Achtung nicht versagen. Jeder Soldat kann deshalb die Waffe aufrecht und stolz aus der Hand legen und in der schwersten Stunde unserer Geschichte tapfer und zuversichtlich an die Arbeit gehen für das ewige Leben unseres Volkes…"

Im Laden applaudierte jemand, andere fielen ein. Der Krieg ist aus! Nur langsam drang der Gedanke in Lisas Kopf. Müde drehte sie sich auf dem Absatz um, während die Leute um sie her aufgeregt redeten, lachten und sich umarmten. In Lisa kam keine Begeisterung auf.

„Alles wird gut", hörte sie Frau Stangl sagen.

Bei uns wird nichts gut, dachte Lisa bitter, zu Hause in Birkenhöhe sind die Russen. Doch was hatten sie hier?

Als Lisa an Vogels Stubentür vorbeikam, hörte sie Frau Vogel aufgeregt auf ihren Mann einreden. Der Krieg sei vorbei, ob er sich nicht freue? Doch der brummte nur und lallte etwas. Betrunken, am hellen Tag. Frau Vogels Krieg war noch nicht vorbei. Wenn nur Karl wieder käme! Mit ihm würde sie jede Zukunft meistern.

„Weißt du, Mutti, was ich jetzt gern hätte?" Jutta lag auf dem Bett ausgestreckt, die Hände hinter dem Kopf und schaute verträumt an die Zimmerdecke. Lisa wischte die Hände ab und räumte die Kartoffelschalen in den Abfalleimer.

„Was denn, Jutta?"

„Wenn ich jetzt mein weißes Sommerkleid hätte, das mit den kleinen gestickten Blüten, dann würde ich dazu die Sandalen anziehen, die daheim unter dem Bett stehen, eine Schleife ins Haar binden und spazieren gehen. Es ist so wunderbares Wetter."

Lisa setzte sich auf den Bettrand. „Das schöne Blumenkleid im Schrank in Birkenhöhe! Du könntest den Strohhut dazu herunterholen und das weiße Strickjäckchen. Ach Jutta, wir haben gar keine Sommersachen mit. Als wir von Zuhause fort sind, war es bitter kalt. Was hätten wir wissen sollen, dass wir im Frühling immer noch nicht zu Hause sind?"

Jutta tastete nach Lisas Hand. „Vielleicht kannst du uns Kleider nähen? Das hast du zu Hause immer getan."

„Ich habe keine Nähmaschine, Liebes, und keinen Stoff." Lisa seufzte. „Morgen frag ich beim Bürgermeister nach Kleiderkarten und wo man hier überhaupt so was kauft. Ich habe noch kein Kleidergeschäft gesehen, noch nicht mal in Winzer."

Christl schaute von den Hausaufgaben auf. „Sandalen wären wunderbar. Die Resie aus Neßlbach hat heute gelacht, weil ich noch in Stiefeln in die Schule komme. Jetzt wäre doch Frühling, hat sie gesagt, da geht man in Sandalen." Christl strich sich die Haare hinters Ohr und nahm den Stift wieder in die Hand.

In Lisa stieg Ärger auf: die Leute hatten keine Ahnung, wie es den Flüchtlingen ging und es interessierte sie auch nicht. Bis auf wenige Ausnahmen.

„Ach", sagte Christl leichthin, „sollen sie doch reden. Wenn es wärmer wird, gehen sowieso alle barfuß und Zenzi hat auch keine Sandalen."

Jutta drehte ihre langärmlige Bluse in den Händen. „Vielleicht kannst du einfach die Ärmel abschneiden, Mutti?"

Lisa lächelte. „Für den Anfang nicht schlecht. Das mach ich gleich und wenn ich es hübsch umnähe, fällt es gar nicht auf."

Es klopfte und Frau Vogel gab einen Brief zur Tür herein. „Vati hat geschrieben!" Augenblicklich steckten die vier die Köpfe zusammen, rissen den Brief auf und Lisa las vor:
„Den 6. Mai 1945. Mein innig geliebtes Frauchen, liebe Kinder, leider bin ich gestern in englische Gefangenschaft geraten. Dort geht es uns gut, die Behandlung ist ordentlich. Durch riesige Märsche, manchmal haben wir ununterbrochen einhundertzehn Kilometer hinter uns gebracht, durch diese Leistung konnten wir den Russen entkommen…. Habt bitte keine Angst um mich."
Lisa ließ den Brief sinken. Tränen rollten über ihre Wangen, Tränen von Erleichterung und Dankbarkeit. Karl war nicht in russischer Gefangenschaft. Wie die Engländer mit ihren Gefangenen umgingen, wusste sie nicht, aber über die Russen wurde Schreckliches erzählt. Er war im Westen, er lebte! Ihre Knie wurden weich, sie musste sich setzen. „Kommt Vati bald heim?", fragte Karin. „Das weiß ich nicht, Kind. Aber Hauptsache, er muss nicht nach Sibirien." Lisa atmete tief. Es kam ihr vor wie ein Wunder. Bis Berlin waren die Russen gekommen, also mussten sie auch Stettin erobert haben. Sie hatte nichts anderes erwartet, als dass Karl in

russische Hände fallen würde. Nun war er im Westen!

„Wir schreiben an Vati!" Christl klatschte vor Freude.

„Oh ja!", rief Jutta. „Hoffentlich darf er bald nach Hause!"

„Nach Hause, das ist hier. Wenn wir doch alle zusammen zurück ins Schulhaus könnten!" Lisa schlug die Hände vors Gesicht.

Christl strich ihr über den Rücken. „Zu Hause ist da, wo wir zusammen sind."

Lisa lächelte dankbar und nickte. Mit Karl würde alles gut, auch hier.

Der Brief krempelte Lisas Stimmung völlig um. Karl konnte zurückkommen! Wäre das wunderbar, wenn er einfach die Treppe heraufkäme! Wie lange würden die Alliierten die deutschen Männer gefangen halten? Würden sie nach England oder Amerika gebracht?

Sie wusste es nicht und doch wollte sie bereit sein, wenn er kam. Wo sollte er schlafen? Er brauchte eine Decke, für ihn hatte sie ja nichts mitgenommen. In mühevoller Handarbeit nähte sie zwei Leintücher zusammen, tauschte vier Zigaretten gegen zwei Kilo Entenfedern und hatte damit ein Deckbett. Doch Karl kam nicht. Er schrieb, sie seien im Rheinwiesenlager Sinzig, lebten unter freiem Himmel in Erdlöcher unter schlechten hygienischen Bedingungen. Zu Essen gäbe es nicht viel, doch die Langeweile sei schlimmer als der Hunger. Er hoffe, bald heim zu kommen.

Lisa grübelte, wie sie an Kleidung für ihn kommen sollte. Und etwas anderes bereitete ihr Sorge: die Alliierten hätten Deutschland in Zonen aufgeteilt und der Reiseverkehr zwischen diesen Zonen sei schwierig. Hoffentlich kam Karl zu ihnen durch.

Juni 1945

Die Tür flog auf und alle drei Mädchen standen vor Lisa.

„Mutti, wir brauchen Seife!", rief Karin. Lisa musste nicht fragen, wozu, sie roch es. „Puh, ihr riecht ja nach Kuhstall! Was habt ihr gemacht?" Sie kramte in dem Karton, in dem sie die Waschsachen verstaut hatte.

„Wir hatten solchen Spaß, Mutti", lachte Jutta fröhlich. „Schau, wir haben braune Stiefel an." Lisa starrte auf drei Paar nackte Füße. Sie trugen bis über die Knöchel eine braune Schicht, die langsam abblätterte, weil sie trocknete.

„Mist?"

Christl nickte und wirkte unsicher. Vielleicht war das Ganze doch kein guter Einfall? Zumal sich auf dem Fußboden die Krümel mehrten.

„Wir haben der Frau Nothaft im Stall geholfen. Da hat eine Kuh was Dickes fallen lassen." Karin kicherte. „Das war so wunderbar warm, dass ich rein treten musste. Herrlich, wie die Matsche zwischen den Zehen hoch kam…"

Lisa verdrehte die Augen.

„Und da hatte Karin hübsche braune Stiefel an und die wollte ich auch…"

Kopfschüttelnd gab Lisa den Kindern die Seife und einen Waschlappen und schickte sie an den Wasserhahn auf der anderen Straßenseite.

„Rubbelt euch kräftig, ihr Strolche!", rief sie.
„Heute Nacht soll es im Zimmer nicht nach Kuhstall stinken. Und wo sind eure richtigen Stiefel?"
Christl schlug die Hand vor den Mund. „Die stehen noch an der Stallwand. Frau Nothaft sagte, wir
sollten sie aus ziehen, sie seien zu schade für den
Stall. Wir holen sie sofort."
„Geht im Haus vorsichtig", riet Lisa. „Ihr verliert
das Zeug überall."
Als die Kinder fort waren, holte Lisa die Kehr-
schaufel. Dabei merkte sie, dass sie sich nicht ärgerte. Im Gegenteil: die Mädchen waren angekommen in der neuen Heimat, fanden Freunde und
lebten das Leben ohne zurückzuschauen. Sie sollte
von ihnen lernen.
Bei ihr verging kein Tag, an dem sie sich nicht
nach Hause sehnte und dem Vergangenen nach-
trauerte. Dabei spielte das Leben im Hier und Jetzt.
Sie beschloss, die Sehnsucht beiseite zu schieben
und sich mehr um andere zu kümmern. Noch
heute wollte sie nach Gräfin von Degenfels sehen
und nach der Flüchtlingsfrau mit den beiden Buben. Wenn Karl erst hier wäre, dann würden sie
gemeinsam Pläne machen und vielleicht schafften
sie es bald, aus diesem einen Zimmer in eine richtige Wohnung zu kommen!

Nun wurde es richtig Sommer. Lisa und die Kinder konnten bei den Bauern im Heu und auf den

Feldern arbeiten, gingen den Frauen im Garten
und im Haushalt zur Hand. So mussten sie nicht
hungern, auch wenn Lisa nur die vier fünfzig pro
Woche verdiente. Lisa war bald sehr gefragt, denn
sie konnte nähen und flicken und hatte für den
Garten eine gute Hand. Auch die Kinder wurden
auf den Höfen zu gern gesehenen Helfern.
Einmal, es war Mitte Juni, hackte Lisa das Möhren-
beet in Käthes Garten, als ein hochgewachsener
Soldat mit einem Schubkarren am Nachbargarten
stehen blieb. Gleich fällt er um, dachte Lisa besorgt, so schwach sah er aus. „Wo finde ich die Familie Vogel in Gries?", fragte er die Nachbarin.
Elektrisiert fuhr Lisa herum. Das war Karls
Stimme! Hacke und Rechen flogen zur Seite und
Lisa stürmte die Dorfstraße hinab, dem Mann hinterher. Er war es, natürlich! Das war sein Gang!
„Karl!", rief sie atemlos, als sie ihn erreicht hatte.
„Karl!"
Er drehte sich um, ließ die Schubkarre los und
nahm sie in die Arme. Glücklich verbarg sie ihr
Gesicht an seiner Brust. Die Uniform roch fremd
und modrig, aber seine Hand in ihren Nacken ver-
schaffte Lisa eine Gänsehaut. Sie spürte seinen
Körper unter dem Hemd, abgemagert war er und
seine Muskeln hart wie Holz.
Lisa nahm die Schubkarre, in der sein großer Ar-
meerucksack lag und schob sie zu Vogels in den
Hof.
„Dort ist unser Zimmer. Komm dich ausruhen."

Sie lud sich den schweren Rucksack auf den Rücken und öffnete die Haustür. „Woher hast du denn die Schubkarre?", fragte sie neugierig.
„Ausgeliehen in Vilshofen. Ich hab den Rucksack nicht mehr geschafft."
„Aber die Leute kennen dich doch gar nicht. Da leihen sie dir einfach eine Schubkarre?"
„Ich bin doch ehrlich", sagte Karl und aus seinen tief in den Höhlen liegenden Augen lachte der Schalk. „Natürlich bringe ich sie in den nächsten Tagen zurück."
Lisa wunderte sich. Unglaublich, dass ihm wildfremde Menschen vertrauten. Der Mann war schon etwas Besonderes.
Karl ließ sich aufs Bett fallen und streifte die schweren Stiefel ab. Sie waren aus hartem, unbeweglichem Leder gefertigt und hatten Schnallen wie Skistiefel. Damit war er Hunderte von Kilometern gelaufen?
„Meine Lisa!", rief er. „Auf diesen Moment warte ich seit Jahren. Es hätte nicht viel gefehlt und wir wären für immer getrennt." Er schaute ihr in die Augen und strich ihr eine Strähne aus dem Gesicht, wie er es immer getan hatte. Lange verharrten sie eng umschlungen, bis Lisa merkte: er war vor Erschöpfung eingeschlafen. Sie ließ ihn vorsichtig aufs Bett gleiten. Wie leicht er war! Ausgezehrt und eingefallen wirkte sein liebes Gesicht, seine Haare hatten einen grauen Schimmer und

die zarten Hände, die früher leicht über die Violine gelaufen waren, glichen denen eines Bauarbeiters. Und trotzdem: Sie hatten sich wieder. Lisa lächelte. Und wenn sie dann selber noch weniger zu essen hätte, sie würde ihn schon aufpäppeln. Sie schnitt Karotten und Zwiebeln zusammen, gab drei Kartoffeln dazu und das Stück Lauch.

Immer wieder musste sie zum Bett hinüberschauen. Dass Karl zurück war, schien ihr wie ein Traum. Lisa setzte sich eine Weile auf die Bettkante, streichelte seine Hand und schaute ihn unverwandt an. Karl schien um Jahre gealtert seit Weihnachten. Die Narbe unter dem Auge war zugeheilt. Zum Glück.

Sie deckte den Tisch und natürlich fehlte ein Teller. Kurzerhand stellte sie für sich die Salatschüssel hin. Auch ein Stuhl fehlte. Egal, dachte sie, dann stehe ich zum Essen. Hauptsache, Karl ist hier.

Die Mädchen kamen schwatzend die Treppe herauf. Lisa legte den Finger an den Mund und deutete auf ihr Bett. Ihr Jubeln störte Karl nicht im Geringsten, er schlief wie ein Stein.

Lisa wollte ihn wecken, als das Essen fertig war, da schlug Christl vor, ihm ein Lied zu singen. „Sein Lieblingslied: Oh Täler weit, oh Höhen!"

Lisa grinste: „Dann denkt er, er ist im Himmel."

Wie ein kleiner Chor stellten sich die vier vor dem Bett auf und sangen aus voller Kehle. Karl richtete sich auf und startet verwirrt um sich.

„Meine Kinder! Meine lieben Mädchen!" Lachend
schlug er die Decke zurück und fiel in die Melodie
mit ein. Endlich! Endlich war er wieder bei Ihnen.
Karl hatte richtig Hunger. Doch dann hielt er inne:
„Wisst ihr, ich bin kein großer Beter. Aber meine
Mutter hätte jetzt die Hände gefaltet und Gott ge-
dankt, dass ich wieder zu Hause sein darf. Sie lebt
nicht mehr, darum will ich es tun." Feierlich
sprach er das Dankgebet. Lisa lief eine Gänsehaut
über den Rücken, der Moment hatte etwas Heili-
ges.
Aber dann schlang der sonst so gesittete Herr die
Suppe hinunter, in einem Tempo, dass Lisa
schmunzeln musste. Im Nu war sein Teller leer.
Lisa verzichtete auf ihren Nachschlag. Karl aß vier
Teller Suppe und rieb gleich noch den Topf mit einer Brotkante aus, bis er blank glänzte.
Schweigend sahen die Mädchen zu. Lisa spürte die
Fremdheit, die in der Luft lag. Sie würden sich
wieder aneinander gewöhnen. Immer wieder
musste sie ihn ansehen. Einfach herrlich, er war
gesund zurück.
Nach dem Essen erhob sich Karl schwerfällig. „Ich
habe euch etwas mitgebracht." Aus seinem Rucksack zog er drei in Papier gewickelte Gegenstände
und reichte sie den Mädchen. Es waren geschnitzte
Tiere, ein Hase, eine Katze und ein Bär. „Die hat
mein Kamerad, der Armbruster geschnitzt. Seit
Stettin trage ich sie in der Tasche. Ich soll euch
schön von ihm grüßen. Er kennt euch gut, weil ich

ihm jeden Tag von meinen lieben Mädchen erzählt habe."

Jutta drückte den Bären an sich. „Ein schönes Geschenk, danke Vati. Spielsachen haben wir nur wenig mitgenommen auf die Flucht. Meine schöne Puppenstube ist noch in Birkenhöhe." Augenblicklich legte sich ein Schatten auf Karls Gesicht und Jutta tat es leid, davon gesprochen zu haben. Doch Karl zuckte die Schultern. „Ich werde hart arbeiten, damit wir wieder Püppchen kaufen können und das Puppenhaus mach ich dir eines Tages neu." Jutta lief um den Tisch und schlang die Arme um Karl. „Ich bin so froh, dass du wieder da bist, Vati. So froh!" Auch Christl und Karin legten ihre Arme um ihn. Glücklich schloss er die Augen. „Wenn wir nur wieder zusammen sind, dann schaffen wir alles, oder?"

„Zuerst ruhst du dich ordentlich aus. Am besten gehen die Mädchen eine halbe Stunde auf die Wiese hinaus, Vati muss sich gründlich waschen.", entschied Lisa. „Und dann wieder ab ins Bett!"
Als Karl endlich Lisas langes Nachthemd anhatte und ins Bett kriechen konnte, zitterte er vor Schwachheit. Dann schlief er bis zum nächsten Tag.

Karl schlief viel und erholte sich. Zum Essen weckte ihn Lisa, dann verkroch er sich wieder ins Bett, seufzte wohlig, zog das selbstgenähte

Deckbett um sich und strich glücklich über den glatten Stoff. Versonnen saß Lisa oft an seinem Bett und lauschte seinem Atem. Karl war wieder zu Hause, wie lange hatte sie auf diesen Tag gewartet. Dann gingen ihre Gedanken zu den anderen Frauen, die noch warteten und nicht wussten, wo ihre Männer waren und die wenig Hoffnung hatten, sie bald wieder zu sehen. Mitzis Mann schuftet in einem Arbeitslager in England, Karls Bruder Fritz war in Frankreich als Kriegsverbrecher angeklagt und Herr von Degenfels lag in einem Massengrab in Stalingrad. Sie selbst hatte großes Glück!

Lisa begann, die Löcher in Karls Unterwäsche zu stopfen. Fast sechs Jahre ihrer Ehe hatte der Krieg geschluckt, was sie erarbeitet hatten, lag unerreichbar weit weg, sie mussten bei Null beginnen. Wenn er nur wieder da war. Und doch… Lisa fädelte einen neuen Faden durchs Nadelöhr. Er war anders geworden. Der muntere, wortgewandte Karl, der immer ein Späßchen auf den Lippen hatte, redete nicht viel. Das schelmische Blitzen um die Augen war verschwunden, Neugier und Interesse für alles um ihn herum wie weggefegt. Lisa hatte erwartet, dass er erzählen würde, wie er den Russen entkommen war, wie er es durch die Zonen nach Bayern geschafft hatte. Nichts. Er schwieg.

Seine Socken bestanden fast nur aus Löchern. An mehreren Stellen fand sie Blutspuren, sicher hatte er schmerzhafte Blasen gehabt. Und trotzdem hatte er durchgehalten. Ich muss ihm Zeit lassen, dachte Lisa, er muss sich erholen. Auf dem Regal schob sie ihre Wäsche zusammen und stapelte Karls Sachen hinein. Zu fünft in einem Zimmer! Die Mädchen beklagten sich nicht. Gestern hatten sie einen Sack Heu mitgebracht und wortlos das Lager vergrößert, auf dem nun alle drei schliefen. Das war eng, deswegen kicherten sie noch mehr vor dem Einschlafen.

Lisa legte das Nähzeug zurück in die Pappschachtel, wischte die letzten Fadenreste vom Tisch und begann, das Mittagessen vorzubereiten. Heute hatte sie Graupen und Karottengemüse. Die Kinder hassten Graupen. So gern hätte Lisa wieder einmal ein Stück Fleisch gehabt oder wenigstens ein paar Knochen für eine gute Suppe. Aber sie musste sparen.

Karl setzte sich auf. „Oh, das riecht fein, Lisa. Karottengemüse, so wie du es früher gekocht hast, daheim." Er schwang sich an den Bettrand und angelte nach seinen Socken, hob sie anerkennend hoch und lobte ihre Flickarbeit, „Danke fürs Flicken, deine ordnende Hand hat mir gefehlt."

„Die Zeit der Männerwirtschaft ist vorbei", grinste Lisa. „Sag nichts gegen unsere Männerwirtschaft, Liebes. Wir hatten Ordnung in der Kompanie und unsere Sachen sauber, soweit es ging. Aber

Strümpfe stopfen kann ich halt nicht." Er zog sich
an. „Immer wenn ich aufwache, kann ich kaum
glauben, dass ich nicht mehr in der Baracke
schlafe. Das Bett ist himmlisch weich und bequem!" Karl wusch sich an der Waschschüssel,
holte das Rasiererzeug aus dem Rucksack und
schäumte den Bart ein.
„Du machst dich fein?", fragte Lisa.
„Nach dem Essen muss ich zum Bürgermeister.
Bin ja noch nicht gemeldet. Nicht, dass mich ein
Ami ohne Papiere erwischt. Das kann böse enden."
„Dort im Regal liegt saubere Unterwäsche." Lisa
deutete mit dem Kochlöffel hinüber.
„Auch geflickt!", rief Karl erfreut. „Kannst du zau-
bern oder habe ich so lange geschlafen?"
„Ganze drei Tage!" Er zog die Augenbrauen hoch.
„Schlafmütze", murmelte er. „Muss es nötig ge-
habt haben."

Später zog Karl seine Uniform an und Arm in Arm
wanderten sie durchs Dorf zum Bürgermeister.
Karl verdrehte die Augen.
„Kuhnest", flüsterte er. Käthe winkte herüber.
„Wunderbar, dass dein Mann wieder zu Hause ist.
Herzlichen Glückwunsch!", rief sie.
„Zu Hause?", wisperte Karl aufgebracht. „Wir sind
hier nicht zu Hause. Weiß sie das nicht?" Karl
ballte die Faust und Lisa legte ihm beruhigend die
Hand auf den Arm.

„Ist nicht böse gemeint, Karl. Die Leute wissen, dass wir hier nicht zu Hause sind, besonders Käthe, der habe ich viel von Birkenhöhe erzählt. Sie verstehen es nicht, weil sie es nicht erlebt haben."

Frau Blocher trug Gemüsekisten in den Laden. Lisa grüßte sie freundlich. Die Händlerin lachte ihr zu: „Jo mei! Is da Herr Gemahl au do! Wia schee! Itzt hom ses leichta, Frau Bertram."

Karl nickte freundlich, dann zischte er Lisa zu: „Was für eine grässliche Sprache! So… So… breit!"

„Man gewöhnt sich daran", grinste Lisa. „Manches verstehe ich inzwischen sogar!" Er lachte, dass sie ja wohl keine Wahl hätten und es am besten mit Humor nähmen. „Aber sprechen werde ich dieses Kauderwelsch nie, das ist sicher!"

Die Eingangstür der Bürgermeisterei stand offen, sie klopften an der Amtsstube. Stangl sprang auf, als Karl eintrat. Um ein Haar hätte er salutiert, doch er besann sich.

„Herr Leutnant!" Er streckte Karl die Hand hin.

„Nicht mehr, Herr Bürgermeister."

„Natürlich. Setzen Sie sich doch. Ich nehme an, sie sind Herr Bertram?" Karl nickte und reichte seine Papiere über den Tisch. Stangl brummte anerkennend: „Frankreich, Polen, mit der Heeresgruppe Nord in Russland, Kurland, Stettiner Haff. Unermüdlicher Dienst fürs Vaterland."

„Die Heimat verloren…", flüsterte Karl.

Wieder nickte Stangl. „Mein Mitgefühl, Herr Bertram. Vielleicht gibt es noch Hoffnung..."
„Der Russe wird nicht verhandeln, Herr Bürgermeister. Er wird Tatsachen schaffen..."
„Schon möglich. Jetzt werden sie erst mal hier gebraucht. Zum Wiederaufbau. Sie sind Lehrer?
Nun, wir müssen die Entnazifizierung abwarten.
Habe gehört, dazu werden Fragebögen erarbeitet.
Und dann sind natürlich zuerst die bayerischen
Lehrer dran. Sie werden sich gedulden müssen..."
Karl seufzte. „Dachte ich mir. Aber ich muss meine
Familie ernähren."
Stangl zog eine Liste aus der Ablage. „Ich trage sie
hier ein, sie bekommen Bescheid. Viele Leute suchen Arbeit." Der Bürgermeister füllte ein Formular aus, drückte verschiedene Stempel darauf,
setzte seine Unterschrift darunter und reichte es
über den Tisch. „Papiere sind unbedingt am Mann
zu tragen. Vorerst dürfen sie die amerikanische
Zone nicht verlassen, Anweisungen der Militärverwaltung. Stangl legte eine Lebensmittelkarte auf
den Tisch.
„Ich müsste noch eine Kleiderkarte haben, Herr
Bürgermeister. Kann ja nicht in der Uniform..."
Der Bürgermeister riet, alle Dienstzeichen abzutrennen und die Uniform vor erst weiter zu tragen.
Kleiderkarten für ehemalige Soldaten gäbe es auf
dem Bezirksamt in Winzer. Er schielte auf Karls
Schuhe. „Mit diesen Stiefeln können Sie nicht den
ganzen Sommer arbeiten, sind ja viel zu schwer."

„Finnische Skistiefel, Herr Bürgermeister. Bin darin mindestens fünfhundert Kilometer gelaufen."

„Sie Armer. Sehen Sie zu, dass sie was Leichteres bekommen." Er stand auf. „Dann alles Gute, Herr Bertram."

„Warum solltest du kein Lehrer sein, Karl?", fragte Lisa, als sie draußen waren. „Hast es ja gehört, das kann dauern. Dabei habe ich von genug Schulen gehört, die Notbetrieb haben. Ach Lisa, mir fehlt die Geduld…"

Als sie die Treppe zum Zimmer hinaufstiegen, bemerkte Lisa, dass Karl wankte und nach dem Geländer griff. Sie schüttelte das Kissen auf und breitete Karls Decke aus.

„Bevor du an irgendeine Arbeit denken kannst, musst du zu Kräften kommen."

Er sackte ächzend aufs Bett. „Ich muss zugeben, dass die letzten Wochen ziemlich an meiner Gesundheit gezehrt haben."

„Wochen?" Lisa lachte bitter. „Jahre meinst du."

„Als es noch Hoffnung auf irgendeinen Sieg gab", sagte Karl nachdenklich, „da hatte ich noch Tatkraft und keine Strapaze war zu groß." Er schlüpfte aus der Hose und zog die Decke über sich. „Ein bisschen schlafen, das wäre wunderbar. In diesem Himmelbett…" Schon schnarchte er zufrieden und Lisa räumte das Heulager der Kinder in die Ecke, damit es den Tag über mehr Platz im Zimmer gab.

Dann ging sie hinunter, um Vogels nach einem weiteren Stuhl zu fragen. Sie konnte ja nicht ewig stehen beim Essen.

Eines Morgens saß Karl an der Bettkante und rieb sich die Zehen. Seine Blasen seien einigermaßen verheilt, heute wolle er die Schubkarre nach Vilshofen zurückbringen, beschloss Karl und natürlich bettelten die Kinder, er solle sie mitnehmen.
So brachen sie nach der Schule zu ihrem ersten gemeinsamen Ausflug auf. Auf dem Rückweg wollte Karl in Winzer auf dem Bezirksamt vorbei gehen wegen der Kleiderkarte. Was für ein vergnüglicher Nachmittag! Alle fünf zogen an der Donau entlang, die Mädchen schoben abwechselnd die Schubkarre. Karl nahm Lisa in den Arm und so schlenderten sie durch die Wiesen und Ufergehölze. Fast wie früher, dachte Lisa glücklich und lehnte ihren Kopf an Karls Schulter. Irgendwann kletterte Karin in die Schubkarre und ließ sich von Christl kutschieren. Sie kicherten und kreischten. Die Bäuerin lachte, als sie die Familie kommen sah: „ I hab g´wusst, dass er die Karre wieder bringt", sagte sie. „Er hat so a ehrliches G´sicht, der Mo. Und a nette Familie dazu." Sie steckte Lisa zum Abschied eine Tüte Mehl und eine Schwarzwurst zu. Für jedes Kind hatte sie einen Apfel.

In Winzer fanden die Mädchen ein aufgemaltes Hüpfspiel und vertrieben sich die Zeit, während Karl im Bezirksamt nach der Kleiderkarte fragte. Er kam lange nicht. Lisa ließ sich auf der Treppe neben dem Eingang nieder. Ein stämmiger Mann kam aus dem Amt und grüßte sie freundlich. Ein Breslauer! Unverkennbar dieses rollende R. „Frau Bertram?", fragte er. „Scherffer, mein Name. Hab drinnen mit ihrem Mann gesprochen. Schön, schlesische Landsleute zu treffen. Ach und die lieben Kinderlein… Wunderbar, wieder den vertrauten Ton von schlesischen Wörtern zu hören. Musik in meinen Ohren." Lisa stimmte ihm erfreut zu.

„Muss leider eilig gehen. Vielleicht sehen wir uns am 30. Juli zum Schlesiertreffen? Im „Drei König" in Vilshofen. Wir Vertriebene müssen zusammenhalten und unsere schlesische Kultur erhalten. Nun dann: Auf Wiedersehen!"

Weg war er. Schlesiertreffen, das wäre wirklich schön.

Die Tür flog auf, Karl stürzte heraus und Lisa sah, dass er wütend war. Wirklich wütend. So hatte sie ihn noch nie erlebt. Die Ader an seiner Schläfe tickte dick, sein Gesicht krebsrot und die Hand, in der er die Kleiderkarte hielt, zitterte. Er winkte den Mädchen und stapfte mit zusammengepressten Lippen Richtung Ortsausgang. Lisa und die Kinder hatten Mühe, ihm zu folgen.

„Was ist, Karl?", fragte Lisa. Er antwortete nicht, rannte nur weiter und starrte stur geradeaus. Erst als sie die letzten Häuser von Winzer hinter sich hatten, blieb er schwer atmend stehen.

„Um ein Haar hätte ich ihn die Treppe hinuntergeworfen", hechelte Karl. „Mit etwas Gewöhnung..." Er rang nach Luft. „Mit etwas Gewöhnung, hat er gesagt... Mit etwas Gewöhnung könne man auch auf dem Stoppelacker barfuß gehen!" Karl griff sich an den Kopf, als könne er es nicht fassen. „Er meint, ich brauche keine Schuhe. Ich würde mich an den Schmerz gewöhnen!"

Lisa legte ihm beruhigend die Hand auf den Arm, doch es nützt nichts. Karl war in Rage!

„Der Kerl hockt in seiner warmen Amtsstube, während wir Soldaten für die Verteidigung des Vaterlandes durch den Dreck robben und im Graben verrecken." Zum Glück hatten sie längst die letzten Häuser hinter sich gelassen, denn nun brüllte er: „Dieser dumme Nöhlsack! Hat das Grausen und den Tod nicht erlebt, die Todesangst und die verzweifelten Schreie der Kameraden, denen nicht mehr zu helfen war. Und dann meint dieser Klugscheißer, ich soll barfuß arbeiten gehen, während er in den ledernen Halbschuhen hinter dem Schreibtisch sitzt! So geht das nicht! Das ist ungerecht!"

Karl sackte zusammen. Der ganze Tag auf den Beinen und jetzt die grenzenlose Wut hatten seine letzte Kraft gekostet. Lisa zog ihn in den Schatten eines Apfelbaums.

„Bitte Karl, setz dich, du musst dich ausruhen."
Sein Atem flatterte. Entsetzt standen die Mädchen
beieinander und schauten hilflos zu. Noch nie hatten sie ihren starken, freundlichen und immer be-
herrschten Vater so erregt und wütend gesehen.
„So ein Bürohengst, ein hochmütiger Schnösel!
Eine Ohrfeige für die letzten sechs Jahre aller Soldaten, Angst, Hunger, Schmerzen und Heimweh.
Ich komme zurück, habe meine Heimat verloren,
meine geliebte Arbeit als Lehrer und meine Gesundheit. Und dann kommt der und nimmt mir
auch noch meine Würde. Barfuß soll ich arbeiten,
wie ein Knecht. Bin ich meinem Vaterland nicht
mal ein paar Schuhe wert?" Er rang nach Luft.
Lisa massierte sanft seinen Rücken und ganz langsam wurde er ruhiger. Zum Glück klapperte ein
Pferdefuhrwerk heran. Lisa sprang auf. Der Wein-
händler von Winzer. Ob er sie mit nach Mitterndorf nehmen könne? So saßen alle fünf auf der
Pritsche zwischen den Fässern, die Mädchen ließen
die Beine über den Rand baumeln und so waren
sie schnell zu Hause.
Während sie warmes Wasser in die Waschschüssel
schüttete, Seife darin auflöste und Christls Rock
auswusch, ging Lisa in Gedanken ihre Möglichkei-
ten durch. Ob Stangl wusste, wer gebrauchte
Schuhe abzugeben hatte? Sollte sie Frau Blocher
fragen? Käthe? Frau Nothaft? Mitzi! Sie musste am
Samstag bei Mitzi fragen.

„Nein, liebe Lisa, tut mir leid", bedauernd hob Mitzi die Hand, als Lisa nach dem Putzen in der Apotheke nach den Schuhen fragte. „Aber ich will dir helfen." Mitzi hob den Finger in die Luft. „Uns wird etwas einfallen. Wir Frauen halten zusammen." Während sie einen Pfefferminztee aufbrühte, ging sie alle ihre Bekannten durch und Lisa staunte, wie viele es waren. Ja, in Birkenhöhe, da hatte sie auch so gute Freundinnen, wo man sich gegenseitig aushalf, wenn einer in Not war.

Mitzi seufzte. „Meine Freundin Trude hat gestern erfahren, dass ihr Mann in französischer Gefangenschaft an der Ruhr gestorben ist. Dem Heinz seine Schuhe könnten deinem Mann ungefähr passen. Aber in dieser Situation..." Sie brach ab.

„Nein, da frage ich nicht nach Schuhen."

Mitzi nippte am Tee. „Wenn ich einen Zettel in die Apotheke hänge: Männerschuhe gesucht. Was sagst du?" Lisa lachte auf. „Karl hat Größe vierundvierzig." Lisa lächelte glücklich. Sie hatte ihre Freundinnen in Birkenhöhe verloren, doch jetzt war sie im Begriff hier in Bayern Teil einer neuen Frauengemeinschaft zu werden. Ein gutes Gefühl. „Darauf rauchen wir eine!", beschloss Mitzi und öffnete das vornehme Etui auf dem Glastischchen.

„Hab eine Ewigkeit keine mehr geraucht!", murmelte Lisa. „Ich brauche Zigaretten ganz dringend als Zahlungsmittel."

„Na komm, ich spendier dir eine…" Mitzi klopfte eine Zigarette aus der Schachtel und schob die Streichhölzer über den Tisch.

Unsicher sah Lisa auf. „Danke. Wärst du mir böse, wenn ich sie ungeraucht einsteckte? Das gäbe das Brot für morgen."

Mitzi schüttelte den Kopf. Sie hatte vergessen, wie sehr ihre neue Freundin sparen musste. Lisa wickelte die Zigarette vorsichtig in ein Taschentuch und lachte dankbar. Energisch schob Mitzi noch eine Zigarette über den Tisch. „So, die wird jetzt angezündet, zum Donnerwetter. Ein bisschen eine Freude musst du doch auch haben!"

Gehorsam zündete Lisa an und nahm einen Zug. Wirklich gut schmeckte der Rauch gar nicht, billiger Tabak. Aber das Gefühl, hier mit Mitzi zu sitzen und zu rauchen, das war überragend. Eine Freundin zu haben, die mitfühlte und tatkräftig half, das tat endlich gut. Durch den Zigarettenrauch, der jetzt im Wohnzimmer hing, lächelte sie Mitzi an.

Schon am Mittwoch ka
m Blochers Resi herüber, die Apotheke habe angerufen, Frau Bertram solle vorbeikommen.

Mitzi wartete, bis die Apotheke leer war, dann hob sie ein paar braune Halbschuhe über die Ladentheke. „Größe vierundvierzig!" Sagte sie triumphierend. „Ein lieber Gruß von Trude. Ihr Heinz würde die Schuhe nie mehr tragen, aber wenn sie

euch damit weiterhelfen könne, tröste das ein kleines bisschen." Mit den Schuhen, die Mitzi in Papier gewickelt hatte, lief Lisa glücklich zu Karl zurück.

Der saß am Tisch und sortierte Fotos. Er staunte
nicht schlecht! „Wie hast du das gemacht, Lisa?
Kannst du zaubern?"

„Frauen", sagte sie stolz, „Frauen helfen einander
in der Not."

Dann erzählte sie die Geschichte von Heinz und
Trude. Die Schuhe passten und bis auf die krumm-
gelaufenen Absätze waren sie perfekt. Dankbar
drückte Karl ihr einen Kuss auf die Stirn. Halbschuhe, herrlich!

Dann setzte er sich wieder an die Fotos. Er zog eines aus dem Stapel und schob es Lisa hin. „Das ist
der Albinger- Josef, mein Unteroffizier. Zum Glück
hatte ich den Fotoapparat mit an der Front. So hab
ich wenigstens ein paar Erinnerungen an meine
Kameraden, auch wenn ein ganzer Umschlag voller Sachen auf dem Marsch verloren gingen, samt
meinen Führerscheinen und den Ausweispapie-
ren."

Karl stützte den Kopf auf die Hand und schaute
versonnen aus dem Fenster. „Ob er schon zu
Hause ist, der Josef? Mit dem saß ich in der
Schreibstube. Ein sehr genauer Mensch, fast pe-
dantisch. Aber ein feiner Kerl. Aus dem Allgäu
war er. Der Schnitzer aus Stuttgart, Leutnant. Hier

auf dem Foto, der Jäger-Ludwig. Mit dem war ich
bis zuletzt zusammen. Erst in München am Bahnhof haben sich unsere Wege getrennt."

Er schob die Fotos zusammen. „Wenn ich an Papier komme, schreibe ich Ihnen allen. Ich habe die
Heimatadressen gesammelt." Versonnen sah er
Lisa zu, die mit einem winzigen Spiegelchen versuchte, ihre welligen Haare zu kämmen.

„Hast du irgendein Lebenszeichen von deinen Eltern?", fragte er. „Mutter geht es gut. Als wir hier
ankamen, hab ich ihr gleich geschrieben. Darauf
hat sie mir ein Paket Briefe geschickt, die sich inzwischen angesammelt hatten. Lisa zog den braunen Umschlag vom Regal und gab ihn Karl.

„Annemies Haus sei intakt, hat sie geschrieben,
Otto ist noch in Gefangenschaft. Mehr weiß ich
nicht. Bis zur Kapitulation ist München noch
schwer beschossen worden, sie werden am Aufräumen sein."

„Und Hanne und mein Vater?" Lisa zuckte die
Achseln.

„Es gibt keinen Postverkehr mit anderen Zonen,
sie kann nicht schreiben. Wir wohnen im selben
Vaterland und sind uns doch unerreichbar fern."
Karl legte den Arm um Lisa. „Dass wir beide uns
wieder sehen würden, war eine Zeit lang sehr un-
wahrscheinlich. Wir haben riesiges Glück gehabt,
meine geliebte Lisa."

„Die Russen?"

„Nur einen Tag, nachdem wir Stettin verlassen hatten, war der Russe da. Wir sind Ihnen gerade noch entwischt. Und dann sind wir um unser Leben gerannt. Ja, gerannt!" Lisa streichelte seine Wangen. Der Stoppelbart kratzte, ach, sie liebte das.

„In der ersten Nacht und dem folgenden Tag sind wir unterbrochen über hundert Kilometer gelaufen. Wir hatten uns selbst Marschpapiere ausgestellt, aber die Russen und Polen hätte das nicht gekümmert, wenn sie uns gekriegt hätten. Dann wären wir nach Sibirien gekommen, für immer." Karl schwieg.

Lisa musterte ihn von der Seite, endlich erzählte er ein wenig. „Wir müssen über die Elbe, haben wir uns gegenseitig immer wieder gesagt, über die Elbe. Beinahe wären wir daran noch gescheitert. Einen ganzen Tag lang suchten wir verzweifelt nach einer Fähre, schließlich hat uns ein Fischerboot übergesetzt. Auf der anderen Seite liefen wir direkt einer britischen Patrouille in die Arme. Wir waren gerettet! Egal, was die Briten mit uns anstellen würden, es waren keine Russen. Und wir hatten wenigstens eine Möglichkeit, irgendwann heim zu kommen."

„Von Stettin an die Elbe zu Fuß, das ist weit."

„Stabsgefreiter Armbruster hat geschätzt, dass es mindestens dreihundert Kilometer waren. Müsste es mir mal auf der Landkarte genauer anschauen.

Du hast sie nicht zufällig vom Schreibtisch mitgenommen?"

„Christl hat zwei Seiten aus ihrem Schulatlas getrennt." Lisa schob ihm das Doppelblatt hin. Er fuhr mit dem Finger von Stettin quer nach links. „In Lauenburg sind wir rüber. Ja, dreihundert Kilometer sind es bestimmt. In vier Tagen!" Sein Blick blieb an der Karte hängen. „Was ist das für eine Linie, die da mit Bleistift eingetragen ist?", wollte Karl wissen.

„Christl hat den Weg eingezeichnet, auf dem wir aus Schlesien geflohen sind. Erst mit dem Treck nach Westen bis Sprottau, dann mit der Eisenbahn nach See und schließlich durch Böhmen hierher." Karl nickte und starrte lange auf die Karte. Lisa wollte fragen, was ihn so gefangen hielt, da hörte sie in murmeln: „Blaue Berge, grüne Täler, mittendrin ein Häuschen klein. Herrlich ist dies Stückchen Erde, denn ich bin ja dort daheim..."

Lisa schluckte.

„Unser Eichenblatt Schlesien, so haben wir es in der Schule gelernt: die Oder als Blattrippe, von rechts: Osa, Ruda, Klodnitz, Malpane, Stober, schwarze Weide, Bartsch und Faule Obra... Ach Lisa. Ich kann noch alle Zuflüsse, haben wir in Heimatkunde gelernt. Jetzt atmet das Land nur noch in meinen Träumen deutsche Geschichte..."

Lisa verbarg den Kopf an seiner Brust, sie verstand seinen Schmerz. Karl küsste sie und sagte: „Du bist mein größtes Glück, Lisa. Ich bin so froh, dich wieder im Arm zu haben. Wenn wir nur beieinander sind, werden wir den Verlust der Heimat irgendwie verkraften." So standen sie lange. Lisa hörte sein Herz klopfen und sog seinen Duft ein. Der Armeemief war verschwunden, endlich roch seine Haut wieder nach Karl.

Die Linsen blubberten auf dem Herd, Lisa löste sich aus seinem Arm. Karl zog die Briefe aus dem Umschlag und las jeden sehr genau.

„Oh Lisa! Dass meine Mutter zwei Wochen vor Ende des Krieges durch eine Bombe sterben musste, das ist so tragisch. Wie soll mein Vater ohne ihre liebevolle Fürsorge überleben?"

„Und nun muss Hanne auch noch für den Großvater sorgen, wo sie selbst nichts hat."

„Ich müsste ihn besuchen. Am liebsten würde ich ihn zu uns holen", überlegte Karl. „Dann könnte ich für ihn sorgen. Für Hanne ist das zu viel."

Lisa winkte ab. „Du darfst die amerikanische Zone nicht verlassen, hast du doch gehört. Würdest du wirklich riskieren, in die russische Zone zu reisen, wo du denen gerade entkommen bist?"

Karl lachte bitter. „Nein, auf keinen Fall. Es schmerzt mich, dass ich gar nichts tun kann. Am Ende machen die Siegermächte vier Staaten aus Deutschland und wir kommen nie mehr zueinander."

„Das wollen wir nicht hoffen." Lisa schnitt das Brot auf. „Räumst du bitte die Briefe vom Tisch und stellst die Teller hin?"

Juli 1945

Heute beginnt bei Nothaft die Heuernte",
sagte Lisa und band sich das Kopftuch
um, „die Kinder und ich werden dort sein
und helfen." Karl sprang auf: „Da bin ich dabei.
Ich werde doch nicht hier rumsitzen, während
meine Damen arbeiten!"
Er lächelte und Lisa erkannte zum ersten Mal wie-
der sein altes Funkeln in den Augen. „Dafür gibt
es hoffentlich was Rechtes zu essen!" Den ganzen
Tag arbeiteten alle fünf in der Hitze, die Schulkinder hatten Heuferien.
Mittags ließ Frau Nothaft Krüge mit Suppe auf die
Wiese tragen und abends gab es eine reichliche
Brotzeit.
Nach Feierabend nahm Frau Nothaft Karl zur
Seite. Ob er sich vorstellen könne, bei ihr als
Knecht zu arbeiten? Sie kämen nicht rund mit all
der Arbeit, wo ihr Mann und die Söhne noch in
Gefangenschaft wären. Eine feste Anstellung,
wenn auch mit schwerer Arbeit, Karl war es recht
und so wurden die beiden schnell einig. Von da an
stand Karl vor Morgengrauen auf, schuftete in
Feld, Stall und Garten und erst abends, wenn es
dämmerte, kam er zurück. Die schlimmste Not
war vorbei. Mehr als ein Taschengeld konnte Frau
Nothaft nicht bezahlen und so schickte sie immer

etwas zu Essen mit, Eier, Gemüse, Salat und jeden Tag eine Kanne frische Milch. Sie war nicht geizig.

Am Samstag schlenderte Lisa aus Winzer nach Hause. Die Hitze flirrte über der staubigen Straße und Lisa versuchte, auf dem grünen Rand zu gehen, weil die heißen Steine unter den bloßen Füßen brannten. Rechts und links stand das Korn hoch, ganze Felder von Mohnblumen säumten die Ränder. Ihre Wachstuchdecke auf dem Küchentisch in Birkenhöhe kam ihr in den Sinn, sie sah die Mädchen dort malen und hörte ihr helles Lachen. Manchmal fühlte sie sich, als hätte sie das herrliche Leben im Schulhaus in Birkenhöhe nur geträumt. Bei ihrem Treffen mit den anderen Flüchtlingen vor zwei Wochen war ihr mit Wucht klar geworden, dass die Heimat verloren war. Es gab kein Zurück, auch, wenn Herr Scherffer und Frau von Degenfels das glaubten.

Das Treffen der Schlesier hatte sich wie ein Fest angefühlt. Die alten Lieder rührten ihr Herz und Karl trug die Gedichte von Eichendorff so theatralisch vor, dass Lisa eine Gänsehaut bekam. Eine kleine, rundliche Oberschlesierin war in Tracht erschienen, eine Frau aus Glogau trug die Haube mit dem Spitzenrand und das „Weißzeug", Schürze und Schultertuch aus weißem Leinen mit Lochspitze. Sie hatten wirklich die Sachen auf der Flucht mitgeschleppt. Lisa schmunzelte über Frau von Degenfels, die die Rübezahl Geschichten mit Händen und Füßen erzählte. Wohl vertraute Wörter wie „Ritsche" oder „Kitsche", was so viel wie Fuß-bänkchen und Katze hieß, „Nu ja, ja, nee, nee", wie Großmutter immer sagte, wenn sie unentschlossen war oder der Ausspruch des Försters: „wer gutt schmärrt, der gutt fährt!" Einmal hatte sie sich um-gedreht, weil sie glaubte, die Rinneoma zu hören. Sie genoss die wohl bekannte Sprache wie ein war-mes Bad, obwohl sie selbst nicht schlesisch sprach. Frau Scherffer hatte „Mohkliesla" gekocht und Frau von Degenfels einen „Sträselkucha". Der Ku-chen schmeckte wie zu Hause, nur Zimt hatte sie nicht auftreiben können.

Als Lisa so in Gedanken Mitterndorf erreichte, traf sie einen jungen Mann, der am Wasserhahn am Straßenrand Wasser zapfte. Er kam herüber. Lisa grüßte.

„Sind Sie nicht die Frau Bertram?" Er streckte ihr die Hand hin. „Greiner aus Passau, ich bin Frau Nothaft Schwiegersohn. Sie wohnen bei Vogel?" Was wollte er?

„Meine Schwiegermutter wird von Amts wegen verpflichtet, Flüchtlinge aufzunehmen." Er suchte nach Worten. „Wer weiß, was für Gesindel wir da kriegen, hat Rosa gesagt. Wenn wir so nette Leute hätten, wie die Bertrams…" Er kratzte sich am Ohr. „Wo meine Schwiegermutter sie nun schon kennt… Wollen sie nicht bei ihr wohnen?" Über-rascht sah Lisa auf.

„Sie hätten zwei Zimmer…"

„Wunderbar", murmelte Lisa und konnte es kaum fassen. Nie mehr Frau Vogels Gezeter, wenn ihr Mann betrunken heimtorkelte und ihr Heulen, wenn er sie schlug im Suff. Nie mehr diesen rauchenden Ofen heizen und endlich in zwei Zimmern wohnen.

„Sie können gleich heute Nachmittag kommen." Beschwingt stieg Lisa die Treppe hinauf und rollte das Bettzeug zusammen. Diesem „Zuhause" würde sie keine Träne nachweinen.

Mit ihrer wenigen Habe zogen sie am Nachmittag bei Nothaft ein. Lisa und Karl bekamen eine winzige Kammer mit Dachschräge, die Mädchen sollten im großen Zimmer mit Blick auf die Wiesen wohnen. Und jede hatte ein eigenes Bett. Jauchzend stürzten die drei hinein. Es gab sogar einen richtigen Schrank, groß genug für alle Sachen, die sie mitbrachten.

„Wo sollen wir kochen und essen?", fragte Lisa, als Frau Nothaft ihnen die Zimmer zeigte. Hier gab es keinen Herd und keinen Tisch.

„Ich hab eine große Küch. Da können Sie auch kochen. Mir wern uns scho vertragen, oder?" Na, da bin ich mal gespannt, dachte Lisa skeptisch.

„Fühlt´ s eich wia z´Haus", rief Frau Nothaft großzügig. „Waschn könnt´eich am Brunnen und der
Abort is über den Hof. Da hinten im Heiserl."
Jutta riss entsetzt die Augen auf. Im Heiserl? Wieder so ein wackliger Donnerbalken, von dem sie
mit Grausen in die Tiefe starrte?
Christl nahm ihre Hand. „Wir gehen zusammen,
ja?" Lisa musste lächeln. Sie würden es schaffen,
ihre Mädchen.
Frau Nothaft ging voran in die Küche, gegen Vogels Küche fast ein Tanzsaal. Es roch nach ge-
rauchten Würsten und Sauerkraut, warm und gemütlich. Vorn an dem kleinen Sprossenfenster
stand ein langer, schwerer Tisch mit einer Eckbank, auf der karierte Kissen lagen, ein Schüttstein,
an dem Frau Nothaft wohl beim Geschirrspülen
gewesen war und ein breiter Holzherd.
Frau Nothaft schob eine Schranktür auf. „Hab eana
Platz g´macht. Viel wern se net ham." Drei freie
Fächer, das würde für Lisas Geschirr reichen, mehr
hatte sie nicht. Die Kinder könnten am Tisch lernen, das würde sie nicht stören, sagte Frau Nothaft.
„Wia g´sagt: Fühlt´s eina wia z´Haus!" Damit
tauchte sie die Hände wieder ins Spülwasser und
schrubbte einen Topf. Lisa und die Kinder trugen
die Taschen nach oben und räumten ihre Sachen in
die beiden Schränke. Übersicht! Diese Ordnung
hatte Lisa vermisst. Auf dem einen Regal bei Vogels hatte sie so hoch stapeln müssen, dass alles

durcheinander geriet, wenn sie ein Kleidungsstück
unten heraus zog. Hier brauchte es auch keine ge-
malten Bilder, um die Flecken an der Wand zu ver-
decken. Eine wunderschöne Rosentapete zierte das
Mädchenzimmer und im Elternschlafzimmer waren die Wände hübsch weiß gegipst. Lisa streckte
sich auf dem Bett aus und schaute aus dem Fenster
in einen riesigen Kastanienbaum. Zwei Zimmer!
Viel besser als bei Vogels. Und trotzdem: eine
ganze Wohnung mit großem Garten, so wie zu
Hause war es nicht, niemals konnte es irgendwo so
schön sein wie dort. Lisa seufzte. Lieber nicht darüber nachdenken. Nun hatten sie zwei Zimmer
und mussten abends nicht mehr gleichzeitig mit
den Mädchen schlafen gehen. Es gab so viele
Dinge, die sie mit Karl besprechen wollte, Dinge
die nicht für Kinderohren taugten.
Das „Heiserl" erwies sich als sehr ordentliches
Plumpsklo mit blank gescheuertem Sitz. Es gab sogar einen Deckel und der Wind pfiff nicht durch
die Ritzen wie bei Vogels. Doch der Weg dorthin
führte abenteuerlich über Holzdielen, die über
Kuhmist und Matsch quer über den Hof gelegt waren. Bei Regen musste man sehr achtgeben, dass
man nicht ausrutschte. Lisa stellte wieder den
Nachttopf unters Bett, in stockdunkler Nacht
wollte keiner den halsbrecherischen Ausflug un-
ternehmen.
Karl arbeitete hart, Frau Nothaft lobte ihn sehr.

Eines Abends holte er die Tasche aus dem Schrank, in die Lisa die Schriftsachen aus Birkenhöhe gepackt hatte. Nun saß er auf der Bettkante und breitete die Blätter auf dem winzigen Nachttischchen aus.

„Weißt du, Lisa, ich fürchte, mein Gehirn verkümmert. Früher habe ich gelesen, mich weitergebildet, Zeitschriften durchgesehen, wissenschaftliche Aufsätze durchgearbeitet. Ich bin Lehrer, Lisa, kein Bauer." Lisa legte ihm zärtlich die Hand auf die Schulter. „Hoffentlich hast du nach Ostern nächstes Jahr wieder eine Klasse. Du brauchst junge Leute um dich, Karl."

„Die deutschen Kinder haben Jahre ihrer Schulzeit verloren. Irgendwelche pensionierten Herren haben versucht, den Unterricht aufrecht zu erhalten. Ich will mithelfen, wieder ein gescheites Schulsystem aufzubauen, Lisa. Mir kribbelt es in den Fingern. Stattdessen miste ich den Kuhstall..." Er schüttelte den Kopf.

Lisa zog ein Stück Papier aus der Tasche. „Was ich alles eingepackt habe, kommt mir heute lächerlich vor. Diese Mietabrechnung zum Beispiel kannst du wegwerfen. Aber du musst denken, ich hatte nur ein paar Stunden."

„Schon gut, Lisa. Schön, dass du die Ahnenübersicht mitgenommen hast."

„Ach Karl, am liebsten hätte ich den ganzen Ordner mit Ahnenforschung eingepackt, aber der war zu schwer und zu sperrig. Du hattest alles so schön aufgeschrieben. Sicher haben die Polen alles längst ins Feuer geworfen. "

Er nahm ihre Hand. „Hauptsache, ihr seid in Sicherheit. Dagegen ist doch alles andere unwichtig."

„Ach, den `Kilometerstein´ hast du auch mit!", rief Karl und blätterte das Liederheft durch. „Ein Glück! Wir könnten einen Singeabend organisieren. Dazu könnte ich natürlich meine Violine gebrauchen. Wir hatten immer viel Spaß bei der Singerei in Birkenhöhe."

„Schade, dass jetzt ein anderer darauf spielt." Hoffentlich spielt einer, dachte sie und das Klavier fiel ihr ein, das nun im Regen stand. Oh nein, das würde sie Karl nicht erzählen.

Die Kinder würden bald aus der Schule kommen, Karl arbeitete auf dem Feld, Lisa saß auf der Bettkante und wartete, bis Frau Nothaft fertig war mit Kochen. Wann konnte sie endlich selbst an den Herd? Unsicher öffnete sie die Zimmertür. Feiner Duft nach Bratkartoffeln zog durch den Flur, unten klapperten Teller, dann wurde es still, Lisa meinte, das Tischgebet zu hören.

Sie nahm die Tasche mit den Lebensmitteln und all ihren Mut zusammen und öffnete zaghaft die Küchentür.

„Ah, Frau Bertram. Sie wolln kocha. Des geht leider net. Erst muss das Schweinefutter gar sein."

Frau Nothaft zeigte mit der Gabel zum Herd, wo

ein riesiger Topf Kartoffeln dampfte. „A holbe Stund wird´s schon no gehen." Lisa warf einen Blick auf die Armbanduhr. In einer halben Stunde war es halb zwei und dann erst konnte sie anfangen zu kochen?

Christl stieß die Haustür auf. „Mutti, ich hab eine eins im Zeichnen bekommen. Der Lehrer hat mein Eichhörnchenbild allen gezeigt."

„Was gibt es zu essen?", fragte Jutta und schnupperte. „Bratkartoffeln?"

Lisa schüttelte den Kopf. „Bei Nothaft gibt es Bratkartoffeln. Ich hab noch nicht gekocht."

Karin jammerte über ihren knurrenden Magen, doch es half nichts. Erst als Frau Nothaft die heißen Kartoffeln in den Schüttstein kippte, konnte Lisa das Gemüse aufsetzen. Sollte das jetzt jeden Tag so gehen? Karl konnte mit den Mägden und dem alten Knecht essen, er war längst wieder auf dem Feld, als Lisa den Kindern das Gemüse auf den Teller löffelte. Und wirklich: die Bertrams mussten jeden Tag warten, bis das Schweinefutter gar war. Wahrscheinlich waren es die Schweine so gewohnt und man konnte sie ja nicht warten lassen wegen ein paar Flüchtlingen.

Trotzdem war Lisa froh, hier zu sein. Das Holz lag trocken in der Kiste und musste nicht feucht aus dem Wald geschleppt werden. Der Ofen rauchte kein bisschen und gab wunderbare Hitze. Frau Nothaft hatte die Pumpe direkt im Hof, so musste Lisa das Wasser nicht vorn an der Straße holen.

Alles sehr bequem gegenüber der Bleibe bei Vogels und Lisa mochte Frau Nothaft, sie war eine bayerische Frohnatur, großzügig und mit einem weiten Herzen. Sie hatten es gut getroffen, trotz allem.

August 1945

Karl zog den Hut aus und wischte sich müde den Schweiß aus der Stirn. Draußen regnete es, er hatte trotzdem die Rüben gehackt. Jetzt klebten dicke Erdklumpen an seinen Stiefeln. An der Pumpe im Hof wusch er sie ab, drinnen nahm er eine alte Zeitung aus der Holzkiste und begann die Stiefel auszustopfen. Morgen mussten sie trocken sein.

Er hatte die Zeitung schon zerknüllt, als er stutzte. Hatte er das Wort Schlesien gelesen? Er setzte sich auf die Treppe und strich das Papier glatt. Vom 3. August, die Seite war zwei Wochen alt.

„Schlesien unter polnischer Verwaltung." Die „Passauer Zeitung" berichtete über die Potsdamer Konferenz. Die Vertreter von Großbritannien und USA hätten die von der Sowjetunion geschaffenen Tatsachen unter dem schwachen Vorbehalt eines späteren Friedensvertrags zur Kenntnis genommen. Polens Westgrenze sei von nun an die Oder-Neiße-Linie. Der Alliierte Kontrollrat sollte für eine einheitliche Besatzungspolitik in den Zonen sorgen, die Gebiete östlich der Oder-Neiße-Linie gälten ausdrücklich nicht als Teil der sowjetischen Besatzungszone…

Karl ließ die Zeitung sinken. Das war das Ende ihrer deutschen Heimat. Das Foto von Stalin, Truman und Churchill verschwamm in Tränen.

So fand ihn Lisa. Ihr starker, immer optimistischer Mann saß zusammen gesunken da, die letzte Hoffnung auf Rückkehr nach Birkenhöhe war dahin.

„Ich fühle mich wie ein entwurzelter Baum, Lisa", flüsterte er kaum hörbar. „Wo gehören wir hin? Wo sind wir zu Hause, wir Schlesier?"

Lisa zog ihn sanft nach oben in ihr Zimmer. Hier war nicht der Platz für solche Gefühle.

„Wir müssen neu anfangen", sagte sie leise, als sie auf dem Bettrand saßen und streichelte seinen Rücken.

„Hier?", rief Karl und seine Stimme zitterte. „In Niederbayern? Mit diesen Menschen, die keiner versteht? Ich fühle mich hier nicht zu Hause, Lisa. Überhaupt nicht!"

„Wo sollen wir hin?", fragte Lisa ratlos. Es schmerzte sie, ihn so unglücklich zu sehen.

„Ich hänge an Schlesien… Es ist das Land unserer Vorfahren, urbar gemacht durch fleißige Deutsche. Meine UrUrgroßeltern haben schon auf der Scholle in Bartschdorf gelebt, 1785 hat Christian Gottfried Vater die Kolonie gekauft. Und jetzt machen sich Polen dort breit. Ich ertrage es kaum…"

„Wir leben…", sagte sie vorsichtig. Er sah auf und Lisa sprach leise weiter: „Wir sind jung und stark…" Sie hatten die Heimat verloren, sie durften trauern. Aber irgendwann würde es wieder heller werden, irgendwann.

Frau Nothaft werkelte am Herd. In einer weiten Kasserole schmolz sie Schmalz, dann briet sie darin ein großes Stück Rindfleisch an, aus der Oberschale, wie Lisa mit einem Blick erkannte. So ein gutes Stück Braten! Die Bäuerin schnitt Zwiebeln, Karotten und allerlei Grünzeug dazu und löschte die Sauce ab, dass es zischte. Oh wie wunderbar das roch! Das Ziehen im Lisas Magen wurde schlimmer. War es einfach Hunger? Dann schob Frau Nothaft den Braten ins Ofenrohr und verschwand, um sich für den Kirchgang herzurichten. Lisa nahm heißes Wasser vom Herd und goss sich einen Kamillentee auf, sie hatte Magenschmerzen. Mit ihrer Teetasse ging sie ins Zimmer zurück. Nun würde den ganzen Vormittag herrlicher Bratenduft durchs Haus ziehen und bei Bertrams gab es dann, wenn das Schweinefutter gar war, Linsen und Nudeln. Das Leben ist ungerecht, fand Lisa. Zum Glück sagten Karl und die Kinder kein Wort. Nach dem Mittagessen saßen alle noch in der Stube, denn draußen regnete es in Strömen. Jutta und Karin hockten in der Küche und streichelten den großen Schäferhund. Er hieß Rolf. Plötzlich weiteten sich Juttas Augen: die Bäuerin kratzte den Rest von Braten und Sauce in den Hundenapf! Dazu schnitt sie zwei von den herrlichen Knödeln. Natürlich leckte sich Rolf das Maul und schlapperte die Schüssel leer bis ins letzte Eck. Jutta hielt Karin fest, damit sie ihm nicht ans Futter ging. Zu gern hätten die beiden den Finger in den Napf gesteckt und ihn abgeleckt. Nur ein wenig von dem kosten, was so herrlich duftete!

Karin schlich in die Stube und kuschelte sich auf Lisas Schoß. „Der Rolf hat Braten und Knödel gekriegt", murmelte sie traurig.

Lisa verstand ihre Enttäuschung. Für sie gab es keinen Braten, sie waren nur Flüchtlinge.

Nothafts besaßen einen Rundfunkempfänger. Endlich konnten Lisa und Karl Nachrichten hören, jeden Abend. Die Alliierten hätten einen Fragebogen mit über hundert Fragen ausgearbeitet, hieß es eines Tages. Jeder, der im Staatsdienst arbeiten wolle, müsse ihn ausfüllen.

Karl nahm sich also einen halben Tag frei, um in Winzer auf dem Bezirksamt so einen Bogen abzuholen und seine Entnazifizierung zu beantragen.

Am Abend saß er auf der Bettkante und begann in dem trüben Licht der Nachttischlampe den Bogen zu lesen. Auf einem Stück Papier machte er sich Notizen, denn ausfüllen musste er den Bogen vor den Augen des amerikanischen Bezirksgouverneurs in Winzer. Name, Anschrift, Alter, Beruf…

Lisa setzte sich neben ihn.

„Hier ist es zu dunkel. Geht doch runter an den Küchentisch."

Karl sah auf. „Damit das ganze Haus mir über die Schultern guckt? Was die Amis alles wissen wollen. Arbeitgeber, beschäftigt von… bis, Verdienst, Mitglied in welcher Organisation…"

„In NS Organisationen warst du doch gar nicht, oder?"

„Natürlich, das Fliegerkorps. Das hatte sich die NSDAP einverleibt. Und ich war immerhin Gruppenführer."

Lisa schluckte. „Macht dir das jetzt Probleme?"

Karl zuckte die Achseln.

„Es macht mich zumindest verdächtig. Wie soll ich beweisen, dass ich nur wegen der Fliegerei und meinen Jungs mitgemacht habe? Gewiss nicht wegen des Führers."

„Wäre schrecklich, wenn sie dich deshalb als Lehrer ablehnen."

„Schrecklich? Ein Weltuntergang wäre das für mich." Karl blätterte um. „Im NS Lehrerbund war ich auch. Aber das musste man doch…" Eine Weile las er schweigend. „Reden und Schriftwerke… Was die alles wollen. Davon hab ich keinen Schnipsel mehr. Die Rede zur Einweihung des Flugplatzes in Winzig, die Festschrift für die neue Staffel in Guhrau, das Programm zum Weihefest für den Schulsegler „Grunau Baby", das liegt alles in Birkenhöhe im Schreibtisch. Sollen die doch selber gehen und das Zeug holen."

Karl sprang auf und ging ans Fenster. „Da bringt man sich mit gutem Gewissen in die Gemeinschaft ein und dann kommen andere und drehen einem einen Strick daraus. Ich hab die Nase voll."

Lisa schmiegte sich an ihn.

„Ich hab die Braunen nie gewollt, aber wie kann ich das den Amis glaubhaft machen?" Er atmete schwer und versank im Grübeln. „Weißt du noch, wie ich Cianetzkes Kinder heimlich unterrichtet habe? Und wie ich sie bei Nacht und Nebel über die Grenze gebracht habe? So was müssten die Amis wissen. Aber natürlich gibt es dafür keinen Schein mit Stempel."

Lisa fröstelte, denn an diesen Zetteln hing ihre Zukunft. Karl musste entnazifiziert werden, das war für ihn lebenswichtig.

„Einkommen… Vermögen aller Art… Nix, Nix haben wir", murmelte er bitter. „Militärdienst…" Das musste er nicht nachschauen. „Gespendet für Parteiorganisationen… Ah hier: Tatsachen, die eine antinationalsozialistische Haltung zeigen… Hier kommt die Geschichte mit Cianetzkes rein." Eine Weile hörte Lisa nur den Federhalter auf dem Papier kratzen.

„… Natürlich: Fragen zur Ehefrau… Ich sag's ja, ziehen uns aus bis aufs Hemd…"

„Ich hab nichts zu verbergen, Karl. Unser Frauenkreis war nicht offiziell."

Das war das letzte Blatt, Karl stieß erleichtert die Luft aus. „Eigentlich bin ich ein braver Bürger, der nichts getan hat als seine Pflicht. Aber man weiß ja nie, was sie aus den Antworten machen."

„Ich finde, du hast alles richtig gemacht. So einen wunderbaren Menschen würde ich gleich morgen als Lehrer anstellen…"

Karl zog Lisa neben sich aufs Bett und küsste sie. „Wenigstens ein Mensch für den ich wertvoll bin", seufzte er.

Eine Weile sprach keiner ein Wort. „Am Montag bringe ich den Wisch aufs Bezirksamt und dann hoffe ich, Ostern wieder vor einer Schulklasse zu stehen. Vielleicht können wir dann sogar in einem Schulhaus wohnen, so wie früher."

Im Moment war daran überhaupt nicht zu denken. Sie mussten froh sein, dass sie ein Dach über dem Kopf hatten und dass sie jeden Tag satt wurden. Mit großer Sorge dachte Lisa an den Winter. Zu Hause hatte sie Marmelade gekocht, Sauerkraut eingeschnitten und Kartoffeln eingekellert. Hier hatte sie keine Gläser und keinen Keller. An den Sonntagen sammelte die ganze Familie Pilze und Lisa trocknete sie auf dem Fensterbrett. Apfelringe reihte sie auf eine Schnur zum Trocknen. Frau Nothaft wies ihr eine Ecke im Keller zu und Lisa schaute, dass sie an Kartoffeln kam. Mitzi gab ihr einen großen Topf, in dem sie Sauerkraut einstampfte und Käthe schenkte ihr zehn Gläser, um Johannisbeermarmelade zu kochen. Für fünf Leute war das als Wintervorrat lächerlich wenig.

Der Winter kam. Auf dem Hof gab es wenig zu tun, also auch wenig Lohn. Verzweifelt hielt Karl Ausschau nach einem Arbeitsplatz, doch er fand nichts. Sein einziger Lichtblick waren die Treffen der Schlesier einmal im Monat. Am meisten freute er sich auf Gerd Grammaty, einem Lehrerkollegen aus Breslau, der in Hofkirchen in einer Holzfabrik arbeitete. Er war es, der Karl einige Holzabfälle und einen Laubsägebogen brachte.

Nun entwarf Karl in dem kleinen Dachzimmer Lampenschirme für Kinderzimmer. Mitzi verkaufte sie in Winzer, das brachte ihm immer wieder ein paar Mark. Als Karl entdeckte, dass Frau Blocher in ihrem Laden Papier verkaufte, begann er Postkarten mit Blumenbildern zu malen, die in der Apotheke bei Mitzi weggingen wie warme Semmeln. Christl half ihm und immer wieder staunte Karl, wie schön seine Älteste malen konnte. Auf diese Weise hielten sie sich über Wasser, so gut es ging. Doch Lisa sorgte sich um Karl: das war nicht gut für ihn. Er verkümmerte hier. Doch sie wusste sich nicht zu helfen.

Anfang Dezember wurde die Postsperre zwischen den Zonen aufgehoben und endlich kamen wieder Briefe: Hanne schrieb aus dem Harz, Kamerad Kürner aus Schorndorf, Edith aus dem Schwarzwald, Finke aus Köln, Elfriede aus See. Karl schrieb nun eifrig auf jeden Fetzen Papier, den er kriegen konnte. Er musste herausfinden, wohin es seine Bekannten und die Schüler aus Birkenhöhe verschlagen hatte. Er trug alle Adressen in eine Liste ein, doch lange blieb bei vielen ein Fragezeichen.

Der Winter war lang und Karl hasste das Herumsitzen und Nichts tun. Endlich kam der Frühling und er wurde wieder in der Landwirtschaft gebraucht. Im März kam der Bescheid, sein Fragebogen sei bearbeitet, es bräuchte allerdings noch Zeugenaussagen, die ausstünden. Angefragt seien Untergebene seiner Kompanie. Das dürfte keine Schwierigkeit sein, fand Karl. Vielleicht reichte es wirklich für eine Lehrerstelle nach Ostern?

April 1946

Es wurde Ostern und Karl wartete immer noch auf eine Antwort von der Behörde. Mehrmals fragte er bei der amerikanischen Besatzung nach, doch die verwiesen auf eine Flut von Anträgen. Sein Fall sei schwierig, die Zeugen schwer zu finden, seine Schriftstücke aus der Vergangenheit spärlich. Karl regte sich auf: seine ganze Lehrervergangenheit, alles was er geleistet hatte, liege in einer Dorfschule, in der jetzt Polen hausten. Wie sollte er irgendetwas beweisen? So blieb ihm nichts anderes übrig, als mit Nothafts Ochsen zu pflügen, Sommerweizen zu säen und Kartoffeln zu setzen, anstatt das Einmaleins und Komma- Setzung zu lehren.

„Willst du nicht aufstehen?", fragte Karl, als Lisa sich eines Morgens nach dem Wecker klingeln noch einmal umdrehte.
„Ich bin so müde, Karl. Schon seit Tagen", murmelte Lisa unter der Bettdecke hervor. „Ich weiß nicht, was mit mir los ist."
Karl legte die Hand auf ihre Stirn. „Temperatur völlig normal." fand er. „Wahrscheinlich arbeitest du zu viel." Er knöpfte das Hemd zu.
„Lisa?"

Sie schob die Nase über die Bettdecke. „Könnte es sein...?" Mit einem Ruck setzte sie sich auf. „Ein Kind? Oh nein! Nicht unter diesen Umständen."
Er grinste breit. „Mein Stammhalter, Lisa. Das wäre doch großartig."
Lisa sah ihn an, sein Gesicht leuchtete. Ja, er hatte sich immer einen kleinen Jungen gewünscht. „Die Mädchen werden jubeln. Wäre es nicht ein Hoffnungsschimmer in dieser dunklen Zeit?"
Lisa runzelte die Stirn. Karl hatte keine Stelle und sie lebten in zwei Zimmern, wie sollte das gehen? „Bis das Kleine da ist, hab ich längst meine Lehrerstelle.", beruhigte er sie. „Nun lass uns mal abwarten."
Lisa schwang die Beine aus dem Bett und hoffte sehr, dass sie sich getäuscht hatten.
Doch die Ahnung wurde zur Gewissheit: Lisa erwartete ein Kind. Sie konnte sich nicht freuen. Wie komme ich an Windeln und Säuglingskleider, woher soll ich eine Wiege nehmen und wo, um Himmels willen, ist in dem kleinen Zimmer dafür Platz? Sie wurden gerade so satt, für Anschaffungen hatten sie keinen Pfennig. Nein, ein Kind passte jetzt nicht! Vielleicht hat Karl Recht, beruhigte sich Lisa und alles ist besser, bis das Kleine da ist.

Vor Christls Konfirmation ging sie von einem zum andern, bis sie jemanden fand, der ein Pfund Butter gegen eine einfache Silberkette mit Kreuz tauschte. Wenigstens das sollte das Mädchen haben. An ihrer Schulentlassung lobte der Lehrer sie als Musterschülerin, Karl platzte fast vor Stolz. Wo sollte sie nun hin? Lisa fand eine landwirtschaftliche Fortbildungsklasse, in die Christl das nächste halbe Jahr gehen konnte. Zwar war die Schule in Nesselbach für junge Bäuerinnen gedacht, doch schaden konnte es nicht. Neben wirtschaftlichem Rechnen und Buchführung lernte sie dort kochen, nähen und einen Haushalt zu führen.

Eines Abends kehrte Herr Nothaft aus der Gefangenschaft heim. Schlagartig wurde Lisa klar, dass Karl jetzt eine neue Stelle suchen musste. Aber wo? Eine Woche lang ging Karl in alle umliegenden Ortschaften, fragte bei Handwerkern, in Fabriken und auf Bauernhöfen. Es gab genug Leute ohne Arbeit, keiner brauchte ihn.
Sie hatten keine Rücklagen, er musste schnell etwas finden. So sehr er suchte, es gab keine Arbeit, die ordentlich bezahlt wurde. Er schlug sich als Handlanger beim Maurer durch, diente als Laufbursche und als Knecht.
Oft fragte er: „womit haben wir das verdient?"
Während die Kinder Freunde fanden und im Dorf anfingen, dazu zu gehören, wurde Karl immer stiller und litt. Es fühle sich an, als seien sie Bettler

und lästige Fliegen, die man lieber heute als morgen loshaben wollte, sagte er. Wo
blieb der Bescheid von der Entnazifizierungsbehörde? Er wollte doch Lehrer sein!

Im Flur rumpelte es und als Lisa die Zimmertür aufriss, hantierte Karl draußen mit Holzbrettern. Er strahlte übers ganze Gesicht. Ein Kinderbett! Lisa half, die Teile ins Schlafzimmer zu tragen. Während Karl die Seiten mit dem Gittern an den Kopfenden ein hängte, erzählte er: „Da war eine Annonce in der Zeitung, Kinderbett zu verkaufen."
„Ohne Geld?"
„Frau Nothaft hat mich mit Butter ausgezahlt. Ein ganzes Kilo hab ich den Leuten gebracht und dann wollten sie noch zehn Mark. Aber dafür gibt es sogar eine Rosshaarmatratze. Wie auf Wolken wird das Kindlein schlafen!" Lisa fuhr über das glatte, weiß gestrichene Holz und freute sich.

An einem Wochenende im Mai studierte Karl die Stellenanzeigen im Zeitungsaushang beim Bürgermeister.
„Ich werde mich bei Kathreiner in München bewerben", sagte er zu Lisa als er zurückkam. „Sie suchen einen Pilzsachverständigen. Wenn ich etwas kann, dann das."
„München?" Lisa starrte ihn ungläubig an. „Aber da gibt's doch keine Pilze!"

Karl lachte. „Die Firma schickt Leute in den Bayerischen Wald, die sammeln Pilze für die Konser-
venfabrik in München. Neureichenau, mal sehen
wo das ist."

Er faltete die Wanderkarte von Niederbayern auf,
die er sich mit dem Geld vom Postkartenverkauf
geleistet hatte. Es dauerte eine Weile, bis er den
Ort an der tschechischen Grenze fand. „Oh weh,
Lisa. Das sind mindestens sechzig Kilometer." Lisa
biss sich auf die Lippen. „Da musst du dir ein Zimmer nehmen und bist wochenlang weg. Nein, Karl,
das hatte ich jetzt lange genug."

„Es ist die einzige Stelle, die ich gefunden habe,
Liebes. Nur eine Pilzsaison. Im Winter gibt es
keine Pilze, da komme ich zurück."

Juli 1946

An diesem Abend weinte sich Lisa in den Schlaf. Lautlos, damit Karl nichts merkte. Sie wollte ihn nicht zusätzlich belasten. Papiere wurden hin und her geschickt, die Sache war beschlossen, Karl sollte bereits am 15. Juli anfangen.

Nun war Lisa wieder allein mit ihren Mädchen. Obwohl ihr Bauch zunehmend dicker wurde, schufteten sie im Garten anderer Leute, nähte und flickte, sie mussten von etwas leben. Lisa kämpfte mit Kopfschmerzen und düsteren Stimmungen. Wenn nur Karl hier wäre, dachte sie oft.

Jetzt fehlten nur noch Kleider für das Kleine.

Lisa fragte im Dorf herum und hängte ein Schild in Blochers Laden, doch mehr als eine Handvoll Windeln, zwei Hemdchen und eine Mütze bekam sie nicht zusammen.

Zu Hause in Birkenhöhe hatte sie eine ganze Kiste mit Kindersachen von Karin, so schöne Strampelanzüge, ein ganzer Stapel Hemdchen, sogar moderne Windelhöschen. Und das Taufkleid, das ihre Schwiegermutter wunderschön bestickt hatte. Alles verloren! Lisa kniete vor dem Schrank und trauerte. Nicht nur um die Kiste auf dem Dachboden, sie trauerte um ihr Leben, das sie dort zurücklassen musste. Mein Schlesierland, mein Heimatland! Sie musste sich losreißen.

Als sie in der Küche einen Schluck Wasser trank, kam Frau Nothaft herein. „Sie schaun nicht guat aus, Mädchen. Legen's a bisserl die Bein hoch, hintn im Garten aufm Bankerl. Sia missa für zwoa Leit ausruhn!" Damit schob sie Lisa zur Hintertür hinaus und deutete auf das lauschige Plätzchen unter der Kastanie. Lisa streckte die Beine in die Sonne. Die Freundlichkeit der Bäuerin tat ihr gut.

Der Herbst kam. Karl schrieb von einer reichen Pilzernte und davon, dass er sehr viel zu tun hätte. Die Arbeit machte ihm Spaß, wenigstens etwas Sinnvolles. Er müsste die Pilzsammler anleiten, die Körbe kontrollieren, die Lagerung überwachen. Am Monatsende schickte Karl fünfhundert Mark. Er musste seine Pension bezahlen und essen. Darum sparte er das Geld für den Bus und so sahen sie sich den ganzen Herbst nicht. Am 30. Oktober stand Karl spät abends wieder vor der Tür. Die Saison war zu Ende. Erleichtert fiel Lisa in seine Arme und vergrub den Kopf an seiner Brust. Sie hatte ihn so vermisst. Wenn er nur da war, fühlte sich das Leben federleicht an.

November 1946

Am 24. November kam Peter, ein Sonntagskind. Karls Stammhalter. Glücklich telegrafierte Lisa nach Mitterndorf: ein Junge! Alles wohl auf. Eine Woche später holte Karl sie mit Nothafts Ochsenwagen ab. So ein stolzer Vater, Lisa freute sich an seinem Strahlen. Er wäre den Winter über zu Hause, sagte er. Was für ein Glück!

Während sie sich in Vilshofen in der Klinik erholte, kam ihre Schwester Annemie aus München zu den Mädchen. Am Tag nachdem Lisa mit dem kleinen Jungen nach Hause kam, reiste sie ab. Was für eine Überraschung, als Lisa den Schrank öffnete: ihre Mutter hatte einen ganzen Koffer Säuglingskleider mitgeschickt. Wo sie die wohl organisiert hatte? Fürs ganze erste Jahr hatte Lisa jetzt ausgesorgt! Entzückt packte sie aus und stapelte Höschen, Hemden, winzige Schühchen und Kleidchen in den Schrank. Ob ihre Mutter geahnt hatte, wie bitter nötig die Gabe war?

Mit dem Säugling in diesen beengten Verhältnissen, das war keine einfache Sache. Aber das Kind war ihr Sonnenschein. Karl und die Mädchen konnten sich an dem Jungen nicht satt sehen, der von Tag zu Tag strammer und rundlicher wurde.

Frau Nothaft war geradezu vernarrt in ihn. Am Badetag ließ sie es sich nicht nehmen, selbst das Wasser warm zu machen und in den Holzzuber auf der Küchenbank zu schöpfen. Sie wärmte das Badetuch, das sie von ihrer Tochter noch im Schrank hatte und rubbelte den Kleinen ab, wenn Lisa ihn aus der Wanne hob. Der Kleine plapperte und gurrte und die Großen lachten entzückt. Vieles von Bertrams Familienleben spielte sich in Nothafts Küche und Stube ab. Die Mädchen liebten die Frau wie ihre Großmutter und auch Lisa kam prima mit ihr aus. Besser, als Frau Nothaft mit der eigenen Tochter.

„Schloft´s no?", fragte Frau Nothaft jeden Morgen nach Peter, wenn Lisa in die Küche kam, um den Mädchen das Pausenbrot zu schmieren. Und wenn sie Zeit hatte, stand die Bäuerin an seinem Körbchen und schäkerte mit dem Kind. Der kleine Peter wuchs und gedieh, und über allem dem kam wieder der Frühling: 1947.

Karin hatte über jede Hand eine Socke gestülpt und spielte Peter eine Kasperlegeschichte vor. Er lag in seinem Wäschekorbbett und strampelte begeistert. Karin ließ die Sockenpuppen immer wieder verschwinden und auftauchen und der Kleine gluckste vor Lachen.

Karl kam müde zur Tür herein, er hatte irgendwo im Heu geholfen. „Hanne hat geschrieben", sagte

Lisa, als Karl die Schuhe auszog. „Deinem Vater geht es schlecht."

Karl zog die Augenbrauen hoch.

„Er sei den ganzen Tag am Husten und nur noch Haut und Knochen. Der Arzt hätte ihn ins Krankenhaus eingeliefert, Verdacht auf Tuberkulose." Sie reichte Karl den Brief und Karl las mit wachsender Sorge. „Wenn ich ihm nur helfen könnte…"

Abends lag Karl im Bett und starrte lange an die Decke. „Ich muss in den Harz fahren…", sagte er schließlich. „Nie würde ich mir verzeihen, wenn er stirbt, ohne dass ich noch einmal mit ihm gesprochen habe. Mutter ist tot, Oskar lebt nicht mehr, Fritz sitzt im Gefängnis, Hanne ist überfordert Vater braucht mich. Wen hat er sonst?" Lisa schwieg. Sie wusste, Karl tat was er sich vorgenommen hatte, egal was sie sagte. „Ich weiß, was du denkst, Liebes." Seine Hand kam aus dem Dunkeln und streichelte ihre Schulter. „Ja, es ist gefährlich… Ohne Erlaubnis in die russische Zone zu reisen. Wenn sie mich erwischen, lande ich im Gefängnis."

„Und das, wo du täglich darauf wartest, wieder in den Staatsdienst treten zu können."

Eine Weile sagte keiner ein Wort. Lisas Puls beschleunigt sich. Was alles passieren konnte! In ihrem Kopf wirbelten Bilder von Russen in Uniform, strengen Beamten, dreckigen Gefängniszellen…"

„Reicht unser Geld denn für die Zugfahrt?", fragte sie schließlich.

„Ich werde versuchen, ohne viel Geld zu reisen."
Lisa wusste: Sie würde in ständiger Sorge sein, solange er fort war. Das war ein riskantes Unterneh-
men!

Karl ging am Donnerstagfrüh kurz nach fünf aus
dem Haus und hoffte, bis Sonntagabend wieder zu
Hause zu sein. Lisa hatte Haferflocken, Linsen und
Mehl für Hanne gekauft, auch wenn sie dadurch
mit einer Wassersuppe fürs Wochenende vorliebnehmen mussten. Auf der Karte hatte Karl geschätzt: etwa vierhundert Kilometer. Wenn er
Glück hatte, konnte er bis Göttingen mit dem Zug
kommen. Bad Sülzhayn im Südharz, wo Karls Vater im Sanatorium lag, war nur ein paar Kilometer
von der amerikanischen Zone entfernt. So hoffte
er, dass er das Stück durch die russische Zone zu
Fuß gehen konnte, auf Feldwegen. Das würde er
schaffen, Anschleichen hätte er gelernt. Er grinste
und Lisa musste sein spitzbübisches Gesicht zwischen beide Hände nehmen und ihn küssen. Ich
liebe diesen Mann, dachte sie. Wenn er nur gesund
wieder kommt.

Weit nach Mitternacht stolperte er am Sonntag die
Treppe herauf, hundemüde und halb verhungert.
Lisa hatte schon geahnt, dass er an Essen nicht ge-
dacht oder nichts gefunden hatte und holte den
Grießbrei vom Herd, den sie ihm warm gestellt
hatte. Während er den Teller leerte, stand Lisa

glücklich neben ihm in der Küche und freute sich, dass er gesund zurück war.

„Wie geht es deinem Vater?",

fragte sie. Er winkte ab. Kein Wort erzählte er. Nur noch ins Bett und schlafen!

Am folgenden Abend hörte sie die spannende Geschichte der letzten vier Tage.

„Es geht ihm nicht gut, meinem Vater. Er hat mich angefleht, ihn mit nach Bayern zu nehmen. Aber das wäre gänzlich unmöglich. Mit einem todkranken Mann kann man nicht stundenlang marschieren und auch nicht quer durch Deutschland schwarzfahren auf der Eisenbahn. Es hat mir fast das Herz gebrochen, ihn da zu lassen. Der reiche Gutsbesitzer aus Schlesien, der einst eine große Landwirtschaft besaß und stolz in der zweispännigen Kutsche fuhr, ist nur noch ein Nichts, ein ausgemergelter Flüchtling, für den keiner einen Pfifferling gibt."

Karl setzte sich im Bett auf und langte nach einem Taschentuch. „Das Krankenhaus ist ärmlich und lieblos. Durch das morsche Fenster zieht die Feuchtigkeit herein und der Schimmel blüht auf dem Fensterbrett. Nicht nur die Vorhänge riechen modrig. Zwar gibt es elektrisches Licht, aber die Glühbirne fehlte. Vaters Deckbett war klumpig und schwer und aus der Matratze quoll das Stroh. Ich saß lange an seinem Bett und hatte Zeit, das alles anzusehen. Und Zeit, über Vaters Leben nachzudenken. Unsere gemeinsamen Austritte kamen mir in den Sinn, das Ansitzen auf dem Jägerstand in aller Herrgottsfrühe, wohin ich Vater als Kind oft begleitet habe. Wie wir nach Pilzen durch die Wälder streiften und er mich alle ihren Namen lehrte. Mir fiel seine staubige Amtsstube als königlicher Förster ein, wo Geweihe und ausgestopfte Eberköpfe die Wände zierten und wo seine tiefe Stimme dröhnte, wenn er mit den Bauern verhandelte, weil die Wildsäue die Zäune zerstört oder die Rehe den Kohl gefressen hatten."

Karl schwieg und Lisa spürte, dass er weit weg war. Zu Hause. „Vater ist nicht nur an der Lunge krank, Lisa. Er ist krank an der Seele. Verlorene Heimat, verlorenes Glück, verlorene Würde. Der Krieg hat uns viel mehr genommen als Hab und Gut. Wir wissen nicht mehr, wer wir sind und wo wir hingehören…"

Karl rieb sich müde die Augen. „Kein Wunder, dass den alten Mann der Lebenswille verlässt. Es schmerzt mich sehr, dass ich ihm nicht helfen kann." Karl machte eine Pause. „Keiner hilft ihm. Jeder ist mit sich beschäftigt. Liebe und Menschlichkeit sind unserem Volk verloren gegangen." Wieder schwieg er.

„Er ist nichts wert, nur ein Flüchtling. Der reiche Bauer verhungert."

Lisa hatte einen Kloß im Hals. Karl saß gebeugt unter der Last seines Vaters und seiner eigenen. Sie erkannte seine Silhouette im Mondlicht und er tat ihr unendlich leid.

„Erinnerst du dich an das Lied, das meine Mutter so liebte?", fragte Karl in die Stille. „Vater hat es aufgesagt. Das sei sein Trost in dieser schweren Zeit: Jesu geh voran auf der Lebensbahn. Und wir wollen nicht verweilen, dir getreulich nach zu eilen. Führ uns an der Hand bis ins Vaterland."

„Von Zinsendorf, ich erinnere mich. Deine Mutter hat es oft gesungen."

„Wie gut, dass sie das getan hat. Die alten Kirchenlieder sind jetzt sein Schatz. Den Himmel kann ihm keiner nehmen."

„Warst du am Grab deiner Mutter?"

„Ja und kurz bei Hanne und den Kindern. Soll dich schön grüßen. Das ist auch ein Elend dort. Dann musste ich sehen, dass ich den Nachtzug nach München kriegte. Nachts wird weniger kontrolliert." Lisa legte Karl die Hand auf den Arm. „Lasst uns schlafen, Karl. Du machst die Last deines Vaters nicht leichter, wenn du dich grämst. Und morgen musst du dich wieder um unsere Last kümmern." Er lächelte und zog sie zu sich. „Meine Last ist viel leichter zu tragen. Ich hab ja dich."

„Die Amerikaner haben die Denazifizierungsbehörde den Deutschen übergeben. Das hat Grammaty gesagt." Karl warf seine Jacke mit Schwung über die Stuhllehne. „Habe Hoffnung, dass ich meinen Antrag endlich durch kriege und mich als Lehrer bewerben kann." Ein ganzes Jahr lag der nun schon beim Amt. Viele andere hatten ihren Bescheid längst. Die Einheimischen, um genau zu sein. Von den Flüchtlingen war bis jetzt kaum einer entnazifiziert. Warum nur?

„Blöderweise geht der Weg übers Bezirksamt in Winzer…"

„Der Mann mit den Schuhen?", fragte Lisa entsetzt.

Karl nickte. „Steidinger heißt er. Aber was bleibt mir übrig?"

Karl zuckte die Schultern. „Von dem Mann hängt meine Zukunft ab. Ich werde mich mit ihm abfinden müssen." Wochen und Monate vergingen, er bekam keinen Bescheid. Wie lange sollte er noch warten?

Juli 1947

Die neue Pilzsaison begann und Karl stieg wieder in den Bus nach Neureichenau. Am schwersten fiel ihm der Abschied von seinem geliebten Peter, der schon anfing zu krabbeln. Er strahlte in die Welt, voller Hoffnung und Tatendrang, robbte der Katze hinterher und langte ohne Furcht nach Rolfs Schnauze.

Oft stand Lisa da und freute sich an dem drolligen Kerl, sein glucksendes Lachen holte sie immer wieder aus ihrer Niedergeschlagenheit und entlockte ihr ein Lächeln.

Die Mädchen fuhren ihn in Nothafts Leiterwagen spazieren, bastelten Spielzeug aus Holzklötzen, nähten lustige Tiere aus Stoffresten und spielten ihm selbst ausgedachte Geschichten vor.

Karl meldete sich regelmäßig. „Mein Vater ist gestorben", schrieb er im August. „Das Krankenhaus hat mich benachrichtigt. Wie gut, dass ich noch dort war." Lisa fragte sich, ob ihr Vater wohl noch lebte. Eine Woche später hielt sie einen Brief aus München in der Hand. Ihre Mutter schrieb, dass sie es nun amtlich hätte: Vater sei als verschollen gemeldet. Lisa schluchzte, sie hatte es befürchtet. Ihr lieber Vater!

Als Peter die ersten Schritte machte, kam Karl aus Neureichenau nach Hause, die Arbeit bei Katrainer war zu Ende. Zum 1. Dezember fing er in der „Josephinen Produktion" an, einer Fabrik in Hofkirchen. Dort wurden aus Abfallholz Christbaumschmuck und Tischkartenhalter ausgesägt und angemalt. Karl sollte Lager und Werkzeugausgabe unter sich haben. Auch Christl, deren Schulzeit nun zu Ende war, bekam dort eine Stelle. Sie saß bei zwanzig anderen Malerinnen in der großen Halle und kolorierte die Figuren. Malen von morgens bis abends, das fühle sich nicht wie Arbeit an, hatte sie gelacht.

Viele der Malerinnen waren Flüchtlinge wie sie. So wanderten nun Karl und Christl jeden Tag eine Stunde hin, eine zurück auf dem Donaudamm und genossen die gemeinsame Zeit sehr. Christl lernte die Vogelstimmen unterscheiden und die Namen der Blumen am Wegrand. Karl erzählte ihr von Entdeckungen und Erfindungen und von großen Männern und Frauen der Geschichte. „Es ist ein Geschenk", sagte er eines Abends zu Lisa. „Ich genieße die Zeit unterwegs. Mir scheint, das ist die letzte Gelegenheit, ehe Christl erwachsen wird. Wie viel gemeinsame Zeit hat uns der Krieg geraubt!"

„Heute war es lustig in der Fabrik", erzählte Christl, als sie den Wintermantel ablegte und die

Stiefel auszog. „Wir singen immer, dann geht die Arbeit besser von der Hand. Heute hatten wir einen Sängerwettstreit mit den bayerischen Kolleginnen", lachte Christl. „Wir haben gesungen: wir sehen uns wieder am Oderstrand und die Bayerischen haben gesungen:…Am Donaustrand. Das ging immer hin und her, was haben wir gelacht."

„Freut mich, dass sie nicht mehr Preisendeifi rufen.", brummte Karl.

„Das ist schon lange vorbei", erwiderte Christl. „Wir verstehen uns prima."

Wir sind nun schon zwei Jahre hier, dachte Lisa, da sollten sich die Einheimischen an uns gewöhnt haben, zumindest die meisten.

„Übrigens: dort liegt die Post, Karl."

Nach dem Essen warteten alle gespannt, was Bauer Apelt aus Apolda schrieb, Familie Dussa aus Halle, Anneliese Otto aus Dortmund und Edith Schwarze aus Stuttgart. Viel zu wenig zu essen, nichts gab es zu kaufen. Dieses Los teilten sie mit allen Deutschen. Leben auf engstem Raum, geduldet oder angefeindet von ihren Nachbarn, großes Heimweh und das Gefühl, als sei man ein entwurzelter Baum, das mussten die Schlesier, Ostpreußen, Banatdeutschen und die Deutschen aus allen Ländern des Ostens zusätzlich ertragen.

Zu hören, wie es den anderen ging, tat der Seele gut und deshalb wollte sich Karl am Abend hinsetzen, und postwendend antworten.

Spät abends, als er endlich das Licht löschte, erzählte er Lisa, was ihm schon länger im Kopf her-
umgehe. Er hätte gelesen, in Bonn gäbe es ein Amt,
das Einwohnerlisten von schlesischen Dörfern
sammle. Ob es nicht gut wäre, sich daran zu betei-
ligen?

Die ganze Familie fand diesen Vorschlag großartig.
Am Sonntagnachmittag saßen alle fünf an Nothafts
Küchentisch und riefen Namen aus Birkenhöhe
durcheinander, die ihnen einfielen. Lisa kam kaum
mit dem Schreiben hinterher. „Domröse", rief
Christl, „Lieselotte. Aber wie heißen die Eltern?"
„Walter und Lina", wusste Karl. „Matschke, der
Briefträger", sagte Jutta, „und Martha, die die Post
austrug, als er an der Front war."
„Kutzner, Robert und Auguste", schrieb Lisa auf,
„unser lieber Bürgermeister mit seiner Frau." Lisa
machte so ein saures Gesicht, dass Karl schallend
lachte.
„Du magst ihn nicht?"
„Mit dem Mann bin ich öfters zusammengerasselt"
grinste Lisa. „Zuletzt auf der Flucht, als er mich
partout nicht vom Treck weglassen wollte."
„Ich bin stolz auf dich, Lisa!", sagte Karl zärtlich.
„Du hast richtig Profil bekommen." „Pah!", sagte
sie verächtlich. „Darauf könnte ich verzichten."
Aber sie freute sich über Karls Kompliment.
„Anneliese und Kurt Otto, Rittergutsbesitzer, Besitzer von Brauerei und Flachsfabrik, Landbesitz

fünfhundert Hektar", schrieb Karl. „Jetzige Adresse: Dortmund- Lindenhorst, Sammellager."

„Mit Sibylle und Rüdiger. Die vier hat es schlimm erwischt: vom Schloss ins Lager, was für ein Abstieg."

„Anneliese ist zäh ", sagte Lisa und grinste. „Und Kurt ist ein Geschäftsmann. Es wird eine Weile dauern, aber ich bin sicher, die bauen wieder was auf." Lisas Herz schmerzte, wenn sie daran dachte, wie weit ihre Freundin fort war. Ob sie sich je wieder sahen?

„Hirschberger Reinhold und..." Karl hielt erschrocken inne, weil ihn vier Augenpaare entsetzt anstarrten. Karin schlug die Hand vor den Mund. Beim Namen Hirschberger lief es Lisa kalt den Rücken hinunter. Mit einem Schlag hatte sie die ganze Katastrophe wieder vor Augen, sie spürte, wie sie mit den Zähnen knirschte und ein stechender Schmerz fuhr ihr in die Schläfe. Sie meinte, auslaufendes Flugzeugbenzin zu riechen, hörte Frau Kutzners Aufschrei, sah zerbrochene Wagenräder, wirbelnde Bettfedern, Adeles blutendes Gesicht. Sie konnte kaum atmen.

Jutta schluchzte.

Karl nahm seine Kinder in die Arme. „Verzeihung. Ich... Es muss schrecklich gewesen sein! Aber ihre Namen gehören auf die Liste." Geradezu feierlich trug er sie alle ein: Martha, Adele, Ruth, Erna und die Kinder.

Karl versuchte, die Stimmung zu retten, weil die Mädchen immer noch wie gelähmt ins Leere starrten. „Nochowitz, den musst du noch aufschreiben. Wisst ihr noch, wie ihr auf euren Schlitten an den Gutshofschlitten gebunden über die Chaussee gerast seid?"

Jutta lächelte tatsächlich wieder ein bisschen: „Das war lustig, besonders wenn man ganz hinten hing. Der Schwanz von der Schlittenschlange tänzelte hin und her. Da musste man sich ordentlich festhalten. Wisst ihr noch, wie der Weißke Robert in den Graben geflogen ist?"

„Du musst noch die Kupperts aufschreiben", erinnerte Christl. „Ich denke so gern ans Federn schleißen. Die Großmutter hat immer gruselige Geschichten erzählt, Lachen war nämlich verboten."

„Von Kupperts weiß ich nichts", stellte Karl traurig fest. „Vielleicht wissen Apelts mehr. Ich werde Ihnen schreiben. Wir kriegen das schon zusammen, Kinder. Ist es nicht ein bisschen wie Detektiv spielen?"

Den ganzen Nachmittag schrieben sie an der Liste, Namen flogen durch die Luft, Erinnerungen wurden ausgetauscht, Birkenhöhe war so nah, wie lange nicht mehr. Lisa nahm sich vor, öfters in Gedanken dort spazieren zu gehen und die Bilder lebendig zu halten. Wer konnte sie daran hindern?

Juni 1948

Wieder einmal war Karl mit seiner Korrespondenz beschäftigt. Lisa sah ihm über die Schulter und wusste, das war seine Art, die Vergangenheit zu bewältigen.

Heute schrieb er an seine Kameraden aus der Kompanie. Er hielt einen Brief von Albinger in der Hand, der in Lindau am Bodensee in der französischen Zone zu Hause war. Er berichtete, dass er längst wieder als Gemeindeschreiber arbeitete und alle Hände voll zu tun hätte mit den vielen Kriegswitwen und Flüchtlingen. Ach, was beneidete Karl seinen Freund um die viele und vor allem sinnvolle Arbeit. Warum musste Albinger nicht das Entnazifizierungsverfahren durchlaufen?

„Hier, schau Lisa, der Hans Fink, der ist wieder bei seiner Zeitung als Redakteur. Einfach in seine alte Arbeit zurückgekehrt! Stell dir nur vor, ich würde wieder ins Klassenzimmer in Birkenhöhe marschieren und rufen: Guten Morgen, liebe Kinder! Wäre das nicht großartig? Könnte einfach meine Bücher aus dem Schrank nehmen und da weiterarbeiten, wo ich neunzehnneunundddreißig im Sommer aufgehört habe. So wie Albinger und Fink."

Karl steckte Finks Brief in den Umschlag zurück und schob ihn in die Mappe, auf die er „Kameraden" geschrieben hatte. Wann würde er wieder als Lehrer arbeiten können?

„Nun läuft der Antrag schon zwei Jahre. Ist das zu fassen?" Er lehnte sich zurück und schaute aus dem Fenster.

Lisa musterte ihn besorgt.

„Ich habe das Gefühl, auf der Stelle zu treten. Es ist zum verrückt werden." Eine Weile war es still im Zimmer. „Ich ertrage das Leben hier kaum. Mir fehlt der weite Duft Niederschlesiens. Die Flachsfelder und Birkenwäldchen. Und die Kultur, die wir hatten, auch wenn es in Herrnstadt nichts Großes war. Das hier fühlt sich einfach nicht nach Heimat an."

Lisa setzte sich neben Karl auf die Bettkante, wo er auf dem wackligen Beistelltisch im Schein der Nachttischlampe seine Korrespondenz ausgebreitet hatte. Sie legte den Arm um seine Schultern.

„Wir haben uns, vergiss das nicht. Du bist meine Heimat, ich bin deine. Unzählige Frauen müssen sich jetzt allein durchschlagen."

Schließlich seufzte er: „Es stimmt schon, ich sollte nicht undankbar sein. Wir haben großes Glück gehabt. Trotz allem." Er schloss die Augen und atmete schwer. „Aber warum geht es jetzt nicht weiter? Warum sitzen wir hier fest, schon zwei Jahre?"

Wieder schwieg er und Lisa legte den Kopf an seine Schulter. „Sie haben uns die Heimat genommen", sagte Karl leise. „Und anstatt uns irgendwo einen Neuanfang zu ermöglichen, wird unsere Not verdrängt und totgeschwiegen. Genau wie Hanne es geschrieben hat." Er kramte einen Umschlag aus dem Stapel und faltete Hannes Brief auf.

„Bei uns wird das Flüchtlingsproblem totge-schwiegen - immer rein mit den Menschen, es ist genug Lebensraum da. Der Osten ist unsere Buße. Diese Idioten von Zeitungsschreibern", las Karl vor. „Dass kein Platz mehr ist und die Flüchtlinge am Verhungern sind, das wissen Sie nicht und die ´s wissen, fürchten sich, es nach oben zu berich-ten... Die Flüchtlinge sollten endlich ihre Ohren vor den narzisstischen Gerüchten zumachen, von wegen Rückkehr und den Gedanken mit Stumpf und Stiel verbannen, so steht es in unserer Zei-tung."

Lisa nahm Karl den Brief aus der Hand.

„Wir wollen nicht jammern. Schau, Fritz ist noch in Gefangenschaft. Der hatte die Ruhr und..."

„Hanne schreibt, wir sollen Fritz Haferflocken, Leinsamen und Mohn schicken", fuhr Karl bitter dazwischen. „Wo sollen wir das bitte hernehmen? Not überall! Ach Lisa, wenn ich wenigstens genug verdienen würde. Das ist doch ein Hungerlohn, den sie uns da bezahlen in Hofkirchen."

Lisa schob energisch die Briefe zusammen.

„Jetzt wird geschlafen, mein Schatz. Dir fallen ja schon die Augen zu."

Karl lächelte sie an. „Sei doch nicht so streng mit mir, Mädchen", flüsterte er und drückte sie an sich.

Lisa sah Karl erwartungsvoll an. Er kam von der Arbeit und heute musste er seinen Lohn bekommen haben. Doch was räumte er da aus seiner Tasche? Lisa riss die Augen auf. Drei Schachteln Lux Zigaretten, zwei Schachteln Aspirin und eine Kiste mit bestimmt einem Pfund Nägeln.

„Ich brauche Butter und Mehl, Karl. Peter braucht eine Hose und Karin hat keine Strümpfe mehr. Was kaufst du Aspirin? Geht es dir nicht gut?"

Karl schaute ihr ernst in die Augen. „Das Geld taugt nichts mehr. Jeden Tag wird es weniger wert. Darum habe ich es gleich in Währung angelegt, die man am Schwarzmarkt brauchen kann."

„Wenn sie dich nur nicht erwischen bei der Tauscherei. Annemie schrieb von großen Razzien in München", gab Lisa zu bedenken.

Karl winkte ab. „Nicht hier im Dorf und in Winzer. Ich schau morgen mal, ob ich Hose und Strümpfe bekomme."

Letzte Woche hatte Lisa im Bekleidungshaus Fritz nachgefragt. Nein, Strümpfe gäbe es nicht und Kinderhosen führten sie schon lange nicht mehr. Im Schaufenster standen zwei nackte Modepuppen, sonst keine Auslagen. Bei der Weinhandlung nur leere Kisten im Schaufenster. Das Fenster am Feinkostgeschäft komplett leer, genauso am Schuhladen. Gab es denn gar nichts mehr zu kaufen?

„Die Geschäfte sind leer, es gibt keinen Nachschub", sagte Karl, als Lisa davon sprach.
„Frau Nothaft meint, die Läden halten die Waren
zurück. Die hom no was dahint, sagt sie."
„Wird Recht haben, die Frau", lachte Karl. „Wer
kann es ihnen verdenken? Schließlich kriegen sie
nur wertloses Geld für ihre Ware. Aber wie lange
soll das noch so weitergehen?"

Am Freitag beim Abendessen lief bei Nothaft wie
immer um diese Zeit der Rundfunkempfänger mit
den Nachrichten. Karl sprang auf und drehte lauter. „…Dass die Reichsmark zum Montag den 21.
Juni ihre Gültigkeit verliert. Ausgenommen sind
Münzgeld, Briefmarken und Monatskarten für Bus
und Bahn."
„Mist, jetzt ham mer den Anfang verpasst!", murmelte Frau Nothaft.
„Ab sofort gilt die Deutsche Mark als Zahlungsmittel. Jeder Bürger kann sein Reichsmark-Bargeld
im Verhältnis zehn zu eins bei jeder Sparkasse und
auf der Bezirksverwaltung in D-Mark tauschen.
Löhne, Gehälter und Mieten bleiben gleich. Erwachsene erhalten vierzig deutsche Mark Kopfgeld, jedes Kind zwanzig. Ab 23. Juni, fünfzehn
Uhr werden in städtischen Verwaltungsgebäuden
Auskunftsstellen über Währungsfragen für die Bevölkerung geöffnet sein…"

„Zehn zu eins...", hauchte Lisa. „Was bleibt uns dann?"

„Trotzdem...", sagte Karl nachdenklich. „Endlich geht es aufwärts."

Frau Nothaft rieb sich die Hände. „Ihr werdt scho sehn. Jetzt holn se ihr Zeug ausn Keller."

„Du woast´s jo scho lang, Muader", nickte Herr Nothaft. „Jetzt wer mars sehn."

Da bin ich ja gespannt, dachte Lisa.

Samstag früh, noch ehe Karl und Christl sich auf den Weg zur Arbeit machten, nahm Lisa ihre Einkaufstasche und die dreißig Reichsmark, die sie noch besaßen und eilte nach Winzer, um das alte Geld auszugeben, ehe es nur noch ein Zehntel wert wäre.

Dieser Gedanke war offensichtlich vielen gekommen, denn vor dem Gemischtwarenladen stand die Schlange bereits bis an die Kirche.

Gegen halb zehn kam sie endlich an die Reihe, doch es gab nicht mehr viel zu kaufen. Sie ergatterte eine Tüte Graupen, zwei Gläser Essiggurken, eine Büchse saurer Heringe, braune Schuhcreme und eine große Rolle Bindfaden.

Was sollte sie mit den restlichen dreizehn Mark anfangen? Übermorgen waren das nur noch eine Mark und dreißig.

Als sie etwas verloren auf dem Marktplatz stand, winkte sie der Gemüsehändler heran. Er hätte noch wunderbare Tomaten und Aprikosen, die bis

Montag schlecht wären. Ob sie Interesse hätte? So ging Lisa mit einer Taschen voll rotglänzenden Tomaten und zwei Kilo Aprikosen nach Hause. Die nächsten beiden Tage würde es Tomatensuppe geben und Aprikosen in jeder Form.

Am Sonntagmorgen verließen Karl und Lisa das Haus, um in Winzer auf der Sparkasse ihr Kopfgeld abzuholen. Das ganze Dorf war auf den Beinen. Auf der Landstraße wimmelte es von lachenden und schwatzenden Leuten im Sonntagsstaat, die in Grüppchen Richtung Winzer wanderten. Hoffnung und Aufbruchsstimmung erfüllte die Luft, alle Menschen voller Erwartung auf einen Neuanfang. Mit dem neuen Geld würde es aufwärts gehen.

Vor der Sparkasse drängten sich die Leute. Zwei Stunden standen sie dort. Eine Weile unterhielten sie sich mit Frau von Degenfels, die vor ihnen in der Schlange stand. Doch ihr Gesprächsthema war immer dasselbe: Sie wollte zurück nach Hirschberg. Lisa hatte sich längst damit abgefunden: Schlesien war verloren, sie mussten nach vorn sehen. Doch die Gräfin war davon nicht zu überzeugen.

Es fing an zu nieseln und Lisa war froh, als sie endlich durch die Tür waren. Noch einmal eine Stunde standen sie dicht gedrängt, ehe sie den Schalter erreichten. Auf dem Tisch des Beamten stapelten sich die neuen Scheine. Ihre letzten zehn Reichsmark segelten in eine Holzkiste neben

seinem Stuhl und dann hielt sie das Geld in der
Hand. Deutsche Mark! Glatt und neu fühlte es sich
an, raschelte zwischen ihren Fingern. Karl unterschrieb ein Formular, nickte dem Beamten zu und
bahnte sich einen Weg zum Ausgang.

Vor der Tür trafen sie Mitzi, die mit ihrer Tante
das neue Geld begutachtete. Sie behauptete, die
Scheine sähen wie Dollarnoten aus und machten
deshalb den Eindruck einer starken Währung.

Lisa hatte keine Ahnung, wie Dollarnoten aussa-
hen. Aber es fühlte sich gut an und machte Hoffnung.

Auf dem Nachhauseweg blieb Karl plötzlich stehen und zeigte ins Schaufenster des Gemischtwa-
renladens. Der Besitzer arbeitete am Sonntag? Offensichtlich war er dabei, Waren im Schaufenster
zu drapieren.

Lisa bekam große Augen: Nivea Creme und Persil,
Sekt und Rheinwein, Dosen mit Gänseleber, Käse,
Knoblauch, Tütensuppen und Schokolade, dazu
Kerzen, Ansichtskarten und Füllfederhalter. Das
Schaufenster war voll! Wo zauberte er das alles
her? Na, da hatte Frau Nothaft den richtigen Rie-
cher gehabt. Der alte Herr im Bekleidungsgeschäft
stand auch in seinem Schaufenster. Eben zog er
der Puppe ein elegantes dunkelblaues Kleid über.
Zweiundfünfzig Mark! Das konnte sie sich so
schnell nicht leisten. Sie würden ihr Kopfgeld mit
Bedacht ausgeben, es musste eine Weile reichen.

„Wartet einen Moment." Karl lachte plötzlich auf, als hätte er einen wunderbaren Einfall gehabt und bog in die Kirchgasse ab. „Ich muss noch was besorgen!" Als er zehn Minuten später zurückkam, wedelte er mit einem dicken Paket: Papier! „Heute ist doch Sonntag", rief Lisa erstaunt. „Hatte der Schreibwarenladen auf?"

„Hab an die Scheibe geklopft, da hat er mir das hier verkauft: Papier in Hülle und Fülle!", rief Karl übermütig. „Irgendwie muss man das neue Geld doch feiern!" Lisa lächelte. Ihr sonst so sparsamer Mann führte sich auf wie ein kleiner Junge!

August 1948

Lisa schob den Leiterwagen sanft hin und her, in dem der kleine Peter leise schnarchte und genoss die Strahlen der Morgensonne, die durch die Zweige der Linde fielen. Seit einer halben Stunde wartete sie jetzt auf der Bank vor dem Rathaus in Winzer, Peter war zum Glück auf seinem weichen Kissen eingeschlafen.

Wenn dieser Mensch einfach den Stempel auf Karls Fragebogen gedrückt hätte, dachte Lisa besorgt, wäre er doch längst wieder draußen. Es musste Probleme gegeben haben.

Plötzlich hörte sie seine Stimme im Amtszimmer über ihr. Sie spitzte die Ohren, konnte aber beim besten Willen nicht verstehen, was gesprochen wurde. Erstaunt stellte sie fest, dass nicht nur eine Stimme Fragen stellte, sie zählte mindestens drei. War das eine Gerichtsverhandlung? Ein Kreuzverhör?

„Natürlich war ich in der Partei", hörte sie plötzlich Karls Stimme. Sie klang schrill und erregt. „Die Partei hat unser Fliegerkorps einverleibt. Wenn ich weiter mit meinen Jungs arbeiten und fliegen wollte, blieb mir nichts anderes übrig."

Eine andere Stimme rief etwas vom nationalsozialistischen Lehrerbund. Stimmt, dort war er auch Mitglied gewesen. Lisa zuckte zusammen. Aber das wurde verlangt damals, er hatte keine andere

Wahl. Das klang ja, als wäre Karl der einzige Mensch in der NSDAP gewesen!

„Sie waren Leutnant im zweiten Pionierbataillon 181 und im dritten Pionierbataillon 795", las jemand vor, der wohl dicht am Fenster saß und gut zu verstehen war. Lisa setzte sich kerzengerade.

„Nahkampfspange, eisernes Kreuz, Ostmedaille, Kriegsverdienstkreuz zweiter Klasse. Der normale Soldat bekam nicht so viele Auszeichnungen. Das zeigt mir, dass sie ein Liebling der Nazis waren, Bertram. Leutnant Bertram."

Jemand lachte.

Karl antwortete laut, aber erstaunlich gefasst: „Ich war fleißig, meine Herren. Aufrichtig und treu versuchte ich, meinem Vaterland zu dienen, wie Millionen andere. Was macht mich schlechter als Sie?"

Jemand sagte etwas, was Lisa nicht verstehen konnte. Ihre Handflächen wurden feucht. Vor Anspannung knirschte sie mit den Zähnen, ihr war plötzlich schlecht. Was, wenn sie Karl jetzt ins Gefängnis steckten?

„Ich kann nichts Schriftliches vorlegen, meine Herren es ist unmöglich!", rief Karl laut.

„Aber hier im Fragebogen haben sie angekreuzt, zwischen 1934 und 1945 Ansprachen gehalten zu haben. Haben sie die nicht aufgeschrieben?", fragte der Mann am Fenster.

„Natürlich!" Karls Stimme überschlug sich. „Aber die liegen zu Hause in Birkenhöhe in der Schreibtischschublade. Da komme ich nicht dran."

„Zeugenaussagen dazu gibt es auch nicht?"
„Zerstreut in vier Zonen, Adressen unbekannt."
Hörte Lisa Karl sagen. Er klang bitter. Merkten das
diese Männer gar nicht? Verlorene Heimat, ver-
standen sie nicht.
So ein Redemanuskript hätte sie natürlich einpacken können, aber wie sollte sie das ahnen? Wer
dachte damals an so etwas?
„Ist es ein Verbrechen, Flüchtling zu sein, meine
Herren?", fragte Karl laut. „Das haben wir uns gewiss nicht ausgesucht." Aufgeregt schwirrten die
Stimmen durcheinander, Lisa verstand nichts
mehr.
„Ich kann nichts dafür, dass ich Schlesier bin und
ich will weiter nichts, als endlich wieder meinen
Beruf auszuüben."
Der Mann am Fenster sagte etwas von vorlaut und
unverschämt, da wurde Karl richtig laut: „Man hat
uns aus der Heimat vertrieben und genau das
wirft man mir jetzt vor. Das ist Unrecht, meine
Herren."
Es knallte, als hätte jemand ein Buch zugeschlagen
oder einen Ordner auf den Tisch fallen lassen.
„Das reicht, meine Herren", rief eine andere
Stimme. „Herr Bertram, sie werden schriftlich benachrichtigt."

Ein paar Minuten später kam Karl mit hochrotem
Gesicht aus dem Rathaus. „Wie einen Verbrecher
haben sie mich behandelt, entwürdigende Fragen

gestellt, die sie nichts angehen und auf Unterlagen bestanden, die ich niemals bringen kann. Furchtbar." Karl atmete tief und zog Lisa von der Bank hoch. „Lasst uns verschwinden, Lisa. Bevor ich mich vergesse und einem von ihnen den Hals umdrehe." Er schaute sie über den Rand der Brille an. „Dann hätten sie einen Grund, mich so zu behandeln!"

„War der Steidinger nicht selbst in der Partei?", fragte der alte Knecht kauend, als sie am Abendbrot saßen. „Wer hat ihm den Persilschein ausgestellt, dass er so schnell wieder ins Amt kam?" Rosa Nothaft schaute den Knecht streng an und legte den Finger an den Mund. „Sei stad, Sepp! Du bringst uns in Schwierigkeiten."
„Is doch woar" brummte der und steckte die nächste Kartoffel in den Mund. „So a guada Mensch, wia der Bertram is, den derf ma net so behandln. Unanständig is des!"
„Liebling der Militärführung haben sie mich genannt." Karl schüttelte den Kopf. „Das stimmt nicht. Ich war gern Truppführer und Leutnant. So konnte ich Gutes erreichen für die Soldaten und blinde Aktionen verhindern, die uns ins Unglück gestürzt hätten. Mitgestalten, Verantwortung übernehmen, so bin ich halt. Und jetzt drehen sie alles herum und verwenden es gegen mich. Am Ende

sperren sie mich noch ein." Karl stützte den Kopf
auf die Hände.

Lisa fing Karins entsetzten Blick auf. Nein, sie sollten diese Sachen nicht vor den Kindern besprechen. Energisch stellte sie die Teller zusammen.
„Jutta ist mit Spülen an der Reihe.", sagte sie mit
einem Seitenblick auf Karl. Zum Glück verstand er
die Botschaft und strich Karin über den Haar-
schopf. „Wir beide lesen jetzt ´in achtzig Tagen um
die Welt´ weiter. Willst du nicht wissen, wie es
Mister Fogg und Passepartout im wilden Westen
ergeht?" Karin sprang auf und half Jutta beim Ab-
räumen. „Gleich, Vati." Karl legte den Arm um
Christl. „Es wird alles gut werden. Wir brauchen
nur noch etwas Geduld." Lisa lehnte erschöpft an
der Wand und schloss die Augen. Viel Geduld,
dachte sie.

Peter war der Sonnenschein im ganzen Haus. Seit
er gelernt hatte, rückwärts die Treppe hinab zu
rutschen, besuchte er fast jeden Tag Frau Nothaft
in der Küche, rannte hinter ihr her in den Stall und
wartete, wenn sie kochte, auf eine Karotte oder ein
Stück Wurst. Er tollte mit dem Hund durch den
Garten und lag bei der Katze auf der Ofenbank.
Sein helles Lachen machte Lisa glücklich.
Allerdings konnte sie mit diesem Wildfang unmöglich bei den Bauern auf dem Feld arbeiten.
Deshalb suchte sie nach Flickarbeiten und

Nähaufträgen, die sie auf Nothafts Küchentisch stapelte. Dabei hatte sie Peter gut im Auge, jedenfalls, bis er an die Türklinke kam.

Oft schmerzten Lisas Finger von der Nadel und sie wünschte sich sehnlichst ihre Nähmaschine aus Birkenhöhe herbei. Wer wohl das gute Stück jetzt benutzte? Als sie den Korb einräumte und die fertigen Stücke zusammenlegte, kam Karl von Stangls Acker, völlig verschwitzt. Lisa sprang auf und goss warmes Wasser in die Waschschüssel.

„In meiner Jackentasche steckt ein Brief vom Bezirksamt in Winzer. Mach ihn mal auf, das ist sicher endlich der Bescheid."

Lisa holte ein Messer, Karl trocknete die Hände ab. Ungeduldig schnitt er den Umschlag auf und zerrte den Brief heraus.

Sie hätten die Sache nicht entscheiden können, schrieb Steidinger, deshalb hätten sie die obere Landesbehörde eingeschaltet. Karl stöhnte. „Nun warte ich schon über zwei Jahre. Ich fühle mich verraten und vergessen von meinem eigenen Vaterland. Und dafür habe ich fast sechs Jahre meines Lebens geopfert."

Lisa versuchte, ihn zu trösten. Aber auch ihre Geduld war zu Ende. Natürlich hatten sie Glück gehabt, Frau Nothaft war eine gute Frau. Doch zu sechst in zwei Zimmern, ohne eigene Küche, das konnte kein Dauerzustand sein. Es zehrte an ihren Nerven.

Niemals sagte Frau Nothaft ein böses Wort, doch jetzt wo ihr Mann wieder zu Hause war, fühlten sich Bertrams als Last. Die zweite Tochter wollte heiraten und die jungen Leute warteten auf die Zimmer, in denen Bertrams wohnten. Doch wo sollten Sie hin, solange Karl keine Lehrerstelle hatte?

Als Karl drei Wochen später an einem Freitag von der Arbeit kam, sah Lisa auf den ersten Blick, dass etwas nicht stimmte. Er hätte den ganzen Tag kein Wort gesprochen, raunte ihr Christl zu. Im Zimmer ließ er sich aufs Bett fallen, zog Stiefel und Strümpfe aus und rieb sich die Zehen.

„Hier", stieß er hervor, als Lisa ihn abwartend musterte. Er fischte einen Brief aus der Jackentasche und warf ihn aufs Bett. „Der öffentliche Kläger bei der Spruchkammer Deggendorf…"

Der Bescheid! Lisa überflog den Text: „aufgrund ihrer Tätigkeit als Truppführer beim nationalsozialistischen Fliegerkorps und im nationalsozialistischen Lehrerbund, werden sie als Mitläufer eingestuft."

Entsetzt sah Lisa auf. Karl saß zusammengesunken auf dem Bett. Mitläufer? Das konnte nicht wahr sein.

„Es wird gegen sie eine Geldsühne von fünfhundert Deutscher Mark festgesetzt. Sie ist bis zum zwanzigsten September 1948 auf folgendes Konto…" Lisa stieß einen leisen Schrei aus und

schlug die Hand vor den Mund. Fünfhundert…
Ihr wurde schwarz vor Augen

„Karl!", hauchte sie. „Fünfhundert Deutsche Mark!"

„Sühnegeld. Wofür, Lisa? Wofür? Was habe ich falsch gemacht? Ich habe meine Pflicht getan, mit Liebe und Herzblut. Habe meine Zeit eingesetzt für die Fliegerei und fürs Vaterland. Daran ist nichts Verwerfliches. Dieses Urteil ist Unrecht!"

„Du kannst Berufung einlegen, binnen einer Woche, steht da."

Karl zuckte die Schultern. „Nichts kann ich beweisen…" Resigniert schloss er die Augen. „Woher sollen wir um Himmels willen Fünfhundert Deutsche Mark nehmen?", stöhnte er. „Nicht mal in Reichsmark hätten wir das gehabt. Lisa, das ist unmöglich."

„Wenn wir es vom Verdienst in der Josephinen Produktion nehmen…"

„… verhungern wir", fiel er ihr bitter ins Wort. „Wir schaffen das nicht, schon gar nicht bis zum zwanzigsten September."

Beklemmende Stille füllte das Zimmer, dann flüsterte Karl schwer atmend: „Sie tun mir Unrecht! Sie machen einen großen Fehler."

Lisa holte ein Taschentuch. Fünfhundert Mark!

„Statt dass sie uns Flüchtlinge unterstützen… Wir werden uns etwas leihen müssen, Lisa. Irgendwen müssen wir um Geld bitten."

Wieder Schweigen. Wer hatte in diesen Zeiten fünfhundert Mark übrig? Ein kleines Vermögen. „Meine Mutter? Meine Schwester?", fragte Lisa leise.

„Ich schäme mich. Mitläufer! Die Behörde wird schon wissen, werden die Leute sagen… Es ist immer was dran." Verzweifelt nahm er die Brille ab und rieb sich die Augen. „Am liebsten sollte es keiner erfahren." Wieder schüttelte er den Kopf. „Mitläufer! Nicht zu fassen. Da stehe ich auf einer Stufe mit Bischoff und Kalutzka. Wenn mir das damals jemand gesagt hätte…" Er lachte bitter. „Nein, keiner soll es wissen. Schon gar nicht hier im Ort. Ich schäme mich, dass überhaupt jemand so etwas von mir denkt."

Karl holte seine Korrespondenzmappe mit der Aufschrift „Kriegskameraden". „Schnitzer, Hölting, Hilz, Armbruster… Der Jäger Ludwig, der hat gesagt, wenn ich mal was brauche, soll ich mich nicht scheuen… Aber der Mann ist Korbmacher. Ob er fünfhundert Mark entbehren kann?" Wieder ging Karl die Liste durch, wieder blieb er an Jäger hängen. „Gut, dann werde ich mich an Ludwig wenden. Und dann müssen wir es nächstes Jahr abstottern. Das wird hart, Lisa. Aber Hauptsache, wir haben das Geld fristgerecht. Soll ich ihm schreiben, wofür ich es brauche?"

Die Zeit verstrich, Ludwig Jäger antwortete nicht, es kam kein Geld. Karl suchte fieberhaft nach einer anderen Möglichkeit, irgendwo Geld zu leihen, doch ohne Erfolg.

Endlich! Am 12. September brachte der Postbote einen Brief aus Landshut und einen Scheck über fünfhundert Mark. Ludwig schrieb, dass es ihm leidtäte, er sei geschäftlich wochenlang über Land gewesen, und hoffe, das Geld käme noch rechtzeitig. Karl trug es sofort nach Deggendorf auf die Spruchkammer. Nun konnte er sich endlich als Lehrer bewerben!

Am Abend lagen Karl und Lisa noch lange wach. Die Frage der Gerechtigkeit trieb Karl um. „Ich muss Strafe zahlen und Fritz sitzt immer noch unschuldig in französischer Haft, während andere unbehelligt in ihr früheres Leben zurückkehren, als sei nichts gewesen. Das ist so ungerecht."

Lisa versuchte ihn auf andere Gedanken zu bringen, doch es klang nicht sehr überzeugend. „Du änderst nichts mit deiner Grübelei. Schau lieber nach einer Stelle, Karl!"

Da sprang Karl aus dem Bett. „Stimmt. Dann wollen wir doch mal sehen, was in der neuen Lehrerzeitung an Lehrerstellen ausgeschrieben ist. Bis zum neuen Schuljahr an Ostern könnte es schon klappen!"

„Endlich raus aus den kleinen Zimmern", schwärmte Lisa, „in ein richtiges Schulhaus! Vielleicht gibt es sogar einen kleinen Garten. Dann können wir nächsten Sommer schon unseren eigenen Salat essen." Lisa lächelte in die Dunkelheit. „Man darf seine Träume nicht verlieren, sagst du immer. Jetzt könnten sie bald wahr werden."

Karl bezahlte das Sühnegeld. Kurz darauf hielt der seinen Bescheid in der Hand: Entnazifiziert. Er konnte sich nicht drüber freuen. Die Sache mache ihn unendlich wütend, sagte er zu Lisa. Fünfhundert Mark Strafe für nichts! Auch Kalutzka und Bischoff hätten sich so freigekauft. Darauf wusste Lisa nichts zu antworten. Nur, dass er doch nach vorn schauen sollte und nicht zurück. Dann hätte er zwei Leben, war Karls Antwort, eins, das er vergessen musste und eins, das vor ihm läge. Aber vergessen wollte er nicht.

Er bewarb sich als Lehrer. In Plattling, Hengersberg, Vilshofen, Deggendorf. Doch das war schwerer als gedacht. Überall die gleichen Antworten: „Bayerische Lehrer zuerst! Keine preußischen Lehrer in Bayern! Sie sind evangelisch… Nein, hier gibt es keine Stelle…" Karls Mut sank. Sollten Sie woanders hingehen? Sie durften die amerikanische Zone aber nicht verlassen?
Karl sprach bei Schulleitern persönlich vor, schrieb Briefe an ehemalige Kameraden, Bekannte und Verwandte. Keiner wusste von einer freien Lehrerstelle.

Lisa telefonierte mit ihrer Schwester in München, deren Mann inzwischen ein angesehener Arzt war. Doch selbst in München schien niemand einen Lehrer aus Schlesien einstellen zu wollen.

Und dann ging alles ganz schnell: Käthe erzählte, dass in dem kleinen Ort Metten bei Deggendorf eine neue Schule eröffnet würde. Es sei eine evangelische Schule und selbstverständlich würden evangelische Lehrer genommen.

Gleich am nächsten Tag nahm Karl frei, lieh sich von Käthe das Fahrrad und radelte die Stunde nach Metten. Voller Begeisterung kam er abends zurück. „Lisa, das ist wunderbar! Eine ganz neue Schule wartet auf mich. In der alten Knabenschule des Klosters entsteht eine evangelische Schule. Meine Aufgabe ab 1. November wird es sein, Schulbänke einzukaufen, Bücher, Atlanten, Bilder. Ab dem ersten Dezember werde ich dort der Oberlehrer sein und mit einer anderen Lehrkraft die Dorfkinder unterrichten. Auch Jutta und Karin können dort in die Schule." Lisa nahm die Pfanne mit den Bratkartoffeln vom Herd und während Karl kaute, erzählte er von der neuen Schule. „Hinter dem Schulhaus wird ein Garten angelegt. Viel Platz, meine Liebe! Wir dürfen Bäume pflanzen, Beete anlegen, Gras aussäen. Der Sportplatz wird gerade gebaut. Ich bin so aufgeregt." „Hast du denn schon eine Zusage?", fragte Lisa unsicher. Zu schön, um wahr zu sein, was Karl da erzählte.

„Stell dir vor, ich bin genommen! Schon unter-
schrieben!" Er legte die Gabel weg, sprang auf und
schlang die Arme um Lisa. „Am 5. November geht
es los! Endlich. Bis dahin ist die Lehrerwohnung
fertig und wir können umziehen! Drei Zimmer,
Küche und Bad, sogar der Abort im Haus. Ist das
nicht fabelhaft?"

November 1948

Donnerwetter! Das musst du dir ansehen, Lisa!", rief Karl, als Lisa mit einer Packung Grieß aus der Vorratskammer trat. Er wedelte mit einem hundert Mark Schein von Lisas Augen. „Der Jäger hat geschrieben. Wir können das Geld behalten!" Lisa musste sich setzen.

„Die hundert Mark, die du ihm letzten Woche geschickt hast, kommen zurück? Warum?" Karl faltete das dünne Blatt auseinander, das neben dem Schein im Umschlag gesteckt hatte. „Das Geld gehört dir und deiner Familie, schreibt Jäger. Die Sache ist erledigt, Karl. Hast du vergessen, dass du mich am Dnepr aus dem Schlamm gezogen hast? Gerade rechtzeitig, ehe die russischen Panzer anrollten? Ich stehe tief in deiner Schuld, das ist mit keinem Geld der Welt zu bezahlen. Schöne Grüße an Frau und Kinder." Lisa strich gedankenverloren die Haare zurück.

„Ich kann das kaum glauben. Die ganzen fünfhundert Mark will er uns schenken? Ob wir das annehmen können?"

„Der Ludwig hat nie große Worte gemacht. Aber was er sagte, hat er gemeint. Ich bin Ihm sehr dankbar. Ich weiß, er ist nicht so reich, dass ihm das Geld nicht schmerzhaft fehlen würde." Karl suchte Papier und Schreibzeug. „Ich antworte ihm gleich. Ein toller Kamerad, der Ludwig. Das vergesse ich ihm nie."

Lisa steckte die hundert Mark in den Geldbeutel und dachte an all die Dinge, die sie sich davon leisten konnten: eine gute Pfanne, endlich eine ordentliche Suppenkelle, ein richtiges Kopfkissen für Karl, so viele Dinge fehlten noch in ihrem Haushalt. Sie trat ans Fenster. Draußen kroch der Nebel durch die Obstbäume im Schulgarten, die Karl neu gepflanzt hatte. Im Frühjahr würde sie hier Beete anlegen, Salat und Gurken pflanzen, Zwiebeln stecken. Wie herrlich, endlich wieder einen eigenen Garten zu haben.

Vorn an der Straße bewegte sich etwas. Ein Lieferwagen schob sich rückwärts in die Einfahrt der Schule. Lisa beobachtete zwei Männer, die sich anschickten, einen großen Kasten abzuladen.

„Das Klavier! Karl, schau, das Klavier für die Schule wird geliefert.", rief sie über die Schulter zurück.

Karl schob die Gardine zurück und sah hinunter. Der Hausmeister klemmte die Tür fest und packte mit an. Karl legte den Arm um Lisa und flüsterte: „Ein Nussbaumklavier mit zwei Kerzenleuchtern. Wie zu Hause. Endlich kannst Du wieder spielen. Jeden Tag, wenn Dir danach ist."

„Wenn du auch noch eine Geige hättest…" sagte Lisa sehnsüchtig. „Kommt Zeit, kommt Rat, Liebes. Vorerst musst du mit meinem Gesang vorliebnehmen!"

„Gleich heute Abend, ja? Du und ich und die alten Schlesienlieder! Ich freu mich schon!" Karl nickte fröhlich und steckte den Brief an Ludwig in die Tasche. „Ich geh noch schnell zum Postkasten!" sagte er und zog die Tür zu.

„Ich bin so glücklich, wieder als Lehrer zu arbeiten", sagte Karl am Sonntag beim Frühstück. Die deutsche Jugend braucht jetzt dringend die Hilfe von guten Lehrern. Sie muss neu lernen, was Demokratie ist und wie Selberdenken geht. Ihr ganzes Leben lang haben sie Parolen gehört und blinden Gehorsam gelernt. Ich will mithelfen, es brennt mir unter den Nägeln."
Karl stürzte sich mit Feuereifer in die neue Aufgabe. Er abonnierte die „Bayerische Schule", eine Lehrerzeitung, studierte die neuen Bildungspläne der bayerischen Landesregierung und suchte Kontakte zum Lehrerverband. Er engagierte sich im Sportverein und leitete bald eine Handballgruppe. Beim Grenzschutz wurde ein Lehrer gesucht, der politische Bildung unterrichtete. So konnte Karl sein Gehalt aufbessern.
Lisa schloss sich der Frauengemeinschaft in Metten an. Sie spielte wieder Klavier, wenn gesungen wurde und liebte das. Der katholische Pfarrer fragte sie sogar, ob sie sonntags Orgel spielen könnte. Christl wollte Kindergärtnerin werden und zog in ein Internat auf der schwäbischen Alb.

Peter kam in den Kindergarten und Jutta und Karin freuten sich, wieder zu ihrem Vater in die Klasse zu gehen.

Mai 1949

Am Abend vor Lisas Geburtstag kam Karl spät nach Hause und trug einen Korb unter dem Arm. Mit der freien Hand griff er einen Spaten aus der Garage und machte sich an der Hauswand zu schaffen.

Lisa reckte den Hals, konnte aber aus dem Küchenfenster nichts sehen, also lief sie neugierig die Treppe hinab. Eben packte Karl eine Pflanze aus dem Korb ins Pflanzloch und deckte die Wurzeln mit Erde zu. Lisa trat näher. Ein Rosenstock! Er war noch klein und trug nur wenige Blüten. Lisa fiel Karl so stürmisch um den Hals, dass er beinahe umkippte. „Eine Rose, wie wunderbar!", rief sie. „Es ist dieselbe dunkelrote Sorte wie daheim in Birkenhöhe neben der Hintertür!"

Sie nahm eine Blüte zwischen die Hände und roch daran. „Oh, wie sie duftet!" Augenblicklich fühlte sie sich nach Schlesien versetzt und die Erinnerung machte sie schwindelig. Eine Rose wie zu Hause! Ein herrliches Geschenk!

Karl schmunzelte über ihre kindliche Freude. Er zog Lisa an sich: „Wenn die Rose im Sommer ihren Duft verströmt und die Hauswand mit ihren roten Blüten schmückt, dann stehen wir beide hier und denken an daheim. Und ich nehme dich in den Arm, die allerschönste Rose bist sowieso du."

Endlich wieder ein Schulfest! Lisa zog Peter das feine Hemd an und band ihm die Fliege um. Karl stand am Waschbecken und kämmte die Haare „Ich bin so aufgeregt, Lisa", flüsterte er. „Hoffentlich klappt alles! Wir haben so lange geprobt."
Lisa lächelte und legte ihm die Hand auf die Schulter. „Mach dir keine Gedanken, Karl. Jedes deiner Schulfeste war ein voller Erfolg."
„Aber das Letzte ist neun Jahre her und ich war so lange raus."
„Ich hab mit Frau Lallinger gesprochen, ihr Benedikt trällert jeden Tag das Lied vom Vogelfänger, sagt sie. Die Melodie geht aber auch ins Ohr!"
„Beim Biedermann in Birkenhöhe, da machte ich jeden Handgriff im Schlaf. Ich kannte jede Mutter, jede Oma, jede Tante." Karl zog das Jackett über. „Hier ist alles neu und ungewohnt. Mir fehlen meine Helfer von damals, Anneliese und Kurt, der Jakub, Johann mit seinem Akkordeon…" „Dafür hast du heute drei große Mädchen, die dir helfen. Christls Kulisse ist großartig geworden und die Kostüme, die Jutta genäht hat, sehen gut aus." Lisa lachte. „Wunderbar, dass ihr die Zauberflöte aufführt. Ich liebe diese Geschichte."
„Stoff für die Aufführung zu finden war diesmal wirklich schwierig", nickte Karl. „Die bayerischen Geschichten kenne ich noch nicht, viele Lieder und Geschichten haben die Braunen so eingenommen, dass sie keiner mehr hören kann und alles steht im

Verdacht, undemokratisch oder militärisch zu sein. Mozart ist lange genug her, der ist unproblematisch."

„Die Kinder hatten viel Spaß mit den Kostümen und Kulissen." Lisa schob Jutta zur Tür hinaus.

„Wir müssen los, es ist schon halb zwei." Karl packte den Notenstapel und den Programmzettel. Als er den Schlüsselbund der Schule vom Haken nahm, hielt er inne und seufzte tief: „Was bin ich froh, dass wieder Schulfest ist. All die Jahre habe ich von diesem Moment geträumt." Er zog Lisa an sich und küsste sie.

In der Sporthalle verschwand Karl hinter den Vorhang und Lisa bezog ihren Platz in der ersten Reihe. Sie ordnete ihre Zettel, damit sie den Schülern weiterhelfen konnte, die ihren Text vergessen hatten. Einen Augenblick fühlte sie sich wie daheim in Birkenhöhe. Dann öffnete sich der Vorhang und sie schaute in viele fröhliche Kindergesichter, die ein flottes Frühlingslied sangen. Dort stand Karl und gab die Einsätze. Lisa lehnte sich zurück. Endlich hat Karl wieder Schüler um sich, dachte sie. Wie er strahlt! Lisa lächelte zur Frau des Bürgermeisters hinüber, die ihr freundlich zuwinkte. Die Bäckersfrau, die Gemüsehändlerin, ihre Nachbarin, alle lachten sie an. Lisa spürte: ich gehöre dazu. Ein herrliches Gefühl.

Plötzlich stand Mitzi neben ihr. „Bin ich zu spät?", flüsterte sie außer Atem. „Muss doch dabei sein, wenn der neue Lehrer sein erstes Schulfest veranstaltet. Wo ich immerhin die beste Freundin seiner Frau bin." Sie ließ sich auf den Stuhl neben Lisa fallen. „Ich bin froh, dass ihr hier seid", wisperte Mitzi, als das Publikum begeistert klatschte und Lisa lächelte. Später gibt es Kartoffelsalat und Würstchen, dachte sie. Und ist unsere Heimat nicht da, wo unsere Freunde sind?

Wie es weiter ging

Zwölf wunderbare Jahre verbrachten Karl und Lisa in Metten. Karl gestaltete das Schulleben, engagierte sich im Sportverein und war überall sehr beliebt. Noch in den neunziger Jahren traf ich in Metten einen älteren Mann, der zu ihm in die Schule gegangen war. „Der Bertram woar a guada Mensch", sagte er.

Lisa widmete sich ihrem Garten, aber auch den Frauen im Ort. Sie kaufte recht bald eine Nähmaschine und irgendwann auch ein Klavier. Es war schwarz lackiert. Ihre drei Töchter wurden junge Damen. Christl verließ das Haus, um auf der weit entfernten schwäbischen Alb Kindergärtnerin zu lernen, sie kam nur noch Ostern und Weihnachten nach Hause. Schließlich heiratete Christel noch weiter weg, nämlich nach Alpirsbach im Schwarzwald. Jutta heiratete nach Stuttgart, Karin nach Regensburg. Im Jahr 1959 erkrankte Karl an Krebs und starb 1960. Da war ich gerade zwei Jahre alt. Lisa zog 1966 zu Christl, also in unser Haus, nach Alpirsbach. So war sie auch in der Nähe von Peter, der in Mühlheim an der Donau arbeitete.

1964 entschloss sie sich, den Verlauf der Flucht aufzuschreiben. Ich bin ihr dafür sehr dankbar. Der Bericht war so detailliert, dass wir der Route mühelos folgen konnten, als wir Schlesien besuchten. Lisa lebte noch bis 1994.

Das deutsche Schlesien gibt es nicht mehr, nur noch einen winzigen Rest bei Görlitz.

Karl hoffte noch lange, wieder zurückkehren zu können, Lisa war davon nicht überzeugt. Trotzdem blieb es so, dass „daheim" das Schulhaus in Birkenhöhe meinte. Mit der Zeit fanden sich die Freunde von früher wieder. Reger Briefverkehr verband sie. Viele von ihnen wohnten jedoch in der „Ostzone", aus der die DDR wurde. Besuche waren beinahe unmöglich. Auch mit ihren Schwestern Elfriede und Trudchen konnte Lisa nur Briefe wechseln bis sie Rentner waren und in den Westen reisen durften. Hanne floh mit den Kindern in den Westen, als es noch ging. Ihr Mann Fritz kam erst 1956 aus der französischen Gefangenschaft. Doch auch sie sah Lisa selten, sie reiste wenig. Dafür schrieb sie sehr viele Briefe auf ihrer großen Schreibmaschine. Schlesien blieb in ihrem Herzen und manchmal sang sie zum Klavier: „… Herrlich ist dies Stückchen Erde, denn ich bin ja dort daheim…"

Namenslisten der Personen	
Apelt, Reinhold, Bauer in Birkenhöhe mit Ehefrau Maria	
Bernd,Bob (Lehrer) und Käthe, Herrnstadt, Freunde von Lisa und Karl	
Bertram Christl verheiratete Benz, Tochter geboren 1932	
Bertram, Elisabeth Margarete geborene Hüttig. Geboren 15.5.1911 in See, gestorben 11.10.1994 in Alpirsbach	
Bertram, Fritz, Lehrer in Schweidnitz, Bruder von Karl mit Ehefrau Hanne	
Bertram, Jutta, verheiratete Kräber, Tochter geboren 1936	
Bertram, Karin verheiratete Wolf , Tochter 1939 - 2011	
Bertram, Karl Otto , Lisas Ehemann 1901-1960	
Bertram, Martha Emilie, Bartschdorf, Mutter von Karl 1872-1945	

Bertram, Oskar, Bauern in Bartschdorf, Bruder von Karl mit Ehefrau Erika	
Bertram, Otto , Bartschdorf, Vater von Karl 1871-1947	
Bertram, Peter , Sohn geb. 1946	
Bischoff, Heinrich, Oberlehrer in Kirchlinden und Aushilfslehrer in Birkenhöhe, aktives Mitglied der NSDAP	
Blocher, Frau, Ladenbesitzerin in Mitterndorf	
Cianetzke, Jakub und Ruth mit Simeon und Liliana polnische Juden in Birkenhöhe, fiktiv	
Dalibor, Reinhard und Pauline, geboren 1890, Ladenbesitzer in Birkenhöhe	
Dussa, Franz geboren 1885 Schmid in Birkenhöhe	
Gräfin Zippora von Degenfels, Flüchtling aus Schlesien. Fiktiv	
Grammatty, Lehrerkollege von Karl, Flüchtling aus Schlesien, arbeitete mit Karl in der Fabrik	

Hädrich, Gerhard geboren 1925, Lehrling von Ernst Hüttig, Bewohner von Birkenhöhe	
Heuchert, Jakob geboren 1913 Gänsebauer in Birkenhöhe, mit seinen Eltern dorthin geflohen nach dem Ersten Weltkrieg aus Rumänien	
Hirschberger, Reinhold, Brennermeister in Ottos Schnapsbrennerei geboren 1880 mit Ehefrau Martha und den Töchtern Adelen, Ruth und Erna	
Hirsemann, Gretel geboren 1915 verließ mit Lisa den Treck	
Hüttig, Annemie verheiratete Eichelberger, Schwester von Lisa in München	
Hüttig, Elfriede, verheiratete Holtschke, Schwester von Lisa in See	
Hüttig, Emma, geborene Stamm, Mutter von Lisa, erste Frau von Ernst 1883-1916	
Hüttig, Ernst, Elektromeister in Herrnstadt, Vater von Lisa 1882-1945	
Hüttig, Halo, verheiratete Dürchen, Schwester von Lisa	

Hüttig, Martha, zweite Frau von Ernst, Daten fehlen	
Hüttig,Trudchen, verheiratete Kassanke, Schwester von Lisa	
Jäger, Ludwig Korbmacher, schenkte Karl 500 DM	
Käthe, Erste Freundin Lisas in Mitterndorf, fiktiv	
Kalutzka, Alfred aktives Mitglied der NSDAP, fiktiv	
Kruse, Max, Großbauer in Birkenhöhe, fiktiv	
Kutzner, Robert, Bürgermeister von Birkenhöhe geboren 1880	
Mahn, Anna, Birkenhöhe, Freundin von Lisa	
Markart, Hölting, Armbruster, Albinger, Fink, Jäger, Karls Kameraden aus der Kompanie, von denen noch Briefe erhalten sind	
Matschke, Kurt, Briefträger in Birkenhöhe mit Frau Martha	

Meibert, Lotte, geboren 1920 Bewohnerin von Birkenhöhe	
Mitzi, Apothekerin in Winzer, Lisas Freundin	
Nochowitz, Franz geboren 1900, Arbeiter und Kutscher beim Gut Otto	
Nothaft, Familie. Zweiter Wohnort Lisas nach der Flucht	
Otto, Anneliese, Freundin von Lisa geboren 1914	
Otto, Kurt, Gutsbesitzer im Birkenhöhe, Freund von Karl geboren 1901	
Scheer, Hertha geboren 1900 Lisas Nachbarin	
Schwarze, Edith mit Kindern, aus Köln nach Birkenhöhe vor den Bomben geflohen	
Stangl, Bürgermeister von Mitterndorf, fiktiv	
Steidinger, Beamter auf dem Bezirksamt Winzer, fiktiv	

Teews, David, Nachbarn von Bertram, Verwalter der Kirschplantagen beim Gut Otto
Vogel, Familie in Gries bei Mitterndorf/ Bayern. erster Wohnort Lisa nach der Flucht
Gellert Lieselotte, Wilhelm und Margarete, Bewohner von Birkenhöhe, fiktiv

Bücherliste

Schlesien in 1440 Bildern Geschichtliche Darstellung von Reinhard Hausmann und Klaus Granzow Verlag Gerhard Rautenberg 1973
Deutsches Schlesien Ein Bildbändchen Ernst Birke C. Bertelsmann Verlag 1957
Schlesische Weihnachten Geschichten und Gedichte Wilhelm Menzel Kammwegverlag Troisdorf 1956
Kleine Bettlektüre für heimattreue Schlesier Geschichten und Gedichte Scherzverlag
Typisch Schlesisch Hajo Knebel Verlag Flechsig 2004
Letzte Tage in Schlesien Tagebücher, Erinnerungen und Dokumente der Vertreibung Herbert Hupka Albert Langen- Georg Müller Verlag 1981
Joseph von Eichendorff Gedichte Bertelsmann Lesering

Briefe an Freya 1939-1945 Helmut James Moltke
Becksche Reihe 2006
Kurland Die vergessene Heeresgruppe 1944/45
Werner Haupt Dörflerverlag Eggolsheim